Willy Noll

# Medialer Anfangsunterricht

**Kunst Medien Bildung**
**Band 16**

Andreas Brenne / Christine Heil / Torsten Meyer / Ansgar Schnurr
(Herausgeber*innen im Auftrag der Wissenschaftlichen Sozietät Kunst Medien Bildung e.V.)

## Editorial

Die Schriftenreihe Kunst Medien Bildung ist ein Forum für den wissenschaftlichen Austausch über die Erforschung von existierenden und denkbaren Verknüpfungen von Kunst, Medien und Bildung in wechselnden diskursiven Feldern.

- Bildung wird dabei als ein vieldimensionaler und durchaus unscharfer Begriff verstanden und als Herausforderung begriffen. Bildung ist ein Handlungs- und Forschungsfeld, das Interaktion und Kommunikation anders bestimmt als eines, das sich nur auf quantitative Evaluation oder intentional zu erreichende Standards beschränken lässt.
- Kunst wird dabei als ein vieldimensionaler und durchaus unscharfer Begriff verstanden und als Herausforderung begriffen. Kunst ist ein Handlungs- und Forschungsfeld, insbesondere für die Untersuchung der Konstitution des Subjekts unter bestimmten historischen Bedingungen.
- Medium wird als konstitutives Dazwischen verstanden und nicht auf ein passives technisches Werkzeug, Gerät oder Instrument für die intentional ausgerichtete Übertragung oder Verbreitung von Information reduziert.
- Das Feld der Verknüpfung lässt sich unterschiedlich konzipieren: beispielsweise als Vermittlung, Information, Erziehung, Sozialisation, Unterricht, Experiment, Anlass zur Forschung oder zum Diskurs.

Die Schriftenreihe Kunst Medien Bildung wird – wie die gleichnamige Online-Zeitschrift zkmb – herausgegeben im Auftrag der Wissenschaftlichen Sozietät Kunst Medien Bildung e.V., die sich als Interessengemeinschaft von Wissenschaffenden versteht, mit dem Ziel, theoretisch ausgerichtete Ergebnisse aus Forschung und Lehre, die das Profil des Gegenstandsbereichs und seine bildungstheoretischen Besonderheiten im Schnittfeld transdisziplinärer Ansätze betreffen, zu befördern und zu dokumentieren. Die Schriftenreihe dient der Darstellung und Veröffentlichung dieser Arbeit und ihres Umfeldes.

kunst-medien-bildung.de
zkmb.de

Willy Noll

# Medialer Anfangsunterricht

## Kunstpädagogik in der Kulturform der Komplexität

kopaed

Bibliografische Information der Deutschen Nationalbibliothek
Die Deutsche Nationalbibliothek verzeichnet diese Publikation in der Deutschen Nationalbibliografie; detaillierte bibliografische Daten sind im Internet über http://dnb.de abrufbar

Diese Dissertation wurde von der
Humanwissenschaftlichen Fakultät
der Universität zu Köln
im Juni 2023 angenommen.

**Impressum**

**Autor:** Willy Noll
**Herausgeber*innen der Reihe „Kunst Medien Bildung"**: Andreas Brenne, Christine Heil, Torsten Meyer, Ansgar Schnurr (im Auftrag der Wissenschaftlichen Sozietät Kunst Medien Bildung e.V.)
**Korrektorat:** Ulrike Wistinghausen, Robin Schürmann und Lisa Gruner
**Layout und Satz:** Carmela Fernández de Castro y Sánchez
**Gestaltungskonzept:** Torsten Meyer, Konstanze Schütze, Gesa Krebber
**Umschlagbild:** 'Evolution Of Tree, version 2.1, 2006' von Ilkka Halso
**Umschlaggestaltung:** Carmela Fernández de Castro y Sánchez, Willy Noll
**Druckerei:** docupoint, Barleben



Arnulfstr. 205, 80634 München
Fon: 089.68890098 Fax: 089.6891912
E-Mail: info@kopaed.de
Internet: www.kopaed.de

ISBN 978-3-96848-136-4
eISBN 978-3-96848-736-6

# Inhalt

# Vorwort

Versuche ich zum jetzigen Zeitpunkt nachzuzeichnen, welchen Weg meine Forschungsarbeit – die mit der hier vorliegenden Veröffentlichung einen vorläufigen Abschluss findet – genommen hat, so fällt mir dies außerordentlich schwer.
Die initiale Idee entstand zweifelsfrei mit der Einladung von Torsten Meyer, an meine Examensprüfung anzuknüpfen und umfänglich zur Einführung in die grundlegenden Kulturtechniken in der Grundschule vor dem Horizont grundlegender sozio-kultureller Wandlungsprozesse im Kontext der Digitalisierung zu forschen.
Unzählige produktive Ablenkungen konstituierten dabei jedoch keinen linearen, bereits zu Beginn in irgendeiner Form absehbaren, Weg, sondern weckten stets aufs Neue meine Neugier und zogen meine Aufmerksamkeit auf sich.
In einer sich darüber immer wieder auch öffnenden Forschungsbewegung entstand eine systemisch geprägte Perspektive auf die Folgen der Digitalisierung und vor allem den daraus resultierenden Implikationen für das Bildungssystem und die Institution Schule im Allgemeinen. Die Forschungsarbeit entwickelte sich darüber hinaus auch zu einer systemischen Grundlagenforschung für die Kunstpädagogik. Zentrale Begriffe der Kunstpädagogik werden systemisch erschlossen und das Potenzial der Systemtheorie als Forschungsmethode und -perspektive innerhalb der Kunstpädagogik verdeutlicht.

Die vorliegende Form des Buches zwingt die Darstellung des Forschungsprojektes in eine ihr zuwiderlaufende Linearität. Ich möchte daher unbedingt dazu ermutigen, beim Lesen die vielen internen Verweise zu nutzen, Sprünge zu wagen (auch gedankliche) und sich neugierig neuen Entdeckungen zu öffnen.

Forschung geschieht nicht im luftleeren Raum, nicht allein in Isolation und Abgeschiedenheit. Forschung ist ein kollektiver Prozess. Und so sind es die vielen wunderbaren Begegnungen, die ich während des Forschungsprozesses machen durfte, die meine Forschung maßgeblich geprägt und vorangebracht haben.
Der gemeinsame Austausch und das (Weiter-)Entwickeln von Ideen, das gemeinsame Sichten von Material oder das gegenseitige Prüfen von Konzepten und Theorien, stellt einen fundamentalen Teil der hier vorliegenden Forschungsarbeit dar und ich bin dankbar, dass ich in diesem produktiven und konstruktiven Umfeld, sowohl am ‚Institut für Kunst & Kunsttheorie' der Universität zu Köln, aber auch in Bochum an der RUB am ‚Lehrstuhl für soziale Räume und Orte des non-formalen und informellen Lernens', forschen und arbeiten durfte. Der Graduiertenschule für Lehrer:innenbildung des ZfL Köln danke ich darüber hinaus für die Unterstützung und den interdisziplinären Austausch.

Besonderer Dank gilt zudem Torsten Meyer, der mich und dieses Forschungsprojekt über all die Jahre großartig beraten, betreut und in allen Bereichen unterstützt hat. Sandra Aßmann danke ich für die Ruhe und forschungsmethodische Expertise und Präzision, mit der sie sich meiner oftmals waghalsigen Forschungsdesigns und -ansätze annahm. Mein besonderer Dank gilt zudem Yannic Ahlemann, Christina Berger, Martin Brand, Mario Engemann, Andrea Gruner, Bernd Gruner, Fabian Haas, Annemarie Hahn, Lasse Harbaum, Lena Hebing, Jule Heitkamp, Daniela Hepfer, Gesine Hopstein, Lennart Jentsch, Kristin Klein, Marcel Klötzel, Alexander Klütsch, Gesa Krebber, Gila Kolb, Inga Lotta Limpinsel, Philipp Müller, Peter Moormann, Karolin Nacke, Olga Neuberger, Kai Schindler, Hanns Christian Schmidt, Konstanze Schütze, Christoph Selter, Darius Thies und Manuel Zahn. Danke für das gemeinsame Denken in den Docdays und den Forschungskolloquien in Bochum, die benötigte Motivation, allgemeine Unterstützung und von Zeit zu Zeit auch notwendige Ablenkung. Ulrike Wistinghausen (meine mum) danke ich für einfach alles!
Außerdem danke ich Carmela Fernández für das Layouten der Veröffentlichung und Ilkka Halso für die Erlaubnis, eine seiner Arbeiten für das Cover dieser Publikation zu nutzen.
Für das gewissenhafte und genaue Korrektorat danke ich meiner mum, Robin Schürmann und Lisa Gruner.

Mein größter Dank geht aber an Rike und Emmy. Ihr musstet oftmals auf Partner und Papa verzichten und ohne eure Unterstützung und fortwährenden Zuspruch wäre ich während dieser langen und verrückten (Forschungs-)Reise verloren gegangen. Ihr seid meine beiden Ein und Alles!

# Grundlegendes

# 1 Neue Selbstverständlichkeiten

*Die Veränderung der Hintergrundstrukturen*

> „*Schwimmen zwei junge Fische des Weges und treffen zufällig einen älteren Fisch, der in der Gegenrichtung unterwegs ist. Er nickt ihnen zu und sagt: ‚Morgen. Jungs. Wie ist das Wasser?‘ Die zwei jungen Fische schwimmen eine Weile weiter und schließlich wirft der eine dem anderen einen Blick zu und sagt: ‚Was zum Teufel ist Wasser?‘*“[1]

Wir schwimmen in medialen Realitäten, die die flüchtigen und verflüssigten Gesamtheiten unserer Gesellschaft(en) bilden.[2] Es sind die Hintergrundstrukturen unserer Alltagswelt, unseres alltäglichen Lebens, die so offensichtlich und allgegenwärtig sind, dass sie für die Involvierten nur schwer zu erkennen und zu beschreiben sind. Der Wechsel des Leitmediums – und damit in aktueller Form die Einführung des Computers und der Prozess der Digitalisierung – verändert diese Hintergrundstrukturen maßgeblich. Von dieser Vermutung, die u.a. von Marshall McLuhan[3], Niklas Luhmann[4] und Régis Debray[5] (weiter-)entwickelt wurde, ausgehend beschreibt Dirk Baecker die sich konstituierende ‚nächste Gesellschaft‘[6] und damit einen grundsätzlichen Paradigmenwechsel in der Struktur der Gesellschaft. Dieser Wechsel wird durch die allumfassende Mediatisierung der Kommunikation forciert und verändert Gesellschaft(en) grundlegend, „[…] da kaum etwas so viel Einfluss auf die Strukturen einer Gesellschaft, die Formen einer Kultur hat, wie die jeweils dominierenden Verbreitungsmedien.“[7] In aktueller Form manifestiert sich dieser Wandel in den grundlegenden Veränderungen der Gesellschaft und ihrer Kultur(en) durch die Digitalisierung. Der Prozess der Digitalisierung, verstanden als gesamtgesellschaftliche Strukturveränderung und kultureller Wandlungsprozess, ist in seiner Gesamtheit und seinen fundamentalen Ausmaßen dabei kaum zu erfassen.[8] Bisher geltende und etablierte gesellschaftlichen Strukturen und

1 Wallace 2012, S. 5.

2 Bauman und Jakubzik 2010.

3 McLuhan 1969.

4 Luhmann 1998.

5 Debray 2004.

6 Dirk Baecker greift in seinen ‚Studien zur nächsten Gesellschaft‘ (Baecker 2007b) die system- und medientheoretischen Arbeiten Niklas Luhmanns auf und beschreibt im Anschluss an die *Gesellschaft*(en), die auf dem Buch als Verbreitungsmedium aufbauten, eine *Gesellschaft*, die auf dem Computer als dominierende Medien- und Kommunikationstechnologie beruht. Ohne bisherigen Namen – und in der Annahme, dass dieser ohnehin erst historisch gefunden werden kann – nennt er diese die ‚nächste *Gesellschaft*‘. Diese systemtheoretischen Grundannahmen werden für die vorliegende Forschungsarbeit noch von entscheidender Bedeutung sein.

7 Meyer 2013, S. 13.

8 Jörissen 2019.

Mechanismen scheinen angesichts globaler Gemeinschaften und Netzwerke nicht mehr zu greifen und das Ende der ‚Gutenberg-Galaxie‘[9] scheint nicht mehr verhandelbar. Es konstituieren sich veränderte Wahrnehmungen von Realität(en) und zeitgleiche Kommunikationspraktiken verbinden global menschliche und nicht-menschliche Akteur:innen und flüchtige Institutionen und fluide Kollektive lösen feste Organisationsstrukturen und -formen auf.[10] Mit dem Internet der Dinge wird schließlich alles zum Teil des globalen Netzwerks. Der damit einhergehende Sinnüberschuss der Kontrolle bedeutet zugleich einen Kontrollverlust und die Möglichkeiten alles (selbst) kontrollieren, steuern und programmieren zu können.[11] Der vormals immaterielle, separierte ‚Cyberspace‘ 12 fällt in die Realität(en) und virtuelle und physische Räume greifen fortwährend ineinander. ‚Das‘ Digitale wird zum selbstverständlichen ‚Layer of Reality‘.

> *„The Internet to us is not something external to reality but a part of it: an invisible yet constantly present layer intertwined with the physical environment. We do not use the Internet, we live on the Internet and along it“.*[13]

Dabei ist ‚das‘ Digitale keine zusätzliche Parallelwelt, die als Abbildung neben ‚dem‘ Realen existiert. Es verwickelt alle damit verbundenen Akteur:innen vielmehr in etwas Neues, eine zusätzliche Schicht, einen neuen Grad an *Komplexität* aller Realität(en).[14]
Für ‚Digital Natives‘[15] ist dieses ‚Layer of Reality‘, das Internet mit all seinen Begleiterscheinungen, nichts Neues mehr; gibt es kein Davor oder Danach. Kim Cascone beschreibt diese Zeit, nachdem das Internet neu war[16], als Postdigitalität.[17] Die Disruption digitaler Technologien ist in der Postdigitalität vollzogen. Ubiquitär sind sie an (Alltags-) *Kommunikation* beteiligt, mischen sich (unbemerkt) in die *Strukturen* von *Gesellschaft(en)* ein und etablieren darüber neue (Macht-)*Strukturen*[18]. Die anthropologischen und kulturellen

9 McLuhan 1969.
10 Vgl. Baecker 2007b, S. 48–51.
11 Seemann 2019.
12 Gibson und Heinz 1998.
13 Czerski 2012.
14 Vgl. Nassehi 2019, S. 284–288.
15 Die Begriffe ‚Digital Natives‘ und ‚Digital Immigrants‘ stammen von Marc Prensky und nehmen die Metapher der natürlichen Umgebung, der Beheimatung und Zugehörigkeit auf, um den Umgang, bzw. die Affinität zu ‚dem‘ Digitalen zu beschreiben. In der Vergangenheit wurden die Begrifflichkeiten viel diskutiert und stark aufgeladen. Wurden zunächst große *Erwartungen* an die neuen Ureinwohner ‚des‘ Digitalen und ihre Fähigkeiten sich in ihrem natürlichen Habitat zurechtzufinden geknüpft, entwickelten sich rasch ähnlich große Enttäuschungen darüber, dass auch diese Individuen im Umgang mit digitalen Endgeräten, Software und Hardware geschult werden müssen. Der ursprüngliche Begriff zielt aber vielmehr auf einen neuen Geisteszustand, eine ‚post digital condition‘ ab (vgl. Schütze, S. 24–27).
16 Vgl. ebd., S. 29
17 Cascone 2000.
18 Cramer 2015.

Artikulationen ‚des' Digitalen konstituieren eine Zeit, die nicht nach ‚dem' Digitalen liegt, sondern in der ‚das' Digitale, als komplexes ‚Layer of Reality', allgegenwärtig ist.[19]

Vor diesem Hintergrund werden in der Forschungsarbeit vier grundlegende Phänomene ‚des' Digitalen – Vernetzung[20], Referenzialität[21], Gleichzeitigkeit[22]/Liveness[23] und die Abfragelogiken der Query[24] – zum Ausgangspunkt einer vertieften Auseinandersetzung mit den besonderen Bedingungen und Potenzialen von *Kunst* und ästhetischen Erfahrungen sowie ihrer Bedeutung als entscheidende Momente von Bildungsprozessen in der Netzwerkgesellschaft.

19 Besonders in den Medien-, *Kunst*- und Kulturwissenschaften wurde der Begriff in den letzten Jahrzehnten etabliert und wird dort produktiv für eine vertiefte Auseinandersetzung mit den neuen Qualitäten der Digitalität genutzt (Klein und Noll 2019b). Eine ausführliche Diskussion des Begriffs und seiner Entwicklung nimmt Kristin Klein (Klein 2019) vor. Klein zeigt auf, wie die Aspekte der soziokulturellen Verflechtungen digitaltechnologischer Entwicklungen im Begriff der Postdigitalität gebündelt und darüber für die Forschung produktiv gemacht werden können.

20 Jenkins 2008.

21 Stalder 2017.

22 Meyer 2013, S. 23–26.

23 Fischer-Lichte 2004.

24 Seemann 2013.

# 2 Windmühlen und das Hintergrundrauschen dazwischen

*Phänomene im Horizont der Digitalisierung*

Die neuen Selbstverständlichkeiten der ‚nächsten *Gesellschaft*' verändern auch Lern- und Bildungsprozesse. Im Spannungsverhältnis zwischen der Berücksichtigung der Begleiterscheinungen der Digitalisierung in allen Bildungsprozessen[25], der Explikation, dass Bildung nun – oder gerade – auch mit ‚dem' Digitalen zu tun habe[26] und ‚bewahrpädagogischer' Ablehnungshaltungen gegenüber digitaler Technologie[27], positionieren sich unterschiedliche Akteur:innen im komplexer werdenden *System* Schule/Bildung. In Windmühlen [2.1] werden die sich wiederholenden Argumentationsmuster und ‚bewahrpädagogischen' Vorbehalte der Grundschule gegenüber der Auseinander-setzung mit den Prozessen der Digitalisierung kontextualisiert. Im Anschluss werden zur genaueren Beschreibung der grundlegenden Strukturveränderung durch die Digitalisierung in Hintergrundrauschen // Phänomene [2.2] insgesamt vier Begleitphänomene der Digitalisierung beschrieben. Die daraus folgende Konsequenz, dass die aktuelle *Form* des Schulsystems wenig für die Vermittlung von grundlegenden Qualifikationen zur Teilhabe an der ‚nächsten *Gesellschaft*' geeignet ist, wird in Obsoletes *System* Schule [2.3] als Desiderat skizziert und damit zum Anlass der vorliegenden Forschungsarbeit.

25 Da diese immer im Kontext der jeweiligen *Gesellschaft* und damit im Horizont der Kultur und des dominierenden Leitmediums stattfindet (Jörissen 2019).

26 Dies wird unter dem Begriff der ‚Digitalen Bildung' in einer breiten Öffentlichkeit getan (Dräger und Müller-Eiselt 2015). Lässt sich bereits zur Definition bzw. zur Reichweite des Bildungsbegriff eine facettenreiche Spanne von Ansätzen und Erklärungsmodellen finden, potenziert der Zusatz ‚Digital' das Problem noch einmal um ein Vielfaches. Hinzu kommt die inflationäre Verwendung der Begriffskonstruktion in unterschiedlichen Zusammenhängen und Themenfeldern, ohne dass die jeweiligen Auslegungen und Bedeutungsinterpretationen genauer erläutert werden (Dengel 2018). An dieser Stelle sei bereits kurz darauf verwiesen, dass nicht nur ‚mit' sondern auch ‚über' (digitale) Medien gelernt werden soll. Das dabei verwendete Verständnis ‚des' Digitalen lässt aber eine Reduzierung auf verwertbare Bedien- und Funktionsfähigkeit von Individuen im Umgang mit eben diesen (digitalen) ‚Neuen Medien' vermuten. Dieser Vermutung wird in der Forschungsarbeit an unterschiedlichen Stellen nachgegangen.

27 Diese Positionen zeichnen sich durch eine generelle Technikkritik aus und die Annahme, dass digitale Technologie das Denken negativ beeinflusse (Spitzer 2012) und den Menschen entmündige (Schirrmacher 2010). Es sei auch auf Grundschulen und Digitalisierung [2.1.2] verwiesen, da vor allem in Zusammenhang mit der Grundschule die Vorbehalte gegenüber den Veränderungen durch die Digitalisierung (zunächst) sehr groß waren.

**Abb. 1:** Aufbrauch Lernen, Google Deutschland, 2017

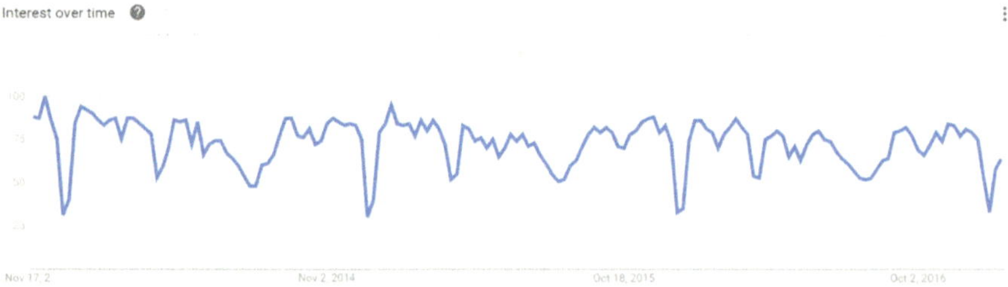


**Abb. 2:** Bildung, Google Trends, Feb. 2017. Das zyklische Interesse an ‚Bildung' weist eine sehr hohe Korrelation zu den Schulferien auf.

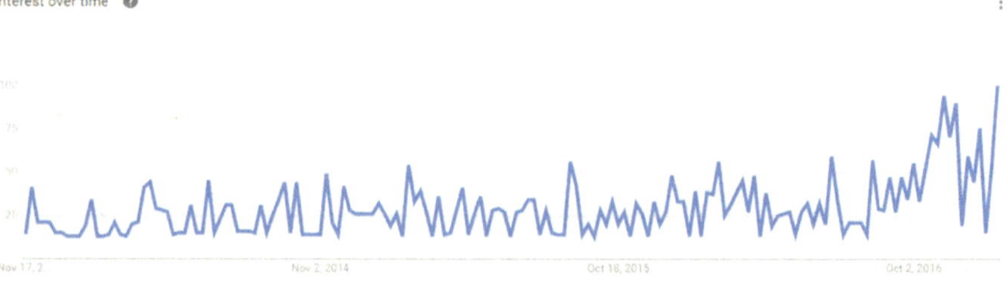


**Abb. 3:** Digitale Bildung, Google Trends, Feb. 2017. Das Interesse an ‚Digitaler Bildung' weist keine Korrelation zu den Schulferien auf und steigt im Laufe des Jahres 2016 stark an.

## 2.1 Windmühlen

In der Auseinandersetzung mit den Prozessen der Digitalisierung und vor allem deren Auswirkungen auf die Grundschule gibt es starke Vorbehalte und Bedenken. Um diese zu kontextualisieren, wird in hype _ tool _ normal [2.1.1] die zyklische Entwicklungsgeschichte der Digitalisierung durch die ‚Neuen Medien' historisch gerahmt und entlang des Hypes in den 1990er Jahren, der Ernüchterung in den 2000er Jahren, der Toolifizierung in den 2010er Jahren und den neuen Selbstverständlichkeiten in der Postdigitalität dargestellt. Anschließend werden in Grundschulen und Digitalisierung [2.1.2] einzelne Aspekte der besonderen Rolle der Grundschule (in Deutschland) im Zusammenhang mit der Digitalisierung thematisiert.

### 2.1.1 hype _ tool _ normal

*Von den ‚Neuen Medien' zur ‚Digitalen Bildung'*

Je nach Autor:in beginnt die Entwicklungsgeschichte der Digitalisierung entweder mit der Inbetriebnahme der ersten ‚programmierbaren' Computer, die sich über eine allgemeine Verwendbarkeit von den bisherigen Maschinen unterschieden[28], mit der Etablierung von Personal Computern wie dem Commodore 64 von Commodore International oder dem Macintosh von Apple in den 1980er Jahren oder der Entstehung des (zivilen) World Wide Web aus den Grundlagen des militärischen ARPANET um 1990. Im Folgenden soll die Entwicklung des Internets als Orientierung für die Darstellung der Phasen der Digitalisierung und des Einsatzes der ‚Neuen Medien' in deutschen Bildungseinrichtungen genutzt werden, womit sich an der Strukturierung dieses Prozesses durch Michael Seemann orientiert wird.[29] In den 1960er Jahren finanzierte das US-Militär die Entwicklung eines dezentralen Netzwerks, welches die Universitäten Stanford, Utah, California – Los Angeles und California – Santa Barbara miteinander verband. Das ARPANET war ausschließlich für den Austausch der militärischen Forschungseinrichtungen gedacht, legte aber die technischen Grundlagen für die Entwicklung des World Wide Web am CERN in der Schweiz zwischen 1989 und 1993.[30] An der Forschungseinrichtung CERN entwickelte Tim Berners-Lee zusammen mit seinen

28 Ein bekanntes Beispiel ist hier die ‚Turingmaschine' von Alan Turing. Diese wurde von ihm noch als Maschine betitelt, stellt aber ein allgemeines *Programm* dar, welches die grundsätzliche ‚Berechenbarkeit' eines Problems definiert (Turingmaschine // Wikipedia). Zu nennen ist auch die ‚Z1' von Konrad Zuse, der einen ersten ‚Rechenapparat' auf Grundlage des binären *Systems* aus Nullen und Einsen entwickelte und damit für Anja Kircher-Kannemann den Beginn der Digitalisierung einläutete (Kircher-Kannemann 2019).

29 Seemann 2019.

30 ARPANET // Wikipedia.

Kollegen Robert Cailliau und Jean-Francois Abramatic die Möglichkeit eines auf Hypertexten basierten Datentransfers und legte damit den Grundstein für das World Wide Web.[31]

hype

Am 30. April 1993 wurde das World Wide Web für die Öffentlichkeit freigegeben – kostenlos, (dezentral) und ohne Eigentümer:in. Mit dieser Veröffentlichung konnte sich (prinzipiell) jeder an das (globale) Netzwerk anschließen und ‚das Netzwerk' wurde schnell zum Nährboden für soziale Subkulturen und Utopien. So erklärte der Mitgründer der ‚Electronic Frontier Foundation', John Perry Barlow, 1996 auf dem Weltwirtschaftsforum in Davos den Staatschefs der ‚alten Welt' die Unabhängigkeit des ‚Cyberspace'.[32] Im Netz und ums Netz herum entstanden utopische Entwürfe der Nihilierung von Herkunft, Religion, Geschlecht und Sexualität, die zum Ende der 1990er Jahre den kapitalistischen Realitäten des ‚Neuen Marktes' weichen mussten.[33] In den Schulen entstanden erste Sprachlabore und Computerräume wurden eingerichtet. Der Einsatz dieser Geräte war dadurch aber auf einen separaten Raum beschränkt und das andere Unterrichtsgeschehen nur selten durch das zusätzliche Angebot tangiert.[34]

tool

In dieser Phase der Digitalisierung wurden alte Technologien und Prozesse vor allem durch die ‚Neuen Medien'[35] imitiert bzw. deren Aufgabe und Funktion von diesen übernommen, schneller und effizienter ausgeführt und damit die ‚Alten Medien' (in Teilen) obsolet.[36] Die ‚Neuen Medien' erfüllen spezifische Aufgaben, werden situativ eingesetzt und werden darüber zum Gebrauchs-Werkzeug.[37] Die Digitalisierung wird ‚toolifiziert'. Damit auch zukünftige Generationen mit diesen Werkzeugen gut umgehen können und diese zielgerichtet, produktiv

31 Leiner et al. 2009.

32 Barlow 1996.

33 Seemann 2019.

34 Netzwerk Digitale Bildung 2020.

35 Prinzipiell waren alle Medien einmal ‚Neue Medien'. In diesem Zusammenhang soll aber auf den Begriff zurückgegriffen werden, der sich seit den 1970er Jahren entwickelte und von Jürgen Hüther wie folgt beschrieben wurde: „Als feststehender Bezeichnung kommt der Terminus in den 70er Jahren auf, und zwar als Oberbegriff für alle Verfahren und technischen Mittel, die mithilfe innovativer oder erweiterter Technologie neuartige, also in dieser Art bis dahin nicht gebräuchlichen Nutzungsformen bereits vorhandener Massen- und Speichermedien wie Kabel- u. Satellitenfernsehen, Bildschirmtext, Videografie oder Bildplatte ermöglichten" (Hüther 1995, S. 346). Hüther präzisiert weiter: „Vor allem war der Terminus ‚Neue Medien' in dieser Zeit ein Reizwort in der heftig geführten politischen Debatte über die zukünftige deutsche Medienlandschaft, bei der es hauptsächlich um die Frage der Kommerzialisierung des bisher öffentlich-rechtlich ausgerichteten Rundfunks und der staatlich monopolisierten Telekommunikation sowie um die unterschiedlich eingeschätzten Auswirkungen dieser Strukturveränderung ging" (ebd., S. 346).

36 Beispiel hierfür sind: E-Mail-Anbieter als Ersatz für den Postverkehr, Internetseiten und Weblogs für Zeitungen, YouTube und Netflix fürs Fernsehen, Skype und Zoom für das Telefonieren oder Amazon für den Einzelhandel.

37 Brynjolfsson und McAfee 2016.

(und selbstbestimmt) einsetzen können, bedarf es dann auch einer entsprechenden (Aus-) Bildung. Für die ‚Neuen Medien' ist die Medienpädagogik genuin zuständig und entwickelt vielfältige Perspektiven auf die Wirksamkeiten und Wirkweisen pädagogischen *Handelns* mit/über/um ‚Neue Medien'. Die ersten mobilen Geräte kommen in die Klassenzimmer. Das *Lernen* mit/über (Neue) Medien fällt zurück in den ‚normalen' Unterricht. Freies, interaktives und kollaboratives *Lernen* findet immer mit (Neuen) Medien statt. Die Lernenden gestalten ihren Lernprozess (zunehmend) selbstbestimmt, individuell und situativ und werden dabei von der Lehrkraft unterstützt und begleitet. Die soziokulturellen Dimensionen der Digitalisierung finden (zunehmend) Einzug in die (medien-)pädagogischen Überlegungen.[38] Denn die ubiquitäre Verbreitung der elektronischen ‚Neuen Medien' und des globalen Netzwerks sind mehr als der Gebrauch neuer, schneller, effektiver Werkzeuge. Sie generieren zum neuen Leitmedium und verändern – wie zuvor skizziert – damit *Gesellschaft* grundlegend.[39] "Die Konzentration der Medienpädagogik auf ihre bisherigen Schwerpunkte, die Medien hauptsächlich als Wirkfaktoren in Schul- und Freizeit sahen, greift heute viel zu kurz. Längst beeinflussen und steuern die ‚Neuen Medien' unser gesamtes Alltagsleben in erheblichem Maße [...]."[40]

normal

Die Entwicklung von Social Media, dem Web2.0, und die Verbreitung des Smartphones ab 2007, verweben das Netzwerk wesentlich enger mit den beteiligten Akteur:innen; das Internet wandert in die Hosen-/Handtasche, den Kühlschrank, ist fortan immer dabei und wird zum ‚constantly present layer of reality'. Die dabei verbauten Sensoren zeichnen alles auf und sammeln darüber alle Daten, die es nur zu sammeln gibt.

Diese Daten liegen nicht mehr auf dem eigenen Computer, sondern gehen auf in der Cloud, werden mit anderen Daten verknüpft und zirkulieren unkontrollierbar im global umspannenden Netzwerk. Das Internet und die ‚Neuen Medien' sind keine Werkzeuge mehr, sie sind zum festen Bestandteil der Wirklichkeit(en) geworden.

Mit ihnen/Durch sie kann alles gesteuert und kontrolliert werden, mit ihnen/durch sie manifestiert sich der Kontrollverlust von Menschen, Unternehmen, Regierungen und *Institutionen*.[41] Neue Machtstrukturen etablieren sich und es beginnt das Zeitalter der Plattformen,

38 Kerres 2010.

39 So zeigt Michael Giesecke beispielsweise, dass die Verbreitung des gedruckten Buches, als Erfindung und Durchsetzung einer neuen Informations- und Kommunikationstechnologie, mit neuen Wahrnehmungsweisen sowie Wissens- und Denkformen einhergeht (Giesecke 2002).

40 Hüther 1995, S. 348.

41 Seemann 2014.

der neuen (Macht-)Konzentrationen im Netzwerk.[42] Dieses ‚Neue Spiel', wie Michael Seemann es nennt, die Zeit nachdem das Internet neu war[43], läuft nach anderen Regeln ab, benötigt neue Strategien und Taktiken[44], und stellt fortan den neuen Normalzustand, die neuen Selbstverständlichkeiten, dar.

Welche (medien-)pädagogischen Implikationen diese neuen Regeln haben und welche Potenziale die *Kunst* in diesem Zusammenhang entfalten kann, ist grundlegendes Forschungsinteresse der vorliegenden Forschungsarbeit.

### 2.1.2 Grundschulen und Digitalisierung

*Zwischen Bewahren und Teilhabe an der ‚nächsten Gesellschaft'*

Die Aufgabe der Grundschule ist die Vermittlung einer ‚Grundlegenden Bildung'. Im Jahr 1919 wurde die Schulform Grundschule gegründet und stellt seitdem die erste Pflichtschule dar und übernimmt darüber eine gesonderte Rolle bei der Aufgabe, die Grundlagen für weiterführende Bildungsangebote und -maßnahmen für alle Kinder gleichermaßen zu schaffen. Auch wenn die Grundschule nicht alleinige Akteurin bei der Vermittlung von ‚Grundlegender Bildung' ist, so ist es doch ihre Kernaufgabe.

Für die ‚Grundlegende Bildung' unterscheidet Wolfgang Einsiedler vier Kernaufgaben der Grundschule: (i) gemeinsame Bildung für alle (ii) gemeinsamer Grundstock (iii) Beginn der Allgemeinbildung (iv) Stärkung der Persönlichkeit.[45] Dabei steht die Grundschule immer in einem Spannungsverhältnis eines Anspruchs nach Chancengleichheit für alle, bei gleichzeitiger Förderung individueller Fertigkeiten und Begabungen.[46] Die ‚Grundlegende Bildung' ist seit der Gründung der Grundschule in deren Aufgabenbereich verortet, jedoch haben sich die Inhalte der ‚Grundlegenden Bildung' aufgrund der sich ändernden gesellschaftlichen Rahmenbedingungen und Anforderungen verändert. Die Veränderung der *Gesellschaft* hat auch eine Veränderung der zu vermittelnden Inhalte in der (Grund-)Schule zur Folge.[47]

42 Seemann 2017a.

43 Vgl. Schütze, S. 22–23.

44 In der aktuellen DIVIS Studie wird gezeigt, dass die ‚Digital Natives' sich (zunehmend) vorsichtiger und bedachter im Netz verhalten (Otternberg et al. 2018). Im Bewusstsein der Unkontrollierbarkeit der (eigenen) Daten werden VPN-Clienten verwendet, Fake-Profile angelegt und die (eigenen) Spuren im globalen Netzwerk minimiert und verwischt, denn das Internet vergisst nie.

45 Vgl. Einsiedler 2014, S. 229–231.

46 Hellmich 2010.

47 Michaela Vogt zeigt beispielsweise auf, dass kein Kanon, keine Sammlung oder Zusammenstellung von Inhalten, die in der Vergangenheit im Begriff der ‚Grundlegenden Bildung' subsumiert wurden, überdauern konnte (Vogt 2019). Gesellschaftliche Entwicklungsprozesse haben immer Einfluss auf die Inhalte und *Formen* der ‚Grundlegenden Bildung' gehabt und werden es (vermutlich) auch immer haben.

Schule hat die Aufgabe für wichtig erachtetes Wissen, die *Formen* einer *Kultur*, zu bewahren und an die nächste Generation weiterzugeben. „Mit ihren Schulen bewähren und bewahren sich Kulturen."[48] Die Akteur:innen der Grundschulbildung müssen immer wieder aufs Neue prüfen und festlegen, welche Inhalte für die 'Grundlegende Bildung' relevant sind. Dies geschieht aber nicht nur vor dem Hintergrund historischen Wissens, welches weitergegeben werden soll, sondern auch als eine Spekulation in die Zukunft, welche Fähigkeiten für die Heranwachsenden im Laufe ihres Lebens wichtig sind oder werden könnten. Geht es um die Fähigkeiten, die zur Teilhabe an der ‚nächsten *Gesellschaft*' oder den selbstbestimmten Umgang mit (digitalen) ‚Neuen Medien' wichtig sein könnten, so zeigt sich dieses Spannungsverhältnis zwischen der Weitergabe historischen Wissens und *Formen* von *Kultur* und der spekulativen Vermittlung zukünftig bedeutsamer Fähigkeiten deutlich. Seit 1996 ist die Einführung in kulturelle Symbolsysteme und die selbstständige und kulturelle Lebensführung in der ‚Grundlegenden Bildung' verankert,[49] jedoch bleibt der Einsatz von Informations- und Kommunikationstechnologien und den damit verbundenen Begleiterscheinungen in der Grundschule höchst umstritten.

**Abb. 4:** En l'an 2000, A l'école, Villemard, 1900

Auch wenn es die Kernaufgabe der Grundschule ist, die Heranwachsenden zur Teilhabe an der (nächsten) *Gesellschaft* zu befähigen bzw. sie beim Erwerb der dafür notwendigen Fähigkeiten zu unterstützen, werden in der Grundschulforschung die Veränderungen der Digitalisierung und der damit einhergehenden (erwarteten) Veränderungen der zukünftigen

48 Meyer 2013, S. 10.
49 Vgl. Vogt 2019, S. 254.

*Gesellschaft* kaum berücksichtigt.[50] Dies spiegelt sich auch konkret in den Schulen wider. Die (digitalen) ‚Neuen Medien' werden an deutschen Schulen wesentlich seltener eingesetzt als im europäischen Vergleich.[51] Zudem wird der in der Öffentlichkeit geführte Diskurs, vor allem mit Blick auf die Grundschule, hauptsächlich aus einer bewahrpädagogischen Perspektive geführt.

Argumentiert wird, dass der Einsatz (zu vieler) (digitaler) Technologien entweder zu ‚Digitaler Demenz'[52] führe, der Mensch nicht mehr frei entscheiden könne und darüber entmündigt werde[53] oder sich in eine Abhängigkeit gegenüber (über-)mächtiger Konzerne begebe.[54] Wahlweise werden auch offensichtlich eher innere Überzeugungen und Vorbehalte – tendenziell vornehmlich älterer Entscheidungsträger:innen – gegenüber der Auseinandersetzung mit den (kulturellen) Begleit-erscheinungen der Digitalisierung geäußert, tangiert die Veränderung der Inhalte der Grundschule scheinbar grundlegende Einstellungen, was Schule leisten solle und für wen.[55]

Die vorliegende Forschungsarbeit nimmt den grundlegenden Bildungsauftrag der Grundschule radikal ernst und entwickelt aus der Perspektive des Faches *Kunst* eine informierte Aussage darüber, welche Qualifikationen zur Teilhabe an der ‚nächsten *Gesellschaft*' bereits in der Grundschule im Kontext der ‚Grundlegenden Bildung' im Fach *Kunst* vermittelt werden können und sollten.

Dafür werden im Folgenden vor dem Hintergrund der zuvor skizzierten Strukturveränderung, verschiedene Phänomene der Digitalisierung beschrieben, um von diesen aus, die Potenziale der *Kunst* für eine zeitgemäße und grundlegende Vermittlung notwendiger Qualifikationen zur Teilhabe an der ‚nächsten *Gesellschaft*' zu beschreiben.

50 An dieser Stelle sei beispielsweise auf die Ausgabe der Zeitschrift für Grundschulforschung zum 100jährigen Bestehen der Grundschule im Jahr 2019 verwiesen (van Ackeren und Klemm 2019). Weder wurden die grundlegenden Veränderungen der letzten 30 Jahre durch die Digitalisierung thematisiert noch ein Blick in die Zukunft vorgenommen, um auch dieser Perspektive der Ausrichtung von Grundschulbildung gerecht zu werden. Auch finden internationale Diskurse, wie der um die 21st century skills oder curricula – wenn überhaupt – nur über Umwege in den deutschsprachigen grundschulpädagogischen Diskurs.

51 Irion und Eickelmmann 2018.

52 Spitzer 2012.

53 Schirrmacher 2010.

54 Lankau 2022.

55 So fordert Josef Kraus, Präsident des deutschen Lehrerverbandes, das Geld für den DigitalPakt doch besser in Bibliotheken zu investieren und nicht in digitale Technologie. „Ich möchte keine Laptopklassen" (Füller und Greiner 2016). Eine Begründung blieb Kraus schuldig und führte diese seit dem auch nicht an.

## 2.2 Hintergrundrauschen // Phänomene

*Phänomene im Horizont der Digitalisierung*

Insgesamt werden vier Phänomene der Digitalisierung als Ausgangspunkte für die Forschungsarbeit dargestellt. Zunächst wird in Vernetzung [2.2.1] die Wirkmacht des Netzwerkeffektes im globalen Netzwerk geschildert und anschließend die grundlegende Verknüpf- und Veränderbarkeit digitaler Informationen in Referenzialität [2.2.2] beschrieben. In Liveness [2.2.3] wird der durch die Digitalisierung ermöglichte und in Echtzeit stattfindende Datenaustausch thematisiert und in Query [2.2.4] den veränderten Produktions- und Zugriffslogiken von Informationen und Wissen nachgegangen.

### 2.2.1 Vernetzung

*Der entfesselte Netzwerkeffekt*

Die materielle Infrastruktur aus Servern, Rechenzentren und schier unendlich vielen Kilometern Kabeln, bildet die strukturelle Voraussetzung für das globale Netzwerk, welches in den letzten 30 Jahren um den gesamten Planeten gesponnen wurde. Das (globale) Netzwerk wird zum neuen Strukturparadigma der sich durch die Digitalisierung manifestierenden ‚nächsten *Gesellschaft*'.[56] Die hierfür eingesetzten Technologien haben dabei das Potenzial die hierarchischen *Strukturen* und Ordnungen bisheriger *Gesellschaften* abzulösen.[57] Um diese Potenziale aufzuzeigen, werden im Folgenden daher zunächst die grundlegenden technischen Voraussetzungen der globalen Vernetzung skizziert und damit deren soziale und kulturelle Implikationen angedeutet.
Es gibt verschiedene Ordnungen von bzw. in Netzwerken.

Zentralisierte Netzwerke haben eine zentrale (Schalt-)Einheit (hub) und viele Endknoten (nodes). Der technische (hierarchische) Aufbau ist relativ einfach; nodes müssen nicht in der

56 Durch die dominierende Form des Netzwerks in dieser *Gesellschaft*, betitelte Manuel Castells bereits 1996 diese auch als ‚Netzwerkgesellschaft' (Castells 2000). Für Castells ist die Form des Netzwerks dabei nicht neu, sondern dient als grundsätzliche Beschreibung jeglicher Beziehungen und wird für dessen Analyse herangezogen.

57 Shirky 2008.

Lage sein, selbst Informationen weiterzugeben oder als entscheidender Teil des Netzwerks zu fungieren. Fällt jedoch der hub aus, kommt das gesamte *System* zum Erliegen.[58]

Dezentrale Netzwerke bestehen aus mehreren zentral gelegenen hubs, die für bestimmte Gruppen von nodes zuständig sind und als Verteiler fungieren. Fällt einer dieser hubs aus, sind zwar auch einige nodes nicht zu erreichen, aber das restliche Netzwerk funktioniert weiterhin. Die hubs sind untereinander nicht hierarchisch strukturiert, sondern funktionieren als abgestimmtes dezentralisiertes Netzwerk.[59]

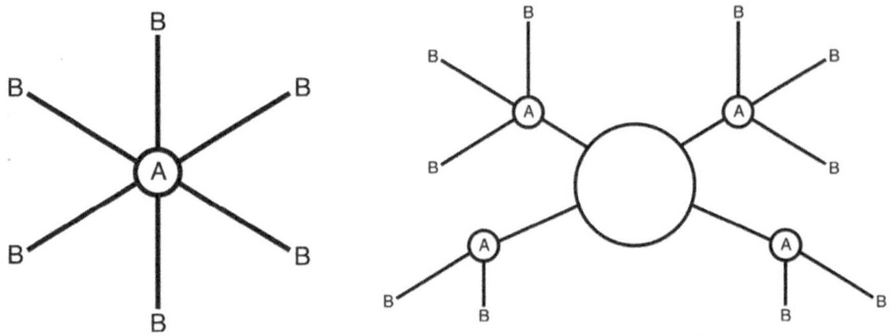

**Abb. 5 & 6:** a centralized network, Alexander Galloway, 2004; a decentralized network, Alexander Galloway, 2004

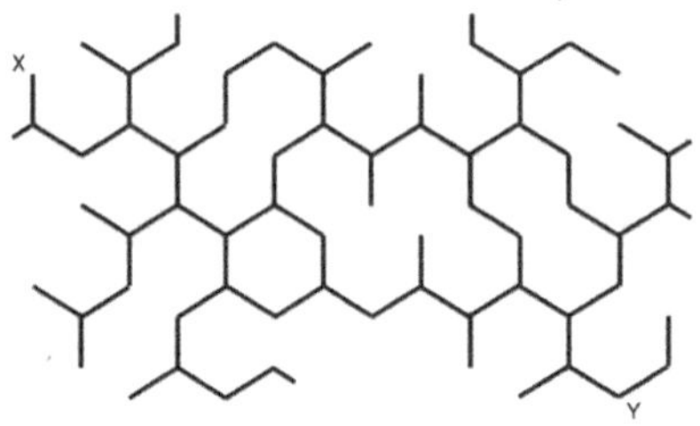

**Abb. 7:** a distributed network, Alexander Galloway, 2004

58 Ganz im Sinne Castells lassen sich auch soziale Beziehungen entsprechend beschreiben. Zentralistische *Systeme* wie die Monarchie oder das Kaisertum waren als zentralistisches Netzwerk organisiert. In diesen Netzwerken können Informationen nur über einen zentralen hub verteilt werden. Fällt dieser aus, muss direkt ein neuer eingesetzt werden, damit das System weiter funktionieren kann. Der hub ist tot – lang lebe der hub.

59 Das Telefonnetzwerk ist in diesem Sinne dezentral aufgebaut und damit auch ein Großteil der materiellen Grundvoraussetzung des Internets. Fallen beispielsweise große Rechenzentren wie das in Frankfurt aus, kann das Netzwerk diesen Ausfall aufgrund von Redundanzen noch kompensieren. Fallen jedoch die Backbones der örtlichen Netzbetreiber aus, sind alle Haushalte, die an diese angeschlossen sind, nicht mehr mit dem globalen Netzwerk verbunden. Verbunden sind aktuell ca. 5 Milliarden Menschen mit dem globalen Netzwerk bzw. haben potenziell Zugriff darauf (statista 2021). Aktuell plant beispielsweise das Unternehmen SpaceX von Elon Musk mit Starlink auch an den entlegensten Orten des Planeten einen Zugang zum globalen Netzwerk zur Verfügung zu stellen (SpaceX | Starlink 2022).

Ist die materielle Infrastruktur des globalen Netzwerks dezentralisiert aufgebaut, hat das Internet selbst eine distribuierte Netzwerkstruktur als Grundlage. In einem distribuierten Netzwerk gibt es keine zentralen hubs und keine hierarchische Ordnung. Alle nodes können direkt und ohne hub miteinander kommunizieren und Informationen austauschen. Um dies gewährleisten zu können, braucht es eine einheitliche *Form*, um die Informationen transportieren zu können – das protocol. „At the core of networked computing is the concept of protocol. A computer protocol is a set of recommendations and rules that outline specific technical standards."[60] Das protocol, bzw. eine Vielzahl unterschiedlicher Protokolle, stellt sicher, dass alle Einheiten, die an das Netzwerk angeschlossen sind, miteinander kommunizieren können.[61]

Es gibt (prinzipiell) keine räumlichen, hierarchischen, politischen oder sozialen Hindernisse und *Strukturen*, die einen Informationsaustausch von Teilnehmer:innen untereinander erschweren oder verhindern können.[62] „The distributed network is such a map, for it extends deeply into the social field of the millennium."[63]

Informationen zirkulieren in diesem Netzwerk, finden neue Wege, ohne dass diese vorher festgelegt worden sein müssen. Aus der physischen Vernetzung wird eine sozio-kulturelle Konvergenz[64]; Teilnehmer:innen werden zu globalen Gemeinschaften verbunden und Wissen wird nicht mehr nur auf einzelne Individuen projiziert, sondern findet im Netzwerk selbst seine *Form*. „Knowledge is now a property of the network […]."[65] Konsum und Produktion von Inhalten fallen zusammen und finden im Kontext weltweiter Narrationen statt.

60 Galloway 2004, S. 6.

61 So regelt beispielsweise das TCP/IP-Protokoll, dass alle Einheiten im globalen Netzwerk eine weltweit eindeutige und einmalige ‚Adresse' haben und darüber die Informationen auch an der gewünschten Stelle/Einheit ankommen. Das HTML-Protokoll wiederum legt die einheitliche Darstellungsweise von Informationen auf Internetseiten fest. Werden die festgelegten Standards verwendet, ist es jeder/jedem möglich, sich am globalen Netzwerk zu beteiligen und mit anderen Einheiten bzw. Menschen auf der ganzen Welt zu kommunizieren. Viele dieser bekannten Protokolle wurden vom World Wide Web Consortium eingeführt, welches 1994 von Tim Berners Lee gegründet wurde und an dem sich alle Interessierten mit Vorschlägen beteiligen dürfen (World Wide Web Consortium (W3C) 2022).

62 Eine kurze Darstellung der utopischen Hoffnungen in der Frühphase des Internets und deren jähe Enttäuschung wird in hype _ tool _ normal [2.1.1] geschildert. Hinzu kommt, dass sich auch innerhalb des globalen Netzwerks Akkumulationen von Verbindungen und Macht entwickeln. Sind es Protokolle, die einen freien und offenen Zugang zum Netzwerk sicherstellen, so sind es Plattformen, die diesen wieder beschränken (Seemann 2020). Plattformen wie twitter, Facebook oder Instagram profitieren vom Netzwerkeffekt, der dafür sorgt, dass jede/r neue Nutzer:in eines Netzwerks auch den Wert des Netzwerks für alle anderen Nutzer:innen erhöht (Clement und Schreiber 2013). Damit entsteht eine Sogwirkung, da ein sich selbst verstärkender Prozess angestoßen wurde (Varian 1999).

63 Galloway 2004, S. 11.

64 Jenkins 2008.

65 Weinberger 2013, S. 11.

### 2.2.2 Referenzialität

*Die Idee des Anfangs wird brüchig*

Das globale Netzwerk verbindet alle Teilnehmer:innen, und damit auch ihre kommunikativen Artikulationsformen, ohne hierarchische *Struktur* miteinander. Global werden Informationen geteilt, ausgetauscht und über deren Bedeutung entschieden.
„Eine, wenn nicht die grundlegende Methode, mit der Menschen - alleine und in Gruppen - an der kollektiven Verhandlung von Bedeutung teilnehmen, besteht in der *Kultur* der Digitalität darin, Bezüge herzustellen.“[66] Dabei ermöglicht der umfassende Zugriff auf die (digitalen) Inhalte des globalen Netzwerks nicht nur das Verweisen der Inhalte untereinander und damit eine ubiquitäre Kontextualisierung, sondern diese Kontextualisierung und Bezugnahme ist auch ständigen Veränderungen und neuen Ordnungen unterworfen. (Digitale) Daten sind modifizierbar, sie bleiben nicht statisch, zirkulieren im Netz und werden in den verschiedenen *Formen* der Postproduction[67], wie dem Remix, Sample oder MashUp[68], in immer neue Versionen und Zustände überführt, die komplex untereinander verflochten sind.[69] Felix Stalder ernennt gar den „[...] Remix als zentrale Methode des zeitgenössischen Kulturschaffens.“[70] Die Idee des Anfangs, eines Ursprungs und Originals wird zunehmend brüchig. Es gibt keine eindeutig nachvollziehbare lineare Entwicklung, keine (wenigstens behauptete) Einmaligkeit, sondern nur noch den Umgang mit dem was ist. Was zählt sind die Potenziale der Inhalte, die Intentionen und möglichen Folgeversionen. Alles wird zum (Ausgangs-)Material der nächsten *Kommunikation*.[71] Es geht um den Umgang mit all den Inhalten, die das (inter-) kulturelle Erbe, die globale Zeitgenossenschaft zur Verfügung stellt.[72]

Aber nicht nur die menschlichen Teilnehmer:innen des globalen Netzwerks stellen Verbindungen und Verknüpfungen von Inhalten her, kontextualisieren und ordnen neu.

66 Stalder 2017, S. 96.

67 Bourriaud 2002.

68 Gehlen 2011.

69 Gehlen 2013.

70 Stalder 2012.

71 Das Arbeiten und Verwenden bestehenden Materials ist nicht neu und wurde auch von Künstler:innen bereits vielfällig in Collagen und Montagen als Strategie eingesetzt. Waren diese Arbeiten davon geprägt, dass in sich abgeschlossene Bruchstücke integriert wurden, so sind gegenwärtige referenzielle Verfahren weniger durch das Zusammenführen von ‚fertigen‘ Teilen gekennzeichnet, sondern vielmehr durch das Verändern und Transformieren des verwendeten Materials (Glaser 2015). Was bleibt sind Zitate, Verweise und unterschiedliche Versionen der vormals gleichen Kommunikation. Als Beispiel lassen sich an dieser Stelle Memes anführen, die auf einer einheitlichen (Bild-)Grundlage basieren und in unterschiedlichen Ausführungen, Kontexten und kommunikativen Situationen ‚auftreten‘ (vgl. Shifman 2014, S. 5–9).

72 Meyer 2013.

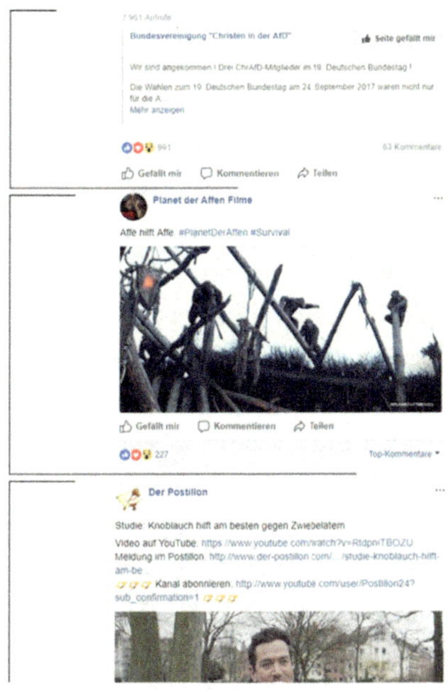


**Abb. 8:** Facebook Timeline, W.N. , 2017

Auch Algorithmen, Programm und ‚abduktive Maschinen'[73] treffen Selektionen, wählen aus und stellen zusammen. Die einzelnen Beiträge funktionieren als semantische Einheiten, welche in individueller Reihenfolge gemischt, individuelle Verbindungen durch den minimalen Cut, der Begrenzungen eines Beitrags, herstellen.[74] Durch die ‚maschinellen' Selektionen entstehen (un-)bewusste Narrationen, bilden sich Assoziationen und verändert die jeweilige Kontextualisierung gar den Inhalt der *Kommunikationen.*[75]

Die gegenseitige Bezugnahme von Inhalten untereinander ist ein grundlegendes Merkmal der Digitalisierung. Gleichzeitig gibt es immer mehr Inhalt, der untereinander aufeinander verweist, sich stets selbst neu kontextualisiert und in Echtzeit zur Verfügung steht.

### 2.2.3 Liveness

*Aufmerksamkeitsökonomien und die Gleichzeitigkeit von allem*

Die ‚nächste *Gesellschaft*' kommuniziert über das globale Netzwerk in Echtzeit. Die Teilnehmer:innen müssen nicht mehr Wochen, Tage oder Stunden auf Antworten warten, sondern höchstens wenige Sekunden, wenn nicht sogar nur Millisekunden. Für die sich über das globale Netzwerk bildende Zeitgenossenschaft, sind Vergangenheit und Zukunft – in der Spekulation und Simulation – ubiquitär verfügbar und fallen ins Jetzt; Zeit wird zum Punkt.[76] Die globale distribuierte Vernetzung aller Teilnehmer:innen miteinander erzeugt auch die Möglichkeit unvorstellbare Mengen an Inhalt zu produzieren. Jede/r kann Inhalt ins globale

73 Vgl. Nassehi 2019, S. 234–236.

74 Vgl. Schmidt 2018, S. 48–52.

75 Der Künstler Marc Lee zeigt in seiner Arbeit ‚The Show Must Go On' (Lee 2016) die bis ins absurde gesteigerten Eigendynamiken des auch in Social Media ausgetragenen US-Wahlkampfes von 2016. Dabei wird über einen Algorithmus – TV-BOT – jeder Beitrag mit den entsprechenden Verlinkungen und Hashtags in die Arbeit automatisch integriert und darüber ein eigenes Votum über ‚Herzen' und ‚Sternchen' – die in den Nachrichten vorkommen – erzeugt.

76 Meyer 2013, S. 23–26.

Netzwerk einbringen, kann Videos, Bilder, Memes, Texte oder sonstige (digitale) Artikulationen (allen) anderen Teilnehmer:innen des Netzwerks zur Verfügung stellen und gleichzeitig ermöglichen die technische Verbesserung von Datenübertragungsraten und der Übertragungsstabilität sogar, Inhalt in Echtzeit zu produzieren und live und in 4K zu senden. Das Teilen von Inhalten in Echtzeit, in *Form* des Livestreamings, ist nicht nur ein neuer Nutzungstrend, der seinen Anfang im Kontext von Let's Play-Videos fand, sondern steht beispielhaft für die grundsätzlich veränderte Darbietung und Wahrnehmung von Realitäten in der ‚nächsten *Gesellschaft*'.[77] Unter den Merkmalen von Gleichzeitigkeit, im Wechselverhältnis von Privat- und Gemeinschaftlichkeit und der Ungebundenheit an einen festen, physischen Ort gibt es kaum etwas, das ‚kein' Publikum auf einem Streaming-Portal findet. Durch das konstituierende Element des Augenblicks und der starken Betonung der Selbstinszenierung erinnert Livestreaming zwar an Live-Übertragungen im Rundfunk, jedoch scheint es durch einen wesentlich stärker reflektierenden Rückkanal, die unterschiedlichen Ausprägungen von Professionalisierungsgraden der Ausstrahlenden und ein weitaus selektiveres sowie fragmentierteres Publikum völlig anderen Dynamiken unterworfen zu sein.[78] Als Begriff wurde daher hier bewusst ‚Liveness' gewählt. Aus den amerikanischen Theatre and Performance Studies stammend und in der deutschen Theaterwissenschaft aufgegriffen, beschreibt er das ‚unvermittelte' *Erleben* eines Ereignisses.[79] Mit ihm soll (eigentlich) der Gegensatz „[...] zwischen ‚Live'-Aufführungen, die durch die leibliche Ko-Präsenz von Akteuren und Zuschauern konstituiert und von der autopoietischen feedback-Schleife erzeugt werden, und medialisierten Aufführungen, bei denen Produktion und Rezeption getrennt voneinander ablaufen"[80] ausgedrückt werden. Durch die Bedeutung der feedback-Schleifen in den zuvor geschilderten Livestreamings ist diese disjunkte Betrachtung womöglich obsolet und neue Beschreibungsmöglichkeiten werden notwendig.

Nahezu alle Bereiche sozialer Interaktion können mit dem Livestreaming auf der ganzen Welt gemeinsam erlebt und gestaltet werden.[81] Diese Fülle an Inhalt erzeugt auch neue Phänomene und Herausforderungen für die beteiligten Akteur:innen. Damit der (eigene)

77 Noll und Schmidt 2019.

78 Abbrennende Wohnzimmer, in denen lediglich wasserdichte Streichhölzer demonstriert werden sollten oder hereinstürmende Sondereinsatzkommandos der Polizei, die ‚aus Spaß' von Internet-Trollen alarmiert wurden, sind in den archivierten Übertragungen ebenso aufzufinden wie Heiratsanträge, Charity-Veranstaltungen oder kollektive Reisen um den Globus. Phänomene wie ‚Lurken' oder ‚Raids', die Frage nach der Agency zwischen Streamer:in und chat oder den verschiedenen Inszenierungspraktiken und Aufmerksamkeitsökonomien sind dabei nur eine kleine Auswahl (neuer?) Fragestellungen, welche bisher nur unzureichend erforscht sind. Sie bedürfen einer ausführlichen und disziplinübergreifenden Auseinandersetzung.

79 Vgl. Fischer-Lichte 2004, S. 114–126.

80 Ebd., S. 115.

81 Das Streaming-Portal Twitch, welches seit 2012 zu Amazon gehört, verzeichnete im Januar 2021 das erste Mal über eine Milliarde monatliche aktive Nutzer:innen. Zusammen mit YouTube-Live schauen in diesem Moment (durchschnittlich) mehr als 5 Millionen Teilnehmer:innen des globalen Netzwerks gleichzeitig anderen Teilnehmer:innen (bei irgendeiner Tätigkeit) zu (Affde 2021). Bei besonderen Events ist diese Zahl um bis das Zehnfache höher.

Inhalt noch wahrgenommen wird und ein Publikum findet, werden von den Produzent:innen neue Inszenierungspraktiken entwickelt, die die Einmaligkeit des Dargebotenen hervorheben und auch in die eigene Alltagskommunikation zurückwirken.[82] Gleichzeitig braucht es von den Rezipierenden strikte Aufmerksamkeitsökonomien, um der scheinbar unendlichen Flut an Inhalt zu begegnen und trotzdem nicht der Angst zu verfallen, etwas Wichtiges zu verpassen.[83] Doch auch die besten Strategien und der geschickteste Umgang kann nicht verhindern, dass die Datenströme zu groß werden, der Inhalt nicht mehr überblickt werden kann und es neue (technische) Zugriffsweisen auf den Inhalt selbst braucht.

### 2.2.4 Query

*Abhängigkeiten und Handlungsfähigkeit*

Es ist unmöglich die Milliarden Websites, Milliarden von YouTube-Videos oder zeitgleich ablaufenden Livestreams sinnkonstituierend wahrzunehmen. Es braucht Angebote wie den Google-Suchalgorithmus, die die Datenströme und großen Datenmengen (BigData) auf eine Menge reduzieren und in Formate übersetzen, die für Menschen wahrnehmbar und verarbeitbar sind. Erst mit den Selektionen durch die Algorithmen sind das Verstehen und *Handeln* von Menschen im globalen Netzwerk möglich, kann eine (digitale) *Kultur* auf den (digitalen) Technologien aufbauen und daraus erwachsen. Dies schafft aber auch gleichzeitig neue Abhängigkeiten, da die wahrgenommenen Realitäten bereits von nicht-menschlichen Teilnehmer:innen des globalen Netzwerks vorsortiert, zugänglich gemacht wurden und darüber explizit konstruiert sind. „Mit jeder Nutzung der produzierten Daten, mit jeder Ausführung eines Algorithmus werden die darin eingebetteten Annahmen aktiviert, und die in ihnen enthaltenen Positionen wirken mit an der Welt, die der Algorithmus generiert und präsentiert."[84] Diese Annahmen und Positionen sind nicht mehr klar zu erkennen, nicht (für alle) nachvollziehbar und erzeugen (zunehmend) Intransparenz in der *Kommunikation*. Unüberschaubare Datenmengen werden von Algorithmen prozessiert und stellen auf Grundlage der Selektionen der Algorithmen eine vorstrukturierte Wahrnehmung bereit. Darüber hinaus ist der Zugang zu den Daten ungleich verteilt. Nur wenige haben die Möglichkeit die (guten)

82 Vgl. Reckwitz 2017, S. 295–298.

83 Die Angst etwas zu verpassen (Fear of missing out – FOMO) ist gerade bei der Nutzung von Social Media ein treibendes Phänomen (Milyavskaya und Saffran 2018). Die allgegenwärtige Verfügbarkeit von *Informationen* und Neuigkeiten ermöglicht es zu jeder Zeit, durch Zugriff auf das Netzwerk, noch etwas besser informiert zu sein und die kurzlebigen Trends, News und Headlines nicht zu verpassen. Um mehr Reichweite zu generieren und (kommunikativen) Erfolg zu haben, werden die nächsten Trends, News und Headlines an dieses Phänomen entsprechend angepasst (Burghardt 2021).

84 Stalder 2017, S. 193.

Daten auszuwerten und damit ihren eigenen Ausschnitt von Wirklichkeit mithilfe ihrer eigenen Algorithmen – die geheim sind und selbst in Patentanmeldungen nicht mehr entschlüsselt werden müssen – anhand dieser Daten zu entwickeln.[85] Die Situiertheit und Kontextualisierung der Daten gehen bei der Erhebung komplexer Daten weitestgehend verloren. Zweck der Erhebung und Bestimmung der erhobenen Daten sind nicht immer nachvollziehbar und eine Diskriminierung von/durch Algorithmen und Big Data aufgrund von beispielsweise Unterrepräsentation ist nicht nur eine theoretische Überlegung, sondern bereits fester Teil unserer komplexen Alltagswelt.[86] Damit werden zunehmend Mystizismen durch undurchsichtige Algorithmen beglaubigt und es findet gerade keine Entzauberung der Welt durch die Wissenschaft – wie sie Max Weber[87] beschrieben hat – statt, sondern eine Verzauberung und das Schaffen zunehmender Intransparenz von weiteren nicht nach-vollziehbaren Selektionen und den daraus möglichen Anschlusskommunikationen.
Hinzu kommt, dass die *Kontrolle* über die gesammelten (personenbezogenen) Daten nicht mehr bei deren Produzenten/Ursprung liegt.[88] „Wenn wir ein Foto posten, einen Tweet absetzen, in ein Hotel einchecken oder uns einfach nur im Raum bewegen, wissen wir nicht, was morgen schon aus diesen Daten herauslesbar ist. Daten haben die Eigenschaft verknüpfbar zu sein, und sie sind es morgen viel mehr als heute."[89] Dieses ambivalente Verhältnis zwischen Kontrollverlust und Autonomie bedarf eines neuen Umgangs mit der *Komplexität* digitaler *Kommunikation*.

## 2.3 Obsoletes *System* Schule

Die (Grund-)Schule bewegt sich zwischen der Aufgabe tradiertes bzw. tradierfähiges Wissen von einer Generation zur nächsten zu vermitteln und gleichzeitig aber auch Heranwachsende auf eine zukünftige (nächste) *Gesellschaft* vorzubereiten. Die daraus entstehende (scheinbare) Dichotomie bestimmt die Reaktionen in bzw. um dieses starre *System*. Auch wenn es in diesem Sinne eine, wenn nicht die, Aufgabe der (Grund-)Schule ist, Heranwachsende zur Teilhabe an der (nächsten) *Gesellschaft* zu befähigen und den Erwerb der dafür benötigten Fähigkeiten zu unterstützen, ist die (Grund-)Schule (noch) eine Erfindung der *Gesellschaft*, die auf dem Buch basiert. Dieses *System* versucht Modifikationen für die Phänomene der Digitalisierung vorzunehmen, jedoch ist sie als *Institution* in dieser *Form* obsolet geworden.

85 Seemann 2017b.
86 Orwat 2019.
87 Weber 1968.
88 Vgl. Nassehi 2019, S. 311–315.
89 Seemann 2013, S. 522.

Vernetzung
Die Teilnehmer:innen des globalen Netzwerks werden zu globalen Gemeinschaften verbunden. Informationen zirkulieren im Netzwerk, finden neue Wege und Wissen ist bzw. kann nicht mehr nur auf einzelne Individuen projiziert werden, sondern findet im Netzwerk selbst seine *Form.*

// Selbst die Türen innerhalb der Schule bleiben geschlossen und die eigentlich interessanten Problemstellungen gehen unter in einer disjunkten Fächerlogik.[90] Kollaborationen mit (externen) anderen Akteur:innen sind höchstens auf das intensive Engagement einzelner Lehrkräfte zurückzuführen und die ‚medienresistente Polis'[91] Schule kapselt sich (zunehmend) vom Rest der Welt ab.

Referenzialität
Im global verwalteten kulturellen Erbe der ‚nächsten *Gesellschaft*' wird die Idee des Anfangs brüchig. Ohne eine eindeutig nachvollziehbare lineare Entwicklung gibt es nur noch den Umgang mit dem was ist. Es zählen die Potenziale der Inhalte, die Intentionen und möglichen Folgeversionen. Alles wird zum (Ausgangs-)Material der nächsten *Kommunikation.* Konsum und Produktion von Inhalten fallen zusammen und finden im Kontext weltweiter kollaborativer Narrationen statt.

// „Die Institution Schule [...] ist diesem kollaborativen Handeln nicht gewachsen."[92] Schule zertifiziert starres (und darüber abfragbares) Wissen einzelner Individuen und hat Probleme kollaborative Autor:innenschaften zu erfassen und zu beurteilen.[93] Es bedarf neuer Ordnungen, um die fluide verwobenen Artikulationsformen digitaler *Kommunikation* und deren Strategien des Teilens für Schule zugänglich zu machen.

Liveness
Die ‚nächste *Gesellschaft*' kommuniziert global in Echtzeit. Im Livestreaming und Livefeed, im Wechselverhältnis von Privat- und Gemeinschaftlichkeit, findet nahezu jeder Inhalt ‚sein' Publikum. Um den strikten, aber notwendigen, Aufmerksamkeits-ökonomien der Rezeption dieser Flut an Inhalt zu entgehen, wird die Einmaligkeit des Dargebotenen in immer neuen Inszenierungspraktiken dargeboten.

// Die Inhalte der Schule sind anders. Sie müssen nicht ‚funktionieren', sie müssen nicht überzeugen. Im Schulsystem werden Inhalte gesetzt, sie bedürfen darüber hinaus keiner

90 Wampfler 2022.
91 Böhme 2006.
92 Krebber 2020, S. 63.
93 Vgl. Odendahl 2017, S. 29-33.

weiteren Legitimation.[94] Eine Auseinandersetzung mit Aufmerksamkeitsökonomien und Inszenierungspraktiken findet höchstens theoretisch statt.

Query
Auch die besten Strategien und Praktiken machen es nicht möglich, die schier unendlichen Datenmengen und Informationen im globalen Netzwerk sinnkonstituierend wahrzunehmen. Erst mit den Selektionen durch Algorithmen und Programme sind das Verstehen und *Handeln* von Menschen im globalen Netzwerk möglich. Die wahrgenommenen Realitäten sind bereits von nicht-menschlichen Teilnehmer:innen des globalen Netzwerks vorsortiert und zugänglich gemacht worden.

// Das zurücktretende, alles erfassende und kritische Subjekt kann nicht mehr (alleiniges) Ziel pädagogischen *Handelns* im *System* Schule sein. Schule muss sich der Auseinandersetzung mit den Überforderungen bei der Konfrontation mit durch Computer mitkonstituierter *Kommunikation* stellen, will sie die (zukünftige) Handlungs-fähigkeit von Heranwachsenden produktiv unterstützen.[95]

Das *System* Schule versucht beim Umgang mit der Digitalisierung einzelne Modifikationen vorzunehmen, sucht das richtige Fach und hat dabei nicht bemerkt, dass es in seiner aktuellen *Form* darüber selbst obsolet geworden ist.[96]
Es geht bei der Digitalisierung nicht um die Frage nach dem Einsatz digitaler Endgeräte und damit dem ‚Wie' des Lernens. Es geht vielmehr um grundsätzlich veränderte Umweltbedingungen, die das ‚Was' des *Lernens* herausfordern und grundsätzlich neue Anforderungen an junge Heranwachsende stellen und damit auch an das *System* Schule.

Es ist die Grundschule, in der Heranwachsende in die zentralen Kulturtechniken unserer *Gesellschaft* eingeführt werden (sollen), in der bereits ein sprachlicher und ein mathematischer Anfangsunterricht etabliert wurde, und weshalb aus dieser Logik heraus auch genau in der Grundschule ein ‚medialer Anfangsunterricht' entwickelt und implementiert werden muss, der sich um die neue Kulturtechnik ‚Medienkompetenz' kümmert. Zwar ist der ‚mediale Anfangsunterricht' in der Grundschule verortet, dies bedeutet aber nicht, dass die

94 Vgl. Tillmann und Vollstädt 1999, S. 42-46.
95 Initiative D21 2016.
96 So steigt beispielswiese weltweit das Interesse an Privatschulen und Eltern schicken ihre Kinder zunehmend auf Schulen, die vom staatlichen Schulsystem entkoppelt sind. In Deutschland lernen mittlerweile rund eine Million Schüler:innen an Privatschulen und damit knapp 8,4% aller Schüler:innen in Deutschland - inklusive Berufsschulen (Verband Deutscher Privatschulverbände e.V. 2020). So hat beispielsweise Elon Musk für die Kinder von SpaceX-Mitarbeiter:innen zusammen mit Josh Dahn die Synthesis School ‚for young citical thinkers' gegründet (Synthesis School 2022) und an der Khan Academy sind tausende Lernende weltweit ‚eingeschrieben' (Khan Academy 2022).

Auseinandersetzung mit den Themen und Inhalten des ‚medialen Anfangsunterrichts' nach der Grundschule abgeschlossen ist. Ebenso wie die sprachliche und mathematische (Grund-) Bildung, müssen auch die Themenstellungen des ‚medialen Anfangsunterrichts' – im Sinne des Spiralprinzips[97] – über die Schulstufen hinweg immer (weiter-)entwickelt werden und sind daher im Sinne eines lebenslangen Lernens zu verstehen.

Um den (vermuteten) Strukturveränderungen der Digitalisierung als gesamtgesellschaftlichem Prozess im Forschungsprozess gerecht zu werden und damit die Forschungsarbeit entsprechend breit und umfänglich anzulegen, wird im Folgenden die entwickelte Methodologie umfassend beschrieben.

97 Bruner 1980.

# 3 Isomorphien und systemische Sensibilisierungen

*Das Rahmenkonzept der Studie*

Für die vorliegende Forschungsarbeit wird die Grounded Theory als methodische Hintergrundstruktur herangezogen und modifiziert. Hierzu beschreibt der folgende Abschnitt Methodisches Background-Layer [3.1] zunächst die Grounded Theory als grundlegendes Rahmenkonzept, erläutert deren Ursprünge und Weiterentwicklungen und stellt anschließend in Systemtheorie als Meta-Sensibilisierung [3.2] die Systemtheorie als Forschungsgegenstand und Beschreibungs- und Analysemöglichkeit heraus.[98] In Isomorphien [3.3] wird diese Doppelfunktion der Systemtheorie expliziert und abschließend der iterative Forschungsprozess zwischen Studie (I) und Studie (II) in Entknoten [3.4] zusammengefasst und kontextualisiert.

Die in diesem Sinne für den Forschungsprozess relevanten Inhalte werden teilweise nur kurz umrissen und im späteren Verlauf der Forschungsarbeit genauer ausgeführt. Der/Dem vor allem methodisch interessierten Leser:in ist es über die Verweise Kapitelname [X.X] möglich, auch bereits vor dem Erschließen der späteren Kapitel diese Verknüpfungen zu finden und die Ausführungen zur Entwicklung der systemischen Perspektive bereits zur Lektüre der Methodenentwicklung hinzuzuziehen.

## 3.1 Methodisches Background-Layer

Das methodische Background-Layer der Studie ist die Grounded Theory, die als Hintergrundstruktur den Forschungsprozess leitet. Zu diesem Zweck werden neben der allgemeinen Vorstellung des Forschungsstils in Grundlage Grounded Theory [3.1.1] auch aktuellere (Weiter-)Entwicklungen mit der Situations- und Diskursanalyse in Situationsanalyse feat. Diskursanalyse [3.1.2] dargestellt. Mit dem Abschnitt Sensibilisierende Konzepte [3.1.3] wird vor allem das Nutzen der Systemtheorie als Meta-Sensibilisierung und damit als Beschreibungs- und Analysemöglichkeit für Studie (II) methodisch vorbereitet.

98 Zur besseren Identifizierung dieser beiden Aspekte wird die theoriegeleitete Entwicklung der systemischen Perspektive im Weiteren mit Studie (I) beschrieben und das Anwenden dieser Perspektive auf (kunst-)pädagogische Schwerpunkte und Positionen Studie (II) genannt. Sowohl die Bezeichnung als auch die iterative Verwebung der beiden Studien sind an das Forschungsdesign von Gesa Krebber in ihrer Arbeit zur Kollaboration in der Kunstpädagogik angelehnt (Krebber 2020).

### 3.1.1 Grundlage Grounded Theory

Die Grounded Theorie ist ein Forschungsstil der 1967 erstmals von Barney Glaser und Anselm Strauss beschrieben wurde, verschiedene (Weiter-)Entwicklungen durchlaufen hat und in unterschiedlichen Ausprägungen praktiziert wird. Strauss begann bereits vor der gemeinsamen Arbeit mit Glaser, in der Studie ‚Boys in White‘[99], eine stringente Strategie der Datenanalyse zu praktizieren und entwickelte damit die Grundlage des später folgenden Forschungsstils. Die gemeinsame Arbeit ‚The Discovery of Grounded Theory‘[100] der beiden Forscher stellt den Grundstein der Grounded Theory dar und knüpft sowohl an die Denk- und Arbeitsweisen des amerikanischen Pragmatismus als auch der Chicagoer Schule an, weshalb die Entstehung der Grounded Theorie immer auch zeitlich kontextualisiert werden muss, um die Leitideen dieses Forschungsstil angemessen nachvollziehen zu können.

#### 3.1.1.1 Entstehung und Geschichte

Sandra Aßmann beschreibt die historische Entstehung der Grounded Theory und deren Einflüsse mit Bezug auf Alfred Métraux[101] und Peter Alheit[102] insbesondere unter dem Aspekt der damals sowohl in der nordamerikanischen als auch in der deutschen Soziologie wahrgenommenen Kluft zwischen dem abstrakten Niveau umfassender Theorien und den Realitäten, der in den untersuchten Situationen agierenden Menschen.[103] Zwar gab es Bestrebungen, die Theoriebildung den Lebenswirklichkeiten anzupassen, jedoch gab es weder in der Chicagoer Schule noch im Funktionalismus Möglichkeiten, Theorie und Empirie tiefgreifender miteinander zu vereinen und produktiv aufeinander zu beziehen. Die Entfremdung zwischen Theorie und empirischer Sozialforschung beklagend und sich sowohl gegen die Dominanz der ‚Großen Theorien‘ und der aus ihrer Sicht ungenügend methodologisch und theoretisch elaborierten qualitativen Forschung in den Sozialwissenschaften stellend, formulieren Glaser und Strauss zu Beginn von ‚The Discovery of Grounded Theory‘:

> *„Most writing on sociological method has been concerned with how accurate facts can be obtained and how theory can thereby be more rigorously tested. In this book we address ourselves to the equally important enterprise of how the discovery of theory*

99 Becker et al. 1961.
100 Glaser und Strauss 1967.
101 Métraux. 2009.
102 Alheit 1999.
103 Vgl. Aßmann 2013, S. 81–82.

*from data - systematically obtained and analyzed in social research - can be furthered. We believe that the discovery of theory from the data - which we call grounded theory - is a major task confronting sociology today, for, as we shall try to show, such a theory fits empirical situations, and is understandable to sociologists and layman alike. Most important, it works - provides us with relevant predictions, explanations, interpretations and applications.* "[104]

Glaser und Strauss entwickeln die Grounded Theory als Forschungsstil kreativer Theoriebildung mit, und dieser Aspekt wird von beiden mehrfach betont, praktischem Nutzen für die Beteiligten. Sowohl Anselm Strauss als auch Barney Glaser lassen sich dem Pragmatismus zuordnen; Strauss stammt jedoch aus der dezidiert interaktionistischen Theorietradition Herbert Blumers und George Herbert Meads, Glaser hingegen steht in der funktionalistischen Tradition Robert Mertons und Paul Lazarsfelds. Zwischen Glaser und Anselm kommt es in den 1990er Jahren, infolge einer ausführlichen Verfahrensdarstellung und expliziten Fundierung der Methodologie, zum offenen Dissens. Glaser postuliert den stringenten Rahmen eines induktivistischen Programms, wohingegen Strauss eine an den Interaktionismus angelehnte Variante des Forschungsstils vertritt.[105] Gerade die bei Glaser fest vorgegebene Formulierung von Kodiergruppen, steht den Heuristiken Strauss' diametral gegenüber. Bei der Verwendung von, bzw. dem Bezug auf die Grounded Theory – genau genommen ist es irreführend von ‚der' Ground Theory zu sprechen -, ist es daher wichtig die jeweiligen Bezugsquellen zu nennen, bzw. zu kennen.[106] Im Folgenden bezieht sich die Studie weitestgehend – andernfalls ist es ausdrücklich vermerkt - auf die Ausführungen und Begriffsverständnisse von Anselm Strauss und seiner ehemaligen Schülerin und späteren Weggefährtin Juliet Corbin. Jörg Strübing folgend, löse sich diese Variante vom naiven Induktivismus Glasers und bilde darüber hinaus einen stringenten und konsistenten Forschungsstil.[107]

104 Glaser und Strauss 1967.

105 Vgl. Strübing 2014, S. 458.

106 An dieser Stelle sei ebenfalls vermerkt, dass es immer wieder Versuche gab die Begriffsungenauigkeiten über verschiedene Suffixe wie ‚-Methodologie' oder ‚-Methodik' zu verringern. Folgen wir Herbert Blumer, so „[…] umfasst [Methodologie] das gesamte wissenschaftliche Forschen und nicht nur einen ausgewählten Teil oder Aspekt jenes Forschens"(Blumer 1969). Die Bezeichnung Grounded Theory verweist daher bereits darauf, dass es sich nicht um eine Methode, aber auch nicht um eine Methodologie handelt, sondern um einen Forschungsstil. In der Studie wird daher vorwiegend diese Begrifflichkeit verwendet, es sei denn, es wird explizit von der Grounded Theory-Methodologie gesprochen.

107 Vgl. Strübing 2014a, 76.

### 3.1.1.2 Erkenntnistheoretische Grundstrukturen

Sowohl der Pragmatismus als auch der symbolische Interaktionismus – als forschungstheoretische Herkunft Strauss‘ - sind als theoretische Grundlagen in den Forschungsstil der Grounded Theory eingeflossen und weisen an verschiedenen Stellen verbindende, für die Grounded Theory konstituierende, Elemente auf. Folgend werden daher wichtige Aspekte dieser erkenntnistheoretischen Grundlagen umfassender beschrieben, um die relevanten *Strukturen* für die Studie darzustellen.

Pragmatismus

Die Orientierung ihrer Lehrbücher am amerikanischen Pragmatismus und der Chicagoer Schule wird von Anselm Strauss und Juliet Corbin nur in wenigen Texten explizit gemacht.[108] In ihren methodologischen Ausführungen zu Realitätsverhältnissen und Theorieentwicklungen konstatieren sie hingegen deutlich:

> *„We follow closely here the American pragmatist position [...]: A theory is not the formulation of some discovered aspect of a preexisting reality „out there“.[...] To think otherwise is to take a positivistic position that, as we have said above, we reject, as do most other qualitative researchers. Our position is that truth is enacted [...]: Theories are interpretations made from given perspectives as adopted or researched by researchers. To say that a given theory is an interpretation - an therefore fallible - is not at all to deny that judgments can be made about the soundness or probable usefulness of it.“*[109]

Charles Sanders Peirce führt im Jahr 1878 den Pragmatismus ein und verknüpft erstmalig die individuellen Handlungen von Personen mit den zugrundeliegenden Intentionen und Gedanken. Dabei verfolgt Peirce die These, dass selbst kleinste Unterschiede in Gedanken und Intention zu deutlich unterschiedlichen Handlungen führen. Der daraus abgeleitete Umkehrschluss, mittels dieser Überlegung auch von Handlungen Rückschlüsse auf die zugrundeliegenden Gedanken und Wahrnehmungen von Personen ziehen zu können, steht im Zentrum seines Interesses.[110] Diese Verweislogik zwischen Handlungen und individueller Wahrnehmung begründet sich auf der Kontextualisierung aller Handlungen in einer *Umwelt*, welche durch beschreibbare Faktoren determiniert wird und somit die Rahmung

108 Vgl. Strübing 2014, S. 459.
109 Strauss und Corbin, S. 279.
110 Vgl. James 1994, S. 19.

für Bezüge zwischen Wahrnehmung und resultierender Handlung darstellt. Die individuelle Wahrnehmung steht dabei in der Differenz zur Wahrnehmung anderer Personen und bildet die Grundlage für unterschiedliche Gewichtungen und Bedeutungszuschreibungen.[111] Die/Der Forscher:in sollte demnach nicht anstreben, eine von sich gelöste Erkenntnis entwickeln zu können, sondern vielmehr einen in Lebenswirklichkeiten und soziale Kontexte eingebundenen Blickpunkt ehrlich und offen zu beschreiben. Laut Joas ermöglicht es diese ‚Einbettung' auch, die eingenommene Perspektive durch Zweifel variabel zu halten und zu Änderungen des *Handelns* anzuregen.[112] In diesem Verständnis sind alle Objekte und Akteure Variablen, die sich gegenseitig beeinflussen und mitkonstituieren.[113]
Im Kern ist „der Pragmatismus [...] eine Philosophie der Handlung."[114] Eine besondere Rolle kommt hierbei der *Kontrolle* durch soziale Konventionen, Empfehlungen und Regelungen zu. Diese existieren aus der Perspektive des Pragmatismus real und konstituieren das *Handeln* der Personen maßgeblich, indem sie sowohl Vergangenheit, Gegenwart und Zukunft aufeinander bezugsfähig und vergleichbar machen. Das Fortbestehen oder die Anpassung von Handlungen im sozialen Kontext hängt hierbei entscheidend davon ab, ob die Personen sich gegenseitig ihr *Handeln* kommunikativ absichern und ggf. dieses abändern. Auf diese Weise entsteht eine Gemeinschaft auf Grundlage von *Kommunikation* über Symbolsysteme.
Der Bezug zum Pragmatismus offenbart die Grundlage des soziologisch-theoretischen wie des empirisch-methodischen Denkens Anselm Strauss'. Perspektivisch gebundene Wirklichkeitskonstitution und eine anti-dualistische, an Genese und Prozesshaftigkeit orientierte, Analyseeinstellung ziehen sich durch den Forschungsstil der Grounded Theory.

Symbolischer Interaktionismus

Die Grundannahmen des Pragmatismus wurden durch die Forschung von Peirce und verschiedenen Vertretern der Chicago School im Konzept des symbolischen Interaktionismus weiterentwickelt. Im Zentrum stehen soziale Handlungen, die direkt zwischen Akteur:innen entstehen und über Symbole vermittelt werden.[115]
Hauptverbindungspunkt zwischen Pragmatismus und Interaktionismus ist dabei das Verständnis von Kreativität als Grundlage zur Ausbildung von Erkenntnis und Bedeutung. Handlungen stützen sich wie im Pragmatismus auf vorgegebene Konventionen, die

111 Vgl. James 1994., S.19.
112 Vgl. Joas 1999, S. 29.
113 Dies ist eine interessante Verbindung zur Systemtheorie, die – wie später in Nicht-menschliche Akteur:innen [4.1.2.3] gezeigt wird – auch nicht-menschliche Akteur:innen in einer situierten Konstituierung von Wirklichkeiten mitdenkt. Der Pragmatismus unterscheidet hier noch, betrachtet aber sowohl Objekte als auch Akteur:innen als entscheidende Bedingungen für das Verständnis von Handlungen und Situationen.
114 Ebd., S. 28.
115 Vgl. Joas 1999, S. 25.

einer stetigen sozialen Reproduktion bedürfen. Entstehen Handlungsprobleme aufgrund der Differenz zwischen möglichen Handlungen und dem Status der *Umwelt*, so werden Veränderungen dieser sozialen Vorgaben wahrscheinlich. Für die ‚Lösung' der Situation bedarf es des kreativen Entwickelns neuer Konventionen und Routinen, die wiederum sozial abgesichert und neu kommuniziert werden müssen.[116]

Das Soziale – wobei es in diesem Verständnis natürlich genau irreführend ist, von *dem* Sozialen zu sprechen – festigt sich also gerade durch wiederholte Reproduktion und stetige, kollektiv kommunizierte Veränderung.[117] Symbole bestimmen dabei immer diesen Austausch und haben neben den individuellen und situierten Bedeutungszuschreibungen auch immer eine Dimension, die sich an gesellschaftlichen Konventionen und Regeln orientiert. Die einzelnen Personen und auch ihre situationsabhängige *Kommunikation* untereinander ist somit stetig mit *dem* Sozialen verbunden und anstatt einer unabhängigen Realität, wird von einem kommunizierten Sinn ausgegangen. Dabei gilt das *Handeln* als Modus der Realitätshervorbringung, in dem sich unterschiedliche Perspektiven der Akteure widerspiegeln und Realität im Plural gedacht werden muss. „Realität ist zwar objektiv, aber nicht universell […]."[118] und das Wissen über diese Realität entwickelt sich erst im Zusammenspiel von Subjekt und *Umwelt*. Doch auch bei diesem Verständnis von Wissen, gibt es ‚wahres' Wissen. ‚Wahres' Wissen im Sinne von ‚richtigem' Wissen ist solches, das eine „[…] Steigerung der Handlungsmacht gegenüber einer Umwelt [hervorbringt | W.N.]."[119]

Anselm Strauss betont in diesem Zusammenhang später den Charakter der *Gesellschaft* als „universe of enormous fluidity"[120], in dem das *Handeln* als Zentrum für das Entstehen, Vergehen und Modifizieren von gesellschaftlichen Phänomenen verantwortlich ist. Es bedürfe dann des interpretativ-kreativen, problemlösenden *Handelns* der unterschiedlichen Akteur:innen, um situative Gegebenheiten wahrzunehmen, mit ihnen umzugehen und zu neuen Gegebenheiten zu gelangen. Dies gilt insbesondere für Forschende. Sie sollen sich zyklisch zwischen dem Forschungsfeld und ersten Entwürfen zur ‚Lösung' der Handlungsprobleme bewegen. Vorwissen und bereits etablierte Konzepte werden über die Auseinandersetzung mit dem Forschungsgegenstand zu konkreten Ergebnissen kondensiert und iterativ neu interpretiert.[121]

116 Vgl. Schubert, S. 346.
117 Vgl. Reiger, S. 142.
118 Strübing 2014a, S. 39.
119 Joas 1999, S. 29.
120 Strauss 1978, S. 123.
121 Vgl. Strübing 2014a, 42.

### 3.1.1.3 Abduktion im Forschungsprozess

Da das Forschungsinteresse der vorliegenden Studie über das Formulieren und Prüfen von konkreten Hypothesen hinausgeht und das Konzept des ‚medialen Anfangsunterrichts' entwickelt werden soll, wird im Folgenden erläutert, wie in der wiederholten Auseinandersetzung mit der Meta-Sensibilisierung Systemtheorie und den systemisch untersuchten Positionierungen aus dem Forschungsfeld, Erkenntnisse gewonnen und angewandt werden können. Anselm Strauss widmet in seiner Beschreibung der Grounded Theory dem Erkenntnisprozess an sich nur wenig Aufmerksamkeit, greift aber auf die Abduktion und die qualitative Induktion als zwei Schlussformen aus dem Pragmatismus bzw. dem symbolischen Interaktionismus zurück.[122] Sowohl die qualitative Induktion als auch die Abduktion wurden von Charles Sanders Peirce eingeführt. Für ihn stellt sie neben Induktion und Deduktion die dritte logische Schlussform dar und konstituiert die Grundprinzipien des Pragmatismus. Jo Reichertz zufolge, liegt „[…] allen wissenschaftlichen Verfahren, die in den erhobenen Daten nur neue *Formen* des bereits Bekannten erkennen, […] die qualitative Induktion zugrunde."[123] Erkenntnisse werden erweitert, es entsteht aber kein neues Wissen.[124] Die Abduktion hingegen basiert auf dem spontanen und kreativen Zuordnen von Bedeutung seitens der Forscherin oder des Forschers. Nur diese, als abduktive Schlüsse bezeichneten Schlussformen, besitzen laut Alan Chalmers das Potenzial neues Wissen zu erzeugen.[125] Sie sind notwendig, wenn neue Wahrnehmungen nicht in die bereits vorhandenen Konzepte eingeordnet werden können und keine Verknüpfungen zu bestehenden Konzepten möglich sind. Geschaffen wird ein neuer Bezugspunkt, der eine Einordnung erlaubt und anschließend, unter Einbezug dieses neuen Verweises, wiederholt geprüft wird. Erkenntnisse, die mit dieser *Form* des logischen Schließens gewonnen werden, beschreibt er selbst als ‚wahrscheinlich' und nicht ‚wahr'.[126]

Das Potenzial der Grounded Theory liegt nun darin, dass sie den Forschenden Herangehensweisen und Techniken zur Verfügung stellt, um die Wahrscheinlichkeit dieser Momente abduktiven und kreativen *Handelns* zu erhöhen und den Forschenden in eine ‚abduktive Haltung' zu versetzen.[127] Induktive und deduktive Schlussformen sind ebenfalls für die Grounded Theory wichtig. Ermöglichen Abduktion und qualitative Induktion der/dem Forscher:in das Aufstellen von potenziell neuen und erkenntniserweiternden Hypothesen, können diese im nächsten Schritt operationalisiert und wieder deduktiv für die Bearbeitung

122 Vgl. Strübing. 2008, S. 284–286.
123 Reichertz 1999, S. 53.
124 Vgl. Strübing 2014a, S. 46.
125 Vgl. Chalmers 2007, S. 42.
126 Vgl. Reichertz 1999, S. 54.
127 Vgl. Strübing 2014a, S. 48.

des Materials herangezogen werden. Dieser sich wiederholende Wechsel ist Grundlage für einen iterativen Forschungsprozess den Reichertz wie folgt beschreibt:

*„Besteht die erste Stufe des wissenschaftlichen Erkenntnisprozesses in der Findung einer Hypothese mittels Abduktion, dann besteht die zweite aus der Ableitung von Voraussagen aus der Hypothese, als einer Deduktion, und die dritte in der Suche nach Fakten, welche die Vorannahme ‚verifizieren', also einer Induktion. Sollten sich die Fakten nicht finden lassen, beginnt der Prozess von neuem, und dies wiederholt sich so oft, bis die ‚passenden' Fakten erreicht sind."*[128]

### 3.1.1.4 Forschen als Arbeit

Prinzipien

Die hier beschriebene Methodik der Grounded Theory basiert auf den Ausführungen von Anselm Strauss und der von ihm als parallel stattfindenden beschriebenen Forschungsschritte der Datenerhebung, Analyse und Theoriebildung. Diese Schritte werden nicht voneinander getrennt, sondern gehen in einem zyklischen, iterativen Prozess auf. Ziel des Forschungsprozesses ist es, vom Material ausgehend immer komplexere Konzepte und Kategorien zu finden und untereinander zu verknüpfen und ihre Verbindungen aufzuzeigen.[129] Dabei ist zu beachten, dass die Grounded Theory den Forschenden keine einheitlichen Vorgaben zu der Vorgehensweise oder den einzelnen Arbeitsschritten macht. Strauss beschreibt eher Vorschläge als Vorgaben und verdeutlicht, wie wichtig es ist, die Techniken auf das jeweilige Forschungsfeld- bzw. den jeweiligen Forschungsgegenstand abzustimmen und ggf. anzupassen.[130]

Generell Verwendung findet ein Konzept-Indikator-Modell, bei dem Ereignisse speziell kodiert werden. Für das Kodieren werden Anhaltspunkte für die zu untersuchenden Phänomene im Material gesucht und ausgewählt. Diese, als Indikatoren bezeichneten, Ausgangspunkte bilden sich wiederholende Begriffe und deuten auf tieferliegende Konzepte hin. Einem solchen, sich wiederholenden Konzept kann die/der Forschende „[...] einen Namen geben und [es | W.N.] dann als kodierte Kategorie betrachten."[131] Wiederholtes Kodieren, das ständige Vergleichen und das Herausarbeiten von Ähnlichkeiten und Unterschieden sollen die Kodierungen dabei verdichten und zu relevanten Konzepten zusammenfügen. Die Kontrastierung verschiedener Ereignisse sorgt dabei für die Bestimmung des beschriebenen

128 Reichertz 1999, S. 61.
129 Vgl. Strauss 1998, S. 34.
130 Vgl. ebd.
131 Strauss 1998, S. 54.

Spektrums innerhalb der Konzepte und verdeutlicht die Reichweite der später entwickelten Kategorien.[132] Durch den stetigen Wechsel zwischen der Kodier- und Analysearbeit, kann auch die Kontextualisierung durch sensibilisierende Konzepte stetig am Material entlang weiterentwickelt, bzw. durch diese abgebildet werden. Es ist vorgesehen, dass sich im Laufe des Prozesses vom Material gelöst wird, zunächst aber sehr nah am Forschungsgegenstand gearbeitet wird. Die Grundstruktur des Forschungsstils der Grounded Theory ist demnach das ständige Vergleichen des Forschungsfeldes, des konkreten Materials und der sich bildenden Kategorien. Diesen Prozess systematisch zu gestalten, ist gerade dann „[...] unverzichtbar, wenn das Ziel der Forschungsbemühungen in der Beschreibung, Analyse und Erklärung sozialer *Strukturen* besteht.“ [133]

Durch die wahrscheinlich während des Forschungsprozesses eintretende Veränderung der Perspektive und ein verschobenes Verständnis von Phänomenen, wird besonders relevantes Material vor dem Horizont dieser Veränderungen erneut kodiert. Häufig können auf diese Weise neue Verknüpfungen und geschärfte Aspekte für die Theoriebildung nutzbar gemacht werden.[134] Dieser zyklisch-iterative Prozess, in dem sich die unterschiedlichen Techniken und Forschungsphasen überschneiden, ist konstitutiv für die Grounded Theory. Die Formulierung der Forschungsfrage determiniert die sensibilisierenden Konzepte und ersten Materialerhebungen. Die im Verlauf der Studie sich wahrscheinlich verschiebenden Perspektiven auf dieses Material, erfordern womöglich weitere Recherchen, anschließende Erhebungen und eine Anpassung der Forschungsfrage und des Zugangs zum Feld.

Diese unterschiedlichen, ineinandergreifenden Phasen werden im Folgenden genauer beschrieben und für das Forschungsfeld modifiziert.

Theoriebildung entlang von Konzepten und Kategorien

Wie bereits erwähnt, basiert die Grounded Theory auf einem Konzept-Indikator-Modell. Die Indikatoren werden während des Kodierprozesses hinsichtlich eines gemeinsamen Kerns ausgewählt und zugeordnet. Treten die gleichen oder verwandte Indikatoren auf, können diese zu abstrakteren Konzepten zusammengefasst werden. Konzepte weisen dabei bereits ein gewisses Varianzspektrum auf, da verschiedene, nicht immer deckungsgleiche Indikatoren in ihnen gebündelt werden.[135] Nach dem gleichen Prinzip werden anschließend mehrere Konzepte zu übergeordneten Kategorien verbunden, die abermals ein höheres Abstraktionsniveau aufweisen. Somit werden sowohl die Konzepte, als auch die Kategorien auf Grundlage des Materials erarbeitet und im Forschungsprozess verdichtet. Der von Anselm Strauss

132 Vgl. Kelle und Kluge 2010, S. 13.
133 Ebd., S. 11.
134 Vgl. Strauss 1998, S. 46.
135 Vgl. Strauss 1998, S.46.

etablierte Forschungsstil macht dabei bestimmte Vorgaben für die Bildung von Kategorien, an denen sich die/der Forscher:in orientieren kann und die einen effizienten Forschungsprozess gewährleisten sollen. So sollen die Kategorien eindimensional - innerhalb dieser Dimension muss aber eine vollständige Erfassung stattfinden –, überschneidungsfrei und unabhängig sein.[136]

Zum Ende des Forschungsprozesses wird ein zentrales Phänomen als Schlüssel- bzw. Kernkategorie konstruiert, welches das höchste Abstraktionsniveau aufweist und grundlegend für die beobachteten Aspekte und die daraus entwickelte Theorie ist. Die Grounded Theory stellt den Forschenden unterschiedliche, heuristische Techniken zur Verfügung, mit denen die Theoriebildung gesteuert werden kann und die als unterschiedliche Kodierparadigmen beschrieben werden. Kontexte, variierende und intervenierende Bedingungen, Konsequenzen, sowie unterschiedliche Handlungsstrategien werden systematisch mit Bezug auf das zu untersuchende Phänomen abgebildet.[137]

Die Orientierung am Kodierparadigma und die Beachtung der notwendigen Abstraktionssteigerung im Kodierprozess sind für Anselm Strauss die Gradmesser dafür, inwieweit von „echtem" Kodieren gesprochen werden kann.[138]

Kodieren

Das Kodieren als *Form* der Datenauswertung ist die grundlegende Eigenschaft einer Grounded Theory. Dabei werden sowohl triviale als auch kreative Verknüpfungen und Informationen aus dem Material erarbeitet und in sich wiederholenden Zyklen verdichtet und geschärft. Bereits in der Arbeit von Peirce wird beschrieben, wie das Kodieren als hypothetisches Schlussfolgern einzelne Phänomene im Material schärft und spezifiziert.[139] Gemeinsamkeiten und Differenzen sollen beim Prozess des Kodierens der Phänomene herausgearbeitet werden. Dies geschieht nicht immer ohne Überschneidungen, zudem können dem gleichen Material bzw. einem Textabschnitt, mehrere Kodes zugeordnet werden. Dies ist ohne Probleme möglich, jedoch sollte der Kode in sich konsistent und einheitlich verwendet werden.[140] Da sich im Forschungsprozess die Perspektive und das Verständnis von Phänomenen verändert, stellt dieser Anspruch häufig eine Schwierigkeit dar, da sich die Bedeutungsverschiebungen nicht plötzlich, sondern langsam und schleichend vollziehen. Hier bedarf es einer aufmerksamen und sich dieser Herausforderung bewussten Haltung der/des Forschenden.

Innerhalb des Kodierprozesses werden drei unterschiedliche Kodierarten unterschieden.

136 Vgl. Strübing. 2014, S. 466.
137 Vgl. Strauss und Corbin, S. 278.
138 Vgl. Strauss 1998, S. 57.
139 Vgl. Kelle und Kluge 2010, S. 111.
140 Vgl. Strübing 2014a, S. 24.

Als erster Kodierschritt erfolgt das offene Kodieren, welches sehr nah am Material erfolgt und über den Einbezug der sensibilisierenden Konzepte und die Fokussierung auf auffällige Textpassagen zur ersten Bildung von provisorischen Konzepten führen soll. Ausführliche Beschreibungen der Kodes helfen dabei, diese untereinander und über den einzelnen Fall hinweg vergleichbar zu machen. Bei diesem Prozess werden – ganz entsprechend des formulierten Kodierparadigmas und der Anforderungen an Kodes und Kategorien - Kodes voneinander abgetrennt, ineinander überführt oder als nicht relevant wieder verworfen. Neben diesem fortwährenden Selektionsprozess ist es auch die Häufigkeit von Kodes, welche ein Indiz dafür ist, welche Kodes relevant sind und im weiteren Forschungsprozess genauer untersucht werden sollten.[141] Durch das Zu- und Unterordnen von Kodes bildet sich dabei bereits früh eine hierarchische *Struktur*, welche im nächsten Schritt beim Schärfen der ersten Kategorien hilfreich ist. Dieser Prozess wird als axiales Kodieren bezeichnet und stellt die zweite Kodierart dar. Im Zentrum stehen die provisorischen Kategorien und die detaillierte „[...] Analyse an einem bestimmten Punkt um die ‚Achse‘ einer Kategorie [...].“[142] Dabei sollen die Kodes einer Kategorie untereinander untersucht, ihre Verknüpfungen betrachtet und damit die Kategorie selbst verdichtet werden. Auch bei den Prozessen des offenen und axialen Kodierens ist der iterativ-zyklische Forschungsprozess konstituierend. Die einzelnen Schritte erfolgen nicht in einmaliger Abfolge, sondern in sich wiederholenden Schritten.

> *„Durch offenes und axiales Kodieren entstehen in einer zyklischen Bewegung im Gegenstand verankerte, zugleich aber auch abstrahierende Kategorien, die analytisch aufeinander bezogen werden, bis Kernkategorien entworfen werden können, die den Erkenntnis eröffnenden Schlüssel zum Verständnis des interessierenden Phänomens und damit seiner Erklärung enthalten.“*[143]

Beide Prozesse beziehen sich noch sehr stark auf das Material, auch wenn im axialen Kodieren die erste Selektion von bereits abstrakten Begrifflichkeiten stattfindet. Dennoch wendet sich auch dieser Kodierschritt einzelnen Auffälligkeiten im Material zu; es werden Kategorien und Kodes entlang expliziter Vorkommnisse miteinander verknüpft, verglichen und sortiert und somit verdichtete Beschreibungen und Hypothesen für die jeweiligen Kontexte entwickelt.[144] Das selektive Kodieren ist der dritte und letzte Kodierschritt. In diesem weiteren Selektions- und Entwicklungsprozess soll eine zentrale Kategorie als Schlüssel- bzw. Kernkategorie herausgearbeitet werden, die „[...] einen hinreichend signifikanten Bezug zu den Schlüssel-

141 Vgl. Lueger, S. 199.
142 Strauss 1998, S. 63.
143 Hülst 2010, S. 14.
144 Vgl. Strübing. 2014, S. 468.

kodes aufweist, um in einer auf einen spezifischen Bereich bezogenen Theorie verwendet zu werden."[145] Diese zentralen Kategorien und Kodes müssen durch die Schlüsselkategorie miteinander verknüpft und abgebildet werden, daher bezieht sich die Schlüsselkategorie weiterhin auf die im offenen und axialen Kodieren verwendeten Abstraktionen und den sie verbindenden Kern.

Die vorliegende Studie legt einen Schwerpunkt auf die Verwendung der Systemtheorie als Meta-Sensibilisierung, da die Entwicklung einer systemischen Perspektive auf fachspezifische Phänomene und Kontexte ebenfalls ein zentrales Forschungsinteresse darstellt. Im iterativen Wechsel zwischen (Weiter-)Entwicklung der systemischen Perspektive erfolgt eine ‚Anwendung' dieser Perspektive auf spezifische Positionen und Publikationen aus dem Forschungsfeld. In dieser ‚Anwendung' wird für die Kodierschritte die Software MAXQDA verwendet und versucht, damit die unterschiedlichen Herausforderungen und Anforderungen eines solchen Unterfangens zu bewältigen. Hierbei stellt die Software eine Unterstützung im Forschungsprozess dar, übernimmt aber nicht selbstständig die Auswertung.[146]

### 3.1.2 Situationsanalyse feat. Diskursanalyse

Adele Clarke erweitert das skizzierte Verständnis der Grounded Theory und arbeitet deren Veränderungen nach dem ‚postmodern turn' heraus. Mit Rückgriff auf die von Michel Foucault entwickelte Diskursanalyse beschreibt sie soziale Welten als Diskursuniversen und greift dabei auf verschiedene Strategien zurück.[147] Für das vorliegende Forschungsprojekt sind vor allem drei dieser Strategien von Bedeutung. Die Situiertheit aller Wissensproduzent:innen und *Formen* multiplen Wissens nehmen in den Ausführungen Clarkes eine bedeutende Rolle ein und werden in Vorerfahrungen und subjektiven Konstruktionen konstitutiv für Wahrnehmungsprozesse und -praktiken und damit für den Forschungsprozess selbst. Zur Beschreibung und Reflexion dieser heterogenen und komplexen Selbst- und Weltverhältnisse schlägt Clarke das Anfertigen von ‚Maps' vor, welche die Bedingungen der Situation, verschiedene Positionen von Akteuren oder Zusammenhänge sozialer Welten visuell ordnen und wiedergeben.[148]

Die daraus entstehende Hinwendung zu narrativen, visuellen und historischen Diskursen und den verschiedenen ‚Erzählmaschinerien', welche durch die Diskurse produziert werden, stellen die zweite interessante Verbindung erziehungswissenschaftlicher Forschungsme-

145 Strauss 1998, S. 63.
146 Vgl. Kelle und Kluge 2010, S. 60.
147 Vgl. Clarke 2012, S. 94.
148 Vgl. Clarke, S.54.

thoden und dem Vorgehen der vorliegenden Studie dar. Clarke betont explizit nicht-menschliche Akteur:innen, die in unserer komplexen Situiertheit maßgebliche Faktoren darstellen und Wirklichkeiten mitkonstituieren.[149]
Als weiterer Anschlusspunkt soll hier noch Clarkes Vorschlag aufgegriffen werden, eher von ‚Theoretisierungen' statt von formalen Theorien zu sprechen. Laut Clarke macht es wenig Sinn eine umfassende Theorie von etwas niederzuschreiben, das sich stets und ständig verändert.[150] Jennifer Fosket beschreibt das Ziel einer solchen Untersuchung als „dense analysis"[151], in der vielmehr von kleinen Analysen und Schlussfolgerungen auszugehen sei, als von langfristigen Vorhersagen und Theorien großer Reichweite. Das zu entwickelnde Konzept des ‚medialen Anfangsunterrichts' wird nur eine Momentaufnahme darstellen, welches kontinuierlich weiterentwickelt und an die sich verändernden Bedingungen von *Gesellschaft* angepasst werden muss. Um eine Beschreibungsebene für die *Strukturen* der Digitalisierung und der *Gesellschaft* zu finden, wird die Systemtheorie zum einen als Meta-Sensibilisierung im Sinne eines Forschungswerkzeugs produktiv gemacht und zum anderen in *Form* einer zu entwickelnden systemischen Perspektive auf fachspezifische Phänomene und Publikationen selbst zum Forschungsgegenstand.
Die sensibilisierenden Konzepte, welche erstmals von Herbert Blumer beschrieben wurden, sind dabei eine Möglichkeit die Vorannahmen und das Vorwissen der/des Forschenden darzustellen und der Situiertheit aller Wissensproduzent:innen gerecht zu werden.

### 3.1.3 Sensibilisierende Konzepte

Herbert Blumer entwickelt 1954 als Theoretiker des symbolischen Interaktionismus den Begriff der ‚Sensibilisierenden Konzepte'. Mit ihnen etabliert Blumer einen Weg, die Vorerfahrungen und das bereits angeeignete Wissen von Forschenden offenzulegen. Blumer kritisierte die Vagheit theoretischer Konzepte in den Sozialwissenschaften und die Problematik, einzelne Begriffe nicht fest definieren zu können. Dieser vermeintliche Schwachpunkt der Sozial- und Geisteswissenschaften, so Blumer, sei dem Gegenstand der Sozialwissenschaften an sich geschuldet. Komplexe Forschungslagen und Zusammenhänge würden vielmehr offene Konzepte erfordern, welche die/den Forscher:in für die Wahrnehmung sozialer Bedeutungen in konkreten Handlungsfeldern sensibilisieren.[152] Diese können bzw. müssen in der empirischen

149 Vgl. ebd., S. 209.

150 Was für ein Verständnis einer flüssigen – sich stetig aktualisierenden und verändernden – Gesamtheit von *Kultur*, wie in Kultur [4.1.2.1] erläutert, angenommen werden kann.

151 Fosket 2002, S. 40.

152 Vgl. Blumer 1954, S. 3.

sozialen Welt konkreter präzisiert werden und sind Grundlage für Forschungsgegenstände (ob Personen, Gruppen, *Institution* oder eine bestimmte soziale Praxis), welche oftmals einen genauen umschriebenen Charakter und einen spezifischen Kontext erfordern:

> „*Instead, it [a sensitizing concept] gives the user a general sense of reference and guidance in approaching empirical instances. Whereas definitive concepts provide prescriptions of what to see, sensitizing concepts merely suggest directions along which to look. [...] If our empirical world presents itself in the form of distinctive and unique happenings or situations and if we seek through the direct study of this world to establish classes of objects and relations between classes, we are, I think, forced to work with sensitizing concepts.*“[153]

In sensibilisierenden Konzepten werden demnach vorhandenes Wissen und Erfahrungen der Forschenden im Umgang mit Forschungsfeld und -gegenstand gebündelt und explizit gemacht. Mit ihnen werden die Ausgangspunkte entwickelt, von denen aus das Material kodiert und diese anschließend analysiert werden.[154] Zusammen mit dem empirischen Material sollen die sensibilisierenden Konzepte die Schärfung der Kodes und die Theoriebildung von unterschiedlichen Seiten unterstützen. Dabei ist die Auswahl und die Darstellung der sensibilisierenden Konzepte von den Forschenden auf Grundlage der eigenen Vorerfahrungen und der Fragestellung zu treffen.[155] Dass es sich bei den Sensibilisierenden Konzepten nicht ‚nur' um eine überblicksartige Darstellung der relevanten Literatur handelt, sondern diese durch ihre Offenheit und Vorläufigkeit den Ausgangspunkt für die Auswahl des Materials bilden, wird von Glenn Bowen mehrfach betont und herausgestellt.[156] Es dürfe vor diesem Hintergrund nicht um das Festlegen auf bereits starre Vorstellungen und nicht mehr abänderbare Konstruktionen gehen. Die Forschenden sollen sich vielmehr in eine, ihre Vorerfahrungen und *Erwartungen* berücksichtigende sensible Haltung begeben und anhand dieser die ersten Forschungsschritte durchführen. Zur Beantwortung der Forschungsfrage oder zur Formulierung abstrakter Hypothesen seien die sensibilisierenden Konzepte daher nicht geeignet.[157]

153 Blumer 1954, S. 4.
154 Vgl. Kelle und Kluge 2010, S. 29.
155 Vgl. Blumer 1954, 6-8.
156 Vgl. Bowen 2006, S. 17.
157 Vgl. Strübing 2014a, S. 59.

## 3.2 Systemtheorie als Meta-Sensibilisierung

*„Der Weg zum Konkreten erfordert den Umweg über die Abstraktion."*[158]

Für die vorliegende Forschungsarbeit kommt der Systemtheorie eine besondere Rolle zu, da sie, wie zuvor beschrieben, im Sinne Herbert Blumers ein wesentliches sensibilisierendes Konzept darstellt, gleichzeitig aber auch Forschungsgegenstand ist und darüber hinaus die Grundstruktur der Studie selbst prägt. Aus diesem Grund werden im folgenden Abschnitt zunächst grundlegende Aspekte der Systemtheorie in Es gibt Systeme - Die Luhmannsche Systemtheorie [3.2.1] erläutert und anschließend in Sinn [3.2.2] die Prozessierung von *Sinn* und in Kommunikation I [3.2.3] die Selektionsprozesse der Differenz aktuell/potenziell als konstituierende Momente der vorliegenden Forschungsarbeit dargestellt.

Begreifen wir die [vermuteten] Strukturveränderungen der Digitalisierung als gesamtgesellschaftlichen Prozess, so bedarf es zur Betrachtung dieser Gesamtheit einer „[...] soziologische[n] Theorie, [welche] alles Soziale behandelt und nicht nur Ausschnitte."[159] An einer solchen umfassenden Theorie mangelte es aus der Perspektive Niklas Luhmanns der Soziologie und er entwickelt über beinahe dreißig Jahre sein Verständnis einer „[...] facheinheitlichen Theorie, an der man sich wie an einem Musterbeispiel, wie an einem ‚Paradigma' orientieren könnte"[160]

### 3.2.1 Es gibt *Systeme* - Die Luhmannsche Systemtheorie

In seinen Studien entwickelt Luhmann ein weitreichendes Netzwerk von Begriffen, um sich auf abstrakter Ebene den grundlegenden *Strukturen* von *Gesellschaft(en)* zu nähern und diese zu analysieren. Seine Beobachtungen und Beschreibungen fußen dabei auf zahlreichen Relationen und Bezugnahme der verschiedenen Begriffe untereinander. Diese Verweislogiken erzeugen eine hohe Eigenkomplexität und erschweren zunächst den Einstieg in die Systemtheorie.

Die vorliegende Forschungsarbeit versucht trotz dieses Umstands die Systemtheorie produktiv zu machen, die Analyse auf einzelne Grundannahmen zu reduzieren und darüber in Studie (I) eine eigene systemische Perspektive auf Fachzusammenhänge zu entwickeln.

158 Luhmann 1994, S. 10.
159 Luhmann 1987a, S. 9.
160 Ebd., S. 7.

Möglicherweise kann es aufgrund dieser Doppelfunktion und Verschachtelung an einzelnen Stellen zu Verkürzungen oder aber einigen wenigen Redundanzen kommen, es sei aber auf die angegebene weiterführende Literatur und die internen Verlinkungen zu anderen Kapiteln [X.X] verwiesen. Zur weiteren Unterstützung der Lektüre werden außerdem zentrale Begriffe der systemischen Hintergrundstruktur der Forschungsarbeit in einem Glossar [7] zusammengefasst. Die entsprechenden Stellen sind über eine *Kursivschreibung* im Text gekennzeichnet.

Niklas Luhmanns Grundannahme ist es, dass *Systeme* existieren und damit „der Systembegriff [...] immer für einen realen Sachverhalt [steht]."[161] Der Ausgangspunkt für seine Ausführungen der Systemtheorie ist die Differenz *System/Umwelt*. Erst durch das Ziehen einer Grenze und dem Unterscheiden zwischen *System* und *Umwelt*, kann ein *System* existieren. Andersherum formuliert: Ohne eine *Umwelt* – von der es unterschieden werden kann – gäbe es auch kein *System*. Die Grenze wird dabei von den Operationen des *Systems* bestimmt, wodurch sich deren Wirkungsbereich auf das *System* beschränken und nicht außerhalb davon stattfinden können. Im *System* gelten demnach spezifische Bedingungen, die in der *Umwelt* so nicht beobachtbar sind. Dabei ist es wichtig herauszustellen, dass das Ziehen einer Grenze nicht die Isolation des *Systems* bedeutet. Zwar bestimmen die internen Operationen des *Systems* die spezifische Differenz *System/Umwelt*, jedoch können auf der Ebene der Beobachtung unterschiedliche *Formen* der Interdependenz und *Strukturellen Kopplung* auftreten, wodurch die gezogene Grenze auf dieser Ebene überwunden werden kann.[162]

Die Systemtheorie operiert bei der Beschreibung ‚des Sozialen' strikt deskriptiv und kondensiert für andere Subsysteme der *Gesellschaft* keine Vorgaben oder einzuhaltende Regeln. „Sie [die Systemtheorie | W.N.] teilt Ergebnisse mit und geht (auf der Basis von in ihr selbst gewonnener Theoreme wie Autonomie, Autopoiesis, selbstreferentielle Geschlossenheit etc.) davon aus, dass *Systeme* wie das Erziehungssystem die *Irritationen* auf ihre Weise (in ihrer eigenen Operativität) aufnehmen und für eigene Informationsverarbeitung ausnutzen."[163]

Bei der Beschreibung pädagogischer Kontexte, hat die Aufwertung des *Systems* eine vermeintliche Abwertung des Subjekts zur Folge. Es existieren ‚nur' noch *psychische Systeme*, organische *Systeme* oder Körper, die alle zu *sozialen Systemen*, bzw. deren *Umwelt* gehören.[164] Die Positionierung des Menschen in der *Umwelt* des Gesellschaftssystems bedeutet keine

161 Luhmann 1987a, S. 599.

162 Die Differenz *System/Umwelt* wird in Draw a distinction – Aller Anfang ist Differenz [4.1.1.1] zur Beschreibung der komplexen *Strukturen* und Funktionsweisen (digitaler) *Kommunikation* genutzt und in diesem Zusammenhang ausführlich dargestellt.

163 Fuchs 2006, S. 158.

164 Vgl. Luhmann 1987a, S. 69.

Abwertung des Menschen. Das Gegenteil ist der Fall. Der ‚methodische Antihumanismus‘[165] wird genutzt, um „[...] normative und evaluative Standards im Umgang mit Menschen [...] als Eigenleistung der Gesellschaft zu erkennen, statt sie als regulative Ideen oder als Komponenten des Begriffs von *Kommunikation* voraussetzen zu müssen.“[166]

Vor dem Hintergrund des Forschungsprojektes ist vor allem interessant, dass Luhmann auch den Prozess des Beobachtens selbst als realexistierenden Vorgang bezeichnet, der wiederum zur Grundlage für Beobachtungen und Beschreibungen werden kann. Damit führt Luhmann die Beobachtung zweiter Ordnung in seine Theorie ein und bricht mit dem traditionellen Dualismus aus Beobachter und dem zu beobachtenden Gegenstand. Produktiv wird diese Definition dann, wenn mit ihr die Kontroverse zwischen Konstruktivismus und Realismus abgeschwächt oder aber umgangen werden kann. Indem auch die Operation des Referierens, des Sich-Beziehens auf etwas – und seien dies nun Elemente der Wahrnehmung oder der *Umwelt* -, als realer Sachverhalt erklärt wird, ist nicht mehr nur der beobachtete Gegenstand real, sondern auch der Beobachter.[167]

Um bereits an dieser Stelle die systemische Perspektive auf den Forschungsgegenstand und die *Strukturen* im Forschungsprozess entwickeln zu können, wird zunächst die Differenz *Medium/Form* erläutert und diese anschließend mit weiteren Ausführungen Luhmanns zum Begriff des *Sinns* [und dessen Überschuss] als begriffs- und strukturanalytisches Werkzeug ausgebaut.[168]

Die Differenz *Medium/Form*

„Kommunikationssysteme konstituieren sich selbst mit Hilfe einer Unterscheidung von *Medium* und *Form*.“[169] Die Idee der Unterscheidung von *Medium* und *Form* stammt von Fritz Heider, der „[...] die Unterscheidung benutzte, um die Wahrnehmung von Objekten zu erklären, die mit dem Körper nicht direkt in Kontakt stehen - wie z.B. die visuelle oder die akustische Wahrnehmung.“[170] Das *Medium* selbst wird in der Regel nicht wahrgenommen. „Wahrnehmungsobjekte setzten sich dank ihrer höheren ‚Regidität‘ gegenüber der ‚Flexibilität‘ des

165 Vgl. Habermas 1988, S. 435–438.

166 Luhmann 1998, S. 35.

167 In diesem Sinne lässt sich auch die aus dem Pragmatismus und symbolisch Interaktionismus stammende Betonung der Handlung in der Grounded Theory mit der Verwendung Luhmanns zusammenbringen. Das Referenzieren, bzw. das ‚Sich-Beziehen-auf‘, kann in/mit der Systemtheorie als Operationen der Handlung und Wahrnehmung und damit ebenfalls als real angesehen werden. Die besondere Bedeutung des Beobachters zweiter Ordnung wird in Kommunikation [4.1.1] zur Beschreibung komplexer kommunikativer Artikulationen detailliert diskutiert.

168 Auf die Verwendung der Notation des Formkalküls von George Spencer-Brown wird an dieser Stelle noch verzichtet. In Draw a distinction – Aller Anfang ist Differenz [4.1.1.1] und 4.1.1.2 Unterscheiden als Formbildung – Sinn und dessen Überschuss [4.1.1.2] wird das Kalkül hingegen als erkenntnistheoretisches Werkzeug etabliert.

169 Luhmann 1998, S. 195.

170 Baraldi et al. 1997, S. 58.

Mediums durch, dass immer bereit ist, *Formen* anzunehmen."[171] Es fungiert als loses, flüssiges Material, welches Artikulationsformen sich konstituierender Objekte zulässt. „Ein *Medium* besteht in lose gekoppelten Elementen, eine *Form* fügt dieselben Elemente dagegen zu strikter Koppelung zusammen."[172] Als anschauliches Beispiel führt Claudio Baraldi die Bedingungen und Verbindungen von Sprache an. „Die Elemente der Sprache (Worte) setzen sich [...] als *Formen* im Kontinuum der Laute durch und kondensieren in ihm als stabilere Konfigurationen."[173] Die unendlichen Möglichkeiten der Kombination von Lauten bildet die Grundlage für wiederholbare und kommunikativ vermittelbare Sprache und Worte. Dabei ist zu beachten, dass „[...] die Unterscheidung zwischen *Form* und *Medium* [...] immer relativ [ist]: Nichts ist ‚an sich' *Form* oder *Medium*, sondern immer *Medium* in Bezug auf eine sich durchsetzende *Form* [...]."[174] Im genannten Beispiel, sind die Wörter, die sich als *Form* im *Medium* der Laute durchsetzen, selbst *Medium* für die *Form* der Übermittlung von Kommunikationsinhalten. Torsten Meyer fasst dies entsprechend zusammen: „In diesem Sinne siedelt Luhmann ‚*Medium*' auf der Ebene der Möglichkeiten an und ‚*Form*' auf der der Wirklichkeiten."[175] Das *Medium* strukturiert sich demnach als lose Koppelung der Elemente, die aus allen Möglichkeiten ihrer Kombination besteht, unverbrauchbar ist und die *Form* als daraus resultierende, sich durchsetzende Wirklichkeiten.

Die Funktion dieser Unterscheidung liegt in der Aufrechterhaltung des *Systems* selbst. „Die Unterscheidung *Medium/Form* übersetzt die Unwahrscheinlichkeit der operativen Kontinuität des *Systems* in eine systemintern handhabbare Differenz und transformiert sie damit in eine Rahmenbedingung für die Autopoiesis des *Systems*."[176] Im angesprochenen *System* der *Kommunikation* (Worte/Kommunikationsinhalte), übersetzt die Unterscheidung die Unwahrscheinlichkeit des Gelingens der *Kommunikation* aufgrund der schier unendlichen Möglichkeiten der zu kombinierenden Worte in eine systeminterne handhabbare Differenz, da sich *Formen* als Kommunikationsinhalte (wie z.B. Semantik oder Syntax) durchsetzen.

Neben der Perspektive auf der Ebene der Wahrnehmung ist noch eine weitere Perspektive zu beachten. Luhmann stellt heraus, „[...] dass [er] unter ‚*Form*' die Markierung einer Unterscheidung versteht. Also ist auch die Unterscheidung von *Medium* und *Form* eine *Form*."[177] Demnach ist jegliche Unterscheidung eine sich durchsetzende *Form* in einem entsprechenden *Medium*. Betrachten wir die Unterscheidung Wirklichkeiten und Möglichkeiten, auf den Ebenen auf denen *Medium/Form* wie dargestellt ohnehin verortet sind, so bildet auch diese

171 Ebd.
172 Luhmann 1998, S. 198.
173 Baraldi et al. 1997, S. 59.
174 Ebd.
175 Meyer 2002, S. 37.
176 Luhmann 1998, S. 197.
177 Luhmann 1998, S. 197.

eine *Form*. Weiter verweist die Unterscheidung von Wirklichkeiten und Möglichkeiten bei Luhmann geradewegs auf Sinn – hier verstanden als „[...] Simultanpräsentation von Aktuellem und Möglichem (Potentiellem) [...]“[178] –, womit auch *Sinn* als eine sich durchsetzende *Form* „[...] in Horizonten [...] weiterer Aktualisierungsmöglichkeiten [...]“[179] verstanden werden kann.

### 3.2.2 Sinn

Luhmann selbst beschreibt *Gesellschaft(en)* als unwahrscheinliche *Form,* in der sich verschiedene Ausprägungen von *Kommunikation* entwickelt und voneinander abgegrenzt haben. Diese *Formen* konstituieren differenzierte Funktionssysteme wie Wirtschaft, Recht oder auch *Kunst,* die mit ihren jeweils spezifischen *Codes* der *Kommunikation,* den Gesamtkomplex *Gesellschaft* bilden. Die Bedingungen dieser *Codes* sind es, die innerhalb der Funktionssysteme darüber entscheiden, welche *Kommunikationen* aneinander anschließen und transformieren mit dieser Auswahl unwahrscheinliche *Kommunikation* in wahrscheinliche *Kommunikation.* Dies tun sie mit dem *Medium Sinn.*

Für Luhmann ist *Sinn* nicht nur das *Medium,* welches die selektive Erzeugung aller sozialen und psychischen *Formen* erlaubt, sondern, mit Bezug auf Edmund Husserls Phänomenologie, auch die Prämisse jeder Erfahrungsverarbeitung selbst. „Unausweichlich bleibt daher das Problem, die Aktualität des *Erlebens* mit der Transzendenz seiner anderen Möglichkeiten zu integrieren, und unausweichlich auch die *Form* der Erlebnisverarbeitung, die dies leistet. Sie nennen wir ‚Sinn‘.“[180] *Sinn* vollzieht sich demnach im Prozessieren von Informationen anhand der Differenz von real/möglich oder aktuell/potenziell. *Soziale* und *psychische Systeme* durchlaufen fortwährend diesen Prozess des Neuarrangierens der Unterscheidung von Aktuellem und Möglichem. Dabei bleiben die jeweils nicht gewählten Anschlüsse als Möglichkeiten erhalten und können ihrerseits später aktualisiert werden. Aus einem Spektrum an Möglichkeiten wird eine ausgewählt und an diese ihrerseits weitere Anschlüsse und Auswahlprozesse angeschlossen.[181] Dabei helfen sich ausprägende *Formen* im *Medium Sinn* dem *System* selbst zur Reduktion von *Komplexität.* Die Umwandlung in bestimmte Sequenzen/*[Formen]* macht die *Komplexität* der *Umwelt* erst behandelbar. Gleichzeitig erhält

178 Baraldi et al. 1997, S. 170.

179 Luhmann 1998, S. 199.

180 Luhmann. 1971, S. 31.

181 Diese Differenz konstituiert auch die Grobstruktur der vorliegenden Studie. In Potenzielles/[Virtuelles] wird das Möglichkeitsspektrum potenzieller Anschlusskommunikationen für den ‚medialen Anfangsunterricht‘ aufgezeigt und thematisiert. In Aktuelles/[Reales] werden die getroffenen Selektionen zum Konzept des ‚medialen Anfangsunterricht‘ zusammengeführt und konkretisiert.

*Sinn* diese aber auch, indem die Auswahl eines aktuellen Ereignisses stets einen Neuverweis auf weitere Möglichkeiten provoziert. Niklas Luhmann beschreibt diesen *Verweisungsüberschuss von Sinn* als grundlegende Eigenschaft und Voraussetzung jeder *Kommunikation.*[182] *Kommunikation* vollzieht sich im Kontext ihres jeweiligen - und im Horizont eines auch anders möglichen - *Sinns.*[183]

### 3.2.3 *Kommunikation* I

„Sie [die *Kommunikation* | W.N.] geschieht, oder geschieht nicht - das ist alles was man dazu sagen kann."[184] Die Elemente, aus denen *Kommunikation* besteht, werden in einem vollständig geschlossenen – autopoietischen - *System* fortlaufend selbst erzeugt und zu *Formen* zusammengesetzt. Information, Mitteilung und Verstehen bilden dabei die drei Aspekte aus denen *Kommunikation* nach Luhmann besteht. Jeder der drei Aspekte ist eine Auswahl aus einem Spektrum von Möglichkeiten, da *Kommunikation* als Letztelement von sozialen Systemen fungiert und diese – wie oben kurz dargestellt - mit dem *Medium Sinn* operieren. Ausgewählt wird demnach eine Information aus vielen und für diese Information jeweils eine Ausprägungsform der Mitteilung und des Verstehens. Das Verstehen bildet dabei die entscheidende Selektion, durch die sich *Kommunikation* erst konstituiert. An *Kommunikation* sind also min. zwei Akteur:innen – die nicht zwingend menschlich sein müssen[185] – beteiligt. Hierbei geht es aber nicht nur um das Wahrnehmen von Verhalten, sondern um das Registrieren einer Differenzerfahrung: Erst wenn Ego Alter einen Unterschied zwischen Information und Mitteilung unterstellen kann – also zwischen inhaltlicher Information und der Intention, warum diese mitgeteilt wurde -, handelt es sich um *Kommunikation.*

/// Als Beispiel ließe sich die Differenz zwischen der absichtsvollen *Kommunikation* *Hand zum Gruß* und einer einfachen Körperbewegung betrachten. Der Gruß, bzw. die Intention der Information des Hebens der Hand, kann sowohl verstanden als auch nicht verstanden werden und selbst wenn die Information als *Kommunikation* verstanden wird, kann sie noch abgelehnt werden. Dies hat nicht immer wahrnehmbare Unterschiede zur Folge, weshalb jede *Kommunikation* hoch komplex und fehleranfällig ist. Ego registriert die

182 Vgl. Luhmann 1998, S. 58.

183 Wie die Differenz aktuell/potenziell zu einem Sinnüberschuss führt und welchen Umgang *Gesellschaften* für diesen finden, wird in <u>Unterscheiden als Formbildung – Sinn und dessen Überschuss</u> [4.1.1.2] diskutiert.

184 Luhmann 1997, S. 20.

185 Die Vermutung, dass mit zunehmender technologischer Weiterentwicklung und der mannigfaltigen Einbindung nicht-menschlicher Akteur:innen in Kommunikationsprozesse, (zukünftig) auch jene nicht-menschlichen Akteur:innen als sinnkonstituierende *Systeme* betrachtet werden können, wird in <u>Treffen sich zwei [psychische] Systeme</u> [4.1.2] diskutiert.

*Hand zum Gruß*, ignoriert/reagiert nicht - aus welchen Gründen auch immer - auf die Geste von Alter, oder aber Ego versteht die Differenz von Wahrnehmung und Information nicht, registriert also nur eine einfache Körperbewegung und reagiert dementsprechend nicht auf die eigentliche Mitteilung. ///

Demnach kann *Kommunikation* nie selbst als Operation *psychischer Systeme* fungieren, dies kann nur die Wahrnehmung. Es entsteht eine Kommunikationssituation der *doppelten Kontingenz*[186] – also eine Situation der gleichzeitigen Negation von Notwendigkeit und Unmöglichkeit –, wenn zwei *psychische Systeme* aufeinandertreffen. Alle Kommunikationsteilnehmer:innen können nicht wissen, was in den anderen Akteur:innen vorgeht; die Ebene zur Wahrnehmung selbst bleibt ihnen versperrt. Ausschließlich die Ebene des *sozialen Systems* der Interaktion, in dem *Kommunikation* stattfinden kann, ist ihnen zugänglich; dies jedoch auch nur als kontingente Situation selbst. Niklas Luhmann beschreibt *Kommunikation* – zusammengesetzt aus Information, Mitteilung und Verstehen – damit als hoch fehleranfällig und unwahrscheinlich und dennoch findet sie (weitestgehend) erfolgreich statt. Dies ist möglich, da sie zu einem gerichteten Prozess wird und sich selbst als *Handeln* beschreibt und dadurch ihrerseits Anschlusshandeln ermöglicht und auch erzwingt. Die *Handlung* vollzieht dabei die Selektion auf der Ebene der Mitteilung und lässt die rekursive autopoietische Verbindung der *Kommunikation* außer Acht. Im Beispiel des Grußes lässt sich im Vollzug der *Kommunikation* diese auf die Beobachtung der Mitteilung von Ego reduzieren, ohne notwendigerweise darauf verweisen zu müssen, dass sich jede *Kommunikation* nur im Verweis auf weitere *Kommunikationen* realisiert. *Handeln* findet damit im Kontext von *System* statt und *Erleben* über die Wahrnehmung im Kontext von *Umwelt*. *Handeln* – als Treffen einer Auswahl und Konstruktion von Wirklichkeit - und *Kommunikation* – als mit Hilfe von Vorerfahrungen erkanntes intentionales *Handeln* – werden auf diese Weise in der Differenz Aktuelles/Potenzielles für den Forschungsprozess als Meta-Sensibilisierung konstitutiv. Es werden Anschlusskommunikationen ermöglicht oder ausgeschlossen und somit zum weiteren Selektionswerkzeug und zur Grobstruktur der vorliegenden Studie.

186 Der Begriff der *doppelten Kontingenz* verweist auf das Grundproblem von Selektionsprozessen in *sozialen* und *psychischen Systemen* und deren Koordination. Unter der systemischen Perspektive determinieren alle Akteur:innen mit ihren eigenen Selektionen die Selektionsprozesse anderer sinnkonstituierender Systeme mit, wodurch *Kommunikation* als hochkomplexer und fehleranfälliger Prozess beschreibbar wird. In Kommunikationsprozessen treffen dann zwei (oder mehr) ‚black-boxes' aufeinander, die keinen Einblick in die internen Prozesse erlauben und keine, oder zumindest kaum, Aussagen über den Zusammenhang zwischen Input und Output zulassen. Welche weiteren Indikationen mit diesem Verständnis von Kommunikation einhergehen und welche Perspektiven auf Bildung und Unterricht abgeleitet werden können, wird in Kommunikation [4.1.1] ausführlich dargestellt.

## 3.3 Isomorphien

Die bisherigen Darstellungen in diesem Kapitel zielten darauf ab, sowohl die Grundlagen der Grounded Theory als auch relevante Aspekte der Systemtheorie so auszuführen, dass die später verwendeten Arbeitstechniken sowie Beschreibungs- und Analysemöglichkeiten im Forschungsprozess immer im Kontext dieser Verständnisse von Selektionsmechanismen und Erkenntnis nachvollziehbar sind. Damit vollzieht sich der Forschungsprozess synchron und entlang isomorpher *Strukturen*, wie die Konstitution von *Sinn* im Allgemeinen. Die skizzierte Vorgehensweise fokussiert die Entwicklung von Kernkategorien und die Überführung und Verdichtung dieser in Theoretisierungen im Sinne Clarkes. Leitend bei der Entwicklung des ‚medialen Anfangsunterrichts' ist die Hypothese, dass womöglich gerade ästhetische Erfahrungen – und in der Schule und der dort (noch) herrschenden Fächerlogik, der Kunstunterricht – verschiedene Potenziale bieten, tiefgreifende Bildungsprozesse anzuregen und die Auseinandersetzung mit den Transformationsprozessen der Digitalisierung zu unterstützen. Untersuchungsgegenstände der Studie sind dabei verschiedene (fachspezifische) Aspekte der Digitalisierung, die zur Entwicklung einer systemischen Perspektive (weiter-)entwickelt werden. Die systemische Perspektive wird genutzt, um den borromäischen Knoten ‚Digitale Bildung' systemisch zu analysieren und die entwickelte Perspektive an fachspezifischen Positionen und Publikationen im Kontext komplexer *Kommunikation* zur Konstitution des ‚medialen Anfangsunterrichts' zu schärfen. Im Fokus stehen hierbei spezifische Artikulationen der Differenzerfahrung von Information und Mitteilung in Kommunikationsprozessen – was allgemein als *Kunst* beschrieben wird – und die in der Auseinandersetzung mit ästhetischen Erfahrungen vermuteten Bildungspotenziale. Die Orientierung am Konzept der Grounded Theory bietet über die starre Formulierung und Prüfung von Hypothesen hinaus die Möglichkeit, Abduktion als tragendes Element im Forschungsprozess selbst zu fassen und zu unterstützen. Das im iterativen Wechsel zwischen (sich entwickelnder) systemischer Perspektive in Studie (I) und Einbezug fachspezifischer Positionen und Publikationen in Studie (II) entstehende Konzept des ‚medialen Anfangsunterrichts' befindet sich stets in der Entwicklung, kann selbst als Prozess verstanden werden und bildet kein abgeschlossenes isoliertes Konstrukt. Die Auseinandersetzung mit den flüssigen Gesamtheiten von *Kunst* und *Kultur* und der Vermittlung von Teilhabequalifikationen einer ‚nächsten *Gesellschaft*' erfordert genau ein solch offenes und variables Verständnis von Theorie und ermöglicht es so, produktiv und anschlussfähig aktuelle (und zukünftige) medienkulturelle Phänomene zu befragen und mitaufzunehmen.

## 3.4 Entknoten

Mit der zuvor skizzierten Zielsetzung braucht es für die Konstitution des ‚medialen Anfangsunterrichts' zum einen die Entwicklung einer systemischen Perspektive auf grundlegende Begrifflichkeiten um *Kommunikation* und fachspezifische Kontexte und zum anderen die Schärfung dieser Perspektive und systemische Bündelung kunstpädagogischer Schwerpunkte. Studie (I) und Studie (II) sind iterativ ineinander verwoben und werden durch die ‚Knoten' _Ausgangspunkte, _Fachperspektiven und _Richtlinien strukturiert.

(i) Im ‚Knoten' Ausgangspunkte [4.1] werden grundlegende Begrifflichkeiten um *Kommunikation* systemisch erschlossen und anschließend mit zentralen Positionen aus der (Medien-)Pädagogik, die sich mit übergreifenden Themenstellungen auseinandersetzen, zusammengeführt.

(ii) Der ‚Knoten' Fachperspektiven [4.2] bündelt verschiedene systemische Untersuchungen rund um fachspezifische Begrifflichkeiten, welche anschließend zur Fokussierung kunstpädagogischer Schwerpunkte und Felder im Kontext digitaler *Kommunikation* und Grundschule genutzt werden.

(iii) Im ‚Knoten' Richtlinien [4.3] erfolgt ein systemischer Exkurs in die Organisations- und Institutionsstrukturierung, um abschließend die Realitäten von Schule, in *Form* ministerialer Vorgaben und institutioneller Vorgehensweisen, mit der entwickelten systemischen Perspektive zu analysieren. Dieser Schritt erfolgt als letztes, da die Konzeption des ‚medialen Anfangsunterrichts' keine Anwendung dieser Vorgaben bildet, sondern eine eigene, auf deskriptiven systemischen Beobachtungen aufbauende Konzeptentwicklung darstellt.

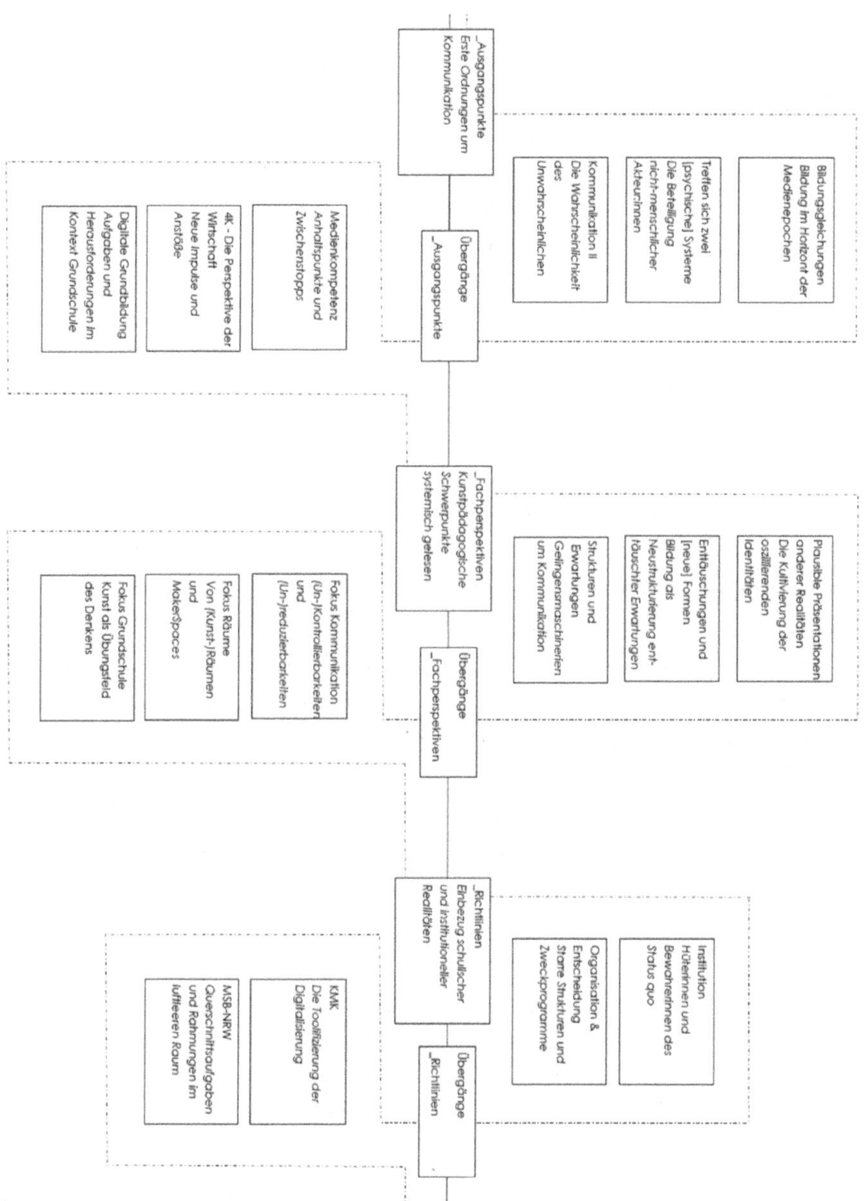


**Abb. 9**: Darstellung des iterativen Forschungsprozesses | W.N. Die Studie I ist im oberen Bereich dargestellt, die Studie (II) im unteren. Die gestrichelte Linie markiert die lineare Darstellungsform in der Dissertation.

Hervorzuheben ist, dass es nicht Zielstellung der sensibilisierenden und theoriegeleiteten Studie (I) ist, die Universalität der Systemtheorie in einzelnen Bereichen zu behaupten und zu beschreiben, sondern vielmehr den Potenzialen einer Anwendung der Systemtheorie auf verschiedene Fachgebiete und Begrifflichkeiten nachzugehen und mögliche Anschlüsse und Perspektiven der daraus resultierenden Beobachtungen zu veranschaulichen. Zu diesem Zwecke werden die extrahierten und gebündelten Sensibilisierungen in Zwischenkapiteln [Übergängen] für die anschließenden systemischen Betrachtungen aufbereitet. Die Anwendung der systemischen Perspektive in Studie (II) erfolgt dann jeweils an zentralen Veröffentlichungen, die mithilfe der vorherigen Ergebnisse mehrstufig und detailliert analysiert werden und darüber die verschiedenen Aspekte für die Konstitution des ‚medialen Anfangsunterrichts' in der Grundschule nutzbar gemacht werden.

### 3.4.1 Entwicklung einer systemischen Perspektive – Studie (I)

Die Entwicklung der systemischen Perspektive erfolgt ebenfalls anhand der zuvor beschriebenen strukturierenden ‚Knoten' und anhand des Forschungsinteresses, wie (kunst-)pädagogische Begrifflichkeiten und Felder im Kontext von *Kommunikation, Kunst, Kultur* und *Lernen* systemisch beschrieben und beforscht werden können. Die dafür leitende Forschungsfrage der Studie (I) lautet daher:

> Wie lassen sich (kunst-)pädagogische Begrifflichkeiten vor dem Horizont von Digitalisierung und Globalisierung systemisch beschreiben und als Instrument zur Untersuchung (kunst-)pädagogischer Schwerpunkte und Positionen produktiv machen?

Dazu werden in Ausgangspunkte [4.1] zunächst die (Un-)Wahrscheinlichkeiten von *Kommunikation* anhand der grundlegenden systemischen Differenz *System/Umwelt* und der Prozessierung von Sinn beschrieben. Anschließend erfolgt anhand *psychischer Systeme* und der *doppelten Kontingenz* eine differenzierte Beschreibung zur Beteiligung nicht-menschlicher Akteur:innen an *Kommunikation*. Die Analyse der Bildungsgleichungen von Dirk Baecker im Zusammenhang der Überschneidungen verschiedener medialer Epochen stellen den Abschluss der Studie I im ‚Knoten' _Ausgangspunkte dar.

In Fachperspektiven [4.2.] werden anschließend spezifische kunstpädagogische Kontexte systemisch aufgearbeitet und analysiert. Dazu werden mögliche Bildungspotenziale ästhetischer Erfahrungen mithilfe der Begriffe *Strukturen, Erwartungen und Enttäuschungen* gegriffen und *Kunst* als plausible Präsentation anderer Realitäten beschrieben. Die systemische

Perspektive auf diese fachspezifischen Kontexte wird darauffolgend an historischen und aktuellen Verhandlungen der *Kunst* konkretisiert und weiterentwickelt.

In Richtlinien [4.3] erfolgt abschließend eine systemische Beschreibung institutioneller Vorgehensweisen und Operationen vor dem Hintergrund allgemeiner Organisationsstrukturen, Entscheidungen und eingerichteter Ziel- und Zweckprogramme.

Die systemischen Beschreibungen der Studie (I) stellen in den jeweiligen ‚Knoten' wegweisende sensibilisierende Ordnungen und Konzepte für die Anwendung der systemischen Perspektive in Studie (II) dar. Diese erfolgt an (kunst-)pädagogischen Schwerpunkten und Positionen und strukturiert sich ebenfalls an den formulierten ‚Knoten'.

### 3.4.2 Systemische Betrachtungen (kunst-)pädagogischer Schwerpunkte und Positionen - Studie (II)

Die (kunst-)pädagogischen Schwerpunkte und Positionen umfassen zum einen grundlegende Veröffentlichungen im Bereich medienpädagogischer Konzepte und Bezugnahmen und zum anderen kunstpädagogische Positionen im Kontext von *Kommunikation* und im Horizont von Digitalisierung und Globalisierung. Zudem werden abschließend zentrale Veröffentlichungen der Kultusministerkonferenz (KMK) und des Ministeriums für Schule und Bildung des Landes Nordrhein-Westfalen (MSB NRW) analysiert.

Dies geschieht vor dem Hintergrund der in Studie (I) entwickelten systemischen Perspektive und der darüber konkretisierten Forschungsfrage für Studie (II):

> Welche (kunst-)pädagogischen Implikationen einer systemischen Betrachtung grundlegender (kunst-)pädagogischer Schwerpunkte und Positionen lassen sich für die Vermittlung von Teilhabequalifikationen einer ‚nächsten *Gesellschaft*' in Dimensionen des ‚medialen Anfangsunterrichts' bündeln?

Knoten I _Ausgangspunkte

Medienkompetenz | Dieter Baacke

Im Kontext Schule wird in Deutschland ‚Medienkompetenz' zur Beschreibung der zu erwerbenden Fähigkeiten und Fertigkeiten im Umgang mit digitalen Medien und der Auseinandersetzung mit den Prozessen der Digitalisierung als Über- und Sammelbegriff verwendet. ‚Medienkompetenz' ist über die Lehrpläne fest im Unterricht verankert und muss von Lehrkräften daher verpflichtend thematisiert werden.[187] Um diesen zentralen Über- und Sammelbegriff als ersten Ausgangspunkt zur Konzeption des ‚medialen Anfangsunterrichts' zu nutzen, wird der Beitrag ‚Medienkompetenz – Begrifflichkeit und sozialer Wandel'[188] von Dieter Baacke aus dem Sammelband ‚Medienkompetenz als Schlüsselbegriff'[189] mit der entwickelten Perspektive auf die *Strukturen* um *Kommunikation* systemisch betrachtet und analysiert. Die detaillierteren Ausführungen und Kontextualisierungen Baackes in seiner Monografie ‚Medienpädagogik'[190] finden ergänzend Einzug in diesen ersten Ausgangspunkt. Die systemische Analyse wird aber an dem kürzeren Beitrag durchgeführt, da die verschiedenen Aspekte von ‚Medienkompetenz' in diesem konzentriert und gebündelt darstellt werden.

4K | Partnership for 21st Century Skills (P21)

Die US-amerikanische Initiative ‚Partnership for 21st Century Skills' (P21) führte zwischen 2004 und 2007 verschiedene Befragungen bei Unternehmen durch, welche Anforderungen Beschäftigte im 21. Jahrhundert erfüllen müssen und welche Fähigkeiten und Fertigkeiten diese für eine erfolgreiche Bewältigung neuer Aufgaben erwerben müssen. Trotz der großen Bandbreite an befragten Expertinnen und Experten ergaben sich für die Verfasser:innen deutliche Überschneidungen, die zu den ‚vier Dimensionen der Bildung' zusammengeführt wurden.[191] Die Dimension ‚Skills' mit den 4K (Kreativität, Kritisches Denken, *Kommunikation*, Kollaboration) wurde dabei im deutschsprachigen Raum viel diskutiert und stellt eine (erste) greifbare und gut kommunizierbare Ordnung fachunabhängiger und damit übergreifender Fähigkeiten dar. Aus diesem Grund wurde sich auch in der vorliegenden Forschungsarbeit für diesen Ausschnitt zur genaueren systemischen Betrachtung entschieden, da die vermuteten Anstöße und Impulse für das Konzept des ‚medialen Anfangsunterrichts' hier am produktivsten erschienen.

Digitale Grundbildung | Thomas Irion

Um in den _Ausgangspunkten bereits die Perspektive der Grundschule zu berücksichtigen, wird die Veröffentlichung von Thomas Irion zur ‚Digitalen Grundbildung in der Grundschule'[192] in diesem Abschnitt noch mit aufgenommen. Der Beitrag

187 Ministerium für Schule und Weiterbildung des Landes Nordrhein-Westfalen 2021.

188 Baacke 1996.

189 Rein 1996.

190 Baacke 1997.

191 Diese wurden 2015 in ‚Four-dimensional educaiton' veröffentlicht (Fadel et al. 2015) und die deutschsprachige Übersetzung von Jöran Muuß-Merholz, die im Folgenden verwendet wird, erschien 2017 (Fadel et al. 2017).

192 Irion 2020.

basiert auf Irions Überlegungen aus der Veröffentlichung ‚Neue Medien in der Grundschule 2.0‘[193] umfasst aber noch die Forschungsarbeit aus dem Projekt ‚Das Primat des Pädagogischen in der digitalen Grundbildung‘[194], welches sich konkret mit den Kompetenzbeschreibungen der KMK und neueren Forschungen im Bereich Informatik- und Medienpädagogik und deren Anwendung für den Grundschulbereich beschäftigte, weshalb diese Veröffentlichung für die systemische Betrachtung ausgewählt wurde.

Knoten II _Fachperspektiven

Fokus *Kommunikation*

Die Fokussierungen aus _Ausgangspunkte nutzend, werden im ersten Abschnitt der kunstpädagogischen Schwerpunkte drei Positionen systemisch betrachtet, die die (Un-)Kontrollierbarkeiten und (Un-)Reduzierbarkeiten (digitaler) *Kommunikation* thematisieren und darauf aufbauend, kunstpädagogische Konzepte entwickeln. Franz Billmayers Überlegungen zu einem möglichen Paradigmenwechsel in der Kunstpädagogik und eine damit verbundene Abkehr von der besonderen Kommunikationsform *Kunst*, bildet den Einstieg in den Abschnitt.[195] Es folgen Torsten Meyers Formulierungen einer ‚Next Art Education‘, die sich am globalen ‚Layer of Reality‘[196] orientieren, aber die Bildungspotenziale einer ‚Post Art‘ betonen.[197] Der Fokus *Kommunikation* wird mit der systemischen Betrachtung Martina Leekers ‚What-if-Szenarien‘ abgeschlossen, die in besonderem Maße Kritikfähigkeit in digitalen *Kulturen* wieder ermöglichen sollen.[198]

Fokus Räume

(*Kunst*-)Räume sind für den (*Kunst*-)Unterricht von entscheidender Bedeutung, manifestieren sie doch die in ihnen (hoffentlich) ablaufenden Bildungsprozesse maßgeblich mit. Aus pädagogischer Perspektive bietet sich das Making als eine besondere Möglichkeit an, um durch das eigenständige Vorgehen eine besondere *Form* der Selbsterfahrung und des kreativen Ausdrucks zu *erleben* und (*Kunst*-) Räume neu zu denken. Das Konzept des pädagogischen Makings, welches in ‚*Kunst* & Kabel: Konstruieren, Programmieren, Selbermachen!‘[199] von Henrike

193 Peschel und Irion 2016.
194 Irion 2020a.
195 Billmayer 2008.
196 Czerski 2012.
197 Meyer 2013.
198 Leeker 2018.
199 Boy und Sieben 2017.

Boy und Gerda Sieben beschrieben und etabliert wird, dient als Grundlage für die systemischen Betrachtungen im Kontext einer handlungsorientierten, kreativen Auseinandersetzung mit den *Irritationen* der Alltagskommunikation, den *enttäuschten Erwartungen* der festsitzenden *Strukturen* unserer *Gesellschaft*.

Fokus Grundschule

Der letzte Abschnitt legt noch einmal den Fokus auf kunstpädagogische Fragestellungen im Kontext der Grundschule. In dem Abschnitt wird zunächst anhand der kunstpädagogischen Position von Andreas Brenne ‚Künstlerisch-Ästhetische Forschung"[200] Bildung als ästhetische Bildung und kognitives *Lernen psychischer Systeme* gefasst und auf die frühkindliche Entwicklung bezogen. Gerade grundschulspezifische Entwicklungsaspekte können über die künstlerisch-ästhetische Forschung – als Beobachtung zweiter Ordnung mit und ohne Kreuzen – systemisch gefasst und darüber womöglich in die Konstitution des ‚medialen Anfangsunterrichts' mit aufgenommen werden. Als zweite kunstpädagogische Position mit Bezug zur Grundschule wird der Beitrag ‚*Kunst* und Kognition'[201] von Wolfgang Legler systemisch analysiert. In diesem beschreibt Legler *Kunst* als Übungsfeld des Denkens und schafft darüber systemisch-gelesene kognitionswissenschaftliche Anschlussmöglichkeiten für das Konzept des ‚medialen Anfangsunterrichts'.

Knoten III _Richtlinien

Kultusministerkonferenz (KMK)

Um abschließend die Realitäten von Schule, in *Form* ministerialer Vorgaben und institutioneller Vorgehensweisen, mit der entwickelten systemischen Perspektive zu analysieren, werden in diesem Kontext insbesondere zwei Veröffentlichungen der Kultusministerkonferenz (KMK) detailliert analysiert. Zum einen das Papier zur ‚Medienbildung in der Schule'[202] aus dem Jahr 2012 und zum anderen die KMK-Strategie zur ‚Bildung in der digitalen Welt'[203]. Insbesondere die KMK-Strategie ‚Bildung in der digitalen Welt' hat eine breite Reaktion in der medialen und wissenschaftlichen Öffentlichkeit hervorgerufen, weshalb diese Hauptausgangspunkt für die vorliegende Analyse sein wird. Das Papier von 2012 wird darüber hinaus aber explizit zur Veranschaulichung von Entwicklungen und Veränderungen herangezogen.

200 Brenne 2019.

201 Legler 2005.

202 Kultusministerkonferenz (KMK) 2012.

203 Kultusministerkonferenz (KMK) 2016.

Ministerium für Schule und Bildung des Landes Nordrhein-Westfalen (MSB NRW) Das föderale *System* Deutschlands ordnet den Ländern die Kultushoheit zu, weshalb die Länder eigenständig Lehrpläne und andere Vorgaben für das *System* Schule veröffentlichen. Um auch die landesspezifischen Vorgaben des Landes Nordrhein-Westfalen für das Fach *Kunst* in der Grundschule mit der systemischen Perspektive untersuchen zu können, wird der neue Lehrplan[204] – Entwicklung 2020, Veröffentlichung 2021/2022 – ebenfalls in diesen Abschnitt mit aufgenommen und zum Teil mit dem vorherigen Lehrplan von 2008[205] kontextualisiert. Neben dem Lehrplan *Kunst* wird dazu noch der Medienkompetenzrahmen NRW[206] systemisch eingeordnet, da er die Querschnittsaufgabe ‚Medienkompetenz' im Schulsystem des Landes Nordrhein-Westfalen beschreibt.

Offenes, axiales und selektives Kodieren als Fokussierungen im Kontext der vorliegenden Studie[207]

Offenes Kodieren

Als erste Fokussierung erfolgt das offene Kodieren, welches sehr nah am Material stattfindet und über auffällige Textpassagen zur ersten Bildung von provisorischen Konzepten führen soll. Herausgearbeitet werden textimmanente Phänomene und Gedanken, die die Verfasser:innen in ihren Beiträgen äußern und die anhand der systemischen Sensibilisierung vermutet werden. Durch das Zu- und Unterordnen von Kodes und das Abgrenzen und gegenseitige Überführen der Kodes untereinander, bildet sich dabei bereits früh eine erste hierarchische *Struktur*, die auf Textebene eine erste Ordnung vornimmt. Neben diesem fortwährenden Selektionsprozess ist auch die Häufigkeit von Kodes ein Kriterium dafür, welche Kodes in der Studie als relevant erachtet und im weiteren Forschungsprozess genauer – und dann vor allem systemisch – untersucht werden.

Axiales Kodieren

Im nächsten Schritt findet im axialen Kodieren die nächste Fokussierungsstufe statt. In dieser werden die ersten Kategorien geschärft und vor allem die Verbindungen der Kodes untereinander untersucht. Dazu werden über erste systemische Beschreibungen weitere Selektionen und darüber abstraktere Begrifflichkeiten herausge-

204 Ministerium für Schule und Weiterbildung des Landes Nordrhein-Westfalen 2021.
205 Ministerium für Schule und Weiterbildung des Landes Nordrhein-Westfalen 2008.
206 LVR Zentrum für Medien und Bildung 2022.
207 Zur Sicherung der intersubjektiven Nachvollziehbarkeit findet sich im Anhang der Forschungsarbeit ein Link zur MAX-QDA-Metadatei, in der die Kodierung explizit eingesehen werden kann.

arbeitet. Dabei stellt diese Fokussierung das Lösen vom konkreten Material dar, da mit der systemischen Meta-Sensibilisierung und Anwendung der systemischen Perspektive bereits ein textunabhängiges Abstraktionsniveau erreicht wird. Es werden zwar Kategorien und Kodes entlang expliziter Vorkommnisse miteinander verknüpft, verglichen und sortiert und darüber verdichtete Beschreibungen und Hypothesen für die jeweiligen Kontexte entwickelt, dies aber auf einer textunabhängigen Ebene. Die entstehenden systemischen Beschreibungen bündeln und ordnen die Kodes weiter und stellen erste Theoretisierungen zur weiteren Analyse zur Verfügung.

Selektives Kodieren und die Dimensionen des ,medialen Anfangsunterrichts' als Kernkategorien

Das selektive Kodieren ist die dritte und letzte Fokussierungsebene. In diesem weiteren Selektions- und Entwicklungsprozess werden die zentralen Kernkategorien herausgearbeitet, die die Dimensionen des ,medialen Anfangsunterrichts' darstellen. Hervorzuheben ist, dass die Dimensionen dabei, trotz oder gerade wegen der zuvor ausgeführten Fokussierungen, weiterhin Kopplungen und Schnittmengen aufweisen, die über den zuvor beschriebenen grundsätzlichen Horizont, vor dem der ,mediale Anfangsunterricht' konzipiert wurde, hinausgehen. Dies liegt vor allem daran, dass die Kategorien vor der selektiven Fokussierung nicht in den Dimensionen vollständig subsumiert werden können, bzw. diese im Sinne eines ,Auffaltens und Verdichtens'[208] weitere spezifische Aspekte beinhalten.

In der Darstellung im Fließtext sind die detaillierten Kodierschritte und -daten nicht vermerkt, sie sind der vorliegenden Studie aber im Anhang in *Form* eines Downloads der MAXQDA-Metadatei beigefügt und können von der/dem interessierten Leser:in zur genaueren Lektüre hinzugezogen werden.

/// Beispielhafte Kodierung von ,Mediengestaltung' im Text von Dieter Baacke

*„1) innovativ (Veränderungen, Weiterentwicklungen des Mediensystems)*
*2) kreativ (ästhetische Varianten, über die Grenzen der Kommunikationsroutine hinaus-gehen)." [Baacke_1996:13:43|287]*

208 Prediger 2018.

Kodierung im Textzusammenhang:

[innovative Kombination]

[kreativ Transformationen]

[Variationen]

Offene Fokussierung und Zusammenführung der Kodes:

[Erweitern des Möglichkeitsraumes]

[Handeln in einem Möglichkeitsraum]

Systemische Erschließung sowie axiale Fokussierung der textimmanenten Kodes:

[Erschließen von neuen Anschlusskommunikationen]

[Der sich immer wieder entfernende Komplexitätshorizont der *Umwelt*]

[Verstehen, Anwenden und Verändern der (kulturellen) Codes]

[Finden neuer *Formen*]

Selektive Fokussierung und Finden der Kernkategorien:

*[Handeln //* Selbstbestimmter und produktiver Umgang mit Ungewissheiten und Leerstellen]

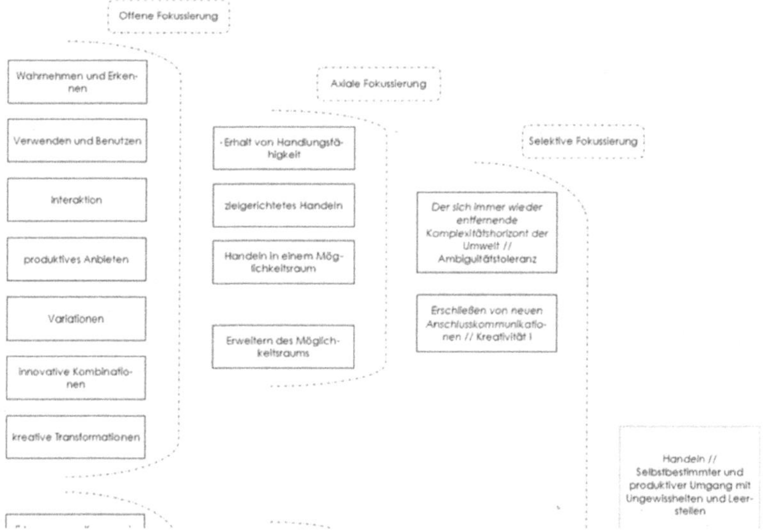


**Abb. 10**: oberer Teil der Kodemap ‚*Handeln* & Hacken' | W.N. Die vollständigen Kodemaps der Dimensionen des ‚medialen Anfangsunterrichts' sind sowohl in Die Dimensionen des ‚medialen Anfangsunterrichts' [5.1] als auch im Anhang aufgeführt.

# Potenzielles/[Virtuelles]

# 4 Borromäischer Knoten, Digitale Bildung'

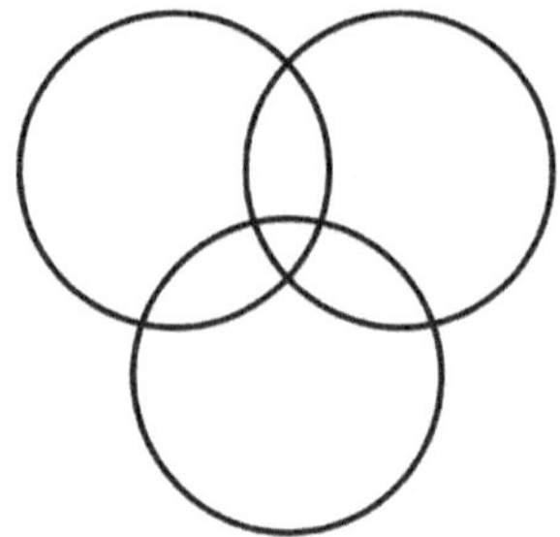

Ein borromäischer Knoten zeichnet sich dadurch aus, dass er aus drei immer paarweise unverbundenen (borromäischen) Ringen besteht und es damit genügt einen Ring zu entfernen, so dass auch die anderen beiden Ringe nicht mehr verbunden sind und der Knoten zerfällt.[209]

In den vergangenen Jahren sind unzählige (Fach-)Positionen zur ‚digitalen Bildung' bzw. im Rahmen der Debatte um die Digitalisierung der Schule/Bildung veröffentlicht worden.[210] In der Verknüpfung, in der gemeinsamen Betrachtung unter einer spezifischen Perspektive und Fragestellung versucht die vorliegende Forschungsarbeit eine heuristische Ordnung einzelner Aspekte in diesem Zusammenhang zu entwickeln und darüber Schwerpunkte für die systemische Untersuchung zu finden.
Die Zielstellung der sensibilisierenden und theoriegeleiteten Studie (I) [4.1.1 – 4.1.3, 4.2.1 – 4.2.3 und 4.3.1 – 4.3.2] ist es dabei nicht, die Universalität der Systemtheorie in einzelnen Bereichen zu beschreiben - falls diese überhaupt beansprucht wird –, sondern vielmehr den Potenzialen einer Anwendung der Theorie auf verschiedene fachspezifische Kontexte nachzugehen und

209 Verwendung findet diese Darstellung beispielsweise in der Psychoanalyse Jacques Lacans, der mit ihr die Verbindung der Trias aus Imaginärem, Symbolischem und Realem verdeutlicht und gleichzeitig die Notwendigkeit aller drei Ordnungen für die Existenz der Verbindung der jeweils anderen beschreibt (vgl. Wörler 2014, S. 21–40).
Im Allgemeinen wird der borromäische Knoten flächig abgebildet, auch wenn diese Darstellung die Eigenschaft der paarweisen Unverbundenheit der Ringe nicht darstellen kann. Versuchsweise wird bei der flächigen Darstellung die spezifische dreidimensionale Anordnung der Ringe an den Überschneidungen durch kleine Lücken angedeutet. Andere Darstellungen, eine genauere Beschreibung der mathematischen Eigenschaften, sowie weitere Verwendungen finden sich ebenfalls auf Wikipedia (Borromäische Ringe // Wikipedia).

210 Eine Besprechung und Darstellung des Diskurses um den Begriff ‚Digitale Bildung' ist im Rahmen der Forschungsarbeit nicht vorgesehen. Dafür kann beispielsweise auf die Ausführungen von Andreas Dengel zurückgegriffen werden, in denen Dengel aus Perspektive der Medienpädagogik eine entsprechende Begriffsbestimmung vornimmt (Dengel 2018). Die Forschungsarbeit nutzt den Begriff ‚Digitale Bildung' an dieser Stelle hingegen als Marker für Positionen, die sich mit den Veränderungen von Bildungsprozessen und -zielen im Kontext der Digitalisierung und komplexer *Kommunikation* auseinandersetzen.

mögliche Anschlüsse und Perspektiven der daraus resultierenden Beobachtungen zu veranschaulichen. Die extrahierten und gebündelten systemischen Sensibilisierungen werden in Zwischenkapiteln [4.1.4, 4.2.4 und 4.3.3] aufbereitet und für die Studie (II) produktiv gemacht. In den darauffolgenden systemischen Untersuchungen der Studie (II) [4.1.5 – 4.1.7, 4.2.5 – 4.2.7 und 4.3.4 – 4.3.6] werden jeweils zentrale Veröffentlichungen mit Hilfe der vorherigen Ergebnisse mehrstufig und detailliert analysiert und die verschiedenen Aspekte für die Konstitution eines ‚medialen Anfangsunterrichts' in der Grundschule herausgearbeitet.[211]

## 4.1_Ausgangspunkte

*Erste Ordnungen um Kommunikation*

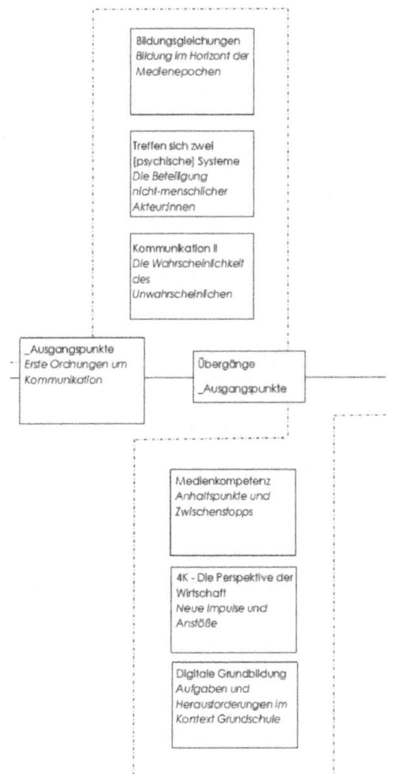


**Abb. 11:** Auszug aus ‚Spuren' 01 | W.N.

211 Welche Positionen hierfür ausgewählt wurden und warum diese für das Forschungsvorhaben relevant sind, wird in Entknoten [3.4] beschrieben. Das Entknoten soll dabei jedoch möglichst ohne den ‚Zerfall' des Knotens ‚Digitale Bildung' stattfinden, bzw. neue Ordnungen zur Verfügung stellen.

Der folgende Abschnitt geht zunächst ausführlich auf die Grundstrukturen und Voraussetzungen von Kommunikation [4.1.1] ein und stellt das Zustandekommen dieses aus systemischer Perspektive höchst unwahrscheinlichen Ereignisses dar. Im Anschluss daran werden in Treffen sich zwei [psychische] Systeme [4.1.2] die Bedingungen von Situationen *Doppelter Kontingenz* besprochen und mögliche Beteiligungen nicht-menschlicher Akteur:innen diskutiert. Darauf folgt eine Kontextualisierung der Bildungsgleichungen [4.1.3] Dirk Baeckers, um die Vernetzung der unterschiedlichen medialen Epochen in Bildungs- und Kommunikationspraktiken einordnen zu können. Die Ergebnisse der systemischen und sensibilisierenden Studie I werden im Anschluss in Übergänge _Ausgangspunkte [4.1.4] zusammengefasst und für die textbasierte Analyse grundlegender (medien-) pädagogischer Veröffentlichungen in Medienkompetenz [4.1.5], 4K – Die Perspektive der Wirtschaft [4.1.6] und Medienbildung in der Grundschule [4.1.7] produktiv gemacht. Die Einordnung und Zusammenfassung der Forschungsergebnisse beider Studien in der Zusammenfassung _Ausgangspunkte [4.1.8] bilden darauffolgend den Abschluss des Kapitels 4.1 _Ausgangspunkte.

### 4.1.1 *Kommunikation*

*Die Wahrscheinlichkeit des Unwahrscheinlichen*

Systemisch besteht *Kommunikation* nicht nur aus dem Absenden und Empfangen von Nachrichten, sondern ist ein hochkomplexer Prozess. Damit es überhaupt zu *Kommunikation* kommen kann, bedarf es verschiedener koordinierter Selektionen der beteiligten Akteur:innen in Situationen der *doppelten Kontingenz*, was *Kommunikation* nicht nur komplex, sondern auch grundsätzlich unwahrscheinlich macht. Doch läuft *Kommunikation* im Alltag meistens sehr effektiv und zuverlässig ab, obwohl es unzählige Möglichkeiten gibt, sich ‚misszuverstehen'. Im folgenden Abschnitt werden die dafür notwendigen Grundlagen systemisch erläutert.

### 4.1.1.1 Draw a distinction – Aller Anfang ist Differenz

*„Draw a distinction.*
*Watch its form.*
*Work its unrest.*
*Know your ignorance.* “[212]

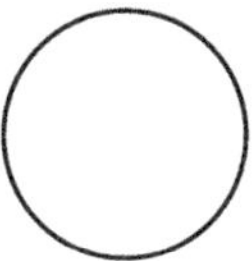

Ausgangspunkt für die Entwicklung einer umfänglichen systemischen Perspektive auf *Gesellschaft* und im spezifischen Kontext der vorliegenden Studie, die Veränderungen in eben dieser durch die Digitalisierung und der Einführung des Computers als dominierendes Leitmedium, ist die grundsätzliche Neuausrichtung von Beobachtungs- und Betrachtungsweisen und die daraus resultierenden Anschauungen über die Beschaffenheit und Verhältnisse der Welt. Diese fundamentale Veränderung in der Art und Weise wie die Verhältnisse der Welt erfasst und beschrieben werden können, fußen auf den mathematischen Überlegungen von George Spencer-Brown, der mit seinen Ausführungen zum Formkalkül die Erkenntnisse und Erfahrungen der deskriptiven Naturwissenschaften mit komplexen Zahlen für die Gesellschaftswissenschaften, Kommunikationswissenschaften, Kybernetik und viele andere Fachrichtungen produktiv und anschlussfähig gemacht hat. Er übersetzt das Rechnen mit dem imaginären Anteil *i* einer komplexen Zahl – wobei *i* die Lösung für die Gleichung $x^2 + 1 = 0$ darstellt – in die Beschreibung einer Einheit, die aus zwei Teilen besteht und deren Existenz aus der Unterscheidung der Zwei heraus entwickelt wird.[213] Es entsteht eine Logik, die aus der Mathematik kommend, diese Einheit „ [...] nicht substantiell wie das Wesen der Griechen und auch nicht relational wie eine Beziehung zwischen Dingen oder Elementen [denkt] [...], sondern operativ, als Kalkül, als Rechenvorgang.“[214]

George Spencer-Brown entwickelt eine Möglichkeit allein mit einer einzigen Vorschrift – dem Treffen einer Unterscheidung – und zwei Axiomen – der Wiederholung der Unterscheidung und der Kreuzung der Unterscheidung – jede Kognition, im Sinne des Hervorbringens von Etwas, auch der Kognition selbst, durch das Treffen und Beobachten einer Unterscheidung, beschreibbar zu machen. Alle weiteren Operationen und Erkenntnisse werden daraus abgeleitet

212 Baecker 2017a.
213 Vgl. Spencer-Brown und Wolf 1999, S. xx–xxiii.
214 Baecker 2016, S. 196.

und können wieder auf diese Vorschrift und die zwei Axiome zurückgeführt werden.[215]
Die Schlichtheit begründet auch die Attraktivität und Effizienz des Formkalküls, weshalb es für jede Art von kognitivem *System* – sei dieses organisch, psychisch, sozial oder artifiziell – als Blaupause fungieren kann.
Das mit dem Formkalkül begründete Paradigma wird auch in der Gesellschaftstheorie aufgegriffen und führt in der Soziologie zu einer grundlegend neuen Betrachtungsweise gesellschaftlicher Zusammenhänge und *Systeme*.

> *„Die am tiefsten eingreifende, für das Verständnis des Folgenden unentbehrliche Umstellung liegt darin, dass nicht mehr von Objekten die Rede ist, sondern von Unterscheidungen, und ferner: dass Unterscheidungen nicht als vorhandene Sachverhalte (Unterschiede) begriffen werden, sondern dass sie auf eine Aufforderung zurückgehen, sie zu vollziehen, weil man anderenfalls nichts bezeichnen könnte, also nichts zu beobachten bekäme, also nichts fortsetzen könnte.*"[216]

In diesem Verständnis sind *Formen* nicht mehr als beständige und feste Gestalten zu beobachten, sondern als Markierung einer *Differenz*, als Grenze, die es abverlangt, festzulegen, welche Seite der Unterscheidung beobachtet und damit bezeichnet wird. Diese Festlegung manifestiert nicht nur die Seite(n) der Unterscheidung, sondern auch die

215 George Spencer-Brown definiert das erste Axiom als ‚law of calling' – in der deutschen Übersetzung als ‚Das Gesetz des Nennens' bezeichnet: „Der Wert einer nochmaligen Nennung ist der Wert der Nennung" (Spencer-Brown und Wolf 1999, S. 2). Die Wiederholung einer Unterscheidung – einer Bezeichnung, einer Identität – ist die Identität selbst und bestätigt diese. Der Wert der Unterscheidung bleibt also gleich, auch wenn bei der Wiederholung der Unterscheidung der Beobachter konkret wird und damit einen neuen Wert einführt. Das zweite Axiom ‚law of crossing' (dt. ‚Das Gesetz des Kreuzens') legt fest: „Der Wert eines nochmaligen Kreuzens ist nicht der Wert des Kreuzens" (ebd., S. 2). Wird eine Unterscheidung getroffen, indem von der Außenseite der Unterscheidung auf die Innenseite der Unterscheidung gewechselt wird, kann beim erneuten Überqueren der Grenze, also dem erneuten Wechsel auf die Außenseite der Unterscheidung, man die erste Unterscheidung nicht mehr treffen, hat sich die Bezeichnung, die Identität aufgelöst. Damit ist das Kreuzen – vor allem das wiederholte Kreuzen – keine Wiederholung der Unterscheidung und kann damit nicht zu einer einzigen Identität zusammengefasst, bzw. mit dieser gleichgesetzt werden. Zusammen definieren die beiden Axiome die Einheit als die Einheit ihrer Wiederholung und den unbezeichneten Raum (‚unmarked space') als das Nichts, als die Aufhebung der Einheit. Die Unterscheidung und ihre beiden Axiome ermöglichen es jede *Form* auf den markierten Zustand, also eine Unterscheidung und damit eine Einheit, eine Identität, oder den unmarkierten Raum und damit das Nichts zu reduzieren.
Das Formkalkül von George Spencer-Brown wurde auch Zeit seiner Veröffentlichung kontrovers diskutiert. Um dies nicht zu ausführlich zu besprechen, aber dennoch kurz zu erwähnen, soll an dieser Stelle auf die Ausführungen diesbezüglich von Dirk Baecker verwiesen werden. Er fasst die Kritik im Wesentlichen damit zusammen, dass George Spencer-Brown eine einfache Reformulierung der booleschen Algebra unterstellt wird, welche ihrerseits mit nur zwei Zahlen – der 0 für das Nichts und der 1 für das Universum – operiert und ähnliche Erklärungsmodelle entwickelt. Dieser Hauptkritik ließe sich nach Baecker jedoch entgegnen, dass Spencer-Brown diese Operationslogik(en) um die Einsichten in die Semiotik von Charles Sanders Peirce ergänzt hat und damit der Beobachter – für den die Zeichen einen Sinn machen und damit eine Unterscheidung überhaupt erst getroffen werden kann – fortan mitberücksichtigt wird (vgl. Baecker 2013, S. 18–23).

216 Luhmann 1998, S. 60.

möglichen Operationen mit denen an Ereignisse – und nun Elemente – angeschlossen werden kann. Gleichzeitig ist die andere Seite der *Form* – jenseits der Grenze – mitgegeben. „Jede Seite der *Form* ist die andere Seite der anderen Seite.“[217] Nur durch das Aktualisieren der bezeichneten Seite – durch die Aktualisierung der Differenz – entsteht eine zeitliche Selbstreferenz der *Form*, welche ohne den Gegenbegriff der Materie oder den Gegenbegriff des Inhalts auskommt und ohne Gegenbegriff sich selbst bezeichnet und alle weiteren (Gegen-) Begriffe aus sich selbst heraus entwickelt.[218] Jede *Form* ist damit von sich aus so umfänglich und rekursiv zu entwickeln, dass sie auch „[...] das Ausgeschlossene als Ausgeschlossenes einschließt.“[219]

Damit beinhaltet dieser Begriff der *Form* bereits einen Beobachter, da ohne einen Beobachter auch keine Unterscheidung getroffen und damit auch keine Differenz beobachtet werden kann. Der Beobachter erster Ordnung ist damit immer schon in der *Form* selbst enthalten, bzw. kann mit ihr gleichgesetzt werden.

Gleichzeitig erfordert das Formkalkül eine Reformulierung des Systembegriffs, da er nicht mehr auf der Beschreibung von Relationen, Beziehungen oder Ordnung(en) von Elementen aufbauen kann, sondern *Systeme* nunmehr auf der Beobachtung rekursiver Operationen und der daraus resultierenden Differenz strukturiert werden. „Am Anfang steht also nicht Identität, sondern Differenz.“ [220]

Identität(en) sind damit komplex – ganz im Sinne der Ausgangsproblematik und -motivation George Spencer-Browns – und oszillieren rekursiv in ihren eigenen Operationen.

In der vorliegenden Studie werden zwei Notationen des Formkalküls verwendet, um die verschiedenen Operationen und Gleichungen darzustellen. Beide Darstellungen werden im Folgenden kurz eingeführt und anhand von Beispielen erläutert. Der spezifische Verwendungskontext ergibt sich im Verlauf der folgenden Kapitel, weshalb zur Veranschaulichung

217 Luhmann 1998, S. 61.

218 Der Begriff der *Form* lässt eine gewisse Ähnlichkeit mit dem Begriff des ‚Begriffs‘ bei Hegel erkennen, da beide aus einer Unterscheidung heraus entwickelt werden und in ihnen damit der Einschluss des Ausgeschlossenen konstitutiv wird. Im Gegensatz zum Begriff der *Form*, löst der ‚Begriff‘ das Problem seiner Einheit – so die Argumentation von Vittorio Hösle – selbst. „Die Autonomie des Unterschiedenen wird dabei von Hegel entfernt (im Begriff Mensch ist es zum Beispiel die Selbstständigkeit der diametralen Momente Sinnlichkeit und Vernunft), und dies durch die spezifische Unterscheidung von Allgemeinem und Besonderem, mit deren Annihilation sich der Begriff als einzelner konstituiert“ (Hösle 1998, S. 63–64). Dahingegen ist die *Form* die Unterscheidung selbst. Die *Form* zwingt zur Bezeichnung – im Sinne der Beobachtung – einer der Seiten der Unterscheidung und kann daher – im Gegensatz zum Begriff – die eigene Einheit nicht selbst realisieren. Dabei ist festzuhalten, dass die „[...] Einheit der Form [...] nicht ihr >>höherer<<, geistiger Sinn [ist]. Sie ist vielmehr das ausgeschlossene Dritte, das nicht beobachtet werden kann, solange man mit Hilfe der Form beobachtet. Auch im Begriff der Form ist vorausgesetzt, dass beide Seiten in sich durch Verweisung auf die jeweils andere bestimmt sind; aber dies gilt hier nicht als Voraussetzung einer >>Versöhnung<< ihres Gegensatzes, sondern als Voraussetzung der Unterscheidbarkeit einer Unterscheidung“ (Luhmann 1998, S. 61–62).

219 Baecker 2016, S. 202.

220 Luhmann 1987a, S. 112.

und zum besseren Verständnis von den jeweiligen Stellen wieder hierher (zurück-)verwiesen wird.

Zur Markierung der Unterscheidung verwendet George Spencer-Brown zwei Zeichen.

Aus der Operation abgeleitet werden die Negation, die Implikation und der re-entry.
Die Negation fungiert als Sicherungstechnik der Identifikation. a ist a in Abgrenzung zu allem anderen und damit enthält a auch immer das Nichta. Damit impliziert ein a auch ein Nichta, also ein b.

a = a

a = a b

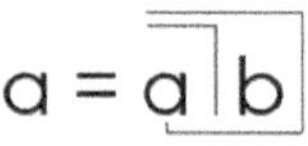

/// Zur Veranschaulichung der Unterscheidung sei hier auf das Implikationsverhältnis von Schüler:innen und Lehrer:innen verwiesen, welches mittels der dargestellten Operation Spencer-Browns verdeutlicht werden kann. Ein/e Schüler:in impliziert die Existenz einer Lehrerin oder eines Lehrers, da sie/er sonst kein/e Schüler:in wäre. Der re-entry rechnet das Negations- und Implikationsverhältnis zusammen und führt die *Form* der Unterscheidung in sich selbst zurück. Die/Der Schüler:in identifiziert sich in Abgrenzung zur Negation – der/dem Lehrer:in - als Schüler:in und macht diese Unterscheidung zum Gegenstand ihrer/seiner *Kommunikation*, ihrer/seiner eigenen Handlung, ihrer/seiner eigenen Existenz (im Klassenraum).

Als anschauliches Beispiel des re-entry nutzt Niklas Luhmann die Auseinandersetzung mit dem *System* Recht.[221] Dieses konstituiert sich durch die Operation der Unterscheidung recht/unrecht und der re-entry vollzieht sich, wenn innerhalb des *Systems* darüber nachgedacht wird, was Recht ist. ///

Um die Operationslogiken des zweiten Zeichens mit einem Beispiel zu veranschaulichen, soll an dieser Stelle auf ein häufig genutztes Beispiel aus der Biologie zurückgegriffen werden.[222]

[Zitiert nach George Spencer-Brown – Laws of *Form* – 1969 – Seite 61 bis 63]

221 Vgl. Luhmann 1998, S. 316–324.

222 Dies mag daran liegen, dass vor allem Humberto Maturana die Unterscheidung *System/Umwelt* aus der Biologie heraus, für weitere Wissenschaftsfelder produktiv gemacht hat (Maturana und Varela 1987). Frank Wörler nutzt sie beispielsweise in seinen Ausführungen zum Symbolischen, Imaginären und Realen bei Lacan (vgl. Wörler 2014, S. 171–173).

/// Kommentar W.N.

Zweites Experiment

Zieh einen Kreis in einem ebenen Raum

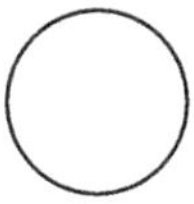

/// Eine Biologin beobachtet ein Lebewesen.

Lass eine Markierung m das Innere des Kreisumfangs bezeichnen.

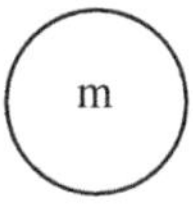

m

/// Die Biologin benennt es: Organismus

Lass keine Markierung das Äußere des Kreisumfangs bezeichnen.

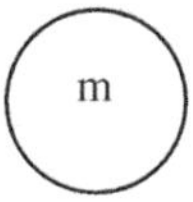

m

/// Die Biologin benennt es: Milieu

Lass den Wert einer Markierung sich auf den Raum beziehen, in dem diese steht. Das heißt, lass den Wert einer Markierung sich auf den Ram außerhalb der Markierung beziehen.
Nun ist der Raum außerhalb des Kreisumfangs unmarkiert.
Durch Evaluation gilt daher:

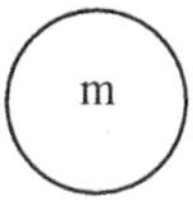

m =

/// Die Bedeutung des Lebewesens liegt in seiner Funktion für das Milieu. Da die äußere Seite des Raums gleichzeitig die Seite ist, die vom Beobachter benannt wird, kann wiederum formuliert werden: Die Bedeutung des Lebewesens ist abhängig von seiner Position in der Klassifikation der Biologin.

Lass die Markierung m ein Kreis sein.

m =

/// Die Biologin erkennt das spezifische Milieu des Lebewesens, das den markierten Raum ausmacht.

Füge die Markierung neuerlich in die *Form* des Kreises ein.

/// Der Organismus ist in seinem spezifischen Milieu markiert und benannt.

Nunmehr gilt auf Grund der Evaluation

/// Durch das Rekurrieren auf die Biologin selbst, die im Außenraum positioniert ist, löst sich die getroffene Markierung wieder auf.

[Zitiert nach George Spencer-Brown – Laws of *Form* – 1969 – Seite 61 bis 63]

Im *re-entry* wird dem Beobachter – der eine Unterscheidung trifft – die Unterscheidung bewusst, die erst seine eigene Existenz hervorbringt. Unterscheidungen sind in ihrer mathematischen und logischen Verortung auf der Darstellungsebene der Beobachtung zweiter Ordnung positioniert, da sie nur dann markierbar/benennbar sind – als Unterscheidung, die von einem Beobachter getroffen wurde – wenn es einen weiteren Beobachter gibt, der die

Unterscheidung im Hinblick auf ihre *Form* beobachtet.[223] Dieser Beobachter zweiter Ordnung kann mit dem Beobachter zusammenfallen, bzw. kann dieser Beobachter selbst sein.

George Spencer-Brown entwickelt aus seinem Formkalkül heraus vielfältige Operationen und Darstellungen, bis er schließlich aufzeigt, dass die Wiedereinführung der Unterscheidung und damit die Selbstbeobachtung im re-entry möglich ist. Im re-entry kann jedoch die wiedereingeführte Unterscheidung nicht mehr auf die einfache Unterscheidung oder das Nichts zusammengeführt werden. Das zweite Axiom stellt dies bereits fest, bzw. gibt dies vor. Der re-entry oszilliert hingegen imaginär, nimmt weder die Unterscheidung noch das Nichts an, sondern bewegt sich unauflösbar zwischen diesen beiden Möglichkeiten. Was zunächst als unpräzise und unaufgelöst erscheint, ermöglicht aber den Zugriff auf komplexe Einheiten. Diese sind etwas – eine Unterscheidung – und nichts – das Nichts – zugleich und konstituieren in der Oszillation zwischen diesen beiden Möglichkeiten ihre Wirklichkeit. George Spencer-Brown eröffnet das Rechnen mit Leerstellen, mit Selbstreferenz und dem Beobachter zweiter Ordnung als Beobachtung der Beobachtung und damit eine Perspektive auf die komplexe Wirklichkeit von *Gesellschaften*, die auf dem Computer als zentrales Leitmedium beruhen.

Die Differenz *System/Umwelt*

Wie in Es gibt Systeme - Die Luhmannsche Systemtheorie [3.2.1] bereits skizziert, nimmt das komplexe Theoriegebilde Niklas Luhmanns die Differenz *System/Umwelt* als Ausgangspunkt für alle Beschreibungs- und Erklärungsansätze. Ohne eine *Umwelt* kann kein *System* bestehen, kann kein *System* beobachtet werden, denn ein *System* entsteht genau dann, wenn seine Operationen sich von denen der/seiner *Umwelt* unterscheiden und somit eine Grenze gezogen werden kann. Eine Grenze zwischen den Operationen des *Systems* und der *Umwelt*, in dem das *System* nicht operieren kann. Damit kann kein *System* bestimmt werden, wenn es nicht auch eine beobachtbare *Umwelt* gibt, von der es unterschieden wird. Mit dem *System* ist dann ein autonomer Bereich gegeben, der sich durch besondere Bedingungen auszeichnet

223 Auf diese Erkenntnis wurde in den Gesellschaftswissenschaften auf vielfältige Weise reagiert. In seinen Ausführungen zur Kybernetik zweiter Ordnung entwickelt Heinz von Foerster beispielsweise aus der für ihn gegebenen Notwendigkeit subjektiver Wirklichkeiten im Nervensystem den Beobachter zweiter Ordnung und führt diesen als Beobachtung der Beobachtung in seine Theorie ein. Gleichzeitig eliminiert er damit jegliche Möglichkeit auf eine objektive Realität Zugriff zu erhalten. Als Reaktion auf die formalen Berechnungslogiken George Spencer-Browns formulierte Heinz von Foerster im ‚The Last Whole Earth Catalogue' (Foerster 1971) eine erste Rezension und übersetzte seine Theorie in das Zeichensystem Spencer-Browns. In der Systemtheorie wird diese (radikal) konstruktivistische Perspektive umgangen, bzw. abgeschwächt, indem auch die Beobachtung selbst – und sei dies die Beobachtung einer Beobachtung – als realer Sachverhalt erklärt wird. Unter dieser Perspektive wird auch die aus dem Pragmatismus und symbolischen Interaktionismus kommende Betonung der Handlung in der Grounded Theorie und der vorliegenden Forschungsarbeit zusammengeführt. Wie in Es gibt Systeme - Die Luhmannsche Systemtheorie [3.2.1] gezeigt, kann damit auch das Referieren – im Sinne eines Sich-Beziehens auf – in der Systemtheorie als Operation der Handlung und Wahrnehmung beschrieben und damit als real angesehen werden.

und der sich von anderen (*Umwelt*-)Zuständen außerhalb des *Systems* unterscheiden lässt. Wichtig in diesem Zusammenhang ist, dass das Ziehen einer Grenze nicht bedeutet, dass ein *System* isoliert ist.

> „*Alle Eigenschaften von Form gelten auch hier: so die Gleichzeitigkeit von System und Umwelt und der Zeitbedarf aller Operationen. Vor allem aber ist mit dieser Darstellungsweise deutlich zu machen, dass System und Umwelt als die zwei Seiten einer Form zwar getrennt, aber nicht ohne die jeweils andere Seite existieren können. [...] Die Einheit der Form bleibt als Differenz vorausgesetzt; aber die Differenz ist nicht Träger der Operationen.*“[224]

Beschränken sich die Operationen auf den Wirkungsbereich im *System* – sie sind damit immer interne Operationen –, kann die gezogene Grenze mittels Beobachtungen überwunden werden. Dadurch entstehen verschiedene *Formen der Irritation, strukturellen Kopplung* und Interdependenzen zwischen *System* und *Umwelt.*[225]

Im *System* selbst werden nur die systeminternen Operationen prozessiert. Das *System* reproduziert seine eigenen Operationen zur Beobachtung und zum Fortbestehen seiner selbst systemintern, wodurch es selbstreferenziell und autopoietisch wird. Die Fähigkeit die Differenz zwischen interner und externer ‚Wirklichkeit‘ wahrzunehmen, zwischen Selbst- und Fremdreferenz unterscheiden zu können, [...] wird damit zur Bedingung [der] Operativität jeder *Form* von Kognition [...].[226] Diese Differenz beinhaltet gleichzeitig einen Komplexitätsunterschied. Da die *Komplexität* der *Umwelt* nie als solche im *System* reproduziert werden kann – ansonsten würden sich die Operationen der *Umwelt* und des *Systems* nicht

224 Luhmann 1998, S. 63.

225 Nicht nur in der Abgrenzung der eigenen Operationen ist ein *System* auf die Existenz einer *Umwelt* angewiesen. Auch die grundlegenden Rahmenbedingungen für das Bestehen des *Systems* werden von der *Umwelt* festgelegt oder wichtige Ressourcen zur Verfügung gestellt, die für das *System* existenziell sind. /// Jedes *soziales System* braucht beispielsweise das Vorhandensein *psychischer Systeme*, die an den *Kommunikationen* teilnehmen können; ohne kommunizierende Menschen (und Computer) kein soziales *System*. Die *psychischen Systeme* sind ihrerseits auf eine passende physikalische *Umwelt* angewiesen. Befinden sich beispielsweise die Temperaturen nicht innerhalb eines bestimmten Bereichs oder stehen fundamentale Molekülkombinationen wie H2O nicht zur Verfügung, können die Prozesse innerhalb der *psychischen Systeme* nicht weiter fortlaufen und das *psychische System* hört auf zu existieren. /// Anzumerken ist an dieser Stelle zum einen, dass selbst *Irritationen* immer Operationen innerhalb des *Systems* – die ggf. von Umweltzuständen und -einflüssen ausgelöst werden – und damit immer *Selbstirritationen* sind. Zum anderen ist zu erwähnen, dass ein und dasselbe Ereignis sowohl ein Element des/eines *Systems* als auch ein Element der/seiner *Umwelt* sein kann. Die wechselseitigen Beziehungen die dies hervorruft, werden in Strukturelle Kopplung [4.2.1.3] allgemein dargestellt. /// Das Ereignis eines Startups für innovative Wohnkonzepte und Wohnmöglichkeiten auf der ganzen Welt provoziert im *Kunstsystem* andere Anschlusskommunikationen und unterliegt anderen Bedingungen als in dessen *Umwelt*. Trotzdem kann es gleichzeitig auch Ereignis und damit auch Element der *Umwelt* des *Kunstsystems* sein und als Startup im Wirtschaftssystem andere Anschlüsse generieren und aufnehmen. Dieses Beispiel von Christopher Kulendran Thomas wird in Strukturbewusstsein - Aktuelle Verhandlungen der Kunst [4.2.3.4] ausführlicher besprochen. ///

226 Baraldi et al. 1997, S. 163.

unterscheiden und damit wäre keine Grenze gezogen, keine Markierung gesetzt und nichts benannt – ist jede Beschreibung der Beobachtung der *Umwelt* durch das *System* nur eine Konstruktion des *Systems* selbst. Die *Umwelt* wird als objektiv existent angenommen, sie ist keine Konstruktion im ‚radikalen' Sinne, jedoch ist sie nicht als solches vom *System* beobachtbar. Der Beobachter selbst wird zur Einheit der beschriebenen Differenz, wodurch das Selbst des *Systems* nur in der Unterscheidung, in der Markierung und Benennung zum anderen kommuniziert werden kann.

Wie das *System* nicht aus sich heraus ein *System* ist, sondern in der Unterscheidung auch das Ausgeschlossene einschließt, so ist andersherum auch die *Umwelt* nicht aus sich heraus *Umwelt*, sondern immer die *Umwelt* eines *Systems*, für das sie die Außenseite der Unterscheidung markiert. *Umwelt* ist all das, was auf der Außenseite der Markierung steht und damit nicht zum *System* gehört. Die Operationen des *Systems* konstituieren die *Umwelt*, indem sie sie als ‚Negativkorrelat' deklarieren und damit alles einschließen, was nicht in das *System* hineinfällt.[227] Die *Umwelt* wird nicht durch eigene Operationen oder Handlungen ausgezeichnet und unterschieden, sondern nur im Zusammenhang und in Abgrenzung zu den Operationen des *Systems* und der durch sie gezogenen Grenze. Zur Bewältigung der eigenen *Komplexität* nutzt das *System* die Attribution auf die *Umwelt*. Im Gegensatz zum *System* ist die *Umwelt* nicht von Grenzen umgeben, sondern von Horizonten, die mit der Zunahme an *Komplexität* im *System* wachsen und sich damit immer weiter entfernen, je näher an diesen operiert wird.[228] Damit stabilisiert die Differenz *System/Umwelt* ein Komplexitätsgefälle, welches im *System* mit fortlaufenden Selektionen und der *Kontingenz* aller Operationen verarbeitet wird. Nicht alle Möglichkeiten der *Umwelt* können im *System* aktualisiert werden, nicht alle Zustände der *Umwelt* im *System* selektiv wahrgenommen werden. Um auch die autonomen Strukturierungsprozesse der *Umwelt* zu berücksichtigen, sollte zwischen der *Umwelt* eines *Systems* und den *Systemen* in der *Umwelt* dieses *Systems* differenziert werden. Die *Umwelt* erscheint für ein *System* immer als ein komplexes Netzwerk reziproker und sich gegenseitig beeinflussender Differenzen von *System/Umwelt*, da kein *System* die Unterscheidungen von *System/Umwelt* anderer *Systeme* determinieren kann. Das Komplexitätsgefälle verläuft immer in Richtung des *Systems* und dies kann nicht umgekehrt oder negiert werden. Versucht ein *System* seine *Umwelt* zu kontrollieren, verändert dies die *Umwelt* anderer *Systeme*, die ihrerseits auf die Veränderung reagieren und damit die *Umwelt* des ersten *Systems* komplexer und chaotischer machen. Das Komplexitätsgefälle kann vom *System* daher nur reproduziert werden.[229] Das *System* muss deshalb pauschalere Reduktionen gegenüber der

227 Vgl. Kauffman. 2016, S. 267.
228 Vgl. Fuchs. 2006, S. 154–155.
229 Vgl. Luhmann 1987a, S. 78–81.

*Umwelt* vornehmen als gegenüber den eigenen Operationen. Auf innere Ereignisse und Prozesse reagiert das *System* mit einer höheren *Komplexität* und feineren Selektion als auf Prozesse in der *Umwelt*.[230] Das *System* entwickelt demnach aufgrund der Gegebenheiten seiner eigenen Existenz – der Differenz *System/Umwelt* – eine kontingente Ungenauigkeit bei der Beobachtung von Umweltgegebenheiten. Gleichzeitig ist es eine systeminterne Strategie, Ereignisse intern oder extern zuzuschreiben. Ob etwas extern in der *Umwelt* verortet wird, hängt von den *Strukturen* und Operationen des *Systems* ab, womit das *System* in der Orientierung auf die *Umwelt* auf etwas reagiert, dass es selbst konstituiert hat – aber nicht kontrollieren kann. Es ist ein re-entry der Differenz *System/Umwelt* in das *System*, welches im Kontext der Rationalität das Verhältnis des *Systems* zu seiner *Umwelt* behandelt. Kein Ereignis, kein Datum kann daher final dem *System* oder der *Umwelt* zugeschrieben und dort verortet werden. Es oszilliert zwischen beiden, ist je nach Beobachter und Beobachtungsperspektive gleichzeitig markiert und unmarkiert, gehört zu einem *System* und zur *Umwelt* anderer *Systeme*. Damit muss jedes Setzen einer Markierung, Ziehen einer Grenze und Treffen einer Unterscheidung den Standpunkt der eigenen Beobachtung, die eigene Systemreferenz – und damit den Beobachter, der sie vollzieht, – bestimmen.
Die Differenz von *System/Umwelt* kann innerhalb des *Systems* iterativ angewandt und wiederholt werden. Das erste *System* stellt dann selbst eine *Umwelt* für die Ausdifferenzierung weiterer/seiner Teilsysteme dar. Das Komplexitätsgefälle bleibt auch hier als Voraussetzung bestehen, weshalb sich das erste *System* als unbestimmte und komplexe *Umwelt* für die Teilsysteme mit geringerer *Komplexität* – an dieser Stelle ließe sich auch sagen, spezifischeren Operationen – konstituiert.

Welche Funktionen das Komplexitätsgefälle zwischen *System* und *Umwelt* in der *Kommunikation* der *Gesellschaft* entwickelt, wird bei der Untersuchung der Differenz *Medium/Form* deutlich. Sie wird für die gesamte Systemtheorie Niklas Luhmanns konstitutiv, indem sie die Prozessierung von *Sinn* ermöglicht.

#### 4.1.1.2 Unterscheiden als *Form*bildung – *Sinn* und dessen Überschuss

Um die Funktion von *Sinn* in psychischen und physischen Systemen ausführlicher und vertieft darstellen zu können, sei an dieser Stelle auf die Ausführungen zur Differenz *Medium/Form*

230 Vgl. ebd.

in den Methodenkapiteln Es gibt Systeme - Die Luhmannsche Systemtheorie [3.2.1] und Sinn [3.2.2] verwiesen.[231]

Im Hinblick auf den Beobachter zweiter Ordnung und die *Form* des *Sinns* arbeitet Niklas Luhmann einen wesentlichen Aspekt seiner Gesellschaftstheorie heraus. Mit der *form*alen Notation George Spencer-Browns wird dieser grundlegende Unterschied zwischen dem systemischen Ansatz Niklas Luhmanns und subjekttheoretischen Denkansätzen deutlich. Luhmann billigt dem Beobachten zweiter Ordnung keine hierarchisch höhere Position zu.

> *„Systemtheoretisch kann es nur um die Frage gehen, ob der Beobachter im unmittelbaren Realitätsbezug ein Ding (Begriff, Symbol etc.) vor Augen hat oder einen Beobachter, der seinerseits über eine Grenze hinweg das beobachtet, was für ihn Umwelt ist.“*[232]

Damit besteht zwischen den Reflexionsebenen keine Hierarchie und die Möglichkeit einen Beobachter zu beobachten ist zu jedem Zeitpunkt vorhanden. Dies setzt aber voraus, dass man ihn von etwas anderem unterscheidet und damit eine andere Unterscheidung trifft als die seine.[233] Das wechselseitige Beobachten zwingt zur Beteiligung und „[...] im Vollzug des Wahrnehmens [ist es] nicht möglich [...], zwischen Realitätsbezug und Illusion zu unterscheiden.“[234] Ohne höheren Standpunkt und eine distanzierte Außenposition bedarf es eines neuen Ausgangspunktes des Erkennens, der Konstitution von Erkenntnis. In der Systemtheorie Niklas Luhmanns ist dieser Ausgangspunkt die Differenz von aktual Gegebenem und der

231 Die für die in diesem Abschnitt folgenden systemischen Studien wesentlichen Aspekte sollen aber dennoch kurz zusammengefasst werden. Fritz Heider entwarf die Unterscheidung von *Medium* und *Form*, um die visuelle und akustische Wahrnehmung von Objekten zu erklären, die nicht direkt in Kontakt mit dem Körper der wahrnehmenden Person stehen. Das *Medium* fungiert als loses und flüssiges Material, welches selbst nicht wahrnehmbar ist, aber Formen – Artikulationsformen als wahrnehmbare Objekte – zulässt. Wörter manifestieren sich im losen Kontinuum der Laute und gleichzeitig konturieren sich Sätze im fluiden Möglichkeitsraum der Wörter. Nichts ist an sich *Medium* oder *Form*, sondern diese Beziehung ist immer relativ. Die *Form* realisiert sich in der Wirklichkeit und das *Medium* ist auf der Ebene der Möglichkeiten verortet. Damit strukturiert sich das *Medium* als lose, unverbrauchbare Kopplung der Elemente und die Form sich als darin durchsetzende Wirklichkeit. Die Differenz *Medium/Form* dient dabei der Aufrechterhaltung des *Systems* selbst, da es entsprechend des Komplexitätsgefälles die unwahrscheinliche operative Kontinuität in eine systemintern handhabbare Differenz überführt. Damit ist jede Unterscheidung – die getroffen wird – eine *Form*, die sich gegenüber einem *Medium* durchsetzt. Ein *System*, welches gegenüber seiner *Umwelt* beobachtbar wird. Werden nun die Ebenen der Möglichkeiten und Wirklichkeiten untersucht – auf denen die Differenz *Medium/Form* ohnehin verortet wurde – so bilden auch diese eine *Form*. Diese *Form*, welche sich direkt auf den Beobachter zweiter Ordnung bezieht, wird von Luhmann als *Sinn* bezeichnet.

232 Luhmann 2018, S. 86.

233 Da der erste Beobachter im Gleichungssystem George Spencer-Browns mit der Unterscheidung gleichgesetzt wird, bzw. mit dieser zusammenfällt, muss für die Beobachtung zweiter Ordnung die erste Markierung verlassen – die Grenze gekreuzt – werden, da ansonsten die beiden Unterscheidungen in eine Identität zusammenfallen würden und somit mit der zweiten Unterscheidung ‚nur‘ die Sicherung der Identität vorgenommen würde, aber keine Beobachtung der eigentlichen Unterscheidung. Für weitere Beispiele und detaillierte Beschreibungen der beiden Axiome des Formkalküls, sei auf das vorherige Kapitel Draw a distinction - Aller Anfang ist Differenz [5.1.1.1] verwiesen.

234 Maturana 1985, S. 225.

flüchtigen Gesamtheit des Möglichen. Von dieser Differenz aus wird allem *Erleben*, allem *Handeln* ein Informationswert zugesprochen. Mithilfe dieser Differenz ist es Luhmann möglich die Zuordnung von *Sinn* zu den ansonsten unstrukturierten Erscheinungsformen *psychischer* und *sozialer Systeme* zu erklären.

> *„Am Anfang steht also nicht Identität, sondern Differenz. Nur das macht es möglich, Zufällen Informationswert zu geben und damit Ordnung aufzubauen; denn Information ist nichts anderes als ein Ereignis, das eine Verknüpfung von Differenzen bewirkt - a difference that makes a difference.“*[235]

Für Niklas Luhmann ist *Sinn* der Grundbegriff in seiner Gesellschaftstheorie. Für *psychische* und *soziale Systeme* ist er grundlegend und gleichzeitig exklusiv. „Sinn ist ein Operationsmodus spezifischer *Systeme*, nämlich des Bewusstseins und des Gesellschaftssystems, und kommt außerhalb dieser *Systeme* [...] nicht vor.“[236] Nur in *psychischen* und *sozialen Systemen* kann es zur Konstitution von *Sinn* kommen, wobei diese Konstitution nicht auf spezifische *psychische* oder *soziale Systeme* begrenzt ist, sondern allgemein für deren Existenz notwendig ist. Damit ist Sinn „[...] nicht die Eigenschaft einer besonderen Art von Lebewesen, es ist der Verweisungsreichtum von Sinn, der es möglich macht, Gesellschaftssysteme zu bilden, durch die Menschen Bewusstsein haben und leben können.“[237] Indem der Begriff *Sinn* sowohl für *psychische* als auch für *soziale Systeme* gilt, ist es möglich mit seiner Hilfe die gegenseitige Durchdringung und Verwebung dieser beiden *Systeme* begrifflich darzustellen. *Soziale Systeme* sind auf *psychische Systeme* – in deren *Umwelt* – angewiesen und durch die gemeinsame Begriffsgrundlage ist es der Luhmannschen Systemtheorie möglich, das „[...] Zurückrechnen der Kommunikation auf das Bewusstsein der Beteiligten [...][238] abzubilden und gleichzeitig die Betrachtung der Kommunikationsprozesse in ihrer selbstständigen Entwicklung darzustellen. Mit dem Begriff *Sinn* wird kein bestimmter, tatsächlicher Sachverhalt oder ein spezifisches Ereignis bezeichnet. *Sinn* beschreibt wesentlich grundlegender die funktionale Ordnungsform menschlichen *Erlebens*. Für Luhmann ist *Sinn* nicht nur das *Medium*, welches die selektive Erzeugung aller sozialen und psychischen *Formen* erlaubt, sondern auch die Prämisse jeder Erfahrungsverarbeitung selbst. Damit findet jedes *Erleben* – einer ausgewählten aktualisierten Möglichkeit – im Horizont seiner anderen Möglichkeiten statt, womit sich *Sinn* im Prozessieren von Informationen anhand der Differenz real/möglich vollzieht.[239]

235 Luhmann 1987a, S. 112.
236 Luhmann 2018, S. 306.
237 Luhmann 1987a, S. 297–298.
238 Luhmann 1987a, S. 297.
239 Vgl. Luhmann. 1971, S. 31.

Die nicht greifbare und unstrukturierte Gesamtheit des Möglichen bedarf eines Programms zur Steuerung und Strukturierung einer Auswahl, um *Erleben* und *Handeln* überhaupt erst gewährleisten zu können. Damit sind sowohl *Erleben* als auch *Handeln* Selektionen, die mittels der Zuschreibung spezifischer Kriterien – Sinnkriterien – innerhalb des *Systems* prozessiert werden. Das nicht durch eine Selektion Aktualisierte – das Nicht-Ausgewählte – geht bei diesem Prozess nicht verloren. Es bleibt als weiterhin unstrukturiertes und unbestimmtes Spektrum an Möglichkeiten erhalten und wird eventuell nach neuen und veränderten Sinnkriterien in zukünftigen Selektionsprozessen aktualisiert. Damit stellt „der Begriff des Sinns, [...] eine unnegierbare, differenzlose Kategorie dar."[240]

Die Auswahl einer Aktualisierungsmöglichkeit und das Offenhalten aller weiteren Möglichkeiten ist eine wichtige evolutionäre Errungenschaft. „Nicht alle *Systeme* verarbeiten *Komplexität* und Selbstreferenz in der *Form* von Sinn; aber für die, die dies tun, gibt es nur diese Möglichkeit."[241] Das sind *psychische* und *soziale Systeme*. In *psychischen* und *sozialen Systemen* wird diese Selektion fortwährend prozessiert und die Unterscheidung von Realem und Möglichem immer wieder neu arrangiert.

Sinn = aktuell | potenziell

Sinn ist damit die Simultanpräsentation von Aktuellem und Potenziellem: das Treffen einer Auswahl und Aktualisierung einer Möglichkeit aus einem Möglichkeitsspektrum, die weitere Anschlüsse provozieren. Die sich dabei ausprägenden *Formen* im *Medium Sinn* konstituieren die Komplexitätsreduzierung des *Systems*. Die Umwandlung in Sequenzen/[*Formen*] macht die *Komplexität* der *Umwelt* für das *System* behandelbar, auch wenn – wie zuvor beschrieben – dies auf Seiten des *Systems* mit Unschärfen und Vereinfachungen bei den Reaktionen auf die *Irritationen* der *Umwelt* einhergeht. Dieses zirkuläre Prozessieren macht *Sinn* selbst zum autopoietischen *System*.

/// Als Beispiel für *Sinn* im *psychischen System* soll an dieser Stelle auf die Verschränkung von visueller Wahrnehmung und den Gedanken hingewiesen sein. Wird beispielsweise ein Objekt, welches aus Holz, Beton, Steinen, Glas und ggf. vielen weiteren Materialien besteht über die visuelle Wahrnehmung erfasst, kann möglicherweise im *psychischen System* die Sinnzuweisung ‚zerstörtes Haus' vorgenommen werden. Diese Selektion schließt eine Reihe weiterer Gedanken an. Was ist mit den Bewohner:innen und gibt es Gründe für die Zerstörung? Wird über die visuelle Wahrnehmung ein anderes Objekt aus Stein, Holz, Beton oder anderen Materialien wahrgenommen, so kann das *psychische*

240 Luhmann 1987a, S. 96.
241 Ebd., S. 95.

*System* die Sinnzuschreibung ‚Skulptur' oder ‚*Kunst*' vornehmen. Unterschiedliche Objekte aus den gleichen oder sehr ähnlichen Materialien können unter Umständen völlig andere Zuschreibung erfahren und gleichzeitig aber auch die Objekte von einem anderen *psychischen System* wiederum anders erfasst und mit einem anderen *Sinn*, mit einer anderen Selektion, versehen werden. Eine getroffene Selektion legt weitere Selektionen nahe, konstituiert Erwartbares[242], und damit das, ‚was Sinn macht'. Ist in der Alltagskommunikation die Rede von der ‚Sinnlosigkeit', so ist diese nicht mit den hier verwendeten Begriffen gleichzusetzen und kann in diesem Modell nicht ganz trivial untergebracht werden. „Sinnlosigkeit ist ein Spezialphänomen, es ist überhaupt nur im Bereich der Zeichen möglich und besteht in einer Verwirrung von Zeichen. Ein Durcheinanderbringen von Objekten ist niemals sinnlos [...]."[243] Greifen wir das Beispiel des ‚zerstörten Hauses' auf oder einer anderen ‚sinnlosen' Anordnung von Material oder Materie, die aber als solche wahrnehmbar, erkennbar und damit auf ihrer Wahrnehmung basierenden Selektionen getroffen werden können – aktuelle Beispiele wie die Überschwemmungen im Ahrtal oder der Krieg in Afghanistan – so wird in der Alltagsrhetorik oder der medialen *Kommunikation* häufig der Begriff der ‚sinnlosen Zerstörung' gewählt. Die Zuschreibung ‚zerstörtes Haus' oder 'Trümmerhaufen' ist aber eine Sinnzuweisung, an die beliebige weitere angeschlossen werden können. Dies können Schuldzuweisungen an Landräte oder die Taliban sein, oder an sich selbst, den Klimawandel oder den Krieg als solchen. Mit diesen Beispielen sei auf die beiden Begriffsverwendungen noch einmal verwiesen, die beispielhaft für die Begriffslogiken und spezifischen Begriffsverwendungen Niklas Luhmanns stehen.
In der Theorie Niklas Luhmanns meint *Sinn* die Prozessierung von Informationen anhand der Differenz aktuell/potenziell und damit das Zuschreiben von Bedeutung und das Ermöglichen von Anschlusskommunikationen. Der Sinnbegriff, der gemeint ist, wenn von der Sinnlosigkeit die Rede ist, meint demgegenüber so etwas wie den Lebenssinn. Der gemeinte Verlust ist ein Wertverlust.[244] Ein Wertverlust kann nun nach Luhmanns Kategorien durchaus einen Sinn haben. Es handelt sich um zwei verschiedene Dinge, die unglücklicherweise durch das gleiche Wort bezeichnet werden.[245] ///

*Sinn* ist die Aktualisierung einer Möglichkeit, das Treffen einer Auswahl und gleichzeitig

242 Die ordnenden Funktionen von *Strukturen* und *Erwartungen* innerhalb *sozialer Systeme* werden in Strukturen und Erwartungen [5.2.1] erläutert und für das *Kunstsystem* und die *Kunst* produktiv gemacht.

243 Luhmann 1987a, S. 96–97.

244 Vgl. Lohmann, S. 166–168.

245 Diesen Umstand teilen viele der Begrifflichkeiten im Theoriekomplex von Niklas Luhmann. Die im Rahmen dieser Studie verwendete Kursivschreibung für zentrale systemische Begriffe – die im Glossar [9] zusammengefasst werden – versucht auch in diesem Fall die Verständlichkeit zu unterstützen.

erhält *Sinn* das Möglichkeitsspektrum aber auch, indem die Auswahl eines aktuellen Ereignisses stets einen Neuverweis auf weitere Möglichkeiten provoziert.
Niklas Luhmann beschreibt diesen Verweisungsüberschuss von Sinn als grundlegende Eigenschaft und Voraussetzung jeder *Kommunikation.*[246] *Kommunikation* vollzieht sich im Kontext ihres jeweiligen - und im Horizont eines auch anders möglichen - *Sinns*. Damit enthält „[...] jede Kommunikation [...] einen Verweisungsüberschuss von Sinn."[247] Dieser Überschusssinn ist eine Grundvoraussetzung allen kommunikativen *Handelns*. *Kommunikation* kann erst dann gelingen, wenn sie auch nicht gelingen könnte. Alle Verbreitungsmedien – Sprache, Schrift, Buchdruck und der Computer – entwickeln und produzieren diesen kommunikativen Überschusssinn. Jede *Kommunikation* enthält auch jenes, was woanders, früher oder später oder anstelle gesprochen, geschrieben, gedruckt oder gerechnet werden konnte, wird oder werden könnte. Der Überschusssinn in *sozialen Systemen* ermöglicht und fokussiert die Vergleichbarkeit von *Kommunikationen* und evolviert soziale Phänomene und *Strukturen*. Dieser Vergleichsdruck wird durch die mediale Verbreitung von *Kommunikationen* getragen und *Gesellschaften* können auf diesen Überschusssinn ihrer Verbreitungsmedien auf zwei Arten reagieren. Sie erweitern oder beschränken den Vergleichsraum möglicher anderer *Kommunikationen*. Die Einführung der Schrift in der Antike und die Möglichkeiten auf eine Vergangenheit und eine Zukunft zuzugreifen, bzw. in diese zu wirken, wurde mit dem Telos – als Ziel, bzw. Platz in der Welt – eingeschränkt und der *Sinn*, mögliche Anschlusskommunikationen entsprechend strukturiert und gesellschaftlich verarbeitbar gemacht.[248] Die Einführung des Buchdrucks in der Moderne und die Möglichkeiten permanenter Beobachtungen zweiter Ordnung, wurde mit der Kritik – der funktionalen (Selbst-)Referenz – erweitert und auf diese Weise gesellschaftlich strukturiert.
*Gesellschaften* müssen diese Strukturformen finden, die sicherstellen, dass die Verteilung und Verbreitung der jeweiligen Kommunikationsformen akzeptiert und geordnet werden. Gleichzeitig müssen sie aber auch eine Kulturform finden, die soziale Phänomene in Abgrenzung zu anderen definiert. ‚Lösen' können *Gesellschaften* den Überschusssinn und die mit ihm einhergehenden Probleme nur durch neue Orientierungsmuster und Semantiken.

Für die *Gesellschaften*, die auf dem Computer als zentrales Leitmedium basieren, arbeitet Dirk Baecker die Strukturform der Vernetzung und die Kulturform der *Komplexität* heraus. Die Strukturform des Netzwerks zeichne sich dabei durch die hybride Kopplung heterogener Elemente aus, habe keine spezifischen Grenzen und agiere jederzeit irritier- und verknüpfbar.

246 Vgl. Luhmann 1998, S. 58.
247 Ebd., S. 409.
248 Vgl. Baecker 2000, S. 63–71.

Damit die *Gesellschaft* einen Umgang mit/für diese Strukturform finden könne, bedarf es nach Luhmann dann einer Öffnung für diese oszillierenden *Formen.*

> *„Die Vermittlung scheint eine Temporalisierung von Formen zu erfordern. Man geht nicht mehr von feststehenden Gestalten aus, die nach den Codes der Funktionssysteme als wahr oder unwahr, nützlich oder nicht nützlich usw. beurteilt werden können.“*[249]

Die *Form*, die mit diesen nicht feststehenden Gestalten umgehen könne, sei die Kulturform der *Komplexität.*
Die Kulturform der *Komplexität* berücksichtigt, dass es in jeder digitalen oder digitalisierbaren *Kommunikation* Widersprüchliches gibt und heterogene und nicht eindeutige Aspekte existieren.[250] Darin erhält die Differenz *Medium/Form* der *Kommunikation* ihren *Sinn*, der auf sich selbst verweist und damit wiederum absichert. In der *Gesellschaft,* die auf dem Computer als zentralen Leitmedium beruht, werden Unreduzierbarkeiten und Unvereinbarkeiten nicht nur von allen Akteur:innen akzeptiert, sondern in der *Kommunikation* sogar gepflegt.
Die Kulturform der *Komplexität* strukturiert die oszillierenden Identitäten und macht diesen Zustand ertragbar.

Für Niklas Luhmann kann *Kommunikation* nur dann entstehen, wenn die Synthese der drei Selektionen (i) *Mitteilung* (ii) Information und (iii) Verstehen der Differenz zwischen Information und Mitteilung gegeben ist. Da das Zustandekommen eben dieser Synthese ein höchst unwahrscheinlicher Prozess ist, entwickeln *Gesellschaften Strukturen* und Mechanismen, um das Gelingen dieses Prozesses zu unterstützen, schließlich ist (gelungene) *Kommunikation* das Letztelement aller *sozialen Systeme* und damit konstitutiv für *Gesellschaften.*

### 4.1.1.3 Die Wahrscheinlichkeit des Unwahrscheinlichen

In der Systemtheorie Niklas Luhmanns sind *Gesellschaft(en)* eine höchst unwahrscheinliche *Form,* die aber gleichzeitig (höchst) erfolgreich existieren und verschiedene Ausprägungen von *Kommunikation* entwickelt und voneinander abgegrenzt haben. Über diese *Formen* konstituieren sich differenzierte Funktionssysteme wie Wirtschaft, Recht oder auch *Kunst.*

249 Luhmann 1998, S. 305.
250 In Form der oszillierenden Identitäten, die sich in der Systemtheorie Luhmanns direkt aus der Differenz *System/Umwelt* ableiten lässt. Diese Ab- bzw. Herleitung wurde in Draw a distinction – Aller Anfang ist Differenz [4.1.1.1] bereits ausgeführt.

Jedes Funktionssystem macht andere Anschlusskommunikationen wahrscheinlich, folgt einem *Code*, hat eine bestimmte *Struktur*, welche *Kommunikationen* aneinander anschließt und unwahrscheinliche *Kommunikation* in wahrscheinliche *Kommunikation* transformiert.[251] Alle Funktionssysteme tun dies mit dem *Medium Sinn*, der über sich durchsetzende *Formen* prozessiert wird.

Dies kennzeichnet *Kommunikation* als selektives Geschehen, denn „Sinn lässt keine andere Wahl als zu wählen."[252] Aus dem aktuellen Verweisungshorizont, der im Kommunikationsprozess erst konstituiert wurde, greift *Kommunikation* einzelne Elemente heraus und lässt dafür andere offen und beiseite. *Kommunikation* ist damit das Prozessieren von Selektionen und die Selektion, die im Kommunikationsprozess aktualisiert wird, konstituiert ihren eigenen Horizont und damit das, was sie wählt, vorher als Selektion, sprich als Information. Damit wird das, was die *Kommunikation* mitteilt, nicht nur in einer Selektion gewählt, es ist bereits Auswahl und wird aus diesem Grund mitgeteilt. Daraus folgt, dass *Kommunikation* in der Systemtheorie nicht als zweistelliger Prozess betrachtet wird, sondern als dreistelliger Selektionsprozess beschrieben wird.[253] *Kommunikation* besteht nicht nur aus dem – mit selektiver Aufmerksamkeit vollzogenen – Absenden und Empfangen, sondern die vorherige Selektion der Information selbst ist ein Aspekt des Kommunikationsprozesses, da jedwede selektive Aufmerksamkeit nur im Horizont dieser Selektion prozessiert werden kann.
Damit wird *Kommunikation* in der Systemtheorie als Synthese der drei Selektionen (i) *Mitteilung* (ii) Information und (iii) Verstehen der Differenz zwischen Information und Mitteilung gefasst.[254]

(i) Mitteilung

Die Mitteilung stellt im Kommunikationsprozess die erste Selektion dar. Diese Selektion wird Alter zugeschrieben, da die Mitteilung immer eine Aussage, Geste oder andere Handlung von Alter ist. Alter spricht oder handelt aus irgendeinem Grund, Alter hat irgendeine Intention für die Mitteilung, eine Grundlage für seine Selektion.

/// Wird das Beispiel aus Systemtheorie als Meta-Sensibilisierung [3.2] aufgegriffen, so lässt sich das Heben der Hand von Alter als Mitteilung kennzeichnen. Alter hat sich dazu entschlossen diese Geste zu machen – aus

251 Die Implikationen und Perspektiven, die die Betrachtung von Funktionssystemen der *Gesellschaft* ermöglichen, werden im Kontext der vorliegenden Studie ausführlich für das *Kunstsystem* in Plausible Präsentationen anderer Realitäten [5.2.3] dargestellt.

252 Luhmann 1987a, S. 194.

253 Vgl. Baecker 2007a, S. 25–28.

254 Vgl. Luhmann 1998, S. 191–195

welchen Gründen auch immer. Die Mitteilung – das Heben der Hand – kann als Alters Selektion beschrieben werden; er hat diese Selektion vorgenommen und dabei das Heben der Hand aus dem Spektrum seiner möglichen Handlungen ausgewählt. ///

(ii) Information

Die Information lässt sich nicht auf diese Weise Alter oder Ego zuordnen. Eine Information ist ein Ereignis[255], welches bereits eine Selektion ist. Dieser Informationsbegriff nutzt das mathematische Verständnis Claude E. Shannons von Information: Ordnung.[256] Eine Information ist eine Selektion, da sie eine Unterscheidung zieht, zwischen dem was gesagt/getan wurde, und dem was dadurch nicht gesagt/getan wurde und damit ausgeschlossen bleibt. Damit ist die Information eine Selektion, die von der Selektion der Mitteilung unterschieden wird und autonom funktioniert. „Eine Information kommt immer dann zustande, wenn ein selektives Ereignis [...] im *System* selektiv wirken, das heißt Systemzustände auswählen kann."[257] Nur durch *Irritationen*, die durch die *Strukturen* des *Systems* behandelt werden, kann es zu Information kommen. In der *Umwelt* selbst ist keine Information vorhanden, sie wird erst in der Prozessierung durch das *System* produziert. „Die *Umwelt* enthält keine Information; die *Umwelt* ist, was sie ist."[258]

Damit ist Information nur im *System* und aufgrund dessen Selbstreferenz

255 In der Systemtheorie werden Ereignisse als Elemente charakterisiert, die einem spezifischen Zeitpunkt zugeordnet werden können. Sie sind in dem Sinne zeitpunktfixiert, als dass sie nur einmal und nur in einem für das Erscheinen nötigen Zeitintervall vorkommen. Durch die Fixierung auf einen spezifischen Zeitpunkt sind sie unwiederholbar und werden dadurch zur Elementareinheit bei der systemischen Beschreibung von Prozessen (vgl. Luhmann 1992, S. 102–105).

256 Der Informationsbegriff, bzw. der Ordnungsbegriff der Information, wird von Niklas Luhmann aus den mathematischen Überlegungen Claude E. Shannons übernommen und weiterentwickelt (Kittler und Shannon 2000). Information wird von Shannon als Maß für Ordnung definiert, wobei Ordnung den Zusammenhang von Elementen untereinander beschreibt. Ob es sich bei diesen Elementen um Sätze, Gesten, Buchstaben oder irgendwelche Signale handelt, spielt dabei keine Rolle. Das was Information ist, ist wie aus einer Nachricht – damit ist ein neu auftretendes Element gemeint – darauf geschlossen werden kann, welche Ordnung von Elementen vorliegt. Mit Ordnung ist dabei gemeint, mit welcher Wahrscheinlichkeit aus dem Vorhandensein eines bestimmten Elementes auf das Vorhandensein anderer Elemente geschlossen werden kann. Mit dieser Perspektive wird eine (mathematische) Beschreibung des Umgangs mit Information ermöglicht, die im Kern ein Wahrscheinlichkeitskalkül ist; wie kann aus dem Auftreten eines neuen Elementes auf das Vorhandensein anderer Elemente geschlossen werden.

In der Kybernetik wird der Informationsbegriffs Shannons von Norbert Wiener dann darin produktiv gemacht, dass er die unbekannte Ordnung einer komplexen *Kontingenz* in eine nicht endende Sequenz einzelner *Kontingenzen* auflöst und damit bearbeitbar macht (Wiener 2013). Dirk Baecker fasst diese kontraintuitive Betrachtungsweise von Information entsprechend wie folgt zusammen: „Die Information wird nicht daran gemessen, was man weiß, sobald man eine Nachricht erhält, sondern daran, was man außerdem herausfindet, sobald man sie erhält. [...] Eine Information gilt nicht bestimmten Gegenständen oder Zuständen, sondern sie gilt der Ordnung dieser Gegenstände und Zustände im Verhältnis zu anderen Gegenständen und Zuständen. [...] Man erkennt eine Information daran, dass sie überrascht [...]" (Baecker 2007a, S. 19).

257 Luhmann 1987a, S. 68.

258 Foerster 1985, S. 85.

möglich. Zwar kann das *System* die Information aufgrund eines zugrundeliegenden Ereignisses der *Umwelt* zurechnen, aber die Information erscheint als Selektion aus einem Möglichkeitsspektrum, den das *System* entworfen hat – nicht die *Umwelt* – und den das *System* für relevant und bedeutsam hält. Gleichzeitig ist sie aber eine Selektion, die die *Umwelt* vollzieht und nicht das *System*. „Sie wird erlebt, nicht erhandelt."[259] Dies schafft Distanz zwischen *System* und *Umwelt* und ebenso setzt sich das *System* der *Umwelt* aus. Die Information ist damit eine Selektion der *Umwelt* – zwischen dem was ist und dem was nicht ist – und gleichzeitig ist sie dem *System* zuzuschreiben, da sie nur in diesem produziert wird, zur Existenz gebracht werden kann.
Aber die Mitteilung einer Information ist nicht an sich Information. Ereignisse sind zeitpunktfixiert, sie verschwinden direkt, nachdem sie aufgetreten sind; sie bestehen nur für den Minimalzeitraum ihrer Existenz. Es ist die Zeit, die *Sinn* und Information trennt, obwohl jede Sinnproduktion über Information läuft und notwendigerweise jede Information auch *Sinn* hat. Ermöglicht wird die Unterscheidung durch den Begriff der ‚Änderung eines Systemzustandes'.[260] Information ist immer Information eines *Systems* oder aber ggf. mehrerer *Systeme*. Informationsverarbeitende *Systeme* sind zwingend selbstreferenziell operierende *Systeme* und wirken somit bei der Änderung eigener Zustände immer mit. Für selbstreferenzielle *Systeme* sind Außeneinwirkungen – *Irritationen* der *Umwelt* – immer Anlässe zur Bestimmung zur Selbstbestimmung und damit als Information, Selbstbestimmungen, ohne die Strukturdeterminationen aufzuheben, die Zustände des *Systems* verändern. Informationen sind Ereignisse, die die Entropie des *Systems* einschränken, ohne den Zustand des *Systems* damit festzulegen. Treten *Irritationen* wiederholt auf, verlieren sie ihren Informationswert, da sie den Zustand des *Systems* nicht mehr verändern können und damit zwingend bloße Wahrnehmung bleiben.

/// Ego nimmt die Geste von Alter – das Heben der Hand – wahr. Die Wahrnehmung der Geste durch Ego wird zur Information – Alter hebt die Hand –, da es für das psychische *System* Egos und dessen Wahrnehmung ein neues selektives Ereignis ist. Nimm Ego die Geste (unmittelbar danach) erneut wahr, so hat diese Aktivität keinen Informationswert mehr, da sie den Systemzustand von Ego nicht mehr ändert, obwohl die Wahrnehmung der Geste strukturell die

259 Luhmann 1987a, S. 104.
260 Vgl. Luhmann. 1997, S. 22–24.

gleiche Selektion präsentiert. Das Ereignis – das Heben der Hand durch Alter – ist zeitpunktfixiert, verschwindet direkt nach seinem Zustandekommen, die Information geht aber nicht verloren. Sie hat den Systemzustand des psychischen *Systems* Egos verändert, hat dort Struktureffekte hinterlassen und das psychische *System* Egos reagiert auf und mit den geänderten *Strukturen*. Ego weiß nun, dass Alter die Hand gehoben hat. ///

Die Information wird in der *Kommunikation* konstruiert und nicht übertragen. Im Kommunikationsprozess geht die Information nicht verloren und wird auch nicht von Ego gewonnen. Die Information wird von Alter mitgeteilt und von Ego verstanden. In der *Kommunikation* wird Information also nicht übertragen, sondern im Prozess des Verstehens der Differenz von Information und Mitteilung produziert.

(iii) Verstehen der Differenz zwischen Information und Mitteilung

Damit *Kommunikation* zustande kommt, müssen nicht nur Information und Mitteilung wahrgenommen werden, sondern auch deren Differenz verstanden werden. Dies setzt „[...] in einem Akt der Aufmerksamkeit [...] >>Codierung<< voraus."[261] Durch die Mitteilung wird die Information dupliziert; sie existiert zum einen neben der Mitteilung und zum anderen wird sie zur Mitteilung verwendet, gibt ihr eine angemessene *Form* – sei diese sprachlich, lautlich, schriftlich etc. – und kennzeichnet sie als codiertes Ereignis. Ereignisse lassen sich somit in codierte und nicht-codierte unterscheiden. Nur codierte Ereignisse wirken im Kommunikationsprozess als Information, alle nicht-codierten Ereignisse sind Störungen[262]. Damit *Kommunikation* zustande kommen kann, muss diese Codierung – als operative Vereinheitlichung von Information und Mitteilung – durch Alter und Ego gleichsinnig vorgenommen werden. Damit dies gelingen kann, ist eine beiden bekannte (hinreichende) Standardisierung erforderlich, die die Wahrnehmung lenkt und Aufmerksamkeit auf entsprechende Informationen zieht. Kann Ego zwei Selektionen unterscheiden und diese Differenz verarbeiten und einsetzen, so kommt *Kommunikation* zustande und nicht nur die (bloße) Wahrnehmung von informativen Ereignissen. Diese Differenz macht *Kommunikation* erst zur *Kommunikation*

261 Luhmann 1987a, S. 197.

262 Diese werden in der Systemtheorie und mit dieser arbeitenden Kommunikationswissenschaften häufig als ‚Rauschen' oder ‚noice' beschrieben (Hohm 2000).

und damit zu einem Sonderfall von Informationsverarbeitung.[263] Zu Beginn besteht die Differenz in der Wahrnehmung und Beobachtung Alters durch Ego. Nur wenn Ego das Mitteilungsverhalten Alters von dem trennen kann, was es mitteilt, ist die Grundlage für *Kommunikation* gegeben. Nimmt Alter anschließend die Beobachtung durch Ego wahr, so kann er diese Differenz von Mitteilungsverhalten und Information übernehmen, diese ausbauen und zur (erfolgreichen) *Kontrolle*, bzw. Steuerung des Kommunikationsprozesses nutzen. Das Verstehen der Differenz von Information und Mitteilung ist somit die entscheidende Selektion, durch die sich *Kommunikation* erst konstituieren kann. Gleichzeitig kann *Kommunikation* nur realisiert werden, wenn min. zwei *psychische Systeme* – die nicht zwingend menschlich sein müssen[264] – an ihr beteiligt sind.[265]
*Kommunikation* ist nicht nur das Wahrnehmen von Verhalten, sondern das Registrieren einer Differenzerfahrung: Egos Unterstellung, dass es einen Unterschied zwischen Information und Alters *Mitteilung* – also zwischen inhaltlicher Information und der Intention, warum diese mitgeteilt wurde -, gibt, lässt die Wahrnehmung dieser Mitteilung zur *Kommunikation* werden.

/// Im Beispiel der Geste Alters – das Heben der Hand – kommt es zur *Kommunikation*, wenn Ego eine Differenz zwischen der inhaltlichen Information – Alter hebt die Hand – und der Intention für diese Mitteilung wahrnimmt. Ego versteht, dass Alter ihn grüßen möchte, wenn er die Intention für die Mitteilung von der reinen Information trennt. Das Verstehen impliziert aber nicht, dass die Authentizität der Motive oder der Gefühle der Teilnehmer:innen - oder auch die objektive Realität der Information – erfasst wird. Das Verstehen impliziert nur, dass eine Mitteilung und eine Information als Selektionen unterschieden und zugeschrieben werden. Möglicherweise ist es gar nicht Alters Intention gewesen Ego zu grüßen, sondern Alter wollte nur ein Insekt verscheuchen oder hat aus irgendeinem anderen Grund die Hand gehoben. ///

263 Vgl. Baecker 2007a, S. 47.

264 Aufgrund der zunehmenden technologischen Weiterentwicklung und der vielfältigen Einbindung nicht-menschlicher Akteur:innen in (zukünftige) Kommunikationsprozesse, werden in Treffen sich zwei [psychische] Systeme [4.1.2] probehalber auch nicht-menschliche Akteur:innen als sinnkonstituierende Systeme betrachtet und die daraus folgenden Implikationen diskutiert.

265 Zwar ist es umgangssprachlich möglich, dass psychische *Systeme* ins Zwiegespräch mit sich selbst gehen, jedoch kann es sich dabei nicht um *Kommunikation* handeln, da die Differenzerfahrung zwischen Mitteilung und Information nicht zustande kommen kann.

Die Synthese von (i) Mitteilung (ii) Information und (iii) dem Verstehen der Differenz von Mitteilung und Information lässt in der Systemtheorie *Kommunikation* überhaupt erst entstehen. Zur *Kommunikation* kommt es, wenn etwas als Mitteilung verstanden wird. Dies bedeutet im Umkehrschluss, dass eine bewusste Intention für eine *Kommunikation* gar keine notwendige Bedingung ist. Sobald Ego die Differenz zwischen Information und Mitteilung beobachten kann, kommt es zur *Kommunikation*, auch wenn Alter gar keine Mitteilungsabsicht hatte.[266] Eine Mitteilung – absichtsvoll oder unbewusst – ist damit immer der Beginn einer kommunikativen Operation. Kommt es einmal zur *Kommunikation*, ist es demnach auch nicht mehr möglich „[…] sich nicht nicht [zu] verhalten."[267] Und damit ist ebenfalls auch die Unmöglichkeit gegeben, nicht zu kommunizieren.

Die (erfolgreiche und fortlaufende) Synthese von (i) Mitteilung (ii) Information und (iii) dem Verstehen der Differenz von Mitteilung und Information – also *Kommunikation* – wird von Niklas Luhmann als höchst unwahrscheinlicher Prozess beschrieben. Luhmann arbeitet in seiner Theorie drei grundlegende Unwahrscheinlichkeiten von *Kommunikation* heraus und analysiert, wie unterschiedliche Medien diesen entgegenwirken.[268] [1] Die Unwahrscheinlichkeit des Verstehens, welche über die Zuschreibung von *Kommunikation* als *Handeln* teilweise reduziert wird, wird durch das ‚*Medium*' der *Sprache* handhabbar. [2] Die Unwahrscheinlichkeit den Adressaten zu erreichen, wird durch die ‚Verbreitungsmedien' Schrift, Buchdruck und Computer reduziert und *Kommunikation* damit unabhängig von Zeit und Raum. Wird *Kommunikation* erkannt, bzw. verstanden und erreicht auch den Adressaten, muss sie trotzdem nicht angenommen werden. Da nur angenommene *Kommunikation* die Autopoiesis von *sozialen Systemen* aufrechterhält, sind diese bestrebt, bzw. entwickeln *Strukturen* dafür, dass die Annahme von *Kommunikation* begünstigt wird. [3] Der Unwahrscheinlichkeit der Annahme der *Kommunikation* begegneten *Gesellschaften* mit der Entwicklung ‚symbolisch generalisierter Kommunikationsmedien', bzw. ‚Erfolgsmedien' [Macht, Geld, Liebe, *Kunst*[269], Wahrheit, ...]. Diese transformieren über die kommunikative Zuschreibung als *Handlung* und *Erleben* in besonderem Maße und vor allem situationsübergreifend unwahrscheinliche in wahrscheinliche *Kommunikation*. Sie machen Kommunikationsanschlüsse auch in unbekannten oder unbequemen Situationen erwartbar und stellen somit erfolgreiche *Kommunikation* sicher.

266 Vgl. Luhmann 1987a, S. 208.
267 Watzlawick 2016, S. 13.
268 Vgl. Luhmann 1998, 81-92.
269 Das für diese Studie besonders interessante symbolisch generealisierte Kommunikationsmedium *Kunst* wird in Plausible Präsentationen anderer Realitäten [4.2.3] zusammen mit dem *Kunstsystem* ausführlich dargestellt und die bildungstheoretischen Potenziale einer systemischen Perspektive auf diese Subsysteme der *Gesellschaft* erläutert.

/// So ist es beispielsweise erwartbar, dass beim Bäcker mit dem symbolisch generalisierten Kommunikationsmedium Geld bezahlt werden kann und man die Brötchen nicht gegen andere Gegenstände oder Waren eintauschen muss. Es ist erwartbar, dass dies auch im Supermarkt um die Ecke, oder an anderen Stellen genauso funktioniert. Die Differenz *zahlen/nichtzahlen* lässt sich also in verschiedenen Kontexten wiederverwenden und erzeugt (meistens) ein ähnliches/wahrscheinliches – erwartbares – Ergebnis.[270] ///
Gebündelt ergeben alle Medien, die Sprache, die Verbreitungsmedien und die symbolisch generalisierten Kommunikationsmedien, das, was mit dem Begriff der *Kultur* bezeichnet werden könnte.[271] Eine Art Codesystem der *Gesellschaft*, welches Werte vergleichbar und verhandelbar macht.

*Kommunikation* ist das Letztelement *sozialer Systeme* und gleichzeitig benötigt sie *psychische Systeme,* die sie im Aufeinandertreffen prozessieren können.

## 4.1.2 Treffen sich zwei [psychische] *Systeme*

*Die Beteiligung nicht-menschlicher Akteur:innen*

Damit es zu *Kommunikation* kommt, müssen mindestens zwei *psychische Systeme* an dieser beteiligt sein. Die spezifischen Eigenschaften dieses Systemtyps werden im folgenden Kapitel ausführlicher dargestellt und deren Aufeinandertreffen als Situation *doppelter Kontingenz* charakterisiert. Die Konstruktion und Prozessierung von *Sinn* innerhalb kommunikativer Prozesse kann nur von *psychischen Systemen* gewährleistet werden. Die zunehmende Fortentwicklung von Technologie beteiligt vermehrt auch nicht-menschliche Akteur:innen an *Kommunikation*, weshalb nicht-menschliche Akteur:innen im folgenden Abschnitt probehalber als sinnkonstituierende *Systeme* gefasst und mit dieser Perspektive digitale Kommunikationspraktiken untersucht werden.

270 Die strukturierende Funktion von *Erwartungen* und die (kunst-)pädagogischen Potenziale deren *Enttäuschung* wird in _Fachperspektiven [4.2.] ausführlich dargestellt und diskutiert.
271 Eine ausführliche Darstellung des Kulturbegriffs erfolgt in Kultur [4.2.1.2]

### 4.1.2.1 *Psychische Systeme*

In der Systemtheorie nach Niklas Luhmann bilden neben den *sozialen Systemen* und den lebenden Systemen, die *psychischen Systeme* die dritte Erscheinungsform autopoietischer *Systeme*. Luhmann nennt diese auch Bewusstseinssysteme, die mit Gedanken operieren, die sich in einem geschlossenen Netzwerk ohne Kontakt zur *Umwelt* rekursiv reproduzieren.[272] Wie auch *Kommunikationen* treten Gedanken dann ebenfalls als Ereignisse auf, die im Moment ihres Auftauchens wieder verschwinden. Damit das *psychische System* aufrechterhalten bleiben kann, muss jedes Element durch neue Elemente ersetzt werden können. Es besteht nicht die Möglichkeit in die Prozessierung von Gedanken eines *psychischen Systems* einzutreten. Zwischen *psychischem System* und seiner *Umwelt* gibt es keinen Austausch im Sinne von Input und Output. Das *psychische System* gibt keine Gedanken an seine *Umwelt* ab und nimmt gleichzeitig auch keine Elemente seiner *Umwelt* auf.

> *„Alles was wir wahrnehmen, findet nur in unserem Kopf statt. Die Gehirnsprache ist eine quantitative elektrische Sprache, die mit Frequenzänderungen, mit Zeit, mit räumlichen Parallelen arbeitet, und dafür gibt es in der Umwelt kein Korrelat."*[273]

Eine Wahrnehmung der Gedanken ist nur in der *Form* der Beobachtung möglich. Damit sind *psychische Systeme* als geschlossene *Systeme* auch für andere autopoietische *Systeme* nicht zugänglich. Weder lebende *Systeme* wie der Organismus, noch die mit *Kommunikation* operierenden *soziale Systeme* können die Prozessierung der Gedanken bestimmen; sie können ausschließlich über Reize – *Irritationen* – auf das *psychische System* einwirken, auch wenn diese vom *psychischen System* mithilfe der eigenen *Strukturen* frei verarbeitet werden. Gleichzeitig können auch *psychische Systeme* die/ihre *Umwelt* nur als Gesamtheit dessen erfassen, was außerhalb ihrer Systemgrenzen liegt. Dies zwingt sie eine Repräsentation oder eigenständige Konstruktion der *Umwelt* innerhalb des eigenen *Systems* zu schaffen.[274] Damit entsteht aufgrund der Unterscheidung von *System* und *Umwelt* im *psychischen System* eine eigene Konstruktion der wahrgenommenen ‚Realität'. „Das, was als <<Realität>> erfahrbar wird, ist ein Prozess der Bedeutungszuweisung und damit der Fertigung von Realität."[275]

272 Vgl. Baraldi et al. 1997, S. 142–143.

273 Werber und Luhmann 2008, S. 421.

274 Aufgrund der hohen Komplexität der *Umwelt*, die niemals vollständig vom *System* erfasst werden kann, schließt dieser Prozess Komplexitätsreduzierungen und Vereinfachungen mit ein, weshalb dieses Abbild der *Umwelt* niemals allumfassend sein kann. Dieser Umstand des Komplexitätsgefälles zwischen *System* und *Umwelt* wird in Draw a distinction - Aller Anfang ist Differenz [4.1.1.1] diskutiert und als Ausgangspunkt aller systemischen Betrachtungsweisen herausgearbeitet.

275 Hemmer-Junk 1995, S. 40.

In der *Umwelt* des *psychischen Systems* befinden sich *soziale Systeme* und die Sozialisation der *psychischen Systeme* geschieht ausschließlich als ‚Selbstsozialisation' und nicht über einen Eingriff von außen.[276] Es ist das *psychische System*, welches *Irritationen* aus der *Umwelt* nutzt, um die eigenen *Strukturen* entsprechend seinem Operationsmodus anzupassen und zu restrukturieren.[277] Das *soziale System Gesellschaft*, in dessen Horizont dieser Prozess abläuft, kann sich entsprechend auf die *psychischen Systeme* beziehen, kann dies aber nur über spezifische kommunikative *Strukturen* tun. Eine direkte Beziehung zwischen *psychischen Systemen* ist aufgrund der operativen Schließung der *psychischen Systeme* nicht möglich, nur über die *Kommunikation* können sie in Austausch treten und Kontakt aufnehmen. Da – wie bereits erwähnt – die Prozessierung von Gedanken innerhalb von *psychischen Systemen* nicht direkt wahrnehmbar ist, tritt in der *Kommunikation* die Situation der *doppelten Kontingenz* ein, eine gegenseitige Intransparenz der teilnehmenden *psychischen Systeme*, die füreinander ‚black boxes' bleiben.[278]

*Psychische Systeme* sind sinnkonstituierende *Systeme* und damit *Systeme*, deren Operationen immer von Selbstbeobachtungen begleitet werden. Durch die Verbindung von Gedanken zu früheren Gedanken wird die Reproduktion des *psychischen Systems* als Einheit gewährleistet. Die eigene Beobachtung benötigt immer die Orientierung an einer Differenz – einer Unterscheidung. Diese Differenz ist die Unterscheidung Selbstreferenz/Fremdreferenz und geschieht über die Identifikation des *psychischen Systems* mit dem eigenen Körper, den es von außen und von innen beobachten kann und der grundlegend von anderen Objekten oder Körpern unterschieden wird.[279] Damit orientiert Luhmann die Operationsweise *psychischer Systeme* an der philosophischen Abstraktionstheorie und verbindet diese mit dem Formkalkül George Spencer-Browns. Die grundlegende Operation eines *psychischen Systems* besteht in der Differenzierung – in der Differenz Selbstreferenz/Fremdreferenz. Diese markiert für das *psychische System* den Unterschied zwischen *System* und *Umwelt*, welcher vom *psychischen System* durch den eigenen Operationsmodus des Denkens selbstreferentiell konstituiert wird. Damit ist all das, was das *psychische System* nicht denkend verarbeiten kann, zwingend außerhalb des *Systems* und entzieht sich seinem operativen Zugriff. Die Differenz von Selbstreferenz/Fremdreferenz ermöglicht es, dass ein Gedanke eines *psychischen Systems* als Vorstellung-von-etwas beobachtet und im Fortlauf der Prozessierung der Gedanken, kann der anschließende Gedanke entscheiden, ob er sich als Selbstreferenz – der Vorstellung – oder an der Fremdreferenz – dem vorgestellten ‚etwas' – des vorangegangenen und selbst-

276 Vgl. Luhmann 1987a, S. 65–68.

277 Vgl. ebd.

278 Dieses zentrale Charakteristikum kommunikativer Prozesse wird in Doppelte Kontingenz [4.1.2.2] ausführlich dargestellt und systemisch untersucht.

279 Vgl. Baraldi et al. 1997, S. 144.

beobachteten Gedankens orientiert.[280] Der an andere Gedanken anschließende und sich auf diese beziehende Gedanke kann komplexere *Formen* annehmen und auch abstraktere *Strukturen* bilden, die nicht mehr von *Irritationen* aus der *Umwelt* ausgelöst werden, sondern autopoietisch aus dem *psychischen System* selbst hervorgehen. Jede Unterscheidung bezieht sich somit auf vorangegangene Unterscheidungen und das *psychische System* nimmt die eigene Operationsweise – das Denken – als Orientierungspunkt weiterer Unterscheidungen. Aufbauend auf diesem Prozess kann ein *psychisches System* Reflexivität und auch Reflexion entwickeln und sich damit selbst als Einheit beobachten und eine Vorstellung der Identität seiner selbst produzieren. „Das *System* erfasst sich selbst als Identität, die gegenüber der *Umwelt* erkannt und in wechselnden Kontexten wiedererkannt werden kann."[281]
Wichtig in diesem Zusammenhang ist, dass laut Luhmann dieser Selbstbeobachtung durch das *psychische System* keine hierarchisch höhere Position gegenüber der Beobachtung von außen eingeräumt wird.[282] Selbstbeobachtung und -analyse führen zu keiner genaueren Beschreibung des *psychischen Systems*. Sowohl die Selbstbeobachtung als auch die Beobachtung durch einen Beobachter von außen sind Vereinfachungen und enthalten damit Unschärfen und blinde Flecken.[283]

/// In kommunikativen Prozessen kann das Denken einem anderen *Sinn* nachgehen und sich möglicherweise vom ursprünglichen inhaltlichen Kern der *Kommunikation* lösen. Im Beispiel des Zusammentreffens von Alter und Ego und der Begrüßung Alters, könnte ein möglicher Gedanke des *psychischen Systems* Egos sein „Ach, da ist ja ‚Alter'". Diese Auswahl aus dem Spektrum möglicher Gedanken erzeugt sofort neue Auswahlmöglichkeiten und Gedankenaktualisierungen. Möglich wäre zum Beispiel „Mist, ich habe mir doch noch die Bohrmaschine von ‚Alter' geliehen" was wiederum zur Folgeaktualisierung „Wo ist die Bohrmaschine eigentlich?" führen und dann den Gedanken „Ich sollte mal wieder den Keller aufräumen" anschließen könnte. ///

Die Autopoiesis vollzieht sich unter der Verwendung des *Mediums Sinn*. Das Treffen einer Auswahl aktualisiert einen möglichen Gedanken, erhält gleichzeitig aber das Möglichkeitsspektrum weiterer Gedanken und fokussiert durch die Auswahl mögliche Anschlussgedanken. Eine unendliche – zumindest, solange das *System* existiert – Sequenz sich aneinanderknüpfender Ereignisse, die als Gedanken im *psychischen System* prozessiert werden.

280 Vgl. Luhmann 1987a, S. 347–349.

281 Baraldi et al. 1997, S. 144.

282 Wie Luhmann auch dem Beobachter zweiter Ordnung keine höhere Position zuspricht. Der Beobachter zweiter Ordnung operiert auf derselben Ebene wie der Beobachter erster Ordnung und bestätigt dessen Identität oder löst die Benennung – die Bestimmung – entsprechend auf. Diese Grundfunktion gegenseitiger Beobachtungen wird in Draw a distinction - Aller Anfang ist Differenz [4.1.1.1] ausgeführt.

283 Vgl. Luhmann 1985, S. 407–408.

Das *psychische System* selbst ist dabei selbstreferenziell und operativ geschlossen, weshalb die internen Prozesse nicht von außen beobachtet werden können. Im Aufeinandertreffen zweier psychischer *Systeme* und der gegenseitigen Beobachtung kommt es daher zu Situationen *doppelter Kontingenz*.

### 4.1.2.2 *Doppelte Kontingenz*

Der Begriff *Kontingenz* stammt aus der Logik und umfasst gleichzeitig den Ausschluss von Notwendigkeit und Unmöglichkeit. Mit ihm wird ein Ereignis – ein Datum – mit Verweis auf seine möglichen Alternativen bestimmt. „Der Begriff bezeichnet mithin Gegebenes [...] im Hinblick auf mögliches Anderssein."[284] Ein Sachverhalt, ein Gedanke oder eine Handlung der/die aktuell ist – also nicht unmöglich ist – wäre auch anders möglich – ist also nicht notwendig. Mit dem Begriff der *Kontingenz* wird demnach die Möglichkeit bezeichnet, dass ein Ereignis anders ist, als es ist. „Das Sein eines Datums entstammt einer Selektion, die sein Nicht-Sein als Sein anderer Möglichkeiten bestimmt."[285] Die Aktualisierung eines möglichen Ereignisses schließt gleichzeitig das damit Ausgeschlossene wieder mit ein. Ein Datum, bzw. ein Ereignis, ist nur dann kontingent, wenn es als Selektion beobachtbar wird und alle nichtausgewählten Ereignisse aber als Möglichkeitsspektrum erhalten bleiben.

Sinnkonstituierende *Systeme* sind immer kontingent, da ihre Operationen und die damit verbundene Selektivität dieser *Systeme* nicht im Vorhinein eindeutig bestimmbar sind. Damit platziert Luhmann die *Kontingenz* als Grundproblem für die Koordination der Selektivität in sozialen und psychischen Systemen, da deren Operationen – die *Kommunikation* und die Gedanken – eben nur Kommunikationsmöglichkeiten und Denkmöglichkeiten sind und auch anders hätten aktualisiert werden können. *Kontingenz* enthält damit auch immer die Möglichkeit zur *Enttäuschung*. In kommunikativen Situationen potenziert sich diese Problematik und wird zur *doppelten Kontingenz*.

Niklas Luhmann baut den Begriff der *doppelten Kontingenz* auf der Arbeit von Talcott Parsons auf und entwickelt ihn in ‚Soziale *Systeme*' (1987) als Grundproblem für die Koordination von Selektionsprozessen in *psychischen* und *sozialen Systemen*.

In der *Kommunikation* hängt jede Selektion sowohl von Ego als auch von Alter ab und beide operieren als psychische sinnkonstituierende *Systeme*. Ego und Alter, bzw. die psychischen *Systeme* und das auf deren Selektionen beruhende Verhalten, ist für den jeweils anderen unvorhersagbar, da beide nur innerhalb ihrer eigenen Systemgrenzen operieren. Kommunikations-

284 Luhmann 1987a, S. 153.
285 Baraldi et al. 1997, S. 37.

prozesse können unter dieser Perspektive als ein Aufeinandertreffen zweier ‚black-boxes' charakterisiert werden, die keinen Einblick auf die internen Prozesse zulassen und – da das *soziale System* ebenfalls kontingent ist – auch keine/kaum Aussagen auf den Input oder den Output ermöglichen.

> „*Jede [black box] bestimmt ihr eigenes Verhalten durch komplexe selbstreferenzielle Operationen innerhalb ihrer Grenzen. Das, was von ihr sichtbar wird, ist deshalb notwendig Reduktion. Jede unterstellt das gleiche der anderen. Deshalb bleiben die black boxes bei aller Bemühung und bei allem Zeitaufwand [...] füreinander undurchsichtig.*"[286]

Nur die aus Alters operationaler Schließung resultierende Selektivität wird für Ego sicht- und beobachtbar. Alter und Ego beobachten sich gegenseitig als *Systeme* in ihren jeweiligen Umwelten und können darüber den Input und Output des jeweils anderen wahrnehmen. „Jedes *System* zeigt dem anderen die Unbestimmbarkeit der eigenen Selbstreferenz zusammen mit der Bestimmbarkeit der eigenen Selektionen."[287]
Unter dieser Perspektive bedeutet *doppelte Kontingenz* und die Konstellation zweier psychischer *Systeme*, die aufeinandertreffen nicht nur eine doppelte ‚normale', oder ‚einfache' Kontingenz. Sie schafft vielmehr die Grundlage für die soziale Welt, die sich als doppelter Perspektivenhorizont darstellt.[288]

/// Im Beispiel des Aufeinandertreffens von Alter und Ego, kann Ego ein Ereignis – Alter hebt die Hand – auch unter der Perspektive der von Alter aktualisierten Möglichkeiten beobachten, die dadurch auch Egos Möglichkeiten werden. Dabei kann Ego Alters Erfahrungen nicht selbst *erleben* – Ego weiß nicht, weshalb Alter die Hand gehoben hat, Ego weiß nicht, wie Alters Wahrnehmung in der Situation ist –, Ego kann aber Alters Perspektive beobachten und sie unter Umständen auch als eigene Perspektive übernehmen. Mit diesen Einschränkungen ist es möglich, dass Ego Alters Welt, Alters Perspektive auf seine *Umwelt*, zur Verfügung gestellt wird. Ego kann die nicht unmöglichen, aber nicht notwendigen Möglichkeitsspektren Alters Handlungen aufgrund seines Verhaltens für sich (re-)konstruieren, womit die Welt als solche sozial kontingent wird.[289] Beide – sowohl Ego als auch Alter – erfahren *doppelte Kontingenz*. In ihre eigene Perspektive schließen sie fortan die Perspektive des jeweils anderen mit ein und berücksichtigen diese bei ihren Selektionen. Ego

286 Luhmann 1987a, S. 156.
287 Baraldi et al. 1997, S. 38.
288 Vgl. Luhmann 1998, S. 79.
289 Vgl. Baecker 2013, S. 136–139.

und Alter beobachten sich gegenseitig, beobachten die *doppelte Kontingenz* und die daraus folgende Unbestimmbarkeit des Verhaltens des jeweils anderen.[290] ///
Die Situation der *doppelten Kontingenz* ist unbeständig. Die *doppelte Kontingenz* löst sich fortwährend auf, da ihre Existenz zur Problemlösung zwingt.

/// Die Situation, die durch das Aufeinandertreffen von Alter und Ego entsteht, ist durch *soziale Systeme* strukturiert, welche sowohl Alter als auch Ego Perspektiven nahelegt, mit der das Verhalten des jeweils anderen beobachtet werden kann. Das Heben der Hand zum Gruß ist ein erwartbares Ereignis, welches verschiedene Anschlusskommunikationen forciert und wahrscheinlich macht. Soziale *Systeme* entstehen in Situationen *doppelter Kontingenz*, da es keine Sicherheiten, Regeln oder Gewissheiten über Verhalten, Absichten oder Handlungen der beteiligten psychischen *Systeme* gibt. Soziale *Systeme* handhaben diese Unsicherheiten und machen sie zu bearbeitbaren Problemen, indem sie die Unbestimmtheit von Egos Selektivität für Alter – und von Alters Selektivität für Ego, die auftretenden Kommunikationsmöglichen strukturieren. Diese Erwartungsstrukturen und symbolisch generalisierte Kommunikationsmedien erfüllen die Funktion die Unsicherheit zu regeln, den jeweiligen Selektionen der beteiligten *psychischen Systeme* Koordinationswahrscheinlichkeit zu sichern und damit *sozialen Systemen* im Allgemeinen eine *Struktur* zu geben.[291] ///
Die Situationen *doppelter Kontingenz* in Kommunikationsprozessen werden damit gegenläufig zum Zeitverlauf her ermöglicht. Die sich entwickelnden *Komplexitäten* müssen deshalb die Antizipation und die Antizipation von Antizipationen bedienen. Diese Perspektive gibt dem Erwartungsbegriff in der Theorie Niklas Luhmanns eine grundlegende Bedeutung.

Findet das ‚Zusammentreffen' der *psychischen Systeme* von Alter und Ego mit räumlich-zeitlicher Synchronität statt, sondern über bzw. mithilfe elektronischer Medien, so verändert sich die Situation der *doppelten Kontingenz* grundlegend und das *soziale System Gesellschaft* muss neue strukturierende Funktionen – eine Kulturform für die neue Strukturform – entwickeln, um weiterhin Kommunikationsprozesse innerhalb seiner systeminternen Grenzen wahrscheinlich zu machen und deren Gelingen zu fokussieren. Fortan ist das *Medium* des Computers – Luhmann nennt es die „unsichtbare Maschine"[292] – an der *Kommunikation* in

290 Aus der gegenseitigen Beobachtung folgt eine tautologische Zirkularität (Luhmann 1987c). Diese Zirkularität kann nur durch eine neue systemische Ordnung unterbrochen werden. Aufgrund der *Komplexität* der beteiligten *psychischen Systeme* – Ego und Alter – entsteht aus der *doppelten Kontingenz* eine neue Ordnung. Diese Ordnung erwächst aus der gegenseitigen Beobachtung und der darin geschaffenen Informationen. Ein *soziales System* entsteht, welches sich durch die Koordination der kontingenten Selektionen Alters und Egos, autopoietisch reproduziert. Luhmann nennt diesen Prozess der Entstehung *sozialer Systeme* ‚Autokatalyse' (vgl. Luhmann 1998, S.81-83).

291 Die ordnende Funktion von *Erwartungen* wird in Strukturen und Erwartungen [4.2.1] ausführlich in Bezug auf das *Kunstsystem* diskutiert und die symbolisch generealisierten Kommunikationsmedien allgemein in Die Wahrscheinlichkeit des Unwahrscheinlichen [4.1.1.3] besprochen.

292 Luhmann 1998, S. 304.

einer Art und Weise beteiligt, wie bisher nur *psychische Systeme*, also das Bewusstsein von Menschen. Die ‚unsichtbaren Maschinen' werden von ihrem eigenen Gedächtnis kontrolliert, ihre internen Prozesse bleiben für außenstehende Beobachter verborgen und sie werden im folgenden Abschnitt probehalber als sinnkonstituierende (geschlossene) *Systeme* – als nicht-menschliche Akteur:innen im Kommunikationsprozess – aufgefasst.

#### 4.1.2.3 Nicht-menschliche Akteur:innen

In der Systemtheorie Niklas Luhmanns, wird der Mensch nicht als Teil der *Gesellschaft* selbst verstanden, sondern in ihrer *Umwelt* positioniert. „Die Grenzen des psychischen *Systems* sind keine Grenzen der *Gesellschaft* und umgekehrt [...].“[293] *Psychische* und *soziale Systeme* sind füreinander *Umwelt*, setzen sich gegenseitig voraus und können gleichwohl als gegenseitige *Umwelt* die systeminternen Prozesse des jeweils anderen nicht wahrnehmen oder gar bestimmen. Diese Perspektive "[…] ändert […] die Prämissen aller Fragestellungen der Tradition, also auch die Prämissen des klassischen Humanismus."[294]
Es resultiert eine posthumanistische Perspektive, die den Menschen – in *Form* des singulären Subjekts - als einzigen Träger und Einheit von Erkenntnis aufgibt und gleichsam Objekte, Individuen, Ereignisse, Werte, Begriffe, Normen als ‚stabile Identitäten' ins Zentrum rückt und damit Situationen beschreibbar macht, die durch diese stabilen *Formen* mitkonstituiert werden.[295]

> *„Was benötigt wird, sind abstraktere Identifikationsgesichtspunkte. Sie müssen das auseinanderziehen und gegeneinander verselbstständigen, was das Sonderding Mensch nicht mehr leisten kann: Erwartungen von Verhaltenserwartungen zu ordnen.*[296]

An diesen methodologischen Antihumanismus Luhmanns schließen neuere posthumanistische und relationale (Bildungs-)Theorien an und ermöglichen weiterführende Betrachtungsweisen.[297]

293 Baraldi et al. 1997, S. 188.
294 Luhmann 1987a, S. 288.
295 Vgl. Luhmann 2005, S. 48–53.
296 Luhmann 1987a, S. 428.
297 Nicht nur Lehrende und Lernende sind aus diesen Perspektiven an Bildungsprozessen beteiligt, sondern auch Konzepte wie Lehrpläne, aber auch Räume oder Möbel müssen als Akteur:innen berücksichtigt werden. Viele dieser Akteur:innen werden im *System* Schule mit nur wenig Aufmerksamkeit bedacht. Eine ausführliche Darstellung der Perspektiven erfolgt in [Neue] Formen [4.2.2.2]

Von dieser Perspektive auf ‚stabile Identitäten', soll im Folgenden der Frage nachgegangen werden, ob und wie elektronische Medien als nicht-menschliche Akteur:innen an *Kommunikation* im strengeren Sinne beteiligt sind.

Nach Luhmann stellt der Monitor – bzw. der Bildschirm, heute werden sicherlich mehr Handys genutzt als klassische Computer – eine Oberfläche dar, welche mit der undurchdringbaren Tiefe der ‚unsichtbaren Maschine' konfrontiert. „Die Oberfläche ist jetzt der Bildschirm mit extrem beschränkter Inanspruchnahme menschlicher Sinne, die Tiefe dagegen die unsichtbare Maschine."[298] Diese Konfrontation war bisher magischen Ornamenten, der Tiefe religiöser Transzendenz oder der Kommunikationsebene der *Kunst* vorbehalten.
Aber auch die ‚unsichtbaren Maschinen', die Milliarden von vernetzen Computer produzieren Intransparenz. Sie erschweren oder verunmöglichen das Nachvollziehen von Aktion und Reaktion – von Eingabe und Ausgabe.
Die ‚unsichtbare' Maschine entwickelt sich zunehmend selbst zur ‚black-box'. Heute ist es kaum mehr Einzelpersonen möglich den Output eines Computers sicher vorherzusagen, bzw. keine Einzelperson kann mehr die internen Prozesse, die in einem einzelnen Computer ablaufen in Gänze nachvollziehen. Input und Output sind beobachtbar – wenn eine gewisse Eingabe getätigt wird, ist mit hoher Wahrscheinlichkeit mit einer bestimmten Ausgabe zu rechnen, aber wie diese zustande kommt, ist selbst für Informatiker:innen nicht mehr einfach herauszufinden. Dies liegt an zwei parallel laufenden Entwicklungen. Zum einen werden Programmierungen von tausenden Programmierer:innen zusammen durchgeführt. Keine Einzelperson ist mehr in der Lage den gesamten *Code* als solchen exakt abzubilden und somit mit jeder Eingabe auch die Ausgabe zu kennen. Dies ist jedoch ein beliebig kompliziertes Problem, welches sich nur für Einzelpersonen – vor allem Nicht-Informatiker:innen – auch als komplexes Problem darstellen kann. Zum anderen wird die ‚unsichtbare Maschine' heute nicht mehr ausschließlich klassisch programmiert; wird für jede aufkommende Situation, für jede mögliche Eingabe, auch ein vorstrukturierter Prozess – und damit auch eine Ausgabe – festgelegt. Die ‚unsichtbaren Maschinen' *lernen* heute selbst, sie wirken als vernetzte Gesamtheiten – als neuronale Netze –, die selbstständig Klassifizierungen vornehmen und *Strukturen* entwickeln, um auch mögliche Eingaben, für die es keinen von der/dem Informatiker:in vorstrukturierten Prozess gibt, mit den systeminternen Operationen prozessieren zu können. Die *Kommunikation* mithilfe/über die ‚unsichtbare Maschine' ist damit nicht mehr nur ein rein kompliziertes Problem, sondern zunehmend auch ein komplexes. Denn an der Schnittstelle zwischen dem psychischen *System* – Bewusstsein – und Maschine werden

298 Luhmann 1998, S. 304.

Operationen ausgeführt, die keine eindeutigen oder kausalen Beziehungen zwischen Ein- und Ausgabe (mehr) zulassen.[299] „Wer etwas eingibt, weiß nicht (und wenn er es wüsste, brauchte der den Computer nicht), was auf der anderen Seite entnommen wird."[300]

Bisher unterlagen die ‚unsichtbaren Maschinen' kausal kontrollierten Prozessen. Aktuelle elektronische Medien haben diese Festlegung noch nicht durchbrochen, aber die zunehmende Vernetzung einzelner elektronischer Medien zu Netzen und die Komplikationen im Umgang mit diesen, lassen keine verlässliche kausale *Kontrolle* eben dieser mehr zu. Dennoch ist die Formulierung zuvor mit „zunehmend komplex" bewusst vage und noch offengehalten, da an dieser Stelle noch nicht von komplexer Technologie oder komplexen Maschinen oder Computern ausgegangen werden soll, bzw. kann.[301]

Damit eine Annäherung an den Begriff der *Komplexität* im Zusammengang mit den elektronischen Verbreitungsmedien dennoch möglich wird, wird die Schnittstelle zwischen Mensch und Maschine unter der Perspektive des Überschusssinnes untersucht und die damit auftretenden Probleme in den Blick genommen.

Einen möglichen Anfang für eine theoriegeleitete Annäherung an diese Problemlage der *Komplexität* bietet der Kommunikationsbegriff.[302] Dieser wird in dreifacher Hinsicht produktiv.

(i) Der Kommunikationsbegriff, wie er von Claude E. Shannon allgemein formuliert wurde, ist so offen formuliert, dass er nicht nur (menschliche) psychische (Bewusstseins-)*Systeme* als Teilnehmer:innen umfasst, sondern auch jede andere Art von Teilnehmer:innen berücksichtigt, die über hinreichende Informationsverarbeitungsfähigkeiten verfügen. Diese Fähigkeit muss ein Gedächtnis, also die Möglichkeit zum Speichern von Informationen umfassen und eine *Form* von selektiver Subjektivität, die das *System* für seine *Umwelt* bedingt intransparent erscheinen lässt und die sowohl die Ablehnung als auch die Annahme von *Kommunikation* aufgrund der systeminternen Selektivität grundsätzlich ermöglicht.[303]

299 Niklas Luhmann zeigt, dass aus systemischer Perspektive diese Unterbrechung von Eindeutigkeit oder Kausalität bislang nur aus sozialen Situationen, etwa im Bereich der *Kunst* oder in vorhumanistischen Zeiten aus der Magie und der Religion bekannt war. Heute sind es die ‚unsichtbaren Maschinen', die diese Intransparenz in der *Kommunikation* produzieren (Luhmann 2017).

300 Luhmann 1998, S. 309.

301 In der Soziologie wird der Begriff der ‚*Komplexität*' exklusiv für Phänomene verwendet, in denen Prozesse der Selbstorganisation auftreten. Für Luhmann muss konkret die Möglichkeit bestehen, innerhalb des Phänomens eine Selektion vorzunehmen, eine Entscheidung zu treffen, die zu weiteren selektiven Verknüpfungen führt (vgl. ebd.).
Dirk Baecker stellt darüber hinaus fest, dass der Technikbegriff zunehmend instabil ist, weshalb der bisherige Ausschluss ‚komplexer Technologie/Technik' fortlaufend aktualisiert werden muss (Baecker. 2017).

302 Für die nachfolgenden systemischen Überlegungen sei noch einmal auf die ausführliche Darstellung des Kommunikationsbegriffs und seine systemische Begründung in Kommunikation [5.1.1.] verwiesen.

303 Baecker 2020a.

Damit können, wenn sie die entsprechenden Voraussetzungen erfüllen, nicht nur wie zuvor erwähnt die vom Humanismus aus der *Kommunikation* ausgeschlossenen Pflanzen, Tiere oder mystischen Wesen an dieser beteiligt werden, sondern auch Maschinen.

(ii) Der soziologische Kommunikationsbegriff ermöglicht die Differenzierung zwischen der Möglichkeit, dass sich Maschinen an *Kommunikation* beteiligen und der Situation, dass Maschinen untereinander kommunizieren. Bei der zweiten Situation kann davon ausgegangen werden, dass sie fortwährend stattfindet. Milliarden von Maschinen tauschen Daten aus, senden und empfangen Signale. Dieser Daten- oder Signalaustausch ist aber unter dem soziologisch verwendeten Kommunikationsbegriff keine *Kommunikation*. Die entscheidende Frage ist daher, ob Maschinen darüber hinaus, sich auch an *Kommunikation* im soziologischen Sinne beteiligen können. Mit Rückgriff auf das Informationsverständnis Shannons, welches dem Kommunikationsbegriff zugrunde liegt, zeigt sich Information als Einheit der Differenz von Nachricht und Auswahlbereich möglicher Nachrichten.[304] Darauf aufbauend formuliert Luhmann, dass für jede/n Teilnehmer:in unterschiedliche Bedingungen für die Teilnahme gelten können, ohne die Prozessierung der *Kommunikation* als solche zu gefährden oder zu beenden.[305] Für Dirk Baecker kommunizieren Maschinen dann nicht, wenn „[…] nicht von einem technisch definierten, exogen gegebenen [etwa einem Alphabet], sondern von einem sozial konstruierten, endogen variablen, von Kontext, Konstruktion und Interpretation abhängigen Auswahlbereich [möglicher Nachrichten] […]“[306] ausgegangen wird. Baecker begründet dies vor allem mit der Unmöglichkeit für Maschinen mit Nichtwissen umzugehen.[307] Maschinen können nicht wissen, welcher Auswahlbereich für das Verstehen – und erst diese Selektion ermöglicht *Kommunikation*[308] – welcher Nachricht korrekt angewandt werden muss. Maschinen können (bisher) nicht mit den Unschärfen und Ungewiss-

304 Vgl. Kittler und Shannon 2000, S. 31.
305 Vgl. Luhmann. 1997, S. 23.
306 Baecker. 2017, S. 17
307 Vgl. ebd.
308 Auch an dieser Stelle sei auf den vorherigen Abschnitt Die Wahrscheinlichkeit des Unwahrscheinlichen [4.1.1.3] verwiesen, in dem die systemische Perspektive Luhmanns auf *Kommunikation* ausführlich erschlossen wird.

heiten von den Informatiker:innen nicht vorhergesehener und in der Programmierung nicht berücksichtigter Situationen umgehen und daher (bisher) kein geschlossenes sinnkonstituierendes *System* bilden. Die zuvor geschilderten Veränderungen in der Programmierung und Beschaffenheit der ‚unsichtbaren Maschinen' die über evolvierende Algorithmen, ‚künstliche Intelligenz' oder das ‚maschine learning' sich zunehmend komplex gestalten, erfordern gegebenenfalls eine Revidierung oder Neubewertung dieser Einschätzung.

(iii) Der Kommunikationsbegriff in der Soziologie, wie er nach Shannon gebraucht wird, ist nicht intentional formuliert, sondern relational und funktional. Diese kontraintuitive Entfernung von der Auffassung von *Kommunikation* als Prozess, an dem sich Teilnehmer:innen intentional beteiligen können und somit absichtsvoll *handeln*, fasst *Kommunikation* als Relation zwischen hinreichend komplexen und somit (relativ) unabhängigen Einheiten auf, deren *Handeln* dann vielmehr als Funktion dieser Relation beobachtet werden kann, wenn die Relation eine Funktion der Subjektivität und damit der Ablehn- und Annehmbarkeit der Beteiligten ist. Niklas Luhmanns Verständnis von *Kommunikation* - die Synthese aus (i) Mitteilung (ii) Information und (iii) dem Verstehen der Differenz von Information und Mitteilung – ermöglicht es, die Mitteilung, die Information und das Verstehen auf unterschiedliche Adressen, verschiedene (zeitliche) Ereignisse und verschiedene Wahrscheinlichkeiten des Verstehens zu verteilen und somit Kommunikationsprozesse differenziert beobacht- und beschreibbar zu machen.

Diese drei Aspekte des Kommunikationsbegriffs erschließen einen Ansatzpunkt, die ‚unsichtbaren Maschinen' und deren Beteiligung an (digitaler) *Kommunikation* systemisch zu beschreiben. Der soziale und kulturelle Prozess der Digitalisierung beteiligt zunehmend mehr ‚intelligente' ‚unsichtbare Maschinen' an *Kommunikation.* Diese Beteiligung ist keine reine Daten- oder Signalübertragung, sondern eine selektive Vernetzung subjektiv eigensinniger Akteur:innen. Diese hinreichend komplexen Einheiten werden von den anderen Teilnehmer:innen wahrgenommen und als geschlossene sinnkonstituierende – ‚intelligente' – *Systeme* beobachtet, da sie an der Schnittstelle zwischen Mensch und Maschine Operationen prozessieren, die kaum/keine Rückschlüsse zwischen Eingabe und Ausgabe von Informationen zulassen. Diese Unterbrechung zwischen Eindeutigkeit und Kausalität kennzeichnet die ‚unsichtbaren Maschinen', ihre Codes, Datenspeicher und Algorithmen als komplexe Einheiten, als nicht-menschliche Akteur:innen, die fortan an *Kommunikation* mitbeteiligt und von allen Teilnehmer:innen mitbedacht werden müssen.

Die Strukturform der Vernetzung erfordert damit die Kulturform des Spiels im *Medium* der *Komplexität* für die ‚nächste *Gesellschaft*'. Die Vernetzung analoger und digitaler Prozesse, menschlicher und nicht-menschlicher Akteur:innen ist als komplex zu bewerten und kann nur im Ausprobieren, im Spiel erprobt und schlussendlich bewältigt werden. Dieses Spiel lässt sich nicht auf lineare Kausalitäten oder eine rekursive Eindeutigkeit festlegen. Waren es zu Beginn der Entwicklung elektronischer Medien die neuen Möglichkeiten der Vernetzung, der Konnektivität und des weltweiten Datenaustausches, die den psychischen Systemen von Menschen noch eine gewisse *Form* der *Kontrolle* im Umgang mit den ‚unsichtbaren Maschinen' suggerierten, so sind es heute die ‚unsichtbaren Maschinen', deren Beteiligung an *Kommunikation* dazu geeignet ist, eben diese psychischen *Systeme* der Menschen zu kontrollieren.

Denn die zunehmende Beteiligung der ‚unsichtbaren Maschinen' an *Kommunikation* beschleunigt die Organisation von *Komplexität* und erhöht die Unbeständigkeit.[309]

Gleichzeitig wird „die Autorität der Quelle mit all den erforderlichen sozialstrukturellen Absicherungen (Schichtung, Reputation) […] entbehrlich, ja durch Technik annulliert und ersetzt durch die Unbekanntheit der Quelle."[310]

Andere Teilnehmer:innen sind immer häufiger darauf angewiesen, sich auf maschinell produzierte *Kommunikation* von nicht-menschlichen Akteur:innen zu verlassen, ohne den Informationsgehalt dieser *Kommunikation* hinterfragen zu können. Es müssen Informationen angenommen und Entscheidungen getroffen werden, ohne die Quelle und Qualität der Daten, die als Grundlage für diese Informationen und Entscheidungen dienen, überprüfen zu können.[311] Die Abfragelogiken der Query und ihre Beschreibungen der komplexen Welt mithilfe von großen Datenmengen produzieren einen ‚Kontrollverlust'[312] über die *Kommunikation*, an der dann auch nicht-menschliche Akteur:innen beteiligt sind.

Im Umgang mit elektronischen Medien – mit nicht-menschlichen Akteur:innen – wird Überschusssinn produziert, der sich nicht nur auf die elektronischen Medien beschränkt. Alle Konstitutionen von Sinn, seien diese in der Sprache – mit ihrem Referenzüberschuss über die Verweisungsmöglichkeit auf Abwesendes –, der Schrift – mit ihrem Symbolüberschuss und der Verweisungsmöglichkeit auf Vergangenes und Zukünftiges – oder dem Buchdruck

309 Vgl. Nassehi 2019, S. 321–325.

310 Luhmann 1998, S. 309.

311 Die Verarbeitung und (Vor-)Selektierung von unüberschaubaren Datenmengen durch Algorithmen und die Diskriminierung durch Big Data wird in Query [2.2.4] beschrieben. Die zunehmende Beteiligung nicht-menschlicher Akteur:innen und deren Prozessierung von *Sinn*, wird in Nicht-menschliche Akteur:innen [4.1.2.3] noch ausführlich besprochen.

312 Seemann 2014.

– mit seinem Kritiküberschuss durch die kontinuierliche Möglichkeit der Beobachtung zweiter Ordnung – und den symbolisch generalisierten Kommunikationsmedien Macht, Geld, Wahrheit oder *Kunst* entwickelt, werden um die Ebene der elektronischen Medien erweitert. Sie müssen fortan zusätzlich die Datenverarbeitung der hochkomplexen digitalen Netzwerke oder die Applikationen die den Handel, die Bildung, das Geschäft, die Liebe oder die Gesundheit kontrollieren und steuern, mitberücksichtigen. Diese Neustrukturierung der etablierten Medien vor dem Horizont des Überschusssinns der ,unsichtbaren Maschinen' charakterisiert die Digitalisierung als eine aktuelle Mediosphäre, die die früheren Mediensphären nicht ablöst, sondern überlagert.

Um diesen Umstand zu verdeutlichen, entwickelt Dirk Baecker eine Reihe von Bildungsgleichungen, die auf dem Formkalkül Spencer-Browns basieren und die im Folgenden analysiert und zur Weiterentwicklung der systemischen Perspektive herangezogen werden sollen.

### 4.1.3 Bildungsgleichungen

*Bildung im Horizont der Medienepochen*

Das Formkalkül nutzend, werden im Folgenden Bildungsgleichungen, welche Dirk Baecker 2017 auf der Frühjahrstagung der Sektion Medienpädagogik der DGfE entwickelte[313], systematisch untersucht.

#### 4.1.3.1 Bildung =

Bildung = KIND | Erziehung | Mensch | Gesellschaft | n

Mit der Gleichung stellt Baecker Bildung als Behandlung von primär menschlichen Wesen - aber zunehmend auch nicht-menschliche Akteur:innen -, welche durch absichtsvolle Handlungen begünstigt wird und sich in Transformationsprozessen von Selbst- und Weltverhältnissen realisiert, heraus. Bildung hat demnach mit der Behandlung von etwas als ,KIND' – als fiktionalisierte Figur[314] - zu tun, weshalb ,KIND' in der Gleichung insgesamt großgeschrieben wird und es nicht um Kinder im Allgemeinen geht. Dieses ,KIND' steht im Kontext

313 Baecker 2017c.
314 Luhmann 1991.

von Erziehung, welche in der Gleichung als *Kommunikation* mit Absicht - z.B. fördern/fordern/ bewerten – verstanden wird und welche sich im Horizont von ‚Mensch' - als hinreichend komplexe Einheit – realisiert. ‚Mensch' kann dabei ebenfalls alles Mögliche sein, mit Bezug auf Immanuel Kant ist dieser aber unbedingt subjektiv, hypothetisch und disjunktiv.[315] Dieser ‚Mensch' steht dann, wenn dieser nach Kant vernunftbegabt ist, im Kontext von *Gesellschaft*. In dieser findet *Kommunikation* unter den verschiedenen Akteur:innen im Aufeinandertreffen von mindestens zwei *psychischen Systemen* statt. Ebenfalls zu dieser *Gesellschaft* gehören Kulturtechniken wie ‚ruhig-sein-können', ‚sich-melden-können', ‚still-sitzen-können' und ‚zuhören-können', die als *Strukturen* die *Kommunikation* leiten und wahrscheinlicher werden lassen. Aber natürlich auch etabliertere *Formen* wie ‚schreiben-können' und ‚rechnen-können'.

Als Letztes erweitert Dirk Baecker seine Gleichung um einen ‚unmarked state (n)', welcher die Außenseite der Unterscheidung darstellt und einen Letzthorizont von Gewissheit markiert. Wird das Formkalkül dazu benutzt die Bildungsgleichung um bisherige Leitmedien zu erweitern, so strukturiert sich ‚Bildung'digital' als mediologische Schachtelstruktur sich überlagernder Medienepochen.

### 4.1.3.2 Bildung'digital =

Digitale Medien funktionieren demnach nur, da sie in die Referenzstruktur der Sprache, in die Zeitstruktur der Schrift, und in die Kritikstruktur des Buchdrucks eingebettet sind.

Gleichzeitig werden die Funktionsstrukturen, bzw. die Reaktionen der *Gesellschaft(en)* auf diese Medien, vom Computer unterlaufen. Ein Phänomen, welches bei jeder ‚neuen' Medientechnologie zu beobachten ist. *Gesellschaft(en)* müssen erst neue *Struktur*- und Kulturformen als Reaktion auf neue Kommunikationsmöglichkeiten entwickeln. Bildung'digital ist dann, im Kontext der vorherigen Medienepochen, das *Lernen* des Umgangs der komplexen Kontrollmöglichkeiten des Computers.

Im Zusammenhang von Bildung'digital generiert diese Perspektive eine evolutive Leserichtung. Fassen wir den Computer, bzw. digitale Medien im Allgemeinen, als *Medium*, so sind diese in die Referenzstruktur der Sprache, die Zeitstruktur der Schrift und die Kritikstruktur des Buchdrucks eingebettet, verweisen auf diese und funktionieren im Kommuni-

315 Kant 1978.

kationssystem der *Gesellschaft* nur aus diesem Grund. Der Überschusssinn *Kontrolle* ist nur denkbar mit der Referenzstruktur der Sprache, der Zeitstruktur der Schrift und der Kritikstruktur des Buchdrucks.

Bildung$^{digital}$ = KIND | Sprache | Schrift | Buchdruck | Computer

Gleichzeitig generiert diese Perspektive aber auch die exakt andere Leserichtung.
Die Funktionsstrukturen, bzw. die Reaktionen - der Umgang, den die *Gesellschaft* auf den Sinnüberschuss eines *Mediums* gefunden hat – werden vom neuen *Medium* unterlaufen und negiert.
Die Schrift (und die Möglichkeit eines kontrollierten Zugriffs auf eine ausdifferenzierte Vergangenheit und korrigierbare Zugriffe auf eine noch offene Zukunft – negiert(e) die Geheimnisse und die Moral, die die *Gesellschaft* als Umgang auf den Referenzüberschuss der Sprache gefunden hatte. Der Computer negiert mit den Möglichkeiten der *Kontrolle* den aufklärerischen Umgang der *Gesellschaft* mit der Kritik. Und demnach gilt die Folgerung natürlich auch für den Computer als *Medium*.
Mögliche neue Strategien für den Umgang mit dem Sinnüberschuss *Kontrolle* können und müssen daher auf alle bisherigen *Medien* übertragen und erweitert werden. Es reicht nicht aus, die Veränderungen der Digitalisierung auf den Umgang mit digitalen Medien zu beschränken. „Die elektronischen Medien variieren das Referenzproblem der Sprache, das Zeitproblem der Schrift und das Kritikproblem des Buchdrucks, aber sie schaffen sie nicht ab."[316] Es bedarf vielmehr der Öffnung für heterogene, widersprüchliche und flüchtige Ordnungen, welche die vernünftigen Ordnungen früherer *Gesellschaften* abgelöst haben.

### 4.1.4 Übergänge _Ausgangspunkte

Die systemische Erschließung erster zentraler Begrifflichkeiten im Kontext um *Kommunikation* zeigt drei erste Anschlussmöglichkeiten für die Anwendung der darüber gewonnenen systemischen Perspektive auf grundlegende (medien-)pädagogische _Ausgangspunkte und -positionen.

316 Baecker 2017, S. 8.

*Kommunikation* als unwahrscheinlicher Prozess
Ausgehend von der Differenz *Medium/Form* lässt sich die Digitalisierung als grundlegende Strukturveränderung des *sozialen Systems Gesellschaft* beschreiben. Im Erkennen der Differenz von Information und *Mitteilung* wird *Kommunikation* produziert, was ein hoch fehleranfälliger und (zunehmend) unberechenbarer Prozess ist.

Die Situation der *doppelten Kontingenz*
Im Aufeinandertreffen von mindestens zwei *psychischen Systemen* kommt es zur Situation *doppelter Kontingenz.* Alle sinnkonstituierenden *Systeme* gewähren für äußere Beobachter keinen direkten Zugriff auf die internen Operationen und *Strukturen.* An digitaler *Kommunikation* nehmen (zunehmend) nicht-menschliche Akteur:innen als stabile Identitäten und intransparente Bewusstseins-systeme teil, was digitale *Kommunikation* unkontrollierbar und komplex macht.

Die verschränkten medialen Epochen
Digitalisierung, als Strukturveränderung der *Gesellschaft*, verändert die Prozessierung von *Sinn* in allen Medien. Der Umgang mit dem Sinnüberschuss *Kontrolle* findet über die Kulturform der *Komplexität* in jeder *Kommunikation* statt und die Strategien vorheriger Kulturformen sind in dieser zwangsläufig subsumiert. Diese neuen *Formen* des Umgangs artikulieren sich in den *Strukturen psychischer* und auch *sozialer Systeme*, die über die Öffnung für heterogene, widersprüchliche und flüchtige Ordnungen, die vernünftigen Ordnungen früherer Identitätsentwürfe und *Gesellschaften* ablösen.

Entsprechend des methodischen Vorgehens[317] wurden die (medien-) pädagogischen Positionen und Veröffentlichungen in den folgenden Kapiteln zunächst offen kodiert und textimmanente Phänomene und Besonderheiten herausgestellt. Für das axiale Kodieren wurden die in Kommunikation [4.1.1], Treffen sich zwei [psychische] Systeme [4.1.2] und Bildungsgleichungen [4.1.3] herausgearbeiteten systemischen Perspektiven herangezogen und im selektiven Kodieren auf zentrale Kategorien reduziert. Aufgrund der linearen Darstellungsweise im Textformat und den damit einhergehenden eingeschränkten Möglichkeiten den iterativen Forschungsprozess angemessen darstellen zu können, werden die erwähnten zentralen Kategorien als thematische Fokusse verwendet. Die detaillierten Kodierschritte

317 Das Vorgehen ist ausführlich in Isomorphien und systemische Sensibilisierungen [3] beschrieben.

und -daten sind der vorliegenden Studie im Anhang als Download der MAXQDA-Metadatei beigefügt und können von der/dem interessierten Leser:in zur genaueren Lektüre hinzugezogen werden. Aus Darstellungsgründen und um die präzisen Angaben der MAXQDA-Metadatei von anderen Quellen abzugrenzen, sind die jeweiligen Bezüge im Fließtext im Format [QUELLENDOKUMENT:SEITE:ZEICHEN] vermerkt.

Beim Aufgreifen der systemischen Zusammenhänge in der Analyse kann es teilweise zu einzelnen Redundanzen in der Darstellung kommen. Dies wurde bewusst gemacht, um das Lesen zu vereinfachen und systemisch zu kontextualisieren, jedoch wurde versucht die Wiederholungen auf ein Minimum zu reduzieren.
Die in _Ausgangspunkte systemisch betrachteten Veröffentlichungen und Beiträge sollen erste Bezüge und Orientierungen ermöglichen, bilden damit erste Anhaltspunkte, die im Verlauf der Forschungsarbeit mithilfe fachspezifischer Perspektiven weiterentwickelt werden und gebündelt in Entwurf des ‚medialen Anfangsunterrichts' [5] das Konzept des ‚medialen Anfangsunterrichts' ergeben.

### 4.1.5 Medienkompetenz I Dieter Baacke

*Anhaltspunkte und Zwischenstopps*

Zur Beschreibung der zu erwerbenden Fähigkeiten und Fertigkeiten im Umgang mit digitalen Medien und der Auseinandersetzung mit den Prozessen der Digitalisierung wird im Kontext des *Systems* Schule ‚Medienkompetenz' als Über- und Sammelbegriff verwendet. ‚Medienkompetenz' ist fest im Lehrplan als Querschnittsaufgabe verankert und muss daher verpflichtend im Unterricht vermittelt werden.[318] Um diesen Über- und Sammelbegriff als ersten Ausgangspunkt zur Konzeption des ‚medialen Anfangsunterrichts' zu nutzen, wird der Beitrag ‚Medienkompetenz – Begrifflichkeit und sozialer Wandel'[319] von Dieter Baacke aus dem Sammelband ‚Medienkompetenz als Schlüsselbegriff'[320] mit der entwickelten Perspektive auf die *Strukturen* um *Kommunikation* systemisch betrachtet und analysiert.

318 Ministerium für Schule und Weiterbildung des Landes Nordrhein-Westfalen 2021.
319 Baacke. 1996.
320 Rein 1996.

Medienkompetenz – Soziales *Handeln* mittels Zeichengebrauch

Baacke selbst bezieht seinen Kompetenzbegriff im Zusammenhang mit ‚Medienkompetenz‘ auf seine Ausführungen aus dem Jahr 1973. „Kompetenz soll dabei meinen die Verfügbarkeit über Strategien zur Lösung von Problemen aus eigener Kraft und Kalkulation.“[321] Der heutige Kompetenzbegriff erweitert – oder expliziert – dies um die motivationale, volitionale und soziale Bereitschaft diese Fähigkeiten auch zur Problemlösung einzusetzen, da Kompetenz stets nur indirekt in der Performance gemessen werden kann.

> *„Kompetenz sind die bei Individuen verfügbaren oder durch sie erlernbaren kognitiven Fähigkeiten und Fertigkeiten, um bestimmte Probleme zu lösen, sowie die damit verbundenen motivationalen, volitionalen und sozialen Bereitschaften und Fähigkeiten, um die Problemlösungen in variablen Situationen erfolgreich und verantwortungsvoll nutzen zu können.“*[322]

An dieser Stelle soll keine Diskussion des Kompetenzbegriffs im Allgemeinen stattfinden, die kurze Darstellung beider Definitionen dient nur der kontextualisierenden Einordnung der Ausführungen im Text von Baacke – auch zeitlich. Wenn im Folgenden ‚Medienkompetenz‘ oder ‚Kompetenz‘ thematisiert wird, ist die aktuellere Definition von Weinert gemeint, da von einer Explikation ohnehin angelegter Aspekte in der Definition von Baacke ausgegangen wird. Der Begriff der ‚Medienkompetenz‘ wird von Dieter Baacke grundsätzlich sehr offen angelegt.

> *„Medienkompetenz meint also grundlegend nichts anderes als die Fähigkeit, in die Welt aktiv aneignender Weise auch alle Arten von Medien für das Kommunikations- und Handlungsrepertoire von Menschen einzusetzen.“*
> *[Baacke_1996:12:80]*

Im Verlauf der systemisch gelesenen Veröffentlichung erfolgt aber eine drastische Engführung des Begriffs auf die elektronischen/digitalen Medien. Dies geschieht über eine Abgrenzung zum ‚Handeln‘ oder der ‚kommunikativen Kompetenz‘.

> *„Weil wir derzeit nicht die Probleme der alltäglichen ‚Kommunikation‘ oder unseres ‚Handelns‘ im Auge haben, sondern obsessioniert durch eine künftige Cyberspace-Ge-*

321 Baacke 1973, S. 238.
322 Weinert 2001, S. 27–28.

*sellschaft, Multimedia und weltweite Nachrichten-Vernetzungen hier das eigentliche Problem sehen, mit dem wir umzugehen haben. Zum ersten Mal stehen ausschließlich die ‚Neuen Medien' im Zentrum der Analyse von Kommunikationsprozessen, die ohne sie nicht mehr gedacht werden.“*
*[Baacke_1996:7:97]*

Auch diese Äußerungen sind zeitlich zu kontextualisieren, da sich 1996 sicherlich noch nicht exakt abschätzen ließ, welche tiefgreifenden Transformationsprozesse eine allumfängliche Digitalisierung hervorbringt. Gerade die alltägliche *Kommunikation*, jegliche *Kommunikation* in einer *Gesellschaft*, die auf dem Computer als Leitmedium beruht, ist von dieser Strukturveränderung betroffen und somit bedeutet dies auch eine Durchdringung aller Lebensbereiche durch die Digitalisierung. Zudem lösen die *Formen* und *Strukturen* der Digitalisierung die bisherigen Medienepochen nicht disruptiv auf, sondern erwachsen aus diesen und umfassen auch deren Umgang mit Sinnüberschuss.[323] Die Engführung von Medienkompetenz auf digitale Endgeräte läuft damit nicht nur Gefahr einen Großteil der Herausforderungen der Digitalisierung auszublenden, sondern verhindert womöglich eine umfängliche Auseinandersetzung mit diesen. Dieter Baacke erkennt das Problem einer möglichen Verkürzung des Medienkompetenzbegriffs im Kontext der Begrifflichkeiten ‚Medien' und ‚Kompetenz'.

*„Heute ist diese Forderung etwas verdeckt durch eine pragmatische Wendung: ‚Medienkompetenz' wird heute in der Regel verstanden als Anforderung an alle Menschen der modernen Gesellschaft, aktiv an den neuen Medienentwicklungen teilzuhaben, und zugleich als Programm einer spezifischen Förderung, die dazu dienen soll, von der Handhabung der Gerätschaften über auch medien- und nutzerkritische Perspektiven bis zu produktiven, ja kreativen Aspekten den Umgang der Menschen mit den neuen Medien-Sets zu unterstützen.“*
*[Baacke_1996:7:83]*

Auf die Beschreibung der Problemlage folgt jedoch eine Devalvierung dieses Umstands und eine Erläuterung, warum diese Engführung zulässig sei und der eigentlichen Zielperspektive von ‚Medienkompetenz' nicht zuwiderlaufe.

*„Dieser Sprachgebrauch ist zulässig und widerspricht keineswegs dem, was ‚Kompetenz' meint; freilich wird eher auf die Performance-Ebene abgehoben, während*

323 Die Überlagerung der verschiedenen Medienepochen und der daraus notwendige Umgang mit dem Sinnüberschuss *Kontrolle* in allen Medien, wird in Bildungsgleichungen [4.1.3] anhand der Gleichungssysteme Dirk Baeckers gezeigt.

*die tiefergreifenden Hintergründe weniger zum Vorschein kommen."*
*[Baacke_1996:8:74]*

Die Einschränkung auf ,Neue Medien', bzw. digitale Medien wird von Baacke genutzt, um die Verwendung des Medienkompetenzbegriffs selbst zu begründen, wohingegen der Vermittlungsaspekt als eigenständige Ebene des Begriffs nicht auftaucht. Dieser solle stattdessen in den anderen Dimensionen subsumiert und ,mitgedacht' werden. „Medienkritik und Medienkunde umfassen die Dimension der Vermittlung." [Baacke_1996:13:441] Die ,Medienerziehung' – als Vermittlung von ,Medienkompetenz' – und die ,Medienbildung' – als Möglichkeit des Individuums auch abseits pädagogischen *Handelns* der eigenen Unverfügbarkeit generativen Ausdruck zu verleihen – können laut Baacke in den Begriff der ,Medienkompetenz' integriert werden. „Wie wäre es, wenn wir diese Dimensionen von ,Erziehung' und ,Bildung' in ,Medienkompetenz' eindenken?" [Baacke_1996:14:451] Durch das Fehlen der eigenständigen Ebene der Vermittlung im Begriff der ,Medienkompetenz', wurde dieser in der medienpädagogischen Debatte auch lange ,Medienerziehung' und ,Medienbildung' gegenübergestellt und nicht mit diesen verbunden.[324]

Allgemein werden Kompetenzen – nach der zuvor vorgestellten Definition – immer einzelnen Personen, bzw. Menschen zugeordnet. „Es ist die ,Kompetenz', die den Menschen erziehungsbedürftig macht, aber auch erziehungsfähig." [Baacke_1996:10:668] Kompetenz suggeriert damit auch immer eine objektive Überprüfbarkeit. Konkrete Fähigkeiten und Fertigkeiten, die kaum mehr der rasanten technologischen Entwicklungsgeschwindigkeit standhalten können, werden vom Individuum in messbarem Umfang gezeigt oder können dem Individuum zumindest unterstellt werden. Die Orientierung ist damit immer normativ und nicht deskriptiv; eine Beschreibung dessen, was das Individuum können sollte.[325] Diesen Ausführungen in Bezug auf pädagogisches *Handeln* ist gemein, dass sie ein simplifizierendes Modell, welches eine direkte und steuernde Einflussnahme suggeriert, nahelegen. Die Situation der *doppelten Kontingenz* wird unterminiert. Systemisch werden hingegen Kontextualität und Umweltbezogenheit in komplexen *Systemen* hervorgehoben. Diese lassen sich nicht trivial steuern, sondern können nur in Differenz zu ihrer jeweiligen *Umwelt* und in ihrer organisierten *Komplexität* beschrieben werden. Eine Einflussnahme ist dann nur über kontextuelle Interventionen möglich.

Systemisch ließen sich Kompetenzen als *Strukturen* im *psychischen System* beschreiben, die an die Wahrnehmung gekoppelt sind und wiederholbar und zuverlässig bestimmte Anschluss-

324 Für einen kurzen Überblick über die verschiedenen Perspektiven auf die Begrifflichkeiten können beispielsweise die Ausführungen von Manuela Pietraß (2011) und Marius Thomann (2015) herangezogen werden.

325 Eine Ausrichtung an Dimensionen – wie später in Entwurf des ,medialen Anfangsunterrichts' [5] vorgeschlagen – nimmt hingegen deskriptiv (soziologisch - systemisch) das aktuell Gegebene zum Ausgangspunkt der Überlegungen.

kommunikationen für spezifische Situationen und Problemlagen nahelegen. Im Konzept von Dieter Baacke bedarf es dafür zum einen Fähigkeiten und Fertigkeiten in der ‚Medienkunde':

> *„1) Die informative Dimension umfasst klassische Wissensbestände (was ist ein ‚duales Rundfunksystem', wie arbeiten Journalisten, welche Programmgenres gibt es, wie kann ich auswählen, wie kann ich einen Computer für meine Zwecke effektiv nutzen etc.).*
> *2) Die instrumentell-qualifikatorische Dimension meint hingegen die Fähigkeit, die neuen Geräte auch bedienen zu können, also z.B. das Sich-Einarbeiten in die Handhabung einer Computer-Software, das Sich-Einloggen-Können in ein Netz etc."*
> *[Baacke_1996:13:486]*

Und zum anderen im Bereich ‚Medienhandeln' die Möglichkeit (digitale) Medien zielorientiert einzusetzen.

> *„1) rezeptiv, anwenden (Programm-Nutzungskompetenz)*
> *2) interaktiv, anbieten (auch antworten können, vom Tele-Banking bis zum Tele-Shopping oder zum Tele-Diskurs)."*
> *[Baacke_1996:13:364]*

Den Ausführungen von Harald Gapski folgend, wird Medienkompetenz daher systemisch als spezifischer Beobachtungsmodus beschrieben.[326] In der *strukturellen Kopplung* von *psychischen Systemen* und Wahrnehmung setzen sich bestimmte *Formen* zu *Strukturen* durch, die das Gedächtnis des jeweiligen Sinnsystems vorstrukturieren und darüber bestimmen, welche Anschlusskommunikationen ausgewählt werden und damit die Prozessierung von *Sinn* konstituieren. Gemeint sind damit „[...] medienbezogene (kognitive) Schemata und Skripts, die das Handeln nicht festlegen, sondern ihre Funktion darin haben, Spielräume für frei gewähltes Handeln zu erzeugen sowie Gedächtnis und Wahrnehmung zu strukturieren."[327] Medienkompetenz bezeichnet dann die Gesamtheit der Orientierungsstrukturen im Vollzug der Mediennutzung von Mediennutzer:innen sowie sich durchsetzende *Formen* bei Anschlusshandlungen und -kommunikationen, die das Erkennen, Einordnen und Bewerten

326 Vgl. Gapski 2001, S. 218–223.
327 Vollbrecht 1999, S. 16.

von Medienangeboten erleichtern.[328] Die ‚Mediengestaltung' umfasst dann weiter noch das Finden neuer *Formen*, die jenseits der Kommunikationsroutinen liegen und die *Irritationen* in den Operationen des *Systems* hervorrufen.

> *1) innovativ (Veränderungen, Weiterentwicklungen des Mediensystems)*
> *2) kreativ (ästhetische Varianten, über die Grenzen der Kommunikationsroutine hinaus-gehen)."*
> *[Baacke_1996:13:287]*

Sie erweitern den Möglichkeitsraum und stellen neue Anschlusskommunikationen zur Verfügung. Darüber hinaus ist zu berücksichtigen, dass an (digitaler) *Kommunikation* auch nicht-menschliche Akteur:innen beteiligt sind, die (teilweise) als sinnkonstituierende *Systeme* aufgefasst werden können. Die Situationen der *doppelten Kontingenz* potenzieren sich und der Computer muss bei digitaler *Kommunikation* immer als sinnkonstituierendes *System* mitgedacht werden. Die *Kommunikation* wird damit zunehmend intransparenter und eine informierte und distanzierte ‚Medienkritik' erschwert.

Medienkritik – Das Spiel der Beobachter

Bei der zuvor ausgeführten systemischen Perspektive auf Medienkompetenz ist der ‚blinde Fleck' der Aktualisierung der *Strukturen* der Mediennutzung ebenfalls berücksichtigt. Um ihn herauszustellen und sichtbar zu machen, ist eine Beobachtung zweiter Ordnung notwendig, die diese strukturierte Verbindung zwischen *psychischen Systemen* und Mediensystemen beobachtet und die Funktionsweise der Strukturierung selbst erkennt.[329] Erst in der Beobachtung zweiter Ordnung – die auch eine Selbstbeobachtung sein kann – kann die Orientierungsleistung einer *Struktur* in Abgrenzung zu anderen *Strukturen* erkannt werden. Die systemische Lesart der ‚Medienkompetenz' umfasst damit immer sowohl *Formen* zur

328 Die Begriffskomposition ‚Medienkompetenz' erscheint mit dem systemischen Verständnis von Medien zunehmend unbrauchbar, da jedwede *Kommunikation* ‚Medienkompetenz' beinhaltet und der Begriff eine irreführende Fokussierung vornimmt. Aus systemischer Perspektive ist ‚Medienkompetenz' vor allem die Fähigkeit zum sozialen *Handeln* mittels Zeichengebrauch, und zwar unabhängig davon, um welche Zeichen es sich handelt und ob dieser Zeichengebrauch über technische Geräte stattfindet und/oder an diese gebunden ist. Das Konzept des ‚medialen Anfangsunterrichts' greift daher zwar Aspekte der ‚Medienkompetenz' auf, entwickelt diese aber weiter und verzichtet auf einen (ähnlichen) Oberbegriff. Der Horizont, vor dem der ‚mediale Anfangsunterricht' entwickelt wird, ist so allumfänglich und grundsätzlich, dass stattdessen allgemeine Aspekte und fünf Dimensionen in Entwurf des ‚medialen Anfangsunterrichts' [5] dargestellt werden.

329 An dieser Stelle wird bewusst die Formulierung der *strukturellen Kopplung* vermieden, da die Verbindung zwar (vor-) strukturiert ist, aber die *Systeme* nicht in gegenseitiger Abhängigkeit existieren und die *Umwelt* des anderen *Systems* konstituieren. Erläuterungen und Beispiele für diese gegenseitige Bedingtheit werden in Strukturelle Kopplung [4.2.1.3] dargestellt.

Beobachtung erster Ordnung – dem Anwenden von und Zurückgreifen auf *Strukturen* im (Medien-)*Handeln* – als auch zweiter Ordnung, wenn die (eigene) Anwendung der *Strukturen* im (Medien-)*Handeln* beobachtet wird, um Veränderungsprozesse und Reichweiten dieser *Strukturen* einordnen und bewerten zu können. Im Konzept von Dieter Baacke umfasst die ‚Medienkritik' drei wesentliche Aspekte:

> *1) Analytisch sollten problematische gesellschaftliche Prozesse (z.B. Konzentrations-bewegungen) angemessen erfasst werden können.*
> *2) Reflexiv sollte jeder Mensch in der Lage sein, das analytische Wissen auf sich selbst und sein Handeln anzuwenden.*
> *3) Ethisch schließlich ist die Dimension, die analytisches Denken und reflexiven Rückbezug als sozial verantwortet abstimmt und definiert."*
> *[Baacke_1996:13:46]*

(Digitale) (Massen-)Medien operieren als *System* im *Medium* der Information und können (temporär) über Themen mit anderen Bereichen der *Gesellschaft strukturell gekoppelt* werden.[330] Nachrichten, YouTube-Videos, Instagram-Posts, Dokumentationen sind damit *Formen* seiner Beobachtungen und markieren und bezeichnen eine Seite einer Differenz. Diese Beobachtungen sind rekursiv strukturiert, da sie Artikulationen des beobachtenden *Systems* sind und keine Umweltereignisse widerspiegeln. Sie erzeugen damit immer auch einen ‚Manipulationsverdacht', da sie nach internen – von außen nicht (direkt) erkennbaren – *Formen Sinn* prozessieren und für andere *Systeme* (als ‚black-box') Momente der *Kontingenz* erzeugen.[331] Dieser ‚Verdacht' verweist auf die andere, unbezeichnete Seite der *Form*: Warum wurden diese Nachrichten von der Redaktion ausgewählt und nicht andere? Warum hat dieses YouTube-Video so viele Klicks und Kommentare? Welche Inhalte wählt ein/eine Influencer:in aus und welche nicht? Welche Kleidung wird in den Videos warum getragen? Welche Kameraeinstellungen werden in der Dokumentation genutzt und welche Aspekte des Gezeigten sollen damit womöglich herausgestellt werden?
Nur im Modus der Beobachtung zweiter Ordnung (mit und ohne Kreuzen) kann beobachtet werden, welche Selektionen in den Beobachtungen der (digitalen) Medien verwendet werden und an welche anderen Subsysteme der *Gesellschaft* – z.B. symbolisch generalisierte Kommunikationsmedien wie Geld oder Recht – bestimmte Themen gekoppelt sind. Einem ‚medienkompetenten' *psychischen System* ist es als Beobachter dann möglich, Mehrsystemzugehörigkeiten – oszillierende Identitäten – zu identifizieren und zu produzieren. Unterschiedliche

330 Vgl. Luhmann 1996, S. 29.
331 Vgl. ebd.

gesellschaftliche Subsysteme attribuieren YouTube-Videos, Instagram-Posts und Publikationen nach ihren eigenen *Strukturen* und internen Operationen. Jedes Funktionssystem beobachtet mit den eigenen Selektionen die verschiedenen medialen Artikulationen. Durch den *re-entry* der *Differenz Medium/Form* in die Beobachtung wird die Medialität der *Kommunikation* selbst fokussiert und die Beobachtung zweiter Ordnung kann in Abgrenzung zu anderen Differenzen von *Medium/Form* die Art und Weise, wie andere Medien kommunizieren, miteinschließen. Darüber werden Möglichkeitsräume und ‚blinde Flecken' erkennbar. Die in der Systemtheorie konsequent vorgenommene Trennung von Operationseinheiten – *psychische und soziale Systeme* – und Operationsweisen – Bewusstsein und *Kommunikation* – verdeutlicht die simplifizierte Vorstellung von Medien, wie sie im Medienkompetenzkonzept hinterlegt ist. In diesem werden Medien hauptsächlich auf nachrichtendienstlicher Ebene beschrieben, welche zum Senden und Empfangen von Nachrichten verwendet werden. Die systemischen Beobachtungen weisen dahingegen stets eine Abhängigkeit der Beobachtung vom jeweiligen Beobachter als konstruktivistische Eigenleistung aus und können so Medien als Instrumente kognitiver wie kommunikativer Wirklichkeitskonstruktion beschreibbar machen. Der Beobachter zweiter Ordnung ist damit immer Teil der Beobachtung selbst. Sie kann mit und ohne Kreuzen erfolgen, aber ohne ein ‚Außen', gibt es auch keinen ‚höheren Standpunkt' des zweiten Beobachters. Damit existiert keine isolierte ‚kritische' distanzierte Position/Haltung, bzw. ist eben diese nicht möglich einzunehmen.

‚Medienkritik' muss daher um affirmative Aspekte ergänzt werden, bzw. sich der Involviertheit (gerade bei mediatisierten Prozessen) des zweiten Beobachters gewahr werden.[332]

### 4.1.6 4K | Partnership for 21st Century Skills

*Die Perspektive der Wirtschaft – Neue Impulse und Anstöße*

Die US-amerikanische Initiative ‚Partnership for 21st Century Skills' (P21) – bestehend aus Wirtschaftsvertretern, Expertinnen und Experten aus dem Bildungsbereich und auch

332 Die Anwendung der systemischen Perspektive auf das Konzept der ‚Medienkompetenz' soll keine Herauslösung des Konzepts aus dem medienpädagogischen Diskurs und damit eine Vereinnahmung durch ‚technokratische' und ‚funktionalistisch' dominierte Perspektiven darstellen. Sie spiegelt vielmehr die Anstrengung wider, das Konzept der ‚Medienkompetenz' als Ausgangspunkt zu nehmen und die Inhalte auf die Komplexitätsebene zu heben, die sie angesichts der gesellschaftlichen Bedeutung der Digitalisierung besitzen sollten. Damit wird das Konzept um die Aspekte erweitert, die es jenseits des exklusiven Zugangs durch ein einzelnes Subsystem der *Gesellschaft* noch bedarf. Dafür ist vor allem die konzeptionelle Inanspruchnahme des Begriffs durch die Medienpädagogik, die traditionell und notwendigerweise auf das Individuum rekurriert, nicht ausreichend zur Konstruktion des hier geplanten Konzepts des ‚medialen Anfangsunterrichts'.

Personen, die an Gesetzgebungsprozessen beteiligt sind – wurde 2002 gegründet und führte zwischen 2004 und 2007 verschiedene Befragungen bei Unternehmen durch, welche Anforderungen Beschäftigte im 21. Jahrhundert erfüllen müssen und welche Fähigkeiten und Fertigkeiten diese für eine erfolgreiche Bewältigung neuer Aufgaben mitbringen/erwerben müssen. Die Beteiligten der P21 haben dabei die unterschiedlichen Kategorien und Systematiken der Befragten gesammelt und die Ergebnisse in ihrer ersten größeren Veröffentlichung 2009 – „21ST CENTURY SKILLS – LEARNING FOR LIFE IN OUR TIMES"[333] – vorgestellt. Trotz der großen Bandbreite an befragten Expertinnen und Experten ergaben sich für die Verfasser:innen deutliche Überschneidungen, die zu den ‚vier Dimensionen der Bildung' zusammengeführt wurden.[334] Die vier Dimensionen – Wissen, Skills, Charakter und Meta-*Lernen* – sind dabei nicht unabhängig voneinander zu betrachten, sondern sind von den Verfasser:innen als verwobenes Gesamtkonzept angelegt. Trotzdem wurde vor allem die Dimension ‚Skills' im Diskurs herausgegriffen, da sie eine greifbare und gut kommunizierbare Ordnung fachunabhängiger und damit übergreifender Fähigkeiten darstellt, die gleichzeitig einen produktiven Umgang mit den veränderten und flüchtigen Gesamtheiten von Wissen suggeriert. Aus diesem Grund wurde sich auch in der vorliegenden Forschungsarbeit für diesen Ausschnitt zur genaueren systemischen Betrachtung entschieden, da die vermuteten Anstöße und Impulse für das Konzept des ‚medialen Anfangsunterrichts' hier am produktivsten erschienen.[335]

Die folgende Anwendung der entwickelten systemischen Perspektive auf den Abschnitt ‚Skills' aus dem Konzept der ‚vier Dimensionen der Bildung' greift dessen interne Strukturierung auf und stellt die systemischen Betrachtungen entsprechend der 4K – Kreativität, Kritisches Denken, Kommunikation, Kollaboration – dar.

### Kreativität

Der erste ‚Skill', der von den Verfasser:innen beschrieben wird, ist Kreativität. Das angestrebte Verständnis von Kreativität beschränkt sich dabei nicht auf das Erstellen neuer Tonsequenzen in der Musik oder bisher unbekannter Zusammenstellungen von Farben auf einer Leinwand in

333 Trilling und Fadel 2009.

334 Diese wurden 2015 in ‚Four-dimensional educaiton' veröffentlicht (Fadel et al. 2015) und die deutschsprachige Übersetzung von Jöran Muuß-Merholz, die im Folgenden verwendet wird, erschien 2017 (Fadel et al. 2017).

335 Die Auswahl der (kunst-)pädagogischen Schwerpunkte und Veröffentlichungen, die mithilfe der zuvor entwickelten systemischen Perspektive betrachtet werden, wird in Entknoten [3.4] ausführlich besprochen und kontextualisiert.

der *Kunst*, sondern umfasst allgemeine Fähigkeiten und Fertigkeiten im Umgang mit Wissen und den *Strukturen* des Denkens.[336]

> *„In jüngster Zeit hat sich gezeigt, dass Kreativität integraler Bestandteil von einem breiten Spektrum an Wissen und Fähigkeiten ist, einschließlich Denken, Entrepreneurship, Design Thinking und Mathematik."*
> *[P21_2017: 13:657]*

Mit dieser Ausweitung des Kreativitätsbegriffs, geht auch der Vorwurf einher, es ginge nur um ‚verwertbare' kreative Handlungen, die in *Form* neuer Produkte oder Abläufe auch einen direkten ökonomischen (Mehr-)Wert haben.[337] Dies soll an dieser Stelle zunächst nicht weiter betrachtet werden, sondern sich stattdessen dem genähert werden, was die Verfasser:innen unter ‚Kreativität' genau verstehen.
In der Beschreibung von Kreativität im 4K-Modell wird auf die vorgeschlagene ‚Taxonomie kreativer Gestaltung' von Peter Nilsson zurückgegriffen.[338] In dieser werden die Grade von Kreativität zunehmend komplexer, je losgelöster die (neuen) Artikulationsformen von bisherigen Objekten, Handlungen oder Gedanken sind. Damit soll eine fortlaufende Steigerung der Neuartigkeit der *Form* und des Inhalts beschrieben werden. Folgende *Formen* benennt das 4K-Modell konkret:

> *„Imitation*
> *Variation*
> *Kombination*
> *Transformation*
> *Original"*
> *[P21_2017:16:1079]*

Systemisch sind dabei die Kategorien Imitation, Variation und Kombination Selektionsprozesse nahegelegter Anschlusskommunikationen. Damit es zur *Kommunikation* kommt, bedarf

336 Die Reduzierung von Kreativität auf musische Fachgebiete wie Musik, Literatur oder Kunst, wird als ‚Art Bias' bezeichnet. Vlad Petre Glaveanu nimmt in diesem Zusammenhang eine umfassende Einordnung dieser Tendenz im Kontext der ‚creative class' vor (Glaveanu 2014). Der Begriff der ‚creative class' wurde von Richard Florida geprägt, der mit seinen Untersuchungen davon ausgeht, dass mindestens 30% der US-amerikanischen Arbeiter:innen in kreativen Zusammenhängen tätig sind. Diese umfassen laut Florida dann gerade nicht nur musische Bereiche, sondern alle Kontexte, in denen kreative, innovative und neue Lösungen gefunden werden müssen (Florida 2012).

337 Die Bildungsforscherin Lisa Rosa hat zur allgemeinen Kritik an der wirtschaftsnahen Herkunft des 4K-Modells und der damit vermuteten verbundenen Implikationen einen Blogbeitrag veröffentlicht, indem sie die konkret geforderten ‚Skills' des 4K-Modells mit pädagogischen Perspektiven zusammenbringt (Rosa 2016).

338 Nilsson 2011.

es der (erfolgreichen) Synthese der drei Selektionsprozesse (i) Mitteilung (ii) Information und (iii) dem Verstehen der Differenz von Mitteilung und Information.[339] Dieser höchst unwahrscheinliche Prozess wird durch systeminterne *Strukturen* fokussiert, begünstigt und erst (verlässlich) ermöglicht.[340] Die Selektionsprozesse entlang dieser *Strukturen* können allgemein als weniger kreativ und innerhalb eines Möglichkeitsraumes beschrieben werden, da sie zum einen erwartbarer sind und zum anderen vorstrukturiertere Anschlusskommunikationen im jeweiligen Bezugssystem erzeugen. Die Operationen des Bezugssystems können – ohne größeren Anpassungsaufwand – die *Kommunikationen* intern prozessieren und damit verarbeiten. Hieran zeigt sich bereits, dass der Grad der Kreativität einer Handlung immer vom jeweiligen Bezugssystem abhängt. Florian Pfab arbeitet in seinen Untersuchungen zum Kreativitätsbegriff[341] heraus, dass Kreativität als ein Wert aufgefasst werden kann, der von unterschiedlichen Referenz- und Bezugssystemen abhängt. Die Zuschreibung einer Handlung als kreativ erfolgt, wenn diese eine sich durchsetzende neue *Form* annimmt, also im *System* stabilisiert und strukturiert wird. Dies erfolgt zum einen über die Differenzierung der Erwartbarkeit und zum anderen über die kommunikative Anschlussfähigkeit in diesen Referenz- und Bezugssystemen.

Kreative Handlungen, Gedanken und die daraus möglicherweise folgenden Objekte sind dann als stabilisierter Widerspruch gegenüber den etablierten *Strukturen* des ‚Selbst' zu beschreiben.

> *„Das in der Forschungsliteratur vorherrschende Modell von Kreativität definiert kreative Individuen als solche, die über Fähigkeiten zum divergenten Denken verfügen, einschließlich Ideengenerierung, geistiger Beweglichkeit, Flexibilität und Originalität."*
> *[P21_2017:14:1209]*

Kreative Individuen erweitern den Möglichkeitsraum, finden neue originäre Anschlusskommunikationen, die aber vom Referenz- und Bezugssystem als solche erkannt und aufgenommen werden müssen.[342] Kreativität ist damit eine zentrale (zu entwickelnde) Fähigkeit für

339 Der Aufbau und die Gelingensbedingungen von *Kommunikation* werden in Die Wahrscheinlichkeit des Unwahrscheinlichen [4.1.1.3] systemisch besprochen und ausführlich dargestellt.

340 In Strukturen und Erwartungen [4.2.1] werden die ordnenden Funktionsweisen von *Strukturen* systemisch erläutert und mit Beispielen veranschaulicht.

341 Pfab 2018.

342 Eine kreative Handlung, als gefundene neue Form, muss vom Referenz- und Bezugssystem als solche erkannt und vor allem auch anerkannt werden, da sie ansonsten vergeht, ohne Anschlusskommunikationen zu erzeugen und als ‚Unsinn' oder anderes abgetan oder verkannt wird.

das ‚Sonderding Mensch‘[343], im Horizont einer *Kommunikation* an der zunehmend auch nicht-menschliche Akteur:innen als sinnkonstituierende *Systeme* teilnehmen.
Eine Förderung dieser grundlegenden (menschlichen) Fähigkeit ist für die Verfasser:innen des 4K-Modells vor allem dann möglich, wenn Freiräume über die Loslösungen von strikten Bezugnahmen (der Realität) geschaffen werden.

> *„Es gibt Befunde, dass die Kreativität erhöht wird, wenn Denken mit Humor verbunden wird, da dadurch das Hirn zu Wegen angeregt wird, die nicht zwingend an die Realität gebunden sind. Im Allgemeinen ist Spiel auf einzigartige Weise dazu geeignet, kreatives Denken zu fördern.“*
> *[P21_2017:16:256]*

Es bedarf demnach Zugänge über das Ausprobieren, das Experimentieren mit den Selektionsprozessen, die die (neuen) Kommunikationsformen konstituieren und über das Suggerieren einer Folgenlosigkeit dieser ‚Versuche‘, das Loslösen von Regelungen, Vorgaben und anderen Bezugnahmen unterstützen. Die Darstellung im Horizont eines auch anders möglichen Sinns kann über das Aussetzen der Komplexitätsreduzierungsmechanismen zu Krisensituationen oder Interpretationsherausforderungen der jeweiligen *Systeme* führen. Gesucht werden Wirklichkeitskonstruktionen, die die Wirklichkeit(en) in einem auch anders möglichen *Sinn* darstellen. Darüber können die Selektionen der Anschlusskommunikationen wieder geöffnet und andere Verbindungen, Muster und *Strukturen* aufgezeigt werden. Dass diese „[...] plausiblen Präsentationen anderer Realitäten [...]“[344] ein grundlegendes Bildungspotenzial darstellen könnten, ist eine zentrale Vermutung der vorliegenden Forschungsarbeit.[345]
Kreativität bzw. kreatives *Handeln* ist damit nicht mehr exklusiv an musische Fachkontexte gebunden, sondern meint die Fähigkeit zum flexiblen und divergenten Denken im Allgemeinen. Für das *System* Schule ergeben sich damit Herausforderungen problemorientierte, offene Aufgaben zu stellen und die Freiräume für kreative Lösungen zu schaffen. Das im 4K-Konzept verankerte Verständnis von Kreativität gilt es für den ‚medialen Anfangsunterricht‘ dabei über die angelegten Bezüge zu geschlossenen Lehr-Lernsettings hinaus weiterzuentwickeln und auch die Grundlagen für autonomes *Handeln* im Finden neuer *Formen* miteinzuschließen.

343 Luhmann 1987a, S. 428.
344 Schuldt 2017, S. 13.
345 Die systemische Betrachtung zentraler Ausgangslagen und Begrifflichkeiten im Kontext von *Kunst* und *Kultur* erfolgt ausführlich in _Fachperspektiven [4.2].

Kritisches Denken

Der zweite ‚Skill', der von den Verfasser:innen des 4K-Modells herausgearbeitet wird, ist das Kritische Denken. Dieses wird grundsätzlich sehr breit angelegt, aber vor allem auf das Hinterfragen von Informationen fokussiert.

> *„Auch wenn eine große Bandbreite geistiger Aktivitäten dazu gehört, zum Beispiel Problemlösen, Entscheidungsfindung, Recherche, zielgerichtetes und logisches Denken, Systemdenken und Kritik-Üben, so bezieht sich das ‚Kritische' in ‚Kritisches Denken' im Wesentlichen darauf, Behauptungen zu hinterfragen, anstatt sie für bare Münze zu nehmen."*
> *[P21_2017:18:892]*

Das Erzeugen von Informationen im Zuge von *Kommunikation* geht systemisch betrachtet über das Senden und Empfangen hinaus. Information wird in der *Kommunikation* mitgeteilt und verstanden und damit im Prozess des Verstehens der Differenz von Information und Mitteilung, produziert.[346] Im Verlauf dieses Prozesses ist Information stehts veränderbar und fluide, was die Verbreitung, Wirkung und Manipulation von Informationen erst ermöglicht und bestimmt. Die Verfasser:innen des 4K-Modells betonen beim Kritischen Denken vor allem das Prüfen von Inhalten und verweisen in ihren Ausführungen auch explizit auf den Historiker William Graham Sumner.

> *„[Kritisches Denken ist | W.N.] die Untersuchung und Prüfung von Aussagen aller Art, die zur Übernahme angeboten werden, um herauszufinden, ob sie der Realität entsprechen oder nicht."*
> *[P21_2017:18:1315]*

Diese Formulierung suggeriert ein ‚historisches' Verständnis von Information, welches von einer einzelnen und objektiv erfassbaren Realität ausgeht. Die kommunikativen Angebote und Darstellungen sollen erfasst und im Hinblick auf diese Realität (kritisch) hinterfragt und geprüft werden. Systemisch sind – wie zuvor erwähnt – jedwede kommunikativen Artikulationen das Produkt eines konstruktivistischen Prozesses und dennoch vermag es die Systemtheorie, die Kontroverse zwischen Konstruktivismus und Realismus abzuschwächen, bzw. produktiv werden zu lassen. Durch die Einführung des Beobachters zweiter Ordnung

346 Die dafür notwendige Synthese ist Hauptuntersuchungsgegenstand der systemischen Betrachtungen in Die Wahrscheinlichkeit des Unwahrscheinlichen [4.1.1.3]

wird das Beobachten selbst – inklusive der Beobachtung der Beobachtung – zum realen Sachverhalt erklärt und mit in die *Systeme* aufgenommen. Wie bereits im Zusammenhang der ‚Medienkritik' im Konzept der ‚Medienkompetenz' von Dieter Baacke zuvor erläutert, ist es dem *System* dann möglich über die Beobachtung zweiter Ordnung der eigenen *Strukturen* im (Medien-)*Handeln*, Veränderungsprozesse und Reichweiten der eigenen *Strukturen* wahrzunehmen und zu bewerten. Über diesen Prozess können die oszillierenden Identitäten identifiziert und hinterfragt werden. Auch Kritisches Denken muss damit immer berücksichtigen, dass auch der Beobachter zweiter Ordnung immer Teil der Beobachtung selbst ist. Ohne Kreuzen kann die Beobachtung zweiter zur Sicherung der eigenen Identität führen oder Kontextualisierungen und Distanzierungsversuche zur Verfügung stellen, wenn die Beobachtung zweiter Ordnung mit Kreuzen vollzogen wird. In beiden Fällen wird sich der Beobachter seiner selbst gewahr und kann jedwede Beobachtung als Beobachtung und Selektion identifizieren und verwechselt diese nicht mit einer (schwer/nicht greifbaren) Realität.[347]

> *„Die Förderung von kritischem Denken ist oft eng mit der Entwicklung von reflektiven und metakognitiven Kompetenzen verbunden, da beide sich gegenseitig unterstützen und stärken können. Die Hauptherausforderung ist der erfolgreiche Transfer der Fähigkeiten zum kritischen Denken auf Kontexte jenseits dessen, in dem sie gelernt wurden."*
> *[P21_2017:21:178]*

Die Möglichkeit die Fähigkeiten zum kritischen Denken auch auf andere Kontexte und Situationen übertragen zu können, zeigt systemisch die Differenzierung zwischen der reinen Datenaufnahme und -verarbeitung und dem Verändern der Datenverarbeitung selbst.[348] Kritisches Denken erstreckt sich dann nicht nur auf das kontextbezogene Berücksichtigen (auswendig) gelernter (kritischer) Aspekte, sondern stellt einen grundsätzlichen Verarbeitungsmodus dar, der die (eigenen) *Strukturen* in der Beobachtung zweiter Ordnung wahrnimmt und das *psychische System* offenhält für kognitives *Lernen*.[349] Schüler:innen – bzw. alle psychischen *Systeme* – müssen dem (eigenen) Denken vertrauen und misstrauen können und

347 Das differenzierte Wechselspiel der Beobachter wird bereits in der Differenz *System/Umwelt* konstitutiv und im Rahmen der Studie (I) in Draw a distinction – Aller Anfang ist Differenz [4.1.1.1] systemisch erschlossen.

348 Gerade im Kontext (medien-)pädagogischer ‚Medienkritik' werden die ‚kritischen' Inhalte häufig direkt und ‚unkritisch' von Lehrenden vorgegeben, die über eine (scheinbar) reine Datenaufnahme von den Lernenden verarbeitet werden. Sei dies die Information, dass man Quellen auf Wikipedia nicht trauen dürfe oder, dass die Anonymität im Internet prinzipiell auch negative Effekte haben kann und man zu einem ‚sicheren' Umgang mit diesem Internet erzogen werden müsse.

349 Kognitives *Lernen*, als Anpassung von *Systemen* an enttäuschende Realitäten, wird in [Neue] Formen [4.2.2.2] als grundsätzliche Beschreibung für Bildungsprozesse etabliert.

darüber das Finden neuer kontextualisierter *Formen*, die sich ihrer eigenen Involviertheit gewahr sind und einen Umgang mit der *Komplexität* digitaler *Kommunikation* ermöglichen, entwickeln.

Kommunikation

Als dritten ‚Skill' führen die Verfasser:innen des 4K-Modells Kommunikation auf. Die Fähigkeit zur Kommunikation sei dabei nicht mehr nur auf einzelne Berufsgruppen konzentriert, sondern stelle (zukünftig) in allen (Arbeits-)Bereichen eine zentrale Qualifikation dar.

> *„Selbst wenn Kommunikation nur in einigen Berufen den eigentlichen Kern ausmacht (zum Beispiel Nachrichtenreporter, Therapeut, öffentliche Redner und Lehrkräfte), verlangen doch alle Berufe regelmäßig verschiedene Formen von Kommunikation (zum Beispiel verhandeln, Anweisungen geben, werben, Beziehungen aufbauen, Konflikte lösen.“*
> *[P21_2017:21:541]*

Das zuvor bereits ausgeführte systemische Verständnis von *Kommunikation,* zeigt auch in diesem Abschnitt, dass die Verfasser:innen bei Kommunikation vor allem von einem Senden und Empfangen sprachlicher Mitteilungen ausgehen.[350] Darüber hinaus erfasst das simplifizierte Modell von *Kommunikation* nicht deren eigentliche *Komplexität.* Die *Komplexität* (digitaler) *Kommunikation* wird zum einen durch die (zunehmende) Beteiligung nicht-menschlicher Akteur:innen an *Kommunikation* und deren Beschreibungen der komplexen Welt vorangetrieben und zum anderen durch die globale Vernetzung aller (nicht-)menschlichen Akteur:innen und das Zirkulieren ihrer fluiden medialen Artikulationsformen verstärkt.[351] Andere Teilnehmer:innen sind immer häufiger darauf angewiesen, sich auf unsichere Informationen zu verlassen und mit Leerstellen und Ungewissheiten der *Kommunikation* umzugehen. Dies betrifft dann nicht nur die vereinzelte (Arbeits-)Bereiche, sondern jede *Kommunikation*, die innerhalb einer *Gesellschaft*, die auf dem Computer als Leitmedium beruht, prozessiert wird.

350 Systemisch ist *Kommunikation* hingegen das Letztelement *sozialer Systeme*, welches deren Operationen ermöglicht und determiniert. Es sei aus diesem Grund an dieser Stelle noch einmal auf die eingeführte *Kursivschreibung* verwiesen, welche systemische Begrifflichkeiten von alltagssprachlichen Formulierungen trennt.

351 In Treffen sich zwei [psychische] Systeme [4.1.2] wird die Komplexität von Kommunikation über die Situationen *doppelter Kontingenz* systemisch hergeleitet.

Relevant wird Wissen über den Umgang mit den *Strukturen* um *Kommunikation* und nicht nur die Fähigkeit zum Senden und Empfangen bestimmter Informationen.
Für die Verfasser:innen des 4K-Modells können die notwendigen Fähigkeiten zur Kommunikation vor allem im Austausch mit Anderen erworben werden.

> *„Eine andere Methode zum Aufbau authentischer Kommunikationsfähigkeiten sind Helfersysteme (peer tutoring), bei denen Schülerinnen und Schüler als Helfende (tutors) für ihre Mitschülerinnen und Mitschüler oder jüngere Schülerinnen und Schüler fungieren."*
> *[P21_2017:22:175]*

Das Verstehen und Anwenden der *Strukturen* um *Kommunikation* und die damit verbundenen sich durchsetzenden *Formen*, stellen kommunikatives *Handeln* im Kontext einer Verarbeitung im jeweiligen Bezugssystem dar und nicht exklusiv im Zusammenhang mit der Authentizität in Bezug auf das handelnde Individuum und seiner internen Verarbeitungsstrukturen des *psychischen Systems* – was geläufig auch als ‚Persönlichkeit' bezeichnet wird.[352]
Zur Förderung des von den Verfasser:innen des 4K-Modells vorgeschlagenen ‚Skills' Kommunikation sei vor allem der gemeinsame Austausch die Grundlage für die Entwicklung einer Kommunikationsfähigkeit.

> *„Aus diesem Grund können kollaborative Aufgaben ein wichtiger Weg sein, um echte Kommunikationsfähigkeiten zu erlernen, zu messen und wichtiges Feedback zu den eigenen Fortschritten zu bekommen*
> *[P21_2017:22:45]*

Teamfähigkeit sowie gemeinsames Denken und Arbeiten an/in Projekten bilden den Kern des ‚Skills' Kommunikation. Dies unterstreicht zum einen noch einmal das Verständnis der Verfasser:innen von Kommunikation als Senden und Empfangen von (sprachlichen) Mitteilungen und lässt zum anderen die individuellen Herausforderungen bei der Entschlüsselung komplexer *Kommunikation* außen vor.
Im letzten Absatz zum ‚Skill' Kommunikation, wird Kommunikation (‚im heutigen digitalen Zeitalter') mit Medienkompetenz gleichgesetzt und die Potenziale einer Thematisierung im Unterricht beschrieben.[353]

352 Auch der Kommunikationspsychologe Friedemann Schulz von Thun entwickelt in seinem Kommunikationsmodell, mit Rückgriff auf Niklas Luhmann, die Begriffe der ‚Passung' und ‚Stimmung/Stimmigkeit' von kommunikativen Artikulationen in Bezug auf ein Bezugssystem (Schulz von Thun 2013.).

353 Im englischsprachigen Original wird der Begriff ‚media literacy' verwendet (vgl. Fadel et al. 2015, S. 77–78.).

> *„Wissenschaftler haben festgestellt, dass ein Fokus auf Medienkompetenz als Ergänzung zu den traditionellen Lernzielen für Lese- und Schreibkompetenz das Potenzial hat, „(a) das Lernen zu verbessern, wenn die (Ein-)Übung der Kompetenzen einen Bezug zu den Lebenswelten und Wissensarten der Schülerinnen und Schüler haben (b) vielfältigen Lernstilen und den Bedürfnissen von Lernenden mit multikulturellem Hintergrund entgegenzukommen und (c) Kreativität, persönlichen Ausdruck, Teamwork und Qualifikationen für den Arbeitsplatz zu fördern."*
> *[P21_2017:22:1025]*

Dies stützt die Beobachtung, dass die Verfasser:innen des 4K-Modells vor allem verbale Kommunikation, welche ggf. von digitalen Endgeräten prozessiert wird, im ‚Skill' Kommunikation fokussieren. Digital gestützte verbale Kommunikation bietet das Potenzial *Lernen*, Integration und die Persönlichkeitsentwicklung zu unterstützen und zu fördern. Systemisch ist das Verständnis um die *Strukturen* von *Kommunikation* mit all diesen Bereichen verbunden, das kognitive *Lernen psychischer Systeme* ist über die *strukturelle Kopplung* zwischen Wahrnehmung und *Kommunikation* eng mit dieser verbunden und auch die Teilhabe an *Gesellschaft*, an ihren *Formen* der *Kommunikation* wird über das Erkennen, Anwenden (und Verändern) der *Strukturen* um *Kommunikation* determiniert. Um die *Strukturen* um *Kommunikation* erfassen und zielorientiert anwenden zu können, bedarf es eines Orientierungswissens, das über die Situationen *doppelter Kontingenz* hinausgeht und ein hinreichendes Verständnis der *Formen* der *Kommunikation* und der Unmöglichkeit ihrer *Kontrolle* umfasst. Dies ist ein zentraler Ausgangspunkt für das Konzept des ‚medialen Anfangsunterrichts'.

Im Konzept der 4K hängt der ‚Skill' Kommunikation eng mit dem der Kollaboration zusammen, der über das kollaborative *Lernen* zentrale Bedeutung und eine eigene Kategorie zugeschrieben bekommen hat.

Kollaboration

Was genau die Verfasser:innen dabei mit Kollaboration meinen, stellen sie direkt zu Beginn des Abschnitts heraus:

> *„Einfach gesagt geht es bei Kollaboration darum, dass sich mehrere Personen zusammentun, um auf ein gemeinsames Ziel hin zu arbeiten."*
> *[P21_2017:23:1134]*

Kollaboration findet demnach konkret zwischen mehreren Personen statt, die gemeinsam an einem Projekt arbeiten oder allgemein ein gemeinsames Ziel verfolgen. Kollaboration könne dabei auf unterschiedliche Art und Weise eingeübt werden und darüber gelingen.

*„Das Aufsetzen von Gruppenvereinbarungen und die Verantwortungsübernahme für zugewiesene Aufgaben bilden die Voraussetzungen für Arbeitsteilung und Synergieeffekte.“*
*[P21_2017:23:1407]*

*„Durch eine Einführung in richtiges Zuhören kann ein Raum geschaffen werden, in dem Ideen einfach geteilt, angenommen und angewandt werden können.“*
*[P21_2017:24:48]*

*Eine Einführung in die Kunst, gute Fragen zu stellen – insbesondere offene und das Denken anregende Fragen – unterstützt die Verbreitung von Wissen und einen Fortschritt hin zu besseren Lösungen.“*
*[P21_2017:24:202]*

*„Das Einüben und Vorführen von Verhandlungsgeschick ist für jede hinreichend kollaborative Situation hilfreich. Dazu gehört, dass man geduldig zuhören, Flexibilität zeigen, gemeinsames Einvernehmen formulieren und auch unter Druck klar denken kann.“*
*[P21_2017:24:406]*

Gerade die Begriffe ‚Kollaboration‘ und ‚Kooperation‘ werden von den Verfasser:innen dabei synonym für Zusammenarbeit und Teamfähigkeit verwendet.

*„[...] Zusammenarbeit [...].“*
*[P21_2017:23:294]*
*[P21_2017:23:492]*
*[P21_2017:23:755]*
*[P21_2017:24:1231]*

*„[...] Kollaboration [...].“*
*[P21_2017:23:228]*
*[P21_2017:23:1162]*

*„[...] kooperatives Lernen [...].“*
*[P21_2017:24:817]*
*„[...] kooperativ lernen.“*
*[P21_2017:24:1205]*

Zur detaillierten Betrachtung wird im Folgenden auf die Ausdifferenzierung der Begriffe zurückgegriffen, die auch Gesa Krebber im Kontext ihrer Auseinandersetzung mit den Potenzialen der Kollaboration für die Kunstpädagogik verwendet hat.[354]
Wissen ist nicht mehr etwas, was auf einzelne *psychische Systeme* gedacht werden muss, sondern vielmehr etwas, was in den Verbindungen, in den Räumen zwischen den einzelnen Akteur:innen eines Netzwerks zirkuliert und darin seine *Form* findet. „Knowledge is now a property of the network, and the network embraces businesses, governments, media, museums, curated collections, and minds in communication.“[355] Aufgabenstellungen und Projekte sind (zunehmend) komplex und werden nicht mehr von den klügsten Köpfen gelöst, sondern von Netzwerken und den Räumen, in denen sich diese artikulieren. „The smartest person in the room is the room itself.“[356]
Die systemische Perspektive auf *Systeme* und die *(strukturellen) Koppelungen* zwischen diesen blendet die grundsätzliche materielle Gegebenheit der einzelnen *psychischen Systeme* nicht aus, ohne diese würde es zu keinem *sozialen System* kommen, aber die eigentliche Wissensproduktion ist nicht (mehr) isoliert auf diese beschränkt.[357] Das *psychische System* ist interdependent mit seiner *Umwelt* gekoppelt und erst in und über diese Kopplung wird Wissen, als sich durchsetzende *Formen* in einem *Medium*, möglich. Diese *Formen* haben weniger einen festen und statischen Zustand, sondern generieren immer neue fluide *Strukturen* um *Kommunikation.*
Dieser Prozess des Generierens neuer *Strukturen* über fluide und variable *Formen* ist in der ‚nächsten *Gesellschaft*‘ eng mit der grundsätzlichen Fähigkeit des *Lernens* verbunden.[358] *Lernen* strukturiert sich als Netzwerkleistung – sowohl innerhalb *psychischer* als auch *sozialer Systeme* – die problemorientiert, autopoietisch und nur im fortwährenden Austausch mit

354 ‚Kooperation‘ meint demnach eher eine Zusammenarbeit, die die Aufgaben unter den einzelnen Personen oder Teams aufteilt und die Bearbeitung damit parallel erfolgt. Die Form der ‚Kollaboration‘ fokussiert hingegen das gemeinsame Arbeiten an Teilen des Endergebnisses. Die einzelnen Kollaborateur:innen sind an allen Ergebnissen des Gesamtprojektes beteiligt und die Zusammenarbeit erfolgt sequenziell und fortlaufend. Kollaboration steht damit wesentlich stärker für das aktive, zielgerichtete miteinander arbeiten, forschen und *handeln* in Projekten, um ein gemeinsames und (auch) intrinsisch motiviertes Ziel zu erreichen (vgl. Krebber 2020, S. 50–54).

355 Weinberger 2013, S. 11.

356 Ebd., S. 11.

357 Die theoriegeleitete Exploration der Begriffe *Struktur* und *strukturelle Kopplung* erfolgt im Rahmen der Studie (I) in Strukturen und Erwartungen [4.2.1]

358 Eine systemische Erschließung der Begriffe *Lernen* und Bildung erfolgt in [Neue] Formen [4.2.2.2]

anderen neue Anschlusskommunikationen prozessiert und damit den (eigenen) Selektionen in der unüberschaubaren Flut an Inhalten des globalen ‚Layer of Reality' einen *Sinn* gibt.

### 4.1.7 Digitale Grundbildung in der Grundschule I Thomas Irion

*Aufgaben und Herausforderungen im Kontext Grundschule*

Als letzter _Ausgangspunkt wird ein Text von Thomas Irion zur digitalen Grundbildung in der Grundschule mit der entwickelten systemischen Perspektive betrachtet, um die spezifischen Aspekte der Grundschule bereits in den _Ausgangspunkten zu berücksichtigen. Thomas Irion ist Professor für Erziehungswissenschaften mit dem Schwerpunkt Grundschule an der PH Gmünd und Fachreferent und Vorstandsmitglied im weit vernetzten Grundschulverband (Ressort: Digitale Grundbildung). In der Funktion als Fachreferent veröffentlichte er 2015 einen ersten Beitrag zur grundlegenden ‚Medienbildung in der Grundschule'[359], auf dem anschließende Beiträge und Publikationen aufbauten. Im Speziellen seine Beiträge in ‚Neue Medien in der Grundschule 2.0'[360] und ‚Digitale Bildung im Grundschulalter'[361]. Letzterer wird in der vorliegenden Forschungsarbeit zur Grundlage in diesem Abschnitt genommen, da dort bereits das Projekt ‚Das Primat des Pädagogischen in der digitalen Grundbildung'[362] berücksichtigt ist, welches sich konkret mit den Kompetenzbeschreibungen der KMK und neueren Forschungen im Bereich Informatik- und Medienpädagogik und deren Anwendung für den Grundschulbereich beschäftigte.[363]

Digitalisierung als grundsätzlich technischer Prozess

Thomas Irion thematisiert gesellschaftliche Aspekte in Bezug auf die Digitalisierung, stellt diese aber als Prozesse nach der Digitalisierung heraus.

> *„Analysen der gesellschaftlichen Entwicklungen konzentrieren sich nicht nur auf den technologischen Prozess der Digitalisierung, sondern auch auf die Bestimmung der*

359 Thomas Irion und Hans Brügelmann 2015.
360 Peschel und Irion 2016.
361 Thumel et al. 2020.
362 Irion 2020a.
363 Eine genauere Einordnung des Beitrags im Kontext der anderen systemisch untersuchten Publikationen kann in Systemische Betrachtungen (kunst-)pädagogischer Schwerpunkte und Positionen - Studie (II) [3.4.2] nachgelesen werden.

*vielfältigen wirtschaftlichen und kulturellen Prozesse im Anschluss an die Digitalisierung."*
*[Irion_2020:10:291]*

Zudem erfolgt eine häufige Kontrastierung von ‚analog' und ‚digital'. Diese legt ein tendenziell technisches Verständnis der Digitalisierung nahe und beschreibt vor allem digitale Endgeräte und digitale ‚Werkzeuge'.[364]

*„Inzwischen werden lange Zeit als eindeutig analog betrachtete Prozesse und Orte digital geprägt:"*
*[Irion_2020:12:897]*

*„Im Spannungsfeld zwischen Selbstbestimmung und normativen Vorgaben gilt es dabei, Kinder ausgehend von ihrer individuellen Entwicklung und ihren lebensweltlichen Erfahrungen in die Lage zu versetzen, digitale Medien zu nutzen, zu reflektieren und zu gestalten."*
*[Irion_2020:37:533]*

*„[...] Digitalisierung [hat | W.N.] dabei eine dienende Funktion,"*
*[Irion_2020:12:2037]*

Zwar konstituieren digitale Medien und Endgeräte, über ihre Funktionalitäten und Oberflächen, die mit ihnen *Kommunikation* prozessierende *Gesellschaft* mit, jedoch entfalten die darüber sich bildenden *Strukturen* innerhalb dieser gesamten *Gesellschaft* ihre Wirkung und leiten Selektionsprozesse nicht nur in technisch digitalen Kommunikationsprozessen. Eingebettet werden diese neuen *Strukturen* – des Überschusssinns ‚*Kontrolle*'[365] – in die Referenzstruktur der Sprache, in die Zeitstruktur der Schrift, und in die Kritikstruktur des Buchdrucks, wodurch die Auseinandersetzung mit den Veränderungen der Digitalisierung nicht auf digitale Medien beschränkt bleiben kann. „Die elektronischen Medien variieren das Referenzproblem der Sprache, das Zeitproblem der Schrift und das Kritikproblem des Buchdrucks, aber sie schaffen sie nicht ab."[366] Die Funktionsstrukturen, bzw. die Reaktionen der *Gesellschaft* auf

364 Die Bezugnahme zu den Ausführungen der KMK-Strategie ‚Bildung in der digitalen Welt' von 2016 zeigen sich insbesondere am Verständnis digitaler Medien als digitale ‚Werkzeuge', wie es in Kultusministerkonferenz [KMK] [4.3.4] detailliert herausgearbeitet wurde.

365 Der grundsätzliche Umgang einer *Gesellschaft* mit dem/ihrem kommunikativen Überschusssinn wird in Unterscheiden als Formbildung – Sinn und dessen Überschuss [4.1.1.2] erläutert und in Bildungsgleichungen [4.1.3] die Verschränkung unterschiedlicher medialer Epochen diskutiert.

366 Baecker 2017, S. 8.

die bisherigen Sinnüberschüsse werden vom Computer unterlaufen. Gleichzeitig umfasst der Computer und der Sinnüberschuss *Kontrolle* die Referenzstruktur der Sprache, die Zeitstruktur der Schrift und die Kritikstruktur des Buchdrucks, verweist fortwährend auf diese und sie funktionieren im Kommunikationssystem der *Gesellschaft* nur aus diesem Grund. Damit kann der Überschusssinn *Kontrolle* erst mit der Referenzstruktur der Sprache, der Zeitstruktur der Schrift und der Kritikstruktur des Buchdrucks existieren. Die Auseinandersetzung mit den Prozessen der Digitalisierung ist dann, im Kontext der vorherigen Medienepochen, das *Lernen* des Umgangs der komplexen Kontroll-möglichkeiten des Computers. Die Öffnung für heterogene, widersprüchliche und flüchtige Ordnungen in allen Medien, welche die vernünftigen Ordnungen früherer Gesellschaften abgelöst haben, bildet somit einen weiteren Ausgangspunkt für die Konzeption des ‚medialen Anfangsunterricht'. Systemisch ist die Digitalisierung damit als Strukturveränderung beschreibbar. Irion greift diese Perspektive in seinem Beitrag ebenfalls auf und fordert die Vermittlung von Orientierungswissen.

> *„Basierend auf Mediatisierungsansätzen wird die Digitalisierung als zentrales Element von in Aushandlungsprozessen realisierten Veränderungen verstanden, die zu verschiedenen Verschiebungen und Neugewichtungen im Bildungssystem führt und führen muss."*
> *[Irion_2020:18:1087]*

> *„Sie sind somit auch für die Orientierung in dieser schon existierenden digital geprägten Welt zu qualifizieren."*
> *[Irion_2020:14:178]*

Mit Fokus auf die Grundschule bedeutet dies für Irion im Zusammenspiel mit den Gestaltungsaspekten von Medien:

> *„Grundschulbildung muss sich im Hinblick auf Digitalisierung und Mediatisierung somit im Spannungsfeld zwischen vorgefundener digital geprägter Welt und Gestaltbarkeitsanspruch bewegen. Sie steht somit vor der Herausforderung, Kinder dabei zu unterstützen, Kompetenzen für das Leben in einer Welt zwischen digitaler Prägung und digitaler Gestaltbarkeit zu entwickeln."*
> *[Irion_2020:14:988]*

Neben dem Erkennen und Anwenden von *Strukturen* um *Kommunikation* ist demnach gleichzeitig auch deren Gestalt- und Veränderbarkeit bereits in der Grundschule zu thematisieren. In der Auseinandersetzung mit den Reichweiten und Eigenschaften kommunikativer *Strukturen* kann auch deren Konstitution über *soziale Systeme* mit Schüler:innen thematisiert werden. *Strukturen* sind immer *Strukturen* eines *Systems* und *Systeme* – auch *soziale* – können *Lernen* und ihre *Strukturen* anpassen. Diese grundsätzliche Ermöglichung von Teilhabe bietet für die Schüler:innen das Potenzial direkte Selbstwirksamkeit zu erfahren. Damit es zur Veränderung von *Strukturen* kommen kann, müssen die *Systeme Lernen* und neue *Formen* etablieren.[367] Diese können affirmativ oder kontextualisiert sein, also im Modus der Beobachtung erster oder zweiter Ordnung erfolgen.

Ziele werden mit einer zunehmend flüchtigen und intransparenten, komplexen *Kommunikation* undeutlicher, es wird kein evidenter Blick auf das ermöglicht, was sein wird und was – oder zumindest wie – es (dies) zu erreichen gilt. Vor dem Horizont der Irritationsmaschine des globalen ‚Layer of Reality' sind es affirmative neue *Formen*, die im Sich-ablenken-lassen, der Möglichkeit unterschiedlichen Ideen nachzugehen, verschiedene Perspektiven zu berücksichtigen und produktiv werden zu lassen, eine grundsätzliche Handlungsfähigkeit aufrechtzuerhalten scheinen. Die Suche nach Antworten, nach Handlungsmöglichkeiten und *-formen* ist in den *Strukturen* der komplexen *Kommunikation* kein linearer Prozess, kein *Programm*, welches nur noch durchlaufen werden muss, um das ausgemachte Ziel zu erreichen. Im fortwährenden Irren und Verirren im Modus der Beobachtung erster Ordnung, im Updaten und Neukonfigurieren, wird sich den Antworten angenähert, ohne alle Kontexte, Informationen und Hintergründe bereits theoretisch durchdrungen und umfassend erfasst zu haben. Neue affirmative *Formen* suchen nach dem was funktioniert, was den gegenwärtigen Anforderungen genügt.

Anders die kontextualisierten neuen *Formen*. Die Zurücknahme kritischer Distanzierungsversuche zugunsten neuer affirmativer *Formen* beinhaltet dennoch das Produzieren neuer *Formen*, die im Wissen und Verständnis um die Funktionsweise der *Strukturen* und *Codes* um *Kommunikation* entwickelt werden. Diese *Formen* benötigen ein hohes Maß an Orientierungswissen und verlieren sich nicht im Irren und Verirren. Auch diese gilt es für den Unterricht zu erschließen und in das Konzept des ‚medialen Anfangsunterrichts' aufzunehmen.

### Grundschulspezifische Orientierungspunkte für die Formulierung von Kompetenzen und Anforderungen für die Digitale Grundbildung

Vor diesem Hintergrund sollen im Folgenden die Formulierungen Thomas Irions in Bezug auf grundschulspezifische Orientierungspunkte für die Formulierung von Kompetenzen und Anforderungen für die digitale Grundbildung systemisch betrachtet werden.

367 Das Etablieren neuer *Formen* – in einem Akt der Kreativität – wird mit Bezug zu den Ausführungen von Florian Pfab in [Neue] Formen [4.2.2.2] ausführlich beschrieben.

*„Digitale Bildung in der Grundschule fokussiert damit die besonderen Herausforderungen, die sich im Anschluss mit der zunehmend allgegenwärtigen und inzwischen häufig auch unsichtbaren Digitalisierung und Mediatisierung für Schulentwicklung, Unterricht und Bildungsinhalte der Grundschule ergeben und bedarf der Einbettung in alle fachdisziplinären und grundlagenwissenschaftlichen Diskurse der Grundschulbildung."*
[Irion_2020:20:619]

Die digitale Bildung in der Grundschule müsse demnach fachdisziplinär eingebettet werden und dürfe nicht additiv dazu angelegt werden, da diese auch die bisherigen Inhalte einer grundlegenden Bildung beeinflusse und diese verändere.

*„[...] die Digitale Grundbildung [darf] kein ausschließliches Additivum zu anderen Inhalten der Grundlegenden Bildung darstellen. Dabei ist zu prüfen, inwiefern bisherige Inhalte durch diese Entwicklungen verändert werden, es ist aber auch zu prüfen, welche bisherigen Inhalte der Grundlegenden Bildung für Zukunftsaufgaben als wertvoll und erhaltenswert betrachtet werden."*
[Irion_2020:34:2137]

Wobei alle „[…] Maßnahmen immer auf die pädagogischen Zielsetzungen auszurichten […]" [Irion_2020:25:774] seien und damit das Primat der Pädagogik immer gelten müsse. Nur so könne sowohl ein allgemeiner Zugang und Erwerb von grundlegenden Kompetenzen ermöglicht als auch subjektive Zugänge auf der Basis individueller Interessen in eine digitale Grundbildung aufgenommen werden.

*„Kinder sind somit einerseits dabei zu unterstützen, allgemeine Grundkompetenzen zu entwickeln, andererseits muss auch der subjektive Zugang zur digitalen Welt Ausgangspunkt für grundschulspezifische Fördermaßnahmen sein."*
[Irion_2020:35:1251]

Pädagogische Zielsetzungen, bzw. pädagogisches *Handeln* im Allgemeinen, ist systemisch eine *Kommunikation* mit Absicht.[368] Etwas – in der *Institution* Schule sind dies in der Regel junge Menschen – wird als KIND behandelt, also als fiktionalisierte Figur, welche

368 Mithilfe der Bildungsgleichungen von Dirk Baecker – die in der Notation George Spencer-Browns aufgestellt sind – wird in Bildungsgleichungen [4.1.3] die Kontextualität von Bildungsprozessen verdeutlicht und auf die *Gesellschaft* zurückbezogen.

einen imaginierten Zustand über ein entsprechendes *Zweckprogramm* der *Institution* Schule erreichen soll. [369] Über die absichtsvolle *Kommunikation* ‚Erziehung' wird im Kontext von *Gesellschaft* das KIND gefördert, gefordert und bewertet. Diese Differenz liegt auf einer anderen Ebene als das autopoietische kognitive *Lernen psychischer Systeme* über die Beobachtung zweiter Ordnung. Erst im Modus der Beobachtung zweiter Ordnung kann das *System* sich seiner eigenen Selektionen gewahr werden, seine eigene Operationsweise reflexiv erfassen und darüber die eigenen *Strukturen* kontextualisieren. *Psychischen Systemen* ist es als Beobachter möglich, Mehrsystemzugehörigkeiten – oszillierende Identitäten – zu identifizieren und vor allem auch zu produzieren. Im Gleichungssystem George Spencer-Browns wird der Beobachter erster Ordnung mit der Unterscheidung gleichgesetzt, weshalb die Beobachtung zweiter Ordnung die erste Markierung verlassen – die Grenze kreuzen – muss. Ohne das Kreuzen fallen beide Unterscheidungen in eine Identität zusammen, womit die zweite Unterscheidung die Sicherung der Identität vornimmt, aber keine Beobachtung der Beobachtung. Die Persönlichkeitsentwicklung entlang eigener Interessen und Fragestellungen, wie Thomas Irion sie fordert, gestaltet sich demnach als fortlaufende Neustrukturierung im *psychischen System* und damit braucht es Fragestellungen und (kommunikative) Problemlagen, die diese Neustrukturierung forcieren, ihren Prozess aber nicht determinieren. Statt einfacher Antworten, vorgegebener Inhalte und Lösungen, ist es ein Verständnis für die komplexe *Kommunikation* selbst, sind es die flüchtigen Identitäten und nicht greifbaren Sachverhalte, die eine Auseinandersetzung mit Leerstellen, Unwägbarkeiten und Unsicherheiten anstoßen und leiten können.

### 4.1.8 Zusammenfassung _Ausgangspunkte

Die Anwendung der zuvor gewonnenen ersten systemischen Perspektive auf grundlegende (medien-)pädagogische _Ausgangspunkte und -positionen, zeigt drei erste Anschlussmöglichkeiten für die weitere Forschungstätigkeit und die Konzeption des ‚medialen Anfangsunterrichts'.

> *Kommunikation* (I)
> (Digitale) *Kommunikation* ist unkontrollierbar und komplex. Sie ist fehleranfällig und ein (zunehmend) unberechenbarer Prozess. Nicht-menschliche Akteur:innen nehmen (zunehmend) als stabile Identitäten und intransparente Bewusstseins-

369 Luhmann 1991.

systeme an digitaler *Kommunikation* teil. Aufbauend auf dem Konzept der ‚Medienkunde', bedarf es über ein Wissen technischer Gerätschaften und Bedienmöglichkeiten hinausgehend vor allem eines hinreichenden Verständnisses von den *Formen* der *Kommunikation* und der Unmöglichkeit ihrer *Kontrolle*.

*Handeln* (I)
Der Umgang mit der *Komplexität* digitaler *Kommunikation* erfordert (zunehmend) das Aushalten von Ungewissheiten und die Auseinandersetzung mit Mehrdeutigkeiten. Für ein kompetentes ‚Medienhandeln', bzw. für den Erhalt einer grundlegenden Handlungsfähigkeit, braucht es daher das Finden neuer *Formen*. Dieser Akt der Kreativität ist entweder rein affirmativ oder kontextualisiert und bedient oder erweitert den zur Verfügung stehenden Möglichkeitsraum. ‚Mediengestaltung' ist damit um das Finden von (neuen) Anschlusskommunikationen, über die der (neue) *Sinn* innerhalb des *Systems* prozessiert werden kann, zu ergänzen.

Bildung/*Lernen* (I)
‚Digitale Bildung' und der Umgang mit dem Sinnüberschuss der komplexen *Kommunikation* findet nicht nur im Digitalen statt. Digitalisierung, als Strukturveränderung der *Gesellschaft*, verändert die Prozessierung von *Sinn* in allen Medien. Diese Veränderung erfordert zum einen den Umgang mit dem Sinnüberschuss *Kontrolle* in jeder *Kommunikation* und zum anderen die Strategien vorheriger Kulturformen auch im Umgang mit dem Sinnüberschuss *Kontrolle*. ‚Medienkritik' findet im Modus der Beobachtung zweiter Ordnung mit Kreuzen statt, ermöglicht gleichzeitig Distanzierungsversuche und Kontextualisierungen, und das kritische Denken umfasst auch immer affirmative Aspekte.

Zur Schärfung der Anschlussmöglichkeiten aus den _Ausgangspunkten und Entwicklung weiterer Aspekte für die Konzeption des ‚medialen Anfangsunterrichts', werden im Folgenden zum einen kunstpädagogische Begrifflichkeiten wie *ästhetische Erfahrung, Kunst* und *Kultur* systemisch erschlossen und zum anderen kunstpädagogische Schwerpunkte und Positionen mit der zuvor weiterentwickelten systemischen Perspektive betrachtet.

## 4.2 _Fachperspektiven

*Kunstpädagogische Schwerpunkte systemisch gelesen*

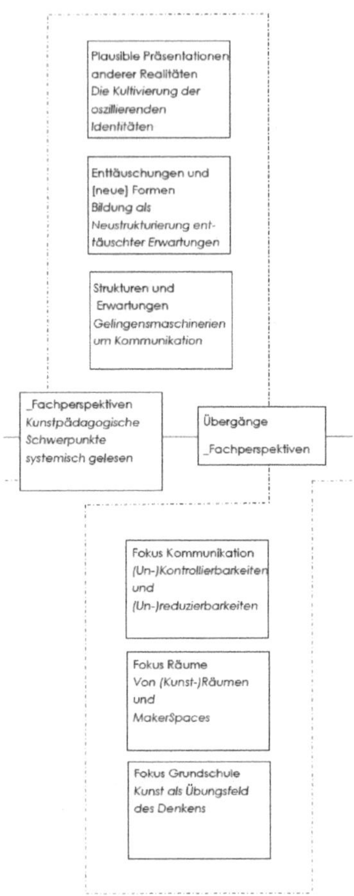


**Abb. 12:** Auszug aus ‚Spuren' 02 | W.N.

Der folgende Abschnitt beschreibt in Strukturen und Erwartungen [4.2.1] zunächst die ordnenden Funktionen von *Strukturen* und *Erwartungen* für *soziale* und *psychische Systeme* und stellt anschließend in Enttäuschungen und [neue] Formen [4.2.2] die Bedeutung von *Enttäuschungen* für Lern- und Bildungsprozesse in diesem Zusammenhang dar. Darauffolgend werden die Potenziale der *Kunst* für ein gezieltes Herstellen von *Enttäuschungen* – als pädagogisch erstrebenswertes Unterfangen – in Plausible Präsentationen anderer Realitäten [4.2.3] diskutiert. Im Anschluss werden die Ergebnisse der systemischen Theorieexploration (Studie I) in Übergänge _Fachperspektiven [4.2.4] zusammengefasst und für eine detaillierte

Analyse verschiedener (kunst-)pädagogischer Veröffentlichungen in Fokus Kommunikation [4.2.5], Fokus Räume [4.2.6] und Fokus Grundschule [4.2.7] aufbereitet. Abschließend folgt eine Kontextualisierung der verschiedenen Forschungsergebnisse in Zusammenfassung _ Fachperspektiven [4.2.8].

## 4.2.1 *Strukturen* und *Erwartungen*

*Gelingensmaschinerien um Kommunikation*

Mit der Differenz *System/Umwelt* begreift Niklas Luhmann in seiner Systemtheorie die *Gesellschaft* als ein (relativ) stabiles *soziales System*, welches von einer *Umwelt* unterscheidbar und von dieser abgegrenzt ist. Das *soziale System Gesellschaft* operiert für Luhmann mit nur einer einzigen Operation – der *Kommunikation.*
*Kommunikation* ist etwas hoch Anfälliges und es gibt schier unendlich viele Möglichkeiten sich misszuverstehen oder aber *Kommunikation* erst gar nicht zustande kommen zu lassen.[370]
Um erfolgreich *Kommunikation* prozessieren zu können, bilden *soziale Systeme* – und damit auch die *Gesellschaft* – Gelingensbedingungen für *Kommunikation* aus.

### 4.2.1.1 *Strukturen*

In der Systemtheorie werden diese Bedingungen *Strukturen* genannt und machen durch eine Vorauswahl möglicher Anschlusskommunikationen den Erfolg der *Kommunikation* wahrscheinlicher.
/// Möchte Alter beispielsweise Ego grüßen, steigt die Wahrscheinlichkeit, dass die *Kommunikation* erkannt und angenommen wird, wenn Alter sich bestimmter stabiler und etablierter *Formen* (der Begrüßung) bedient. Die *Hand zum Gruß* oder ein freundliches ‚Hallo' haben größere Erfolgserwartungen als ein Mittelfinger oder andere Gesten und/ oder Laute. Die Reichweite und der Geltungsbereich bestimmter stabiler *Formen* ist dabei hochgradig unterschiedlich; dienen diese Differenzierungsmerkmale doch gerade auch als Identifizierungsmarker oder Wiedererkennungszeichen. ///

370 Welche Bedingungen und Operationen die Unwahrscheinlichkeiten der *Kommunikation* in Wahrscheinlichkeiten überführen und damit deren Anschlussfähigkeit sicherstellen, wird in Die Wahrscheinlichkeit des Unwahrscheinlichen [4.1.1.3] diskutiert und erläutert.

Eine der produktiven Stärken der Systemtheorie Niklas Luhmanns ist es, Isomorphien, also Strukturgleichheiten verschiedener *Systeme*, Funktionen und Operationen beschreibbar zu machen. Diese können zu Perspektivverschiebungen und Vergleichbarkeiten führen und somit Diskurse auf unterschiedliche Weise anregen und (weiter-)entwickeln. Funktionieren für Luhmann *soziale Systeme* mit der Operation *Kommunikation*, so sind es bei *psychischen Systemen* die Gedanken.[371] Gleichsam wie in *sozialen Systemen* gibt es unwahrscheinlichere und wahrscheinlichere Anschlussformen und gleichsam wie in *sozialen Systemen* sind es *Strukturen*, die die Muster, Verbindungen und Möglichkeiten (vor-)selektieren und damit erfolgreiche *Formen* manifestieren.[372] Bei *sozialen* und *psychischen Systemen* sind diese *Strukturen* Erwartungsstrukturen. Sie bieten dem *System* Orientierung und bestimmen dessen operative Möglichkeiten und Anschlüsse. Mit ihnen können *Kommunikation* und Gedanken trotz der *Komplexität* der Welt und der hohen Unwahrscheinlichkeit erfolgreicher Anschlusskommunikationen/-gedanken auf relativ stabile Weise prozessiert werden. Damit bilden *Erwartungen* die Bedingungen *sozialer* und *psychischer Systeme*. In dieser Funktion sind sie über die Grenzen der jeweiligen Situation gültig und wirken komplexitätsreduzierend auf das *System* selbst.

Die strukturierenden und formgebenden Funktionen aller Medien berücksichtigend, lässt sich unter dieser Perspektive *Kultur* als Meta-*Struktur* der *Gesellschaft* beschreiben, welche als Gesamtheit aller *Strukturen* und als Systemgedächtnis des *sozialen Systems Gesellschaft*, Werte vergleichbar und verhandelbar macht.

### 4.2.1.2 *Kultur*

Der Kulturbegriff wurde in der Vergangenheit in den unterschiedlichsten Ausprägungen und Kontexten verwendet. Eine allgemeine Diskussion dieser verschiedenen Perspektiven soll an dieser Stelle nicht erfolgen, wohl aber eine systemische Näherung an „[...] einen der schlimmsten Begriffe, die je gebildet worden sind.“[373] Im Kontext einer Definition des Begriffs *Kultur* für die ‚Ästhetischen Grundbegriffe‘ vergleicht Dirk Baecker die uneinheit-

371 Gedanken sind in der Systemtheorie Luhmanns die Letztelemente und Operationen *psychischer Systeme*. Treffen in kommunikativen Situationen zwei *psychische Systeme* aufeinander, kommt es zu Situationen *doppelter Kontingenz* und dem Einbeziehen nicht nur der eigenen nicht aktualisierten Selektionen in den Möglichkeitsraum der *Kommunikation*, sondern auch der anderen beteiligten Akteurin bzw. des anderen beteiligten Akteurs. Warum diese Situationen auch nicht-menschliche Akteur:innen einschließen kann, wird in Nicht-menschliche Akteur:innen [4.1.2.3] diskutiert.

372 Skripte und Muster sind ebenfalls grundlegende Bestandteile der Sozialpsychologie und finden dort Anwendung in der Untersuchung von (sozialem) Verhalten. In der angewandten Psychologie arbeiten die Systemische Therapie und auch Teile der Psychoanalyse mit systemtheoretischen Ansätzen und Erklärungsmodellen (Hoyer und Knappe 2020).

373 Luhmann 1997a, S. 398.

liche Verwendung des Kulturbegriffs mit der Einrichtung eines Interpretationsspielraumes, wo immer der Kulturbegriff Verwendung findet.[374] In seiner offenen Verwendung – seit seiner Erfindung als Reflexionsform gegenüber der Natur im 18. Jahrhundert bis heute – bedürfe er für die Autor:innen keiner Festlegung und es genüge den Autor:innen meist auf die immanenten Vorstellungen der Adressierten zu vertrauen, da ohnehin ja schon irgendwie jede/r wisse, was gemeint sei. Rembert Hüser nennt dieses Begriffsverständnis von *Kultur* dann einen ‚Unschärfejoker', der aber zur Folge habe, dass präzise Untersuchungen und eine dezidierte Fachdiskussion häufig nicht möglich seien.[375] Diese generelle Offenheit zu verringern und zu trennschärferen und produktiveren Beschreibungen zu gelangen, gelänge laut Hüser aber nur mit einem Verzicht des Kulturbegriffs in Gänze.

Dennoch sollen im Folgenden Überlegungen gebündelt werden, die den Kulturbegriff im Kontext einer Meta-*Struktur* der *Gesellschaft* beschreiben und diesen darüber in die zu entwickelnde systemische Perspektive aufnehmbar machen.

Als Ansatzpunkt soll hierbei die von Niklas Luhmann kritisierte Verhinderung einer notwendigen *Kontingenz* – als Zugriff auf andere und weitere Möglichkeiten – im traditionellen Kulturbegriff dienen, die aus seiner Sicht sicherstellen muss, dass sowohl Außenanalyse als auch Selbstbeobachtung der funktional ausdifferenzierten *Gesellschaft* (und ihrer unterschiedlichen Sinn- und Kommunikationssysteme) möglich bleiben.[376] Hierfür positioniert Luhmann *Kultur* nicht im direkten Wirkungsbereich der stabilen Identität ‚Mensch' und dessen Handlungen, sondern im Kontext von *Kommunikation* und der gesellschaftlichen Funktion *sinn*volle Selektionen in komplexen Möglichkeitszusammenhängen zu strukturieren. Damit ist *Kultur* „[…] die je aktuelle Operation des Einwands ausgeschlossener Möglichkeiten gegen wahrgenommene Möglichkeiten."[377] *Kultur* wird damit zur Summe der zum Teil bewussten und zum Teil unbewussten Normen und Wertvorstellungen einer *Gesellschaft*. Diese bietet der *Gesellschaft* einen Standpunkt, der außerhalb ihrer operativen Funktionen liegt und ihr damit erlaubt, sich selbst zu beobachten und zum Beispiel ihre eingeschlossenen Werte mit anderen möglichen Werten zu vergleichen.

> *„Der Kultur verdanken wir unsere spezifisch moderne Fähigkeit, die Lebensweise der Menschen untereinander zu vergleichen; aber auch jenen fatalen Hang jeder einzelnen Lebensweise, sich für unvergleichlich zu halten. […] Die Kultur ist daher nicht nur das Programm der Gesellschaft, das es erlaubt zu definieren, wie der Mensch zum*

374 Vgl. Baecker. 2010, S. 554–556.
375 Vgl. Hüser. 1999, S. 153–156.
376 Vgl. Luhmann 1998, S. 589.
377 Baecker 2000, S. 92.

*Menschen wird, sondern auch der Einwand gegen diese Gesellschaft, wenn sie dem Menschen zumutet, was dieser für unzumutbar hält.* "[378]

*Kultur* funktioniert nach Luhmann dann wie eine ‚Börse'.[379] Diese sei ein von seiner *Umwelt* getrenntes *System*, an der der Wert von Beobachtungen und Beschreibungen wieder von anderen Beobachter:innen und Beschreiber:innen bemessen wird. Dies bewähre sich aber nur an eben dieser ‚Börse' und bleibe auf diese beschränkt. Mit diesem Verständnis funktioniert *Kultur* als ein in sich geschlossenes *System* von *Strukturen*, welches die Unterscheidung von für richtig gehaltenem von für falsch gehaltenem Verhalten organisiert. Sie subsumiert dabei in sich verschiedene andere *Strukturen* und wird damit zur Meta-*Struktur* der *Gesellschaft*, zum Systemgedächtnis, welches Werte verhandel- und vergleichbar macht.[380]
Diese Überlegungen zusammenzufassend und ihnen eine *Form* gebend, entwickelt Dirk Baecker eine George Spencer-Brown Gleichung zur *Kultur*:[381]

Kultur = Selbst | Widerspruch | Wert

Das widerspruchsfreie Selbst – in diesem Fall das Selbst des *Systems* – steht im Kontext der Unterscheidung zu einem allgemein formulierten Widerspruch. Dieser wird im *Medium* wiederkehrender, aber nicht fest determinierter Werte zur Identifikation des Selbst. Die Selbstreferenz und Selbstbeschreibung über den re-entry konstituiert *Kultur* dabei als liquide und nicht statische Gesamtheit. Trotz ihrer strukturierenden Funktion ist sie nicht unverhandel- oder unveränderbar und gleichzeitig sind ihre *Strukturen* nicht auf einzelne Bereiche oder Situationen beschränkt. Damit determiniert sie als Meta-*Struktur* auch die Möglichkeiten einer Teilhabe an einer (nächsten) *Gesellschaft*, bestimmt sie doch anschlussfähige *Kommunikationen* und die weitere Prozessierung des *Sinns*.

/// Die etablierten und stabilisierten *Formen* und *Strukturen* des Grußes sind in dieser Meta-*Struktur* ebenso subsumiert, wie Erwartungsstrukturen anderer *Kommunika-*

378 Baecker 2015.

379 Vgl. Luhmann. 1993, S. 208–210.

380 Um die ‚theoretische' Anschlussfähigkeit dieser Auslegung kurz anzudeuten, sei in diesem Zusammenhang kurz auf Heinz von Foerster und Andreas Reckwitz verwiesen. Foerster konstruiert für den Begriff der *Kultur* einen Rechner/Apparat, welcher aus ‚semantischen *Strukturen*' aufgebaut ist und mit Begriffen arbeitet, die ebenfalls Rechner sind. Dieser Rechner von Rechnern, die miteinander in Beziehungen stehen und diese Verbindung neu herstellen, entwickelt dann ‚Wolken an Zusammenhängen' die in sich auftuenden semantischen Räumen liegen (vgl. Foerster 2008, S. 239–241) Für Reckwitz zeichnet sich *Kultur* als symbolische Sinnordnung von Praxis und der sich in ihr realisierenden konkreten Praktiken – die ihrerseits wieder Verhalte regeln – aus. In diesem Verständnis ist eine Praktik dann „[…] eine sozial geregelte, typisierte, routinierte Form des körperlichen Verhaltens (einschließlich des zeichenverwendenden Verhaltens) und umfasst darin spezifische Formen des impliziten Wissens, des Know-how, des Interpretierens, der Motivation und der Emotion" (Reckwitz 2008, S. 135).

381 Baecker 2015.

*tionen* innerhalb des *sozialen Systems Gesellschaft*. Die Grenzen eines jeden *Systems*, wie die der gewählten *Form* des Grußes, zeigen sich in der Ausdifferenzierung moderner Gesellschaftssysteme und der Reichweite und dem Geltungsbereich bestimmter stabiler *Formen*. Explizite Abgrenzungstendenzen manifestieren sich beispielsweise in optischen Identifikationsmarkern oder spezifischen Operations-/Verhaltensweisen eines *Systems*. Dies gilt ebenso für flüchtige Subkulturen und -systeme, wie für funktional ausdifferenzierte Teilsysteme der *Gesellschaft* wie *Kunst* oder Wissenschaft. Über den re-entry – die Wiedereinführung des ‚Werts' in die Unterscheidung des ‚Selbst' – lässt sich diese Selbstbeobachtung und Selbstbeschreibung im *System* verhandeln und über reflexive *Formen* der Geste oder der Pose evolutiv ins *System* mitaufnehmen. ///

*Strukturen* sind immer auf ein einzelnes *System* – oder *Systeme* von Systemen – bezogen und determinieren dessen interne Prozesse und Verarbeitungsmechanismen. Kann es auf der Ebene der Elemente eines *Systems* aufgrund der Differenz *System/Umwelt* und der Autopoiesis nie zu Übereinstimmungen kommen – vorausgesetzt das *System* existiert als solches weiter –, ist dies auf der Ebene der *Strukturen* durchaus möglich.

#### 4.2.1.3 *Strukturelle Kopplung*

Die Systemtheorie beschreibt *Systeme* als autopoietisch geschlossen und damit als Produzenten aller im *System* selbst verwendeten Einheiten. Ein *System* muss also ohne Eingang von Einheiten oder Informationen aus der *Umwelt* selbstständig fortbestehen oder es ist nicht mehr beobachtbar und damit inexistent. Ausschließlich systeminterne *Strukturen* bestimmen die Operationen des *Systems* und es ist ausgeschlossen, dass Umweltbedingungen und -gegebenheiten die Abläufe im *System* festlegen. Trotzdem ist jedes *System* auf seine *Umwelt* angewiesen, stellt diese für das *System* doch viele verschiedene Existenzvoraussetzungen zur Verfügung. Seien dies physische Ressourcen oder andere Materialien, die das *System* benötigt. Das Prozessieren der *Kommunikation* setzt beispielsweise eine physikalische *Umwelt* voraus, die mit den beteiligten stabilen Identitäten kompatibel ist und gleichzeitig müssen diesen stabilen Identitäten auch sinnkonstituierende *psychische Systeme* zur Verfügung stehen, die an der *Kommunikation* teilnehmen können.

> *„Autopoiesis sagt nicht, dass ein System allein aus sich heraus, aus eigener Kraft, ohne jeden Beitrag aus der Umwelt existiert. Vielmehr geht es nur darum, dass die Einheit*

*des Systems und mit ihr alle Elemente, aus denen das System besteht, durch das System selbst produziert werden.* "[382]

Viele dieser Umstände werden nicht mehr als eigene Voraussetzungen wahrgenommen und können normalerweise als selbstverständlich gelten. Im Kontext der von der Systemtheorie etablierten Perspektive und vor dem Hintergrund der darin verankerten autopoietischen Schließung von *Systemen*, sind diese Abhängigkeiten und Bedingungen jedoch keineswegs trivial und es gilt diese genauer in den Blick zu nehmen.

Um das Verhältnis eines *Systems* zu seiner *Umwelt* und deren Voraussetzungen zu beschreiben, führt Humberto Maturana in seiner biologischen Theorie des Erkennens den Begriff der *strukturellen Kopplung* ein.[383]

Das ,*structural coupling*' beschreibt die Voraussetzungen und Verbindungen, die gegeben sein müssen, damit ein *System* seine Autopoiesis fortsetzen kann. In diesem Sinne ist jedes beobachtbare *System* an seine *Umwelt* angepasst, da es andernfalls nicht existieren könnte. Gleichwohl vollzieht jedes *System* seine *Operationen* in dem ihm zur Verfügung stehenden Möglichkeitsraum autonom. Damit stehen Selbstbestimmtheit und *strukturelle Kopplung* eines *Systems* in einer gegensätzlichen Beziehung zueinander, da sie sich zwar gegenseitig voraussetzen, aber sich nicht gegenseitig bestimmen können. Verallgemeinernd ließe sich formulieren: Die *Umwelt* kann auf ein *System* nur dadurch einwirken, dass sie *Irritationen* produziert. Diese *Irritationen* werden jedoch ausschließlich systemintern erzeugt und verarbeitet und resultieren aus einer internen Auseinandersetzung mit den eigenen *Strukturen*. Dabei ist festzuhalten, dass es aus Sicht der Systemtheorie keine *Irritationen* in der *Umwelt* gibt, sondern diese immer Selbstirritationen des *Systems* – die möglicherweise von Umweltereignissen ausgelöst werden – sind.[384]

Als Beispiel einer *strukturellen Kopplung*, welches im Kontext der besonderen *Strukturen* von *Kunst* noch bedeutsam wird, wird die Verbindung von *sozialen* und *psychischen Systemen* im Folgenden kurz näher betrachtet.

Grundsätzlich setzt *Kommunikation* das Vorhandensein von *psychischen Systemen* voraus: Gäbe es keine Bewusstseinssysteme, wäre die Prozessierung der *Kommunikation* nicht

382 Luhmann 2018, S. 30.

383 Vgl. Maturana et al. 1980, S. 73–76.

384 Diese Ansicht der Systemtheorie Luhmanns steht ganz in der Tradition des Konstruktivismus, wie in [Neue] Formen [4.2.2.2] noch ausführlich gezeigt wird. Luhmann umgeht aber den traditionellen Dualismus aus Beobachter:in und dem zu beobachtenden Gegenstand – oder schwächt diesen zumindest ab-, indem er den Prozess des Beobachtens selbst als realexistierenden Vorgang des *re-entry* aufnimmt und damit die Beobachtung zweiter Ordnung in seine Theorie einführt (vgl. Luhmann 1998, 316-324). Reale Sachverhalte sind damit nicht nur beobachtbare/reale Gegenstände, sondern auch die/der Beobachter:in selbst und damit die Operation des Referierens auf etwas – seien dies nun Elemente der Wahrnehmung oder der *Umwelt*.

möglich.[385] Daraus resultiert aber keine Gleichstellung von Bewusstseinsinhalten und Kommunikationsinhalten. Gedanken sind keine Elemente *sozialer Systeme* und *Kommunikationen* keine Elemente von *psychischen Systemen*. Damit sind „die Grenzen des psychischen *Systems* [...] keine Grenzen der *Gesellschaft* und umgekehrt [...]."[386] Demnach muss das, was gesellschaftlich möglich ist, nicht notwendigerweise von jedem psychischen *System* verstanden werden und andersherum muss auch nicht alles, was prinzipiell ‚denkbar' ist, in der *Kommunikation sozialer Systeme* ausdrückbar sein. Die Herausforderungen der Verzerrungen und Verschiebungen der Unterscheidung von Mitteilung und Information, die bei der Überführung bzw. Einbringung von Gedanken in *Kommunikationen* erfolgen können, sind dabei wohl schon jedem *psychischen System* selbst aufgefallen. Jedes an *Kommunikationen* teilnehmendes *psychisches System* fasst dabei eine Vielzahl mehr an Gedanken, als es in eben diese *Kommunikationen* überführen bzw. einbringen kann. *Psychische Systeme* prozessieren bewusste Gedanken, die die Beiträge zu *Kommunikationen* begleiten und gleichzeitig versuchen sie diese zu kontrollieren.

/// Akteur:innen suchen nach Worten, zweifeln die Zurechnungsfähigkeit des Nachbarn an, überlegen, stellen Kommunikationserfolge oder -misserfolge fest und antizipieren, was andere Akteur:innen denken und beabsichtigen. All dies erfolgt, ohne dass es explizit zum Inhalt der *Kommunikation* und mit dieser ausgedrückt wird. In gleicher Weise gilt aber auch, dass niemals alle aktualisierten Verbindungen und Verweise einer *Kommunikation* in ihrer vollen *Komplexität* von einem einzelnen *psychischen System* aufgenommen und verarbeitet werden können. Auch in diesem Fall stehen immer mehr Informationen zur Verfügung, als von *psychischen Systemen* prozessiert werden können, weshalb die Selektivität der einzelnen *Systeme* auch immer ein Andersverstehen der jeweiligen *Kommunikation* ermöglicht und miteinschließt. ///

Des Weiteren beschränken „*strukturelle Kopplungen* [...] den Bereich möglicher *Strukturen*, mit denen ein *System* seine Autopoiesis durchführen kann."[387] Die *strukturelle Kopplung* der *sozialen* und *psychischen Systeme* bewirkt, dass die *Kommunikationen* der *sozialen Systeme* nur von den Gedanken und Wahrnehmungen der *psychischen Systeme* irritiert werden

385 Vgl. Maturana und Varela 1987, S. 207–215.
386 Baraldi et al. 1997, S. 188.
387 Luhmann 1998, S. 100.

können.[388] Physikalische oder chemische *Systeme* können die *Kommunikation* wiederum nur über die Vermittlung der Wahrnehmung stören und somit in die *Kommunikation* einfließen. Nur *psychische Systeme* können wahrnehmen und eben diese Wahrnehmung anschließend in *Kommunikationen* überführen bzw. einführen und ausdrücken.[389]

/// Im Ereignis eines brennenden Buches kann ein Feuer zwar Bücher verbrennen, jedoch diese nie schreiben oder deren Inhalt bestimmen. Das brennende Buch bzw. das Feuer kann aber wiederum wahrgenommen werden und so zum Thema von *Kommunikationen* werden. Das externe physische Ereignis ‚Feuer' kann nur durch die doppelte Selektivität der psychischen und sozialen *Systeme* in die *Kommunikation* eingeführt werden und diese darüber irritieren. ///

Damit führt die *strukturelle Kopplung* zweier *Systeme* nie zu deren Zusammenlegung oder zur stabilen Koordination der jeweiligen Operationen, sondern manifestiert sich nur in temporären Ereignissen, die in den Momenten wieder verschwinden, in denen sie entstanden sind. In den Ereignissen der *strukturellen Kopplung* können Elemente so zum Beispiel Element der *Kommunikation* und damit Teil eines *sozialen Systems* sein, aber auch zugleich ein Gedanke eines der teilnehmenden *psychischen Systeme*. Trotz dieser ereignishaften Übereinstimmungen werden diese *Systeme* niemals in eines zusammenfallen, da die soziale Selektivität der *Kommunikation* eine andere ist als die der beteiligten *psychischen Systeme*. An das Element, welches zugleich Element beider *Systeme* war, schließen also andere *Kommunikationen* im *sozialen System* an als Gedanken im *psychischen System*.

/// An das gemeinsame Ereignis der gedachten und geäußerten Begrüßung schließen (wahrscheinlich) eine erwidernde Begrüßung und eine Vielzahl anderer Gedanken und Wahrnehmungen an. Die kurzfristige *strukturelle Kopplung* der beiden *Systeme* führt nicht zu einer Synchronisierung und Koordination der psychischen und sozialen Prozesse. ///

Bei jeder *strukturellen Kopplung* wird die Anschlussfähigkeit eines Ereignisses vom jeweiligen Bezugssystem bestimmt, dessen Element es ist. In dieser zeigt sich die Ausdifferenzierung der *Systeme*, da die Selektion auf Grundlage der systeminternen *Strukturen* und Prozesse getroffen wird. Demnach haben die *Systeme* streng genommen kein gemeinsames Element, sondern nur ein gemeinsames Ereignis, welches sich in jeweils systeminternen Elementen

388 An dieser Stelle lässt sich die Diskussion aus Treffen sich zwei [psychische] Systeme [4.1.2] aufgreifen. Können nur *psychische Systeme* die *Kommunikation* irritieren, ohne erst über die Selektivität der Wahrnehmung anderer *psychischer Systeme* in diese eingeführt zu werden, wird diese Kategorie von sinnkonstituierenden Systemen auch für nichtmenschliche Akteur:innen prinzipiell offengehalten. Die Systemtheorie Niklas Luhmanns spezifiziert zwar Personen als Spezialfälle stabiler Identitäten, hält aber *psychische Systeme* (und damit auch den Begriff des Bewusstseins) nicht exklusiv für diese vor. Zum Zeitpunkt Luhmanns Untersuchungen waren die weitreichenden Konsequenzen der Beteiligungen der ‚unsichtbaren und intransparenten Maschinen' (Luhmann 1998, S.309) an *Kommunikationen* und noch möglicher (Weiter-)Entwicklung von künstlicher Intelligenz nur zu erahnen, - weshalb dies auch nie von ihm expliziert wurde - jedoch ist sein Theoriekonstrukt von einer grundsätzlichen Offenheit für diese Perspektive geprägt.

389 Vgl. Maturana 1985, S. 272–296.

spiegelt. „Ohne solche *Formen* struktureller Kopplung wäre die Ausdifferenzierung von Funktionssystemen in ihren Anfängen, etwa auf der Ebene besonderer Korporationen oder Organisationen, stecken geblieben."[390]

Wird dieses Verständnis der *strukturellen Kopplung* auf Grundlage der Theorie Humberto Maturanas zugrunde gelegt, so besteht die gegenseitige *Irritation* der *Systeme* nur auf struktureller Ebene und nicht auf der Ebene der Selbstreproduktion. Die Autopoiesis sinnkonstituierender *Systeme* bleibt bestehen, auch wenn koordinierende Momente zwischen den *Strukturen* der einzelnen *Systeme* beobachtbar sind. So kann es, wie beschrieben, zu gemeinsamen Ereignissen *psychischer* und *sozialer Systeme* kommen, in denen die *Kommunikation* die Aufmerksamkeit des Bewusstseins einnimmt. Die *Kommunikation* kann aber weder kontrollieren noch vorhersehen, welche Gedanken an das Ereignis vom *psychischen System* angeschlossen werden und wie die weitere *Kommunikation* von diesem verarbeitet wird. Die autopoietische Schließung des *psychischen Systems* bleibt bestehen und die Prozessierung der internen Operationen wird ausschließlich von den systeminternen *Strukturen* bestimmt, auch wenn es zu *Irritationen* durch die *Kommunikation* über die Selektionen der Wahrnehmung kommt. Es ist also möglich „[...] über bestimmte Gedanken und Vorstellungen [zu] kommunizieren, aber nicht als ‚Gedankenaustausch', sondern nur als Operation des Kommunikationssystems."[391]

*Strukturelle Kopplungen* existieren aber auch zwischen mehreren *sozialen Systemen*. Dieselbe *Kommunikation* kann Element verschiedener *sozialer Systeme* sein, ohne dadurch die funktionale Differenzierung dieser aufzuheben.

/// Dies gilt auch für das *Kunstsystem* und andere Funktionssysteme der *Gesellschaft*, zwischen denen sich *strukturelle Kopplungen* beobachten lassen. Seien dies Readymades wie die objects trouvé von Marcel Duchamps, welche herausgehoben aus ihrem Status als Elemente der Alltagskommunikation zu Elementen des *Kunstsystems* werden oder neuere Arbeiten der Post-Internet Art, welche wiederholt zwischen den Bezugssystemen oszillieren und deren Grenzen porös werden lassen.[392] ///

Stehen die strukturell gekoppelten *Systeme* in einer gegenseitigen Abhängigkeit, nennt Luhmann diesen Zustand Interpenetration. Die Existenz eines *Systems* wird dann zur Existenzgrundlage und -voraussetzung der jeweils anderen *Systeme* und die Entwicklung von *Systemen* von *Systemen* – und damit auch von *Kultur* – wird erst ermöglicht.

390 Luhmann 1998, S. 779.

391 Schuldt 2017, S. 33.

392 Eine ausführliche Anwendung der entwickelten Perspektive auf Beispiele der *Kunst* und deren Kontextualisierung im *Kunstsystem* erfolgt in Grenzen – Historische Verhandlungen der Kunst [4.2.3.3] und Strukturbewusstsein - Aktuelle Verhandlungen der Kunst [4.2.3.4].

## 4.2.2 *Enttäuschungen* und [neue] *Formen*

*Bildung als Neustrukturierung enttäuschter Erwartungen*

Treffen *Erwartungen* aufgrund zu hoher *Komplexität* oder kontingenter Situationen nicht ein, kommt es zu *Enttäuschungen.*

### 4.2.2.1 *Enttäuschungen*

In der Systemtheorie haben *Enttäuschungen* die Funktion überraschende Ereignisse in der *Umwelt* im *System* selbst behandel- und verarbeitbar zu machen. Erst die *Enttäuschung* macht die Existenz einer *Erwartung* eines *Systems* auf seine *Umwelt* offensichtlich und ist somit ein perturbativer Bestandteil der Funktionsweise *sozialer* und *psychischer Systeme.*

/// Begrüßt Alter Ego mit einer (eher) nicht erwartbaren *Kommunikation,* – beispielsweise einem Mittelfinger – so wird dessen *Erwartung* an diesen Teil bekannter Kommunikationsprozesse womöglich enttäuscht und das Anschließen weiterer *Kommunikation* eventuell erschwert. ///

Werden Erwartungen enttäuscht, können *soziale* und *psychische Systeme* auf zwei Weisen reagieren. Sie können zum einen entweder die *Erwartung* verändern, um sie an die enttäuschende Realität anzupassen [kognitive *Erwartungen* – Kognitionen] oder sie halten trotz der enttäuschenden Realität an der *Erwartung* fest [normative *Erwartungen* – Normen].

/// In dem Beispiel hat Ego demnach entweder die Möglichkeit an seinen normativen *Erwartungen* an eine Begrüßung festzuhalten und den Mittelfinger zu ignorieren, oder er geht auf die (für ihn) neue *Form* ein ///

Werden im Fall der Kognitionen die *Erwartungen* an die enttäuschende Realität angepasst, kommt es zu grundlegenden Veränderungen der systeminternen *Strukturen,* was Luhmann *Lernen* nennt.

### 4.2.2.2 [Neue] *Formen*

Sowohl *soziale* als auch *psychische Systeme* sind (theoretisch) in der Lage zu *lernen* und ihre Erwartungsstrukturen und Bedingungen anzupassen. Lernende *psychische Systeme* verändern grundlegend die Art und Weise ihrer Wahrnehmungsformen und Anschlussmöglichkeiten. Es werden nicht ‚nur' neue Informationen aufgenommen, sondern deren Verarbeitung selbst wird verändert. Damit rückt das *Lernen* der Systemtheorie Niklas Luhmanns in die Nähe des transformatorischen Bildungsbegriffs, wie er mitunter von Rainer Kokemohr und Hans-Christoph Koller geprägt wurde.[393]

Im Verständnis des transformatorischen Bildungsbegriffs wird die Veränderung des Selbst- und Weltverhältnisses und die Transformation der Informationsverarbeitungs-prozesse im *psychischen System* selbst, zur Grundbedingung eines tiefgreifenden Bildungsprozesses.[394] Dieser wird von der reinen Aufnahme und Verarbeitung von Informationen getrennt.

Ausgelöst würden diese Prozesse von Krisenerfahrungen oder Situationen der Fremdheit, in denen mit Unbestimmtheit und Unsicherheiten umgegangen werden müsse, da die bisherigen Möglichkeiten nicht ausreichen, um die Situation angemessen erfassen zu können.[395] Systemisch übersetzt: Das *psychische System* kann die *Irritationen* der *Umwelt* nicht mit den systeminternen *Strukturen* bearbeiten. Die Operationen können *Sinn* in diesen Situationen nicht prozessieren. Die stabilisierenden und ordnenden Funktionen der *Strukturen* greifen nicht und das *psychische System* kann nicht auf Erfahrungen und Routinen zurückgreifen.[396] Damit es zu diesen Krisenmomenten kommen kann, braucht es Räume/Situationen, die diese Offenheit und Unbestimmtheit zulassen.[397] Die (Neu-)Besetzungen sind dann für Koller ein kreativer und innovativer Prozess, in dem rigide „[...] Rationalitäts- und Effektivitätskriterien ausgeschaltet [...]“[398] bleiben und nicht auf Bekanntes und Vertrautes zurückgegriffen werden kann. Gefunden werden müsse ein neuer Umgang mit der wahrgenommenen Realität und damit müsse eine Umstrukturierung der Selbst- und Weltverhältnisse vorgenommen werden. Systemisch ist dies eine Suche nach neuen *Formen*, die in einem Akt der Kreativität in das *System* eingeführt werden und damit die Prozessierung von *Sinn* fortan mitkonstituieren.[399] Diese Suche ist ein kreatives Spiel, ein Erkunden und Entdecken, in dem nicht nur eine (spezielle) Lösung gefunden werden muss, sondern das *Lernen* sich entsprechend der (bisherigen) *Strukturen* der *Systeme* vollzieht.[400] Die transformatorische

393 Im Folgenden wird sich vor allem auf die Ausführungen von Hans-Christoph Koller bezogen (Koller 2007), da er zum einen in weiteren Veröffentlichungen ausführt, was in Bildungsprozessen transformiert wird und zum anderen die Normativität von Bildungsprozessen thematisiert.

394 Der transformatorische Bildungsbegriff bezieht sich auf den Bildungsbegriff von Humboldt, der zusammenfassend besagt, dass Bildung dann stattfindet, wenn sich das Verhältnis von ‚Selbst‘ und ‚Welt‘ verändert. Dies bedeute nicht, dass sich beides bereits als existierende Entitäten einander gegenüberstünde, sondern sich in einem Prozess, der häufig als Bildung bezeichnet wird, gegenseitig begründe (Hofmann 2010).

395 Vgl. Koller 2018, S. 16–18.

396 Gleiches gilt für das *Lernen sozialer Systeme*.

397 Vgl. Koller 1999, S. 151.

398 Koller 2018, S. 120.

399 Vgl. Pfab 2018, S. 269–280.

400 Systemisch sind in diesem Sinne alle Transformationen der systeminternen *Strukturen* Lernprozesse. Hans-Christoph Koller diskutiert in diesem Zusammenhang die Normativität von Bildungsprozessen, da ansonsten auch dogmatische Selbst- und Weltverhältnisse und deren (weitere) Radikalisierung als Bildung definiert wäre (Koller.2016). Koller folgend, sollen im weiteren Verlauf der Forschungsarbeit daher mit *Lernen* bzw. Bildung nur Prozesse gemeint sein, die eine Erweiterung und Flexibilisierung der Selbst- und Weltverhältnisse bedeuten und damit im Kontext einer globalen (inter-)kulturellen Bildung stehen.

Bildungstheorie beschreibt Bildung damit als grundlegende Veränderung der individuellen Selbst- und Weltverhältnisse.[401] In dem Prozess müssen die Grenzen des *Systems* überwunden werden, die *Irritation* in das *System* aufgenommen werden und die Operationen des *Systems* modifiziert und auf weitere Bereiche angewandt werden. Damit geht jede Transformation – im Sinne einer Aufhebung alter *Strukturen* und der Etablierung neuer, komplexerer *Strukturen* – notwendigerweise mit einer Überschreitung der durch die alten Rahmen gesetzten Grenzen der Sichtweisen einher. Um diesen Prozess weiter zu beschreiben, schlägt Benjamin Jörissen den Begriff der ‚Transgression' vor.

> *„Transgression ist [...] als bildungstheoretisches Moment der Überschreitung von Rahmungen [gemeint | W.N.], die als Zusammenhang erworbenen Erfahrungs- und Orientierungswissens betrachtet werden können [...].*"[402]

Fasst die transformatorische Bildungstheorie die unterschiedlichen Akteur:innen und deren Bedingungen sozialer Situationen für Bildungskontexte noch als zentralen Orientierungspunkt und Projektionsfläche auf, wertet die Beschreibung von Bildungsprozessen als Transgression die Bedeutung von deren *Umwelt* erheblich auf. Die jüngere (medien-)pädagogische Forschung versteht die *Umwelt* gar als mitkonstituierende Bestandteile eines relationalen Netzwerkgefüges.[403] Personen wie Lehrer:innen und Lernende, Konzepte wie Lehrpläne oder Begriffe, aber auch Räume, Motive, Motivationen oder Möbel, eben alle stabilen Identitäten, die an dem transformatorischen Prozess beteiligt sind, sollen/müssen berücksichtigt werden, soll das beschrieben werden, was unter dem Begriff Bildung subsumiert wird. Die in diesem Sinne verstandene „[…] Bildung wird nicht in erster Linie auf die Kompetenz des Subjekts zielen, sondern auf die Performanz der Bildung des Sujet."[404]

In diesem Sujet[405] werden die strukturellen Kopplungen zur *Umwelt* für eine Betrachtung von Bildungsprozessen zugänglich gemacht und das Subjekt ist nicht mehr alleiniger Ausgangspunkt und konstituierendes Moment.

401 Die transformatorische Bildungstheorie wurde von Benjamin Jörissen und Winfried Marotzki für das Konzept der strukturalen Medienbildung konkretisiert. Demnach kommt es in den meisten (schulischen) Szenarien nur zu Prozessen der Informationsaufnahme und -verarbeitung in Reiz-Reaktions-Mustern ohne und mit Berücksichtigung des jeweiligen Kontextes (Lernen I und Lernen II). Darüber hinaus sind Situationen der Wahrnehmung und Veränderung des Selbst- und Weltverhältnisses und der möglichen distanzierten Betrachtung dieses Prozesses (Bildung I und Bildung II) wesentlich seltener und schwieriger herzustellen.

402 Jörissen 2015, S. 57.

403 Franz Schaller schlägt beispielsweise eine relationale Betrachtung von Lernprozessen aus einer systemisch-konstruktivistischen Perspektive vor (Schaller 2012) und Patrick Bettinger und Benjamin Jörissen entwerfen ein relationales Verständnis von Medienbildung, welches die komplexen Beziehungsgeflechte um Bildung berücksichtigt (Bettinger und Jörissen 2021).

404 Meyer 2018, S. 61.

405 Übersetzt aus dem Französischen und in etwa ‚Thema', ‚Gegenstand' oder ‚Betreff' meinend (deepL Translate).

*„ 'Bildung in der digitalen Welt' muss in diesem grundlegenden Sinne als kulturelle Bildung verstanden werden, weil sie die veränderten Grundlagen von Kultur und die veränderten Grundlagen des Subjektwerdens reflexiv in sich aufnehmen muss. "*[406]

Die spezifische stabile Identität ‚Mensch' ist in ein Netzwerk aus unterschiedlichen soziokulturellen Kontexten verwoben, welches von verschiedenen (nicht-)menschlichen Akteur:innen konstituiert wird. Dieses flüchtige und schwer greifbare Netzwerk wird zum Ausgangspunkt einer relational angelegte (Medien-)Bildung. Systemisch betrachtet vollzieht sich *Lernen* dann in den tiefgreifenden Verflechtungen von *Kommunikation,* im Auflösen und Bilden alter und neuer *Strukturen* durch die aktiv praktizierte Neustrukturierung *enttäuschter Erwartungen* und der fortwährenden Neubesetzung sichergeglaubter Selbstverständlichkeiten.
An diese Formulierungen und Überlegungen lassen sich die Studien Jens Baduras zur Ästhetik anschließen, in denen er ästhetische Wahrnehmung bzw. ästhetische Erfahrung als ‚ästhetische Dispositive' beschreibt. Untersucht und beschrieben werden Situationen, in denen Bereiche der Wahrnehmung in den Fokus rücken, die sonst durch Reduktionsmechanismen des Alltags ausgeschlossen werden und die durch eine besondere Wahrnehmung der beteiligten Akteur:innen gekennzeichnet sind. Auf Michel Foucault und Gilles Deleuze rekurrierend, schlägt Badura vor, diese Situationen als „[...] aus heterogenen Faktoren zusammengesetzte ‚Apparate', zu begreifen [...]. Da ästhetische Welterschließung keineswegs nur im Zusammenhang mit *Kunst* [...] stattfindet, handelt es sich strukturell gesprochen bei ästhetischen Dispositiven um Produktionseinheiten zur Ermöglichung von transformativen Erfahrungen, ausgelöst durch erwartungstransgressive Erlebnisse [...]."[407] Initiiert wird diese besondere Wahrnehmung und Aufmerksamkeit der ‚ästhetischen Weltverhältnisse' in diesem Verständnis von Konstellationen, die über die Erwartungs- und Verarbeitungsmechanismen von Alltagssituationen und -kommunikationen hinausgehen und somit andere Wahrnehmungs- und Erfahrungsmöglichkeiten bieten und brauchen.[408] In Praxen, die den ökonomischen Logiken der *Strukturen psychischer* und *sozialer Systeme* widerstehen, kommt es zur Sensibilisierung auf unterschiedlichen Ebenen der Wahrnehmung. Den (eigenen) Empfindungen, Gedanken und Imaginationen wird eine erhöhte Aufmerksamkeit geschenkt. In seiner Auseinandersetzung mit dem Begriff der ‚Kritik' und im Bestreben diesen neu produktiv zu setzen, formuliert Manuel Zahn entsprechend:

406 Jörissen 2017.
407 Badura 2011, S. 8.
408 Vgl. Seel 2003, S. 162.

*"Die Spezifik der Kopplung besteht in einem übenden, reflexiven und letztlich differenzierenden Bezug auf eigene und fremde Wahrnehmungsweisen in, mit und durch die verschiedenen ästhetischen Praktiken. Sie beziehen sich auf die Wahrnehmung als Wahrnehmung, untersuchen dieselbe auf ihre Beschaffenheit und Gewordenheit, in Hinblick darauf, was sie gegenüber anderen Formen des Vernehmens und Verstehens vermögen und wie sie unsere Welt- und Selbstverhältnisse mitformen."*[409]

Damit lassen sich gerade im Zusammenhang mit *psychischen Systemen* die ästhetischen Erfahrungen als *Enttäuschung* von *Erwartungen* beschreiben. So lassen sich Alltagswahrnehmungen, die mithilfe von Reduktionsmechanismen die Bewältigung des Alltags überhaupt erst ermöglichen, und Situationen, die über die vorkonfigurierten, automatisierten Verarbeitungsprozesse hinausgehen und andere Herangehensweisen und Möglichkeiten einfordern, unterscheiden. Ästhetische Erfahrungen können dann die *Strukturen* von Kulturalität, Medialität und Normativität aufbrechen und machen diese erfahr- und reflektierbar. „Verläuft diese Konfrontation produktiv [...] so kann es zu Lernprozessen höherer Ordnung kommen [...]."[410] Es kommt zu Umstrukturierungen mentaler Muster und *Strukturen*, die das Verhältnis von Selbst und Welt umformen, lösen, lockern und transformieren. In Momenten der Neustrukturierung, der Neubesetzung von aufgerissenen Leerstellen und der Konstitution von neuen *Formen* können sie zu etwas führen, was vielleicht als Bildung an/in Netzwerkstrukturen bezeichnet werden kann. Sollen diese neuen *Formen* in pädagogischen Settings über *Enttäuschungen* gezielt hergestellt werden, kommt der *Kunst* und der Kreativität eine besondere Bedeutung zu.

### 4.2.3 Plausible Präsentationen anderer Realitäten

*Die Kultivierung der oszillierenden Identitäten*

Wird der Begriff *Kunst* unter der entwickelten systemischen Perspektive und mit Hilfe der dargelegten Untersuchungsmethode näher beleuchtet, lässt sich *Kunst* zunächst als symbolisch

409 Zahn. 2020, S. 218.
410 Meyer. 2014, S. 157.

generalisiertes Kommunikationsmedium beschreiben, welches sich vom *Kunstsystem* abgrenzen lässt.[411]

#### 4.2.3.1 *Kunst*

Das symbolisch generalisierte Kommunikationsmedium *Kunst* bildet ein selbstreferenzielles geschlossenes Subsystem der *Gesellschaft*. Niklas Luhmann bezeichnet die einzelnen Elemente dieses *Systems* – die Kunstwerke – als Kompaktkommunikationen.[412] Diese lassen sich als *Mitteilung* von Information verstehen, wobei die artifizielle Gegebenheit des Kunstwerks den Mitteilungsaspekt vorgibt. Kunstwerke provozieren *Kommunikationen*, da ihre *Formen* und *Strukturen* deutlich machen, dass sie intentional entstanden sind.
Im luhmannischen ‚Sinne' regt *Kunst* dann zur *Sinn*suche an – einer Suche nach der Differenz von Information und Mitteilung, also jener Differenz, die – in der Tarnung als *Handeln* - in kommunikativen Alltagspraxen reduziert wird.
*Kunst* ermöglicht den Zugang zu einer Ebene, die der *Kommunikation* sonst nicht zugänglich ist. Die Ja/Nein-Differenz sprachlicher *Kommunikation* wird aufgelockert und die Wahrnehmung durch die *strukturelle Kopplung* von Bewusstsein und *Kommunikation* in die Operationen *sozialer Systeme* mit eingeführt. Die Selbstbeschreibung der *Kommunikation* als *Handlung* wird rückgängig gemacht und charakterisiert sich selbst als *Erleben*. *Kunst* - als symbolisch generalisiertes Kommunikationsmedium – macht künstlerisches *Handeln erlebend* wahrnehmbar und stellt über die Negation ihrer eigenen *Form* die Differenz von Information und *Mitteilung* heraus. Die Kompaktkommunikationen – die Kunstwerke – sind damit Handlungen, in denen sich *Kommunikation* als *Erleben* artikuliert und selbstreferenzielle und -legitimierte Perspektivverschiebungen auf die Realität zulassen. Mit Hilfe dieses ‚Paradoxierungstricks' präsentiert die *Kunst* die Welt im Sinne eines ‚auch anders Möglichen' bzw. eines ‚so nicht Nötigen' und lässt die Grenzen der eigenen Differenzstrukturen verschwimmen.
An die bisherigen Ausführungen zur *Struktur* von *Kommunikation* und der *Enttäuschung* von *Erwartungen* anschließend, lässt sich *Kunst* nun als die Provokation von *Enttäuschung*

411 Symbolisch generalisierte Kommunikationsmedien überführen die Unwahrscheinlichkeiten der Annahme von Kommunikationen in Wahrscheinlichkeiten und sind damit spezielle *Strukturen sozialer Systeme*. Erfüllt ein symbolisch generalisiertes Kommunikationsmedium seine Funktion, ist die Annahme der Selektionen der *Kommunikation* nicht mehr (nur) von der jeweiligen Situation abhängig, sondern der *Sinn* von *Kommunikationen* kondensiert zu *Formen*, auf die man sich in anderen Situationen, mit anderen Akteur:innen und zu anderen Zeitpunkten berufen kann. Wahrscheinlichkeiten sind aber keine Sicherheiten, weshalb sich auch gegen die strukturierenden Funktionen von symbolisch generalisierten Kommunikationsmedien entschieden werden kann. Die Bedeutung und Funktionsweise von symbolisch generalisierten Kommunikationsmedien zum Gelingen der *Kommunikation* wird in Die Wahrscheinlichkeit des Unwahrscheinlichen [4.1.1.3] zusammen mit entsprechenden Beispielen diskutiert.

412 Vgl. Luhmann 1997a, S. 63.

von *Erwartungen* verstehen.[413] In nicht bedienten *Erwartungen* und entgegen ordnender *Strukturen* manifestiert sich Kreativität unter dieser Perspektive als „[…] einmalige Differenzierungen von *Formen* […]“[414] in der aktiven Konstruktion von *Irritationen* des Welt- und Selbstverhältnisse. In diesen Krisensituationen kann es zu Interpretationsherausforderungen kommen, die nicht trivial sind, die also nicht mit Hilfe der Alltagskommunikation und deren Komplexitätsreduzierungsmechanismen bewältigt werden können. „Die neue Sichtweise, die ein Kunstwerk artikuliert, muss zugleich das Potential zur Provokation einer neuen Selbstbeschreibung in sich bergen […].”[415] *Kunst* stellt die Wirklichkeit(en) in einem auch anders möglichen *Sinn* dar, sie lässt die Selektion der Anschlusskommunikationen wieder offen und zeigt andere Verbindungen, Muster und *Strukturen* auf. Sie ist „[...] eine plausible Präsentation anderer Realitäten.“[416] Die Existenz neuer Anschlussmöglichkeiten heißt nicht, dass diese auch angenommen und verstanden werden. *Kunst* provoziert ästhetische Erfahrungen, regt zur Sinnsuche an und will verstanden werden - kann dies aber nicht garantieren.[417]
Die Elemente der *Kunst* – die Kunstwerke – stellen darüber hinaus aber auch Verbindungen untereinander her und die *Kunst* entwickelt *Strukturen* eines autopoietisch geschlossenen *Systems*; dem *Kunstsystem*.

#### 4.2.3.2 *Kunstsystem*

Mittels der aus den systemischen Implikationen abgeleiteten Trennung von *Kunst* und *Kunstsystem* lässt sich das *Kunstsystem* als autonomes Funktionssystem der *Gesellschaft* beobachten, welches anhand eines eigenen *Codes* seine Operationen prozessiert.
Als *Code* wird in der Systemtheorie die Leitdifferenz eines *Systems* bezeichnet, die die Zugehörigkeit zu einer bestimmten Domäne strukturiert.[418] Im *Code* kumulieren demnach Unterscheidungen und Differenzierungen, die es einem *System* erst ermöglichen die eigenen *Operationen* zu beobachten. Damit bestimmen „diese Unterscheidungen […] die Einheit

413 Noll 2021, S.149-151.
414 Pfab 2018, S. 257.
415 Lehmann 2006, S. 336.
416 Schuldt 2017, S. 13.
417 Damit hat *Kunst* in dem Sinne das Potenzial Bildungsprozesse zu initiieren, als dass „[...] Forschungsprozesse in Gang [gesetzt werden | W. N.], die vorher als Momente in sie eingegangen sind“ (Pazzini 2015, S. 12). Karl-Josef Pazzini formuliert weiter: „Kunstwerke können in dieser Hinsicht zum (nicht unbedingten) spektakulären Ereignis werden. In Begegnungen mit Kunstwerken werden die gewohnten, unwillkürlichen medialen Übersetzungsprozesse bemerkbar, hauptsächlich Übersetzungen aus den verschiedenen Aggregatzuständen von der Sichtbarkeit / vom Visuellen in Sprechen. Betrachter werden gestört, *Kunst* lässt sie aushaken und ermöglicht ihnen, sich über die vielfältigen Wahrnehmungsmöglichkeiten in Raum und Zeit anders zu kombinieren, nicht nur intern, sondern auch mit anderen Menschen und der Umgebung“ (ebd., S. 12).
418 Vgl. Luhmann 2018, S. 194–195.

des *Systems*."[419] Sie definieren die konstituierende Differenz *System/Umwelt*, die *Systeme* erst als solche beobacht- und erforschbar machen. Wird ein Element der *Umwelt* mithilfe des *Codes* differenziert, wird es zu einem potenziellen Teil des *Systems* und damit entlang der spezifizierten *Struktur* des *Systems* in koordinierten *Operationen* zugeordnet. *Formen* und Informationen verarbeitet das *System* über den *Code* ausschließlich mit systeminternen Selbstbeobachtungen und Selbstbeschreibungen und nicht mit Unterscheidungen, die von externen Beobachtern und der *Umwelt* stammen.

Bezogen auf das *Kunstsystem* spricht Niklas Luhmann vom *Code* ,schön/hässlich', wobei „heute […] diese Unterscheidung auf die Alternative passt/passt-nicht uminterpretiert [wird]."[420] Die binäre Konstitution von *Codes* in der Systemtheorie hat in der Vergangenheit eine Vielzahl von Diskussionen ausgelöst und hat gerade in den ,codierten' Disziplinen für Proteste und Ablehnung gesorgt.

In diesem Kontext stellt Florian Pfab zwei wesentliche Kritikpunkte zur Codierung des *Kunstsystems* heraus:[421]

- Die binäre Codierung reduziert die *Komplexität* kommunikativer Situationen erheblich und kann damit nicht alle Möglichkeiten dieser abdecken. Die damit einhergehenden Verlusteffekte und Limitierungen seines Codesystems wurden auch von Niklas Luhmann wahrgenommen und in teils widersprüchlichen Aussagen versucht zu kompensieren. Zum einen bezeichnet er die mit vielen Zwischenstufen operierenden traditionellen Codesysteme als „theoretisch nahezu unbrauchbar [...]"[422] und zum anderen relativiert er seine Differenzierung von 'schön/hässlich' zu 'stimmig/unstimmig' und erklärt, diese könne auch auf einem Regelwerk und Direktiven basieren – und damit auch Zwischenstufen ausbilden, da diese zum Teil erfüllt werden – und nicht auf einem binären Codesystem.

- Die systemische Auslegung von Kunstproduktionen und deren Ausrichtung an einem binären *Code* kann als *Programm*[423] aufgefasst werden, welches operative Vorgaben zur Gestaltung eines Kunstwerkes gibt und den Gestaltungsprozess an sich vorgibt. Diese Perspektive auf den künstlerischen Gestaltungsprozess und seine spezifischen

419 Baraldi et al. 1997, S. 36.
420 Ebd., S. 105–106.
421 Vgl. Pfab 2018, S. 203–205.
422 Luhmann 1987b, S. 13.
423 *Programme* sind Vorgaben, die sich in *Strukturen* äußern und an denen sich das *Handeln* von Akteur:innen orientieren kann. Im Zusammenhang mit *Organisationen* und *Institutionen* und wie diese ihre *Zielprogramme* verfolgen, werden die spezifischen Eigenschaften und Funktionen von *Programmen* in Organisation & Entscheidung [4.3.1] und Institution [4.3.2] diskutiert.

Mechanismen der Bedeutungsproduktion und Sozialregulation wären dann aber erheblich limitierend, so wären alle Selektionen bereits vordeterminiert und das Erzeugen von neuen *Formen* wäre quasi nicht möglich.

Florian Pfab plädiert daher in diesem Zusammenhang für die Verwendung eines gelockerten Codesystems, welches zwar die gegensätzlichen Pole nach der Vorgabe Luhmanns enthält, aber aufgrund der Einbeziehung mehrerer verschiedener Direktiven auch Übergänge und Zwischenstufen zulässt.[424] Diese Öffnung erlaubt Pfab differenzierte Beobachtungen im *Kunstsystem* und der *Kunst* und die Beschreibung neuer *Formen*, ohne dass das gelockerte Codesystem Luhmanns seine Funktion verliert.
Dieser *Code* funktioniert dann zum einen im Kunstwerk selbst, indem festgestellt wird, ob einzelne *Formen* und Unterscheidungen passen oder nicht und ob sie Anschlussfähigkeit im Kunstwerk produzieren oder nicht. Zum anderen kann dieser *Code* auch als Marker für eine Zuordnung eines Kunstwerks zum *Kunstsystem* selbst genutzt werden. Das *Kunstsystem* fungiert dann als soziales Referenzsystem, welches den Gestaltungsprozess mitkonstituiert. Zwar manifestiert sich in jedem Kunstwerk ein spezifisches *Programm*, jedoch lassen sich über Stile Verbindungen zu anderen Kunstwerken herstellen und damit die Anschlussfähigkeit einzelner Kunstwerke gewährleisten. Gleichzeitig etablieren die Verknüpfungen von Kunstwerken das *Kunstsystem*, welches über die Zuschreibung eines Kunstwerks zu einem Stil auch die Zugehörigkeit zum *Kunstsystem* erkennbar werden lässt. Über die Programmierung des *Codes* und die Selbstorganisation des *Kunstsystems* findet dessen Strukturbildung auf der Ebene des Stils statt. Die Vielzahl von Stilen sind demnach durch Prozesse der Variation, Selektion und Restabilisierung von *Formen* evolutiv über die Jahrhunderte entstanden. Unter dieser Perspektive ließe sich dann auch konstatieren, dass alles, was nicht unter einem Stil subsumiert werden kann, an Bedeutung im *Kunstsystem* verlieren muss, da es nicht trennscharf als *Kunst* beobachtet werden kann. Trotz seiner *Strukturen* ist ein Stil aber kein *Programm* in dem Sinne, dass er eine genaue Anweisung über die zu treffenden Differenzierungen im Gestaltungsprozess explizit vorgibt. Damit ist es nicht ausreichend das *Programm* eines Stils zu befolgen, um ein Kunstwerk zu erzeugen, welches als neu und dezidierter Teil des *Kunstsystems* anerkannt wird. Es ist vielmehr die Selbstprogrammierung über das *Kunstsystem* und die Genese neuer *Formen* – als Ausdruck von Kreativität[425] – notwendig.

424 Vgl. Pfab 2018, S. 206.

425 Florian Pfab zeigt in seinen Untersuchungen zum Kreativitätsbegriff, dass Kreativität als ein Wert im künstlerischen Gestaltungsprozess aufgefasst werden kann, der von unterschiedlichen Referenzsystemen abhängt. Die Zuschreibung eines künstlerischen Gestaltungsaktes als neue *Form* erfolgt dann über die Differenzierung der Erwartbarkeit und kommunikativen Anschlussfähigkeit in diesen Referenzsystemen (vgl. Pfab 2018, S. 269–280). Mit den zuvor etablierten Formulierungen ließe sich diese dann als stabilisierter Widerspruch gegenüber den etablierten *Strukturen* des ‚Selbst' beschreiben.

Der stabilisierte Widerspruch gegenüber den eigenen etablierten *Formen* des ‚Selbst' wird zum konstituierenden Moment des *Kunstsystems* und damit auch zum Ausgangspunkt der umfassend geführten Auseinandersetzung des *Kunstsystems* mit seiner eigenen Autonomie.

Ergänzend und gleichzeitig für die darauffolgenden Beispiele fokussierend, soll an dieser Stelle auf das zweite Experiment George Spencer-Browns verwiesen werden, welches in Draw a distinction - Aller Anfang ist Differenz [4.1.1.1] bereits vorgestellt wurde.

[Nach George Spencer-Brown – Laws of *Form* – 1969 – Seite 61 bis 63]
/// Kommentar W.N.

Zweites Experiment

Zieh einen Kreis in einem ebenen Raum

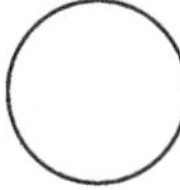

/// Der Beobachter nimmt ein Objekt wahr, welches er von anderer Materie abgrenzt.

Lass eine Markierung m das Innere des Kreisumfangs bezeichnen.

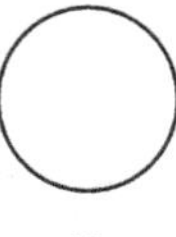


/// Der Beobachter bezeichnet es mit ‚Kunstwerk'.

Lass keine Markierung das Äußere des Kreisumfangs bezeichnen.

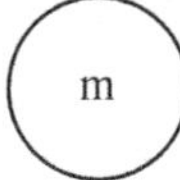

/// Der Beobachter bezeichnet die ausgeschlossenen Objekte als ‚Nicht-Kunstwerk'/Alltagsobjekte.

Lass den Wert einer Markierung sich auf den Raum beziehen, in dem diese steht. Das heißt, lass den Wert einer Markierung sich auf den Ram außerhalb der Markierung beziehen.
Nun ist der Raum außerhalb des Kreisumfangs unmarkiert.
Durch Evaluation gilt daher:

m =

/// Die Bedeutung des Kunstwerks liegt in seiner Differenz zu den anderen Objekten. Im Kontext der Bedeutungszuschreibung wurden die Alltagsobjekte mit dem Außen verwechselt, dabei sind sie für die Identifikation des Kunstwerks konstitutiv.

Lass die Markierung m ein Kreis sein.

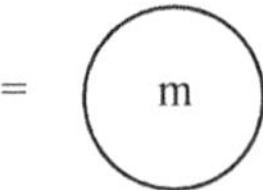


/// Um die Alltagsobjekte als solche zu erkennen, werden sie als von den Kunstwerken Unterschiedenes identifiziert…

Füge die Markierung neuerlich in die *Form* des Kreises ein.

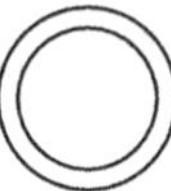

/// … und im re-entry wiedereingeführt. Das Kunstwerk ist mit seiner Bedeutung in seiner spezifischen *Umwelt* identifiziert und erfasst.

Nunmehr gilt auf Grund der Evaluation

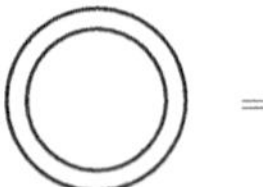


/// Zum Schluss wird die Beobachtung 2. Ordnung noch in die Darstellung aufgenommen, indem wieder auf den Außenraum, der vom unterscheidenden Beobachter eingenommen ist, rekurriert wird.

### 4.2.3.3 Grenzen – Historische Verhandlungen der *Kunst*

Die mit der Ausdifferenzierung des *Kunstsystems* einhergehende (/behauptete) Autonomie, aber vor allem die um sie geführte Diskussion, soll an dieser Stelle systemisch untersucht werden, da sich zum einen Implikationen für die Analyse der weiteren Materialien herausarbeiten lassen und zum anderen beispielhaft die Operationslogiken des *Kunstsystems* gezeigt werden können.

Die Autopoiesis eines *Systems* setzt die konstituierende Differenz *System/Umwelt* voraus, weshalb jedes Element innerhalb des *Systems* selbst erzeugt werden muss. Selbst jede Irritation des *Systems* muss Selbstirritation – gegebenenfalls entstanden aus Umwelteinflüssen – sein.

*Kunst* und das *Kunstsystem* können demnach nur mit eigenen Elementen operieren und externe Referenzen werden zwangsläufig ausgeschlossen. Es lässt sich nicht auf Nützlichkeit oder andere situations- oder zweckgebundene Faktoren zurückführen, dass ein so unwahrscheinliches Objekt wie ein Kunstwerk entsteht. Der *Sinn* – als Prozessierung der Differenz aktuell/potenziell – erschließt sich nur im *Kunstsystem*. In der Moderne wird die Nachahmung/Abbildung der Natur als alleinige Daseinsberechtigung der *Kunst* obsolet und infolgedessen jegliches Rekurrieren auf externe Verweise demonstrativ in die *Umwelt* des *Kunstsystems* ausgelagert. Sei es zur Sicherung der eigenen Existenz oder zur Vergewisserung des eigenen Selbst; im Vergleich zu anderen Funktionssystemen der *Gesellschaft* wird im *Kunstsystem* die Reflexion über die Autonomie des *Systems* nachdrücklich und umfassend geführt. Der Selbstzweck der *Kunst* wird mit Formeln wie ‚L'art pour l'art' immer wieder aufs Neue beschworen und die Autonomie des *Kunstsystems* – welches sich auf nichts (mehr) bezieht – im zentralen Akt des Unterscheidens positioniert. Aus systemischer Perspektive besteht „die Autonomie der *Kunst* [...] darin, dass sie sich nur noch selbst limitiert. Das letzte Kriterium bleibt, ob es dem Beobachter gelingt, zum Beobachten zu verführen."[426] Die Avantgardebewegungen des 19. und 20. Jahrhunderts führen diese reflexive Auseinandersetzung mit der eigenen Selbstbeschreibung dabei so weit, dass die Grenzen der eigenen Unterscheidung selbst zur *Kunst* stilisiert werden.

/// Readymades von Marcel Duchamp

Eine der populärsten (historischen) Auseinandersetzungen mit den Grenzen des *Kunstsystems* und seiner inhärenten Unterscheidungslogiken sind die Readymades Marcel Duchamps. In/Mit ihnen verhandelt Duchamp die Abgrenzungen von Kunstwerken zu anderen (gewöhnlichen)

426 Luhmann 1992, S. 121.

Objekten und thematisiert damit gleichsam die Bedingungen möglicher Anschlusskommunikationen im *Kunstsystem.*

Im Besonderen ist dabei die Arbeit ‚Fountain' hervorzuheben, welche Duchamp 1917 auf der ‚Big Show' der ‚Society of Independent Artists' (SIA) ausstellte.[427]

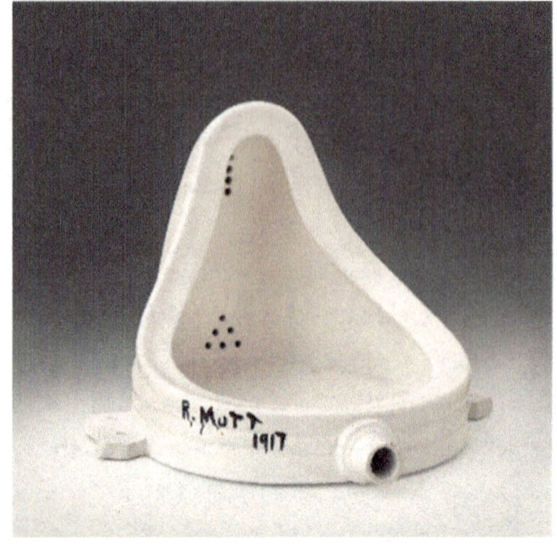


**Abb. 13:** Fountain, Marcel Duchamp, 1917/1964

Zu sehen ist ein Urinal, welches dem Standardmodell ‚Bedfordshire' der Firma J. L. Mott Iron Works aus New York City gleicht und auch heute noch im Sanitärhandel erhältlich ist.[428] Das Objekt ist aus Porzellan gegossen und um neunzig Grad gedreht auf der Seite liegend positioniert worden. Durch die Drehung wird der eigentlich auf der Oberseite des Urinals platzierte Schriftzug ‚R. Mutt 1917' zur Künstlerunterschrift am unteren Rand des Objektes. Das Original gilt seit der Ausstellung 1917 und einer kurzen Präsentation in der Galerie 291 von Alfred Stieglitz im selben Jahr als verschollen. Im Laufe der Jahre fertigte Duchamp eine Vielzahl von Repliken an, wobei es ihm offensichtlich nicht auf das Erstellen exakter Kopien und den Erhalt eines einheitlichen Erscheinungsbildes ankam, da sich die Repliken zum Teil deutlich unterscheiden.[429] Die intendierte Provokation Duchamps einen Alltagsgegenstand zum Kunstwerk zu stilisieren, erzeugte schnell die beabsichtigten Abwehr-reaktionen des Kunstsystems, wobei diese zuallererst aus den Reihen der SIA kamen. Entgegen ihren eigenen liberalen Grundsätzen und Satzung enthielten die SIA dem Objekt den Status als Kunstwerk vor und eine öffentliche und inhaltliche Auseinandersetzung wurde gänzlich vermieden.

427 An dieser Stelle soll auch kurz Erwähnung finden, dass die Urheberschaft Duchamps an ‚Fountain' nicht gänzlich unumstritten ist. Die amerikanische Autorin Siri Hustvedt greift in ihrem Roman ‚Damals' (Hustvedt 2019) die Vermutung wieder auf, dass der Künstlerin Elsa von Freytag-Loringhoven die Autorschaft an ‚Fountain' zugesprochen werden sollte. Diese Vermutung wird spätestens seit dem Beitrag ‚Did Marcel Duchamp steal Elsa's urinal?' von Julian Spalding und Glyn Thompson im ‚The Art Newspaper' 2014 breiter diskutiert, ist aber bisher ohne ein abschließendes Fazit geblieben. Da während des Verfassens dieser Forschungsarbeit die Autorschaft ‚offiziell' (noch) Marcel Duchamp zugesprochen wird, wird dies im Folgenden auch kohärent verwendet.

428 Fountain (Duchamp) // Wikipedia.

429 Ein Kunstverständnis, welches vorrangig auf der sinnlich-ästhetischen visuellen Wahrnehmung beruht, wurde von Marcel Duchamp gerne als ‚retinal' abgewertet. Ihm fehle bei dieser *Kunst* das ‚intellektuelle Vergnügen', welches durch die Betrachtung herausgefordert würde (Ruhrberg. 2012).

Auch eine öffentliche Stellungnahme zum Ausschluss der Einreichung von R. Mutt – das Pseudonym wurde von Duchamp nicht aufgeklärt – von Seiten der SIA erfolgte nicht. Um die klare Abgrenzung von *Kunst* und Nicht-*Kunst* weiterhin zu gewährleisten und damit auch die eigene Existenz zu sichern, führte die SIA im Folgenden weitere Restriktionen ein, um die Abnutzung und die Grenzen des Begriffs ‚*Kunst*' sicherzustellen. Daraufhin traten Arensberg und Duchamp als zwei von 21 Direktoren der SIA zurück, wobei dies abgesprochen und bei der anonymen Einreichung der Arbeit eingeplant war.

Das Kunstverständnis, welches von den Readymades Marcel Duchamps geprägt wurde, sollte erst mehrere Jahrzehnte später auch in der breiten (*Kunst*-)Öffentlichkeit wieder aufgegriffen werden. Zur Zeit der Entstehung und in den Folgejahren wurden die Arbeiten Duchamps in keiner öffentlichen Sammlung oder in Museen gezeigt. Zu groß war die Ablehnung und der Widerstand des *Kunstsystem*s gegenüber der Provokation auch beliebige (fertige) Objekte zu *Kunst* erklären zu können. Es dauerte fast 30 Jahre, bis ‚Fountain' und sein Entstehungsprozess wiederentdeckt und durch den New Yorker Galeristen Sidney Janis zum kunsthistorisch relevanten Objekt und Ereignis gemacht wurde. Im Jahr 1945 widmete die Zeitschrift View eine Sonderausgabe dem Werk von Duchamp, in der Sidney und Harriet Janis den Beitrag ‚Anti-Artist' veröffentlichten.[430] Zudem stellte Sidney Janis in seiner Galerie eine Reihe von Repliken aus, die von Duchamp signiert und autorisiert wurden. In der historischen Auseinandersetzung mit diesen Ausstellungen wird auf deren besonderen Stellenwert und Einfluss für die Neo-Dada-Künstler:innen wie zum Beispiel Robert Rauschenberg, Atsuko Tanaka oder John Cage und deren Aufnahme der Populärkultur verwiesen. Diese beeinflussten wiederum die Arbeiten der Pop-Art-Künstler:innen wie Evelyne Axell, Roy Lichtenstein oder Andy Warhol, wodurch ‚Fountain' und die Readymades Duchamps ihre kunsthistorische Bedeutung zugeschrieben wird. Die Repliken von ‚Foutain' wurden insbesondere durch die Ausstellung der Galerie Schwarz in vielen Städten gezeigt und anschließend in den 60er Jahren auch in Museen ausgestellt. Heute befinden sie sich in Sammlungen auf der ganzen Welt.[431]

Für die Aufnahme und Überschreibung der Objekte Duchamps ins *Kunstsystems* hat es mehrere Jahrzehnte benötigt. Es gab keinen genauen Zeitpunkt, zu dem der Künstler mit seinen Arbeiten in die Operationslogiken des *Kunstsystems* eingewoben wurde.

Die in den Kompaktkommunikationen konservierten *Kommunikationen* werden durch die Zeit transportiert und können zu jedem Zeitpunkt in einem Referenzsystem Anschlusskommunikationen erzeugen, so lange sie noch bzw. wieder wahrgenommen (/betrachtet/gehört/gelesen/gefühlt/..) werden. Dies schließt aus, dass es einen festgelegten Sinn im Kunstwerk gibt oder

430 Der Aufsatz wurde in Robert Motherwells Buch ‚The Dada Painters und Poets' (Motherwell 1951/1981) nachgedruckt und dient hier als Quelle.

431 Nach Recherchen von Madeline Hollander ist der Verbleib von 17 Repliken von ‚Fountain' dokumentiert. Eine entsprechende Auflistung mit Abbildungen findet sich auf der Internetseite des Cabinetmagazine (Cabinetmagazine 2007).

ein Text sinnentnehmend gelesen werden kann.[432] Die von den evolvierenden *Systemen* erzeugten Neuinterpretationen, Umdeutungen und Revisionen bieten (neue) Anschlusskommunikationen auf die konservierten *Kommunikationen*. Auch wenn in den meisten Fällen der/dem Künstler:in unterstellt werden kann, dass gewisse Anschlusskommunikationen forciert werden, entscheidet es sich im jeweiligen Referenzsystem immer wieder neu, ob – und wenn ja, welche – *Irritationen* provoziert werden können.

Dieser Prozess ist, so lange *Systeme* und der Mensch existieren, nie abgeschlossen, wodurch auch das Readymade – obwohl schon vor seiner Entstehung ‚fertiggestellt' – nie vollendet ist. Mit den Readymades Duchamps werden die (existenzbedrohende) inflationäre Verwendung des *Codes* der *Kunst* und die unmittelbare Überführung anderer *Kommunikationen* oder Objekte in Kunstwerke thematisiert und herausgestellt. Damit nimmt die Autonomie des *Systems* die Reproduktion der Operationen ihrer eigenen Negationen mit auf. Die Handlungen, Objekte oder Konzepte unterscheiden sich nur noch aufgrund eines besonderen selbstreferenziellen Verhältnisses. In ihnen fallen Selbstbeschreibung und Kunstwerk zusammen, indem sie einfach von sich behaupten, Kunstwerk zu sein. „Man nähert sich damit einer Grenze, an der Kunstkommunikation nicht mehr nur Information, sondern nur noch Mitteilung sein will; oder genauer: nur noch darüber informieren will, dass sie nur noch Mitteilung sein will."[433]

Die Objekte werden aus ihrem Status als Elemente der Alltagskommunikation herausgehoben und zu Elementen des *Kunstsystems* erklärt, ohne eine signifikante materielle Umgestaltung zu erfahren. Die *Strukturelle Kopplung* währt jedoch nur kurz, da die Objekte, einmal im *Kunstsystem* etabliert, fortan in diesem Kontext weiterexistieren.

/// Performances von Marina Abramović

Eine weitere (historische) Auseinandersetzung mit dem *Code* der *Kunst* und den Grenzen des *Kunstsystems* sind die Performances von Marina Abramović. In bzw. mit ihnen macht sie die *Strukturen* und Orientierungspunkte im *Kunstsystem* und seinen *Kommunikationen* aus, hinterfragt sie und verschiebt sie immer wieder aufs Neue. Während die Objekte Duchamps tendenziell strukturell und auf einer intellektuellen Ebene bleiben, sind die Performances von Abramović direkt und unmittelbar und stellen die (teilnehmenden) Beobachter:innen vor die schwierige Aufgabe, spontan (für sich) passende Anschlusskommunikationen für das Dargebotene zu finden.

Ausgangspunkt für die systemische Betrachtung soll hierbei die Performance ‚The Artist is Present' sein, welche Abramović 2010 im MoMA in New York zeigte.

432 Davon wird in den aktuellen Lehrplänen ausgegangen (Ministerium für Schule und Weiterbildung des Landes Nordrhein-Westfalen 2021). Sowohl für die Fächer Deutsch und Englisch als auch für das Fach *Kunst* werden eindeutige Lesarten und Betrachtungsweisen suggeriert und bei der Leistungsbeurteilung eingefordert.

433 Luhmann 1997a, S. 482.

**Abb. 14:** The Artist is Present, M arina Abramovi ć, 2010

Die Performance wurde von ihr im Kontext einer großen Retrospektive ihres Lebenswerks im MoMA entwickelt und war dem Publikum vom 09. März bis 31. Mai 2010 zugänglich. Während dieser Zeit nahm Abramović jeden Tag 7 Stunden auf einem Stuhl Platz, der zentral im Ausstellungsraum stand und dem gegenüber ein weiterer Stuhl platziert wurde.[434] Dieser war leer und das Publikum hatte die Möglichkeit sich gegenüber der Künstlerin auf den Stuhl zu setzen. Zwischen der Künstlerin und der Person auf dem Stuhl fand keine auditive Konversation statt, sie hatten ausschließlich Blickkontakt. Die Dauer einer jeden Begegnung wurde von der Person aus dem Publikum frei bestimmt und sie hatten zu jeder Zeit die Möglichkeit die Situation zu verlassen. Die Performance dauerte insgesamt 736 Stunden und 1675 verschiedene Personen saßen Abramović gegenüber.

Die Begegnungen selbst wurden von der Künstlerin und auch von den teilnehmenden Besucher:innen als intensive Erfahrung beschrieben[435], welche zum Teil deutliche emotionale Reaktionen auf beiden Seiten hervorriefen. Viele Besucher:innen, aber auch die Künstlerin, begannen zu weinen, lachten oder zeigten andere starke Emotionen. Die *Kommunikation* zwischen den Beteiligten war während der gesamten Zeit der Performance auf kleinste Veränderungen der Mimik (und zum Teil Gestik) beschränkt. Die Auseinandersetzung mit den Operationslogiken des *Kunstsystems* und dem *Code* der *Kunst* erfolgen in den Arbeiten Marina Abramovićs entlang des oftmals voyeuristischen Verhältnisses zwischen Publikum und Künstler:in, zwischen Betrachter:innen und Betrachteten bzw. Betrachtetem. In festen *Strukturen*, die ‚wirkliche' Erfahrungen – im Kontext enttäuschter *Erwartungen* – erschweren, bündeln sich gelernte Verhaltensmuster von Museumsbesuchen, Vernissagen oder Galeriegängen. Beziehungs-geflechte werden eingesetzt, um jede *Irritation* einordnen und/oder erklären zu können, die gelernte (kritische) Distanz schützt vor Unbekanntem und (bösen) Überraschungen. Im Zweifel wird ein Unschärfemarker verwendet, um sich

434 Zu Beginn der Ausstellung war auch noch ein Tisch, der zwischen den Stuhlen stand – wie in Abbildung 14 zu sehen –, in die Anordnung einbezogen. Im Verlauf der Performance wurde dieser von Marina Abramović entfernt.

435 Fox 2010.

nicht tiefer mit den angestoßenen Fragestellungen auseinandersetzen zu müssen und dem unbeschwerten Rundgang und Zeitvertreib weiter nachgehen zu können.
Dies ist bei den Arbeiten von Marina Abramović nicht möglich. Eine distanzierte Haltung bleibt dem Publikum (meist) verwehrt; eine Reaktion, ein explizites Sich-Verhalten-zu wird von der Künstlerin und der von ihr initiierten Situation eingefordert.[436] Diese Situationen d*oppelter Kontingenz* – jede Begegnung von mindestens zwei (psychischen) Systemen ist ohnehin eine solche Situation – werden von der Künstlerin von ihren *Strukturen* befreit. Nichts kann mehr die *Kommunikation* leiten. Bekannte *Formen* erodieren, hinterlassen vereinzelte Bruchstücke an denen sich das Publikum festhält und dennoch läuft die *Kommunikation* weiter, verhalten sich *Systeme* (neu) zueinander, werden (neue) *Formen* und *Strukturen* verhandelt. [437]
In diesen Situationen betreibt Marina Abramović ihre Forschung mit und zu ihrem Körper.[438] Ihre Untersuchungen werden zu Belastungsproben für physische, psychische und *soziale Systeme*, in denen die Künstlerin präzise die Zustände der jeweiligen *Systeme* ertastet und sie durch provozierte *Irritationen* zwingt sich mit den eigenen *Strukturen* auseinandersetzen zu müssen. Ereignisse existieren nicht mehr nur in einem Bezugssystem, sondern werden über die *Strukturelle Kopplung* in die Operationslogiken des *Kunstsystems* aufgenommen. In den neuen *Formen* manifestieren sich die Gedanken und Gefühle der beteiligten Personen und werden aufeinander projiziert, voneinander gespiegelt und gegenseitig rückgekoppelt. Wie die *Systeme* auf diese *Enttäuschungen* reagieren, ist nicht vorherzusehen und entscheidet sich stehts aufs Neue.[439] *Lernen* müssen in diesen Situationen nicht nur die einzelnen *psychischen Systeme*, sondern auch das *Kunstsystem*, da es die eigenen *Codes*, die eigenen festen Beziehungs- und Bedeutungsgeflechte präzise vorgeführt und auseinandergenommen bekommt. Heute stellen die Performances Marina Abramović weit weniger *Irritationen*

436 In Kultur [4.2.1.2] wird der Begriff der Kultur Niklas Luhmann und Dirk Baecker folgend zunächst als Unschärfemarker beschrieben und anschließend als Meta-*Struktur* der *Gesellschaft* produktiv gemacht.

437 Wie in Doppelte Kontingenz [4.1.2.2] dargestellt, ist es ohnehin nicht möglich, sich nicht zu verhalten, jedoch wird dies selten expliziert und es bleibt in der Regel die (illusorische) Möglichkeit sich aus etwas heraushalten zu können.

438 Die Performance-Reihe ‚Rhythm' von Marina Abramović (1973 – 1974) verdeutlicht diesen Ansatz anschaulich. In den Rhythm-Arbeiten setzt sich die Künstlerin extremen körperlichen Erfahrungen aus, die unter anderem Verletzungen und auch Bewusstlosigkeit beinhalten. Nimmt das Publikum bei ‚Rhythm 10' (1973), ‚Rhythm 5' (1973), ‚Rhythm 2' (1974) und ‚Rhythm 4' (1974) noch eine weitestgehend passive Rolle ein, zwingt die Künstlerin das Publikum in ‚Rhythm 0' (1974) sich aktiv mit ihren Entscheidungen und Handlungen auseinandersetzen zu müssen. Während der Performance hat das Publikum über sechs Stunden die Aufgabe 72 unterschiedliche Gegenstände an der Künstlerin einsetzen und mit diesen Handlungen an/mit ihr zu vollziehen, ohne dass die beteiligten Personen Konsequenzen fürchten müssen. Im Verlauf der Performance wird Abramović angegriffen, zum Teil entblößt und verletzt und schlussendlich sogar ihr Leben mit einem geladenen Revolver bedroht. Unter den Teilnehmer:innen bildeten sich zwei Gruppen heraus; diejenigen, die der Aufforderung nachkamen und diejenigen, die Abramović beschützen wollten. Es war den Personen nicht möglich sich nicht zu verhalten, da sie selbst im Fall der Untätigkeit die Handlungen nicht unterbanden und somit zu Mittätern und Mittäterinnen wurden und somit ebenfalls einen bewussten Handlungsakt vollzogen. Eine ausführlichere Schilderung der Rhythm-Performances und weiterer Arbeiten finden sich auf der Internetseite des MoMA (Museum of Modern Art 2010) und dem blog der University of Oregon (University of Oregon 2015).

439 Hindahl 2018.

für die Operationslogiken des *Kunstsystems* dar, als das früher der Fall war. Als etablierte Künstlerin bewegen sich ihre Arbeiten innerhalb der (neuen) Grenzen des Bezugssystems, ihre Arbeiten entfalten ihre Wirkungen an den sicher geglaubten Tatsachen und fest einstudierten Ritualen eines jeden psychischen *Systems*, welches sich in die Reichweite ihrer Performances begibt.

/// Landart von Richard Long

Als letztes Beispiel in diesem Zusammenhang sollen die Arbeiten Richard Longs im Kontext der Landart thematisiert werden. Ein wichtiges Grundelement der Arbeiten Longs ist die Auseinandersetzung mit dem Mitteilungsaspekt von Kunstwerken, der durch die artifizielle Gegebenheit von Kunstwerken (scheinbar) vorgegebenen wird. Kunstwerke wollen *Kommunikationen* provozieren, da ihre *Formen* und *Strukturen* die Handlung der Künstler:in im Gestaltungsprozess manifestieren und für die Betrachter:in konservieren. Dies setzt voraus, dass Kunstwerke als solche erkannt werden und damit auch die in diesen manifestierten möglichen Mitteilungen des künstlerischen Gestaltungsprozesses. Bewegungen (Spaziergänge) durch die Landschaft bilden die Ausgangspunkte für die Arbeiten Longs. Der (zunächst unscheinbare) Akt des Gehens, der in Zeit und Raum entstehende Weg, die Dokumentationen der subtilen Interaktionen Longs mit seiner *Umwelt* und Umgebung fügen sich zu konzeptionellen Zeichen und Zeichnungen zusammen. Der flüchtige Gestaltungsprozess kondensiert gleichzeitig zum Werk und dennoch sind die Dokumentation und Kontextualisierungen ein fester Bestandteil der fertigen Arbeit. Es sind die Dokumentationen, die Artefakte und Bruchstücke, die in die *(Kunst-)Kommunikation* übergehen und für die/den Betrachter:in wahrnehmbar werden.[440]

**Abb. 15:** a snowball track , Richard Long , 1964

In den 1960er Jahren begann Long mit einer Reihe minimalistischer Interventionen in den Landschaften Großbritanniens.
Für die Arbeit ‚a snowball track' (1964) rollte er eine große Schneekugel über ein Schneefeld, wodurch sich eine Spur im Schnee abzeichnete. Sichtbar wurde nicht nur der entstehende Schneeball, sondern auch die mäandernde Linie des mitgenommenen Schnees. Dabei richtete

440 Die *psychischen* und *sozialen Systeme* können an ihren *Strukturen* festhalten und die veränderten Umweltbedingungen ignorieren oder aber sie passen sich an, hinterfragen die eigenen *Strukturen*, besetzen die aufgeworfenen Leerstellen neu und *lernen* mit der neuen Situation umzugehen, indem sie sich dazu verhalten. Die Prozesse enttäuschter Erwartungen und deren Potenziale für Lernprozesse werden in [Neue] Formen [4.2.2.2] diskutiert.

sich der zurückgelegte Weg und die damit entstandene Spur nicht nur nach den Beschaffenheiten des Bodens und der Umgebung. Entscheidend waren auch die zeitlichen und damit saisonalen Bedingungen des Schneefalls und der Umweltbedingungen. Insgesamt hinterließ die gesamte Intervention keine bleibenden Spuren in der *Umwelt*, da sowohl der Schnee auf dem Feld schmolz, damit die darin angelegte Negativform der Spur auch verschwand und anschließend auch der Schnellball den wärmeren Temperaturen nicht lange trotzen konnte. Es blieben die Dokumente, Artefakte und Berichte dieser Bewegung.[441]

Die 1967 entstandene Arbeit ‚a line made by walking‘ zeigt eine gerade Linie aus plattgetretenem Gras, die auf die andere Seite eines Feldes zuläuft und vor hohen Büschen oder Bäumen endet.[442] Die Fotografie dokumentiert die Aktion Richard Longs, wie er eine flüchtige Linie in der Umwelt durch wiederholtes Hin- und Hergehen auf einem Feld hinterließ. Das niedergetretene Gras reflektiert das Licht der Sonne anders, wodurch die Linie, die Spur der Bewegung Longs, im Feld sichtbar wird. Die Linie war bereits wenige Tage nach der Intervention nicht mehr sichtbar, da sich das Gras wieder aufgerichtet hatte und somit war auch das temporäre Zeugnis der Bewegung Longs verschwunden.[443]

**Abb. 16:** a line made by walking , Richard Long, 1967

Handlungen von Künstler:innen zeigen sich in einer Vielzahl von *Formen*, die sich als Artefakte und *Strukturen* in den unterschiedlichsten *Medien* herausbilden. Die Handlung selbst ist flüchtig und vergeht, während ihre Artefakte die Mitteilungen des künstlerischen Gestaltungsprozesses bewahren. Mit ihnen werden die *Kommunikationen* durch Raum und Zeit transportiert. Solange sich ihre Beschaffenheit nicht verändert, können immer neue

441 artnet 2008.
442 Roelstraete 2010.
443 Tate 2007.

Betrachter:innen die Mitteilungen in immer neuen Anschlusskommunikationen aufgreifen. In beiden erwähnten Arbeiten reduziert Long – bzw. annihiliert – die Differenz von Information und Mitteilung[444], wodurch die *Formen* möglicher Anschlussk-ommunikationen direkt auf die *Strukturen* der beteiligten Referenzsysteme verweisen. Dabei rekurriert Long auf die Möglichkeit zufälliger Strukturbildungen in der Natur und die Unmöglichkeit diese von intentionalen Gestaltungsprozessen von Künstler:innen zu trennen. Die Arbeit ‚a snowball track' könnte von Betrachter:innen auch als unbeabsichtigt Spur beim Bau eines Schneemanns interpretiert werden oder ‚a line made by walking' als ein sich abzeichnender Weg, der durch die wiederholte Durchquerung des Feldes entstanden ist. In beiden Fällen würde die/der Betrachter:in den Zeugnissen menschlichen *Handelns* keinen Mitteilungsaspekt zusprechen und diese lediglich als Information wahrnehmen. Die museale Kontextualisierung der Artefakte und Dokumentationen der Interventionen legen erst die spezifischen Anschluss-kommunikationen im *Kunstsystem* nahe, bzw. machen diese – über die Annahme der *Kommunikation*[445] – wahrscheinlicher. Das Ereignis der sich abzeichnenden Spur im Feld wird über die *strukturelle Kopplung* zum Element in mehreren Bezugssystemen. Sie ist nicht mehr nur physikalischer Nachweis einer sich vollzogenen Bewegung bzw. Handlung, sondern wird mit den Mitteilungen des Künstlers aufgeladen, sie wird zur Kompaktkommunikation im *Kunstsystem* und bleibt fortan ein Element dieses Bezugssystems.
Damit werden die Arbeiten Richard Longs zur Projektionsfläche der Auseinandersetzung mit dem (An-)Erkennen oder Nicht-(An-)Erkennen von (*Kunst-*)*Kommunikation.*

Diese historischen Verhandlungen der Grenzen des *Kunstsystems* und der Autonomie der *Kunst*, decken sich mit dem systemischen Verständnis des *Kunstsystems* als autopoietisch geschlossenes Funktionssystem der *Gesellschaft*. Die erzeugte Paradoxie einer damit (theoretisch) nicht möglichen, aber doch beobachtbaren, Verwebung (von Teilen) des Kunstsystems und anderer *Systeme* lässt sich über temporäre *strukturelle Kopplungen* beschreiben. Einzelne Ereignisse können Elemente in mehreren *Systemen* sein. Dasselbe Ereignis kann demnach als *Kommunikation* ein Element des *Kunst*systems sein und gleichzeitig auch als Element außerhalb davon wahrgenommen werden. Einmal über die *strukturelle Kopplung* aus der *Umwelt* herausgehoben und in die Operationslogiken des *Kunstsystems* aufgenommen, existiert ein spezifisches Ereignis fortan als Element dieses geschlossenen Funktionssystem der *Gesellschaft*. Dies bedeutet nicht, dass nicht isomorphe Ereignisse – und

444 Das Erkennen einer Differenz zwischen Mitteilung und Information ist die Grundvoraussetzung für das Zustandekommen von *Kommunikation*. In Kommunikation [4.1.1] wird diskutiert, wie dies aus systemischer Perspektive abläuft und wie sich daraus komplexe Kommunikationsstrukturen entwickeln.

445 Wie System die drei Unwahrscheinlichkeiten der *Kommunikation* über Komplexitätsreduzierungen in Wahrscheinlichkeiten überführen, wird in Die Wahrscheinlichkeit des Unwahrscheinlichen [4.1.1.3] dargestellt.

teilweise sogar das spezifische Ereignis selbst – nicht weiterhin in anderen Bezugssystemen Anschlusskommunikationen erzeugen. Die operative Anschlussfähigkeit weiterer *Kommunikationen* wird aber trotzdem von den systeminternen *Strukturen* des jeweiligen Bezugssystems bestimmt; wie und als was ein Kunstwerk wahrgenommen wird, kann je nach Bezugssystem stark variieren.[446] Dadurch bleibt die Autopoiesis des *Kunstsystems* weiterbestehen.

#### 4.2.3.4 Strukturbewusstsein - Aktuelle Verhandlungen der Kunst

Die *Kunst* opponiert fortwährend gegen die *Gesellschaft* bzw. das *Kunstsystem* und seine Grenzen. *Gesellschaft* ist, aus Perspektive der *Kunst*, (schon) immer konservativ, weshalb es eine avantgardistische Triebkraft zu deren (Weiter-)Entwicklung benötige. Diese Aufgabe beansprucht spätestens seit Schiller die *Kunst* für sich und damit auch die (alleinige) Verantwortung den Menschen und die *Gesellschaft* zu einer vollkommeneren Existenz zu verhelfen. Doch die eingenommene Opposition gegenüber der *Gesellschaft,* die vehement verteidigte Autonomie, bedeutet auch immer eine Abgrenzung und Negation gegen die aktuellen Grenzen des *Kunstsystems*, ist dieses doch ein Subsystem der *Gesellschaft.* Vom *Kunstsystem* domestizierte Widersprüche gegen die *Gesellschaft* können und müssen von der *Kunst*, hält sie ihr Selbstverständnis aufrecht, abgelehnt werden. Die damit einhergehende Erweiterung des Kunstbegriffs hat im Verlauf des 20. Jahrhunderts alle nur möglichen kommunikativen Artikulationsformen sukzessive inkludiert und damit die Autopoiesis des *Kunstsystem* manifestiert. Das *Kunstsystem* kann die eigenen Elemente und Operationen aus sich heraus erzeugen und aufrechterhalten; alles kann *Kunst* sein, solange das *Kunstsystem* den ‚auserwählten' Elementen die Systemzugehörigkeit zuspricht. Doch damit geht gleichzeitig auch die Nihilierung der *Kunst* und ihrer besonderen *Kommunikation* einher. Wenn alles *Kunst* sein kann, ist es nichts. Die besondere *Kommunikation*, die transgressiven Wahrnehmungen und Ereignisse werden durch die kognitive Kategorie *Kunst* als Ereignisse in der *Umwelt* für die *psychischen Systeme* bearbeitbar. Eine nicht verstandene kommunikative Artikulation löst durch die Ein- und Zuordnung zur *Kunst* womöglich keine *Irritationen* mehr aus, sondern wird entlang anderer (einstudierter) *Strukturen* verarbeitet.

Die Digitalisierung und die damit einhergehenden grundlegenden Strukturveränderungen der *Gesellschaft* betreffen auch die *Kunst* und das *Kunstsystem.*

446 An dieser Stelle sei auf die zahlreichen nicht (an-)erkannten Arbeiten von Künstler:innen verwiesen, die bereits Elemente im *Kunstsystem* waren und dennoch andere ‚Anschlusskommunikationen' in anderen Bezugssystemen erzeugten. Historisch bekannt geworden sind hier beispielsweise die von einem Hausmeister entfernte Fettecke von Joseph Beuys (1986), die von der Straßenreinigung entfernten Markierungen von Lotty Rosenfeld (2007) im Rahmen der documenta in Kassel oder ein Graffiti von Banksy (2012), welches einem Neuanstrich des Hauses in Borja - Spanien zum Opfer fiel.

*"Unter aktuellen Bedingungen digitaler Kulturen verändern sich auch [...] die Register künstlerischer Artikulationen. In der Allgegenwart von und mit der umfassenden Durchdringung durch digitale Medien und ihrer vernetzten Infrastrukturen wandelt sich maßgeblich die Art und Weise, wie Kunst produziert, geteilt und rezipiert wird. Es verändern sich künstlerische Formen und Formate, Modi der Interaktion, soziale Gefüge, die Rolle von Institutionen."*[447]

Heute fordern Startups zur unbegrenzten Nutzung von Wohnraum auf der ganzen Welt oder performative Selbstinszenierungen auf Instagram das Autonomieverständnis und die Beschreibungslogiken des *Kunstsystems* erneut heraus. Ereignisse und Elemente, die zwischen den unterschiedlichen *Systemen* zu oszillieren scheinen, lassen Grenzen verschwimmen und fordern den Beobachter dazu auf, sich immer wieder neu als Beobachter zu entwerfen.

Vor dem Horizont der Postdigitalität konturieren sich aktuelle Verhandlungen der *Kunst*, die stets neue und flüchtige *strukturelle Kopplungen* einzugehen scheinen und damit zu Artikulationen oszillierender Identitäten werden.[448] In paradox wirkenden Bewegungen zwischen unterschiedlichen *Systemen* werden die Elemente schwer greifbar und entziehen sich einem direkten und/oder inerten Zugriff durch den Beobachter.[449] Mithilfe der entwickelten systemischen Perspektive sollen im Folgenden erste Beschreibungsmöglichkeit der *strukturellen Kopplung* von Markenkult, branding und den Inszenierungspraktiken der New Economy gefunden werden, um möglichen Potenzialen aktueller Verhandlungen der Kunst und den darin manifestierten plausiblen Präsentationen anderer Realitäten für den ‚medialen Anfangsunterricht' nachzugehen.

// Amalia Ulman – Excellence & Perfection

Die im Internet oder ums Internet herum stattfindenden Performances von Amalia Ulman befassen sich mit den Inszenierungspraktiken und Darstellungslogiken privater Profile und Informationen auf Social Media. „Das heutige Selbst ist schrill und oberflächlich glänzend.

447 Klein und Noll 2019, S. 8.

448 Eine kurze Einordnung des Begriffs der Postdigitalität erfolgt in hype _tool _normal [2.1.1]. Darüber hinaus sei auch an dieser Stelle auf die ausführliche Diskussion des Begriffs und seiner Entwicklung von Kristin Klein hingewiesen (Klein. 2019). Klein zeigt auf, wie die Aspekte der soziokulturellen Verflechtungen digitaltechnologischer Entwicklungen im Begriff der Postdigitalität gebündelt und darüber für die Forschung produktiv gemacht werden können.

449 Wolfgang Ullrich, mit Bezug auf den Roman von Alex Shakar (2001) ‚The Savage Girl', kommt zu dem Schluss, dass die ‚Paradessenz' der Kunstwerke auf der 9. Berlin Biennale 2016 nur theoretisch funktioniere, nicht aber als ‚echte' *Kunst* und besser eine Vision geblieben wäre (Ullrich 2016). ‚Paradessenz' ist dabei zusammengesetzt aus ‚Paradox' und ‚Essenz', enthält aber laut Ullrich auch einen starken Anklang von ‚Paradies'. Dieser Begriff solle die Erfahrung fassen, dass etwas aus gegensätzlichen Elementen bestehen, entsprechend sehr komplex und daher geradezu magisch aufgeladen und surreal in der Schwebe sein kann. Die Kurator:innen der 9. Berlin Biennale, das DIS Kollektiv, beschreiben entsprechend das Virtuelle als das Wirkliche, Nationen als Marken, Menschen als Daten, Kultur als Kapital und Wellness als Politik (DIS 2016).

Es ist ein auratischer Avatar, der stark ‚gefiltert" und zugleich durch das Teilen (zu) vieler privater Informationen konditioniert ist."[450] Die auf anonyme Rezipient:innen zugeschnittenen Profile werden von Ulman in ihren Performances adaptiert und im Exzess konterkariert. So erschuf sie 2014 für ihre Performance ‚Excellence & Perfection' über 5 Monate hinweg eine fingierte Persona, die ebenso widersprüchlich wie uniform war. Ihren während der Performance angesammelten 90000 Follower auf Instagram präsentierte die damals nicht als Künstlerin bekannte Ulman regelmäßig Selfies und Nachrichten, ohne diese in den Kontext einer Performance oder eines anderen Kunstzusammenhangs zu stellen.[451] Die durch weiche Töne gefilterten Bilder ihrer Selbstdarstellung lassen sich ohne Widerstand in die körperbetonten, überindividualisierten und darüber uniformen Bildlogiken junger privilegierter westlicher weißer Frauen einsortieren. Als gute Beobachterin führt Ulman die *Strukturen* dieser egozentrischen und gleichzeitig theatralischen Kulturindustrie auf und vor.

**Abb. 17:** Excellence & Perfection, Amalia Ulman, 2014

Die Performance ‚Excellence & Perfection' besteht aus drei Akten. Im Verlauf dieser Episoden verwandelt sich die von Ulman dargestellte Person vom naiven Mädchen vom Land, über ein die Clubs der Stadt besuchendes Szene-Girl, hin zu einer durch Yoga und Smoothies geläuterten erwachsenen Frau. Diese fiktive Erzählung vom Aufstieg und Fall eines jungen Mädchens war so nah an den Wirklichkeiten der sozialen Netzwerke, dass sich viele ihrer Follower durch die geschickte Bedienung der (eigenen) Verhaltenscodes und Ausdrucksweisen betrogen und getäuscht fühlten, erkannten sie doch nicht, dass es sich um eine *Kunst*-Performance handelte.[452]

Das Aufzeigen der systeminternen *Strukturen* durch Ulman verdeutlicht dabei genau das Gegenteil: Sie hat nicht mehr oder weniger ‚gelogen' oder falsch dargestellt, als andere

450 DIS 2016.
451 Neuendorf 2016.
452 Sooke 2016.

**Abb. 18:** Excellence & Perfection, Amalia Ulman, 2014

Teilnehmer:innen auf Social Media dies tun. Online ist jede und jeder eine Lügnerin bzw. ein Lügner, so Amalia Ulman.[453] Auch wenn Authentizität, Nähe, Individualität und Ehrlichkeit eine Stärke von Social Media ist, so die (Werbe-)Versprechen von Instagram, Facebook und Co, so setzen sich doch auch dort uniforme Darstellungspraktiken und -logiken durch.[454] Filter werden zum ubiquitären Standard ‚instagram-tauglicher' Abbildungen und nur engen Freunden werden die ungefilterten Fotos geschickt und darüber ein kleiner Einblick in die eigene uninszenierte Wirklichkeit gewährt.[455]

Für die anonymen Beobachter ihrer Performance ist es jedoch die Wiedereinführung der eigenen Selektionen, welche im Moment des Endes des ‚Dramas' die Beobachtung zweiter Ordnung auf die (eigenen) *Strukturen* erlaubt und den Beobachtern im Kreuzen der Unterscheidung Distanzierungs- und Reflexionsmöglichkeiten bietet.[456] Die Performance ‚Excellence & Perfection' oszilliert zwischen Kunstperformance und alltäglicher *Kommunikation*, ist verwoben in die *Strukturen* und Funktionsweisen aktueller medialer Artikulationen und findet in beiden Bezugssystemen Anschlusskommunikationen. Sie präsentiert die Welt im Horizont eines auch anders möglichen *Sinns* und schafft darüber plausible Präsentationen anderer Realitäten. Trotz, oder gerade wegen, der scheinbar untrennbaren Verbundenheit von *Kunst* und Alltagswelt schafft die Arbeit doch *Irritationen* und Leerstellen, die sowohl von den beteiligten Akteur:innen auf Social Media als auch im *Kunstsystem* erst neu besetzt werden müssen bzw. mussten.

453 Meier 2016.

454 Filter werden nicht nur zur omnipräsenten Hintergrundfolie digitaler Bilder in Social Media (Voit 2021), sondern entfalten ihre Wirkung auch außerhalb davon. Neue MakeUp-Trends oder Schönheitsideale lassen sich direkt aus den Filtern von Instagram und Co ableiten. So hebt der ‚Hyper Glow' die Wangenknochen hervor, was zunächst in einem gleichnamigen Filter auf Instagram eingeführt wurde (Fröbe 2022).

455 Häufig werden von Teenagern Zweit- oder Drittaccounts angelegt und gepflegt, um dort auf ihrem Finsta-Account, dem Fake-Instagram-Account, ungefilterte und ‚echte' Fotos zu teilen. Diesen Accounts folgen dann nur die ‚wahren' Freunde. Auf dem ‚richtigen' Account wird hingegen das eigene ‚Ich' promotet, werden gezielte und strategische Post abgesetzt, um möglichst viel Reichweite zu erlangen und Zustimmung zu generieren (Glass 2015).

456 Die Beobachtung zweiter Ordnung wird in Draw a distinction – Aller Anfang ist Differenz [4.1.1.1] erläutert und zur Beschreibung von Distanzierungen und Kontextualisierungen produktiv gemacht.

/// Débora Delmar Corp. – MINT

Die mexikanische Künstlerin Débora Delmar entwickelte für die 9. Berlin Biennale im Sommer 2016 die Arbeit ‚MINT'. Die Arbeit bestand aus einer im Erdgeschoss der Akademie der Künste am Pariser Platz aufgebauten Bar und hatte sowohl frische grüne Smoothies und Sprudelwasser im Angebot als auch ‚insta-taugliche' Salate und Bowls.[457] Für manche der Besucher der Bar wird ‚MINT' nur ein Café bzw. eine Bar geblieben sein, ist doch die Karikatur, die Akzeleration der Szenen und Trends um ‚gebrandete' gesunde Lebensweisen und Konsum im Vorbeigehen oder dem uninformierten Besuch kaum zu erkennen.[458] Die Bar greift die Strukturen dieses Systems so detailliert auf, dass die Begleittexte und Informationen gezielt gesucht oder durch Zufall wahrgenommen werden müssen. MINT ist ein Akronym für die Länder Mexiko, Indonesien, Nigeria und Türkei, in denen die Zutaten für den ‚Green Juice' überwiegend hergestellt werden und die nach Jim O'Neill von Goldman Sachs als nächste Wirtschaftsnationen den Status der Entwicklungs- und Schwellenländer verlassen werden und damit ‚verwestlicht' werden.[459] Gleichzeitig sind es diese Länder, die einen Großteil der Ressourcen für den gesundheitsbewussten Lebensstil vieler Menschen aus westlichen Ländern liefern, aber aktuell nur geringfügig an dem Trend mitverdienen und die (wahrscheinlich) zeitnah ebenfalls die Smoothies und Lifestyle-Lebensmittel für ihre aufstrebende Bevölkerung importieren werden. Konkret wurde der in der MINT-Bar verkaufte ‚Green Juice' von

**Abb. 19:** MINT, Débora Delmar Corp., 2016

**Abb. 20:** MINT, Débora Delmar Corp., 2016

457 Dimitrakopoulos 2016.
458 Buffenstein 2016.
459 Patrício 2016.

Débora Delmar in Zusammenarbeit mit einer Berliner Firma hergestellt. Delmar fokussiert mit ihrer Arbeit die Orte und Verbindungen von Wertschöpfungsketten in der Lebensmittelindustrie und die Verlagerung von (gesunder) Nahrung zum Luxusartikel und Branding eines eigenen Lebensstils.[460] Dieser wird von den Konsument:innen gerne und bereitwillig, beispielsweise durch das sehr sichtbare Tragen eines Smoothie-Bechers, dem Einkaufen bestimmter Brands in Bio-Markt-Ketten oder dem Tragen von Bio-Baumwoll-Pullovern und Birkenstock anderen Personen präsentiert und verkommt damit wieder zur Pose. Die Lebensmittelindustrie hat dies längst in die eigenen Logiken aufgenommen, labelt alles mit Nachhaltigkeitssiegeln und verpackt zunehmend in grünen (Plastik-)Verpackungen. Bedient wird die Sehnsucht nach einer ökologisch bewussten und friedlichen Art des Konsums.

Die fingierte Saftbar selbst bewegt sich oszillierend zwischen Institutionskritik und Institution. „Überaffirmation tritt an die Stelle der Kritik, ein Außerhalb dieser schönen neuen Welt scheint nicht mehr denkbar."[461] Die Arbeit ist keine Aufführung, keine Performance, die von außen in die *Formen* des Alltags eingreift und versucht diese zu irritieren und neue Perspektiven zu erarbeiten. Sie ist was sie ist – Saftbar und Trendcafé. Und doch gibt es Momente des Kreuzens, der Distanzierung und Kontextualisierung und die Gewissheit, dass auch den Preis für vermeintlich ökologischen und friedlichen Konsum wahrscheinlich immer die anderen zahlen werden.

/// Christopher Kulendran Thomas - New Eelam

In bzw. für seiner Arbeit ‚New Eelam' gründet der Künstler Christopher Kulendran Thomas in Zusammenarbeit mit der Kuratorin Annika Kuhlmann ein Unternehmen, welches ein globales Wohnungsabonnement anbietet und damit dem Konzept vom individuellen Privateigentum ein kollektives Miteigentum gegenüberstellt.

**Abb. 21**: New Eelam, Christopher Kulendran Thomas, 2016

Die langfristig angelegte Arbeit nimmt dabei die *Form* eine StartUps auf und bringt ein multiprofessionelles Team aus den Bereichen *Kunst*, Immobilien, Architektur, Finanzen, Programmierung und IT-Technologie zusammen. Erforscht werden soll, wie eine hybride, weniger starre und verflüssigte

460 Bier 2016.

461 Frenzel 2016, S. 48.

*Form* der Staatsbürgerschaft für eine globale Gemeinschaft entwickelt werden könnte.[462] Diese Auseinandersetzung mit den (utopischen) Entwürfen einer globalen Staatsbürgerschaft werden vor dem Hintergrund entwickelt, dass nur ein sehr kleiner Teil der Weltbevölkerung das Privileg hat geradezu überall frei auf der Welt reisen zu können, während ein anderer (größerer) Teil dies nicht kann. Gerade dieser andere (große) Teil ist aber aufgrund von Krisen, Hungersnöten oder anderen Vorkommnissen häufig gezwungen unter größten Mühen und Entbehrungen große Distanzen zurückzulegen. Die Arbeit ,New Eelam' ist in diesem Sinne ein Labor für die Neugestaltung von Städten, den Umgang mit Eigentum, die *Formen* von Arbeit und ganz neuen Lebensstilen. Subtil schwingen die eigentlichen (exkludierenden) Funktionen von Staatsbürgerschaften in einer global vernetzten Welt mit, die eine zeitgemäße Einordnung von Ent- und Abgrenzungsprozessen und damit einhergehenden Privilegien von den Betrachter:innen abverlangt.

Präsentiert wird die Arbeit in *Form* von ,Konzepträumen', die Messeständen ähneln und exemplarisch einzelne Bereiche aus möglichen Wohnungen des Dienstes zeigen. Diese Displays werden je nach Ausstellungssituation sehr unterschiedlich gestaltet. Mal greifen sie Gaming-Ästhetiken auf, ein anders Mal sind sie fast übersehbare Artefakte in einem Bahnhofsgebäude.[463] Auf Bildschirmen innerhalb der Installations-Displays wird dabei ein Film gezeigt, der einem Dokumentarfilm gleicht und der den Wohnungs-Streaming-Dienst bewirbt.[464] Anlässlich der 9. Berlin Biennale (2016) wurde zusätzlich ein Werbefilm im Internet veröffentlicht.[465] Eine weitere Ebene von ,New Eelam' besteht in der Zusammenführung der ,Konzepträume' und Displays mit Objekten aus der Arbeit ,When Platitudes Become *Form*' (seit 2012) von Christopher Kulendran Thomas. Für dieses

**Abb. 22:** New Eelam, Christopher Kulendran Thomas, 2016

462 Launay 2016.

463 Vgl. Wenger, S. 104–107.

464 Ellen Wagner nimmt in ihrer Dissertation eine Analyse der gesamten Arbeit ,New Eelam' vor und teilt den Dokumentarfilm in fünf Abschnitte, die die von Thomas intendierte Kontextualisierung des Projektes wiedergeben: (1) Reflexion über die Sesshaftigkeit des Menschen und die Wiederaufnahme des Nomadischen durch digitale Technologien (2) der Freiheitskampf der Tamilen in Sri Lanka (3) der wirtschaftliche Aufschwung Sri Lankas (4) die Zurückführung globaler postkapitalisitscher Arbeits- und Wertschöpfungsprozesse auf den Sozialismus (5) die Vorstellung von ,New Eelam' als konkreten (utopischen) Entwurf, wie globale Staatsbürgerschaft realisiert werden könnte (vgl. Wagner 2021, S. 256–259).

465 Thomas 2016.

Projekt kauft Thomas Werke von Künstler:innen aus Sri Lanka auf und nimmt ‚Modifikationen' an diesen vor. Durch das darüber vollzogene Angleichen der Arbeiten an die *Strukturen* des globalen Kunstmarktes und damit an die (aktuellen) westlich dominierten Vorstellungen zeitgenössischer *Kunst*, nimmt Thomas eine Re-Kontextualisierung der Arbeiten vor. Dank dieser Anpassungen und seines Bekanntheitsgrades verkauft Thomas die Arbeiten weit über Ankaufswert und spendet die Differenz an Hilfsorganisationen auf Sri Lanka.[466]
‚New Eelam' bedient sich der *Strukturen* von Technologie-StartUps und greift deren Ästhetik so genau auf, dass unklar ist, ob es sich um eine perfekte Mimikry handelt oder doch ein wirkliches StartUp. Diese Nähe, die ohne jede Ironie keine konkreten Distanzierungsversuche unternimmt, wird bzw. wurde von Christopher Kulendran Thomas weiter verstärkt, indem nie aufgelöst wurde, ob es den beworbenen Dienst jemals geben wird oder ob es sich um eine utopische Vision handele. Die Arbeit bleibt beides; aufstrebendes Technologie-StartUp und kritische Reflexion im (utopischen) spekulativen (Gegen-)Entwurf.

Die in diesem Zusammenhang kurz vorgestellten aktuellen Verhandlungen der *Kunst* sind keine aktiv praktizierte Erweiterung der Grenzen des *Kunstsystems*. Anders als historische Verhandlungen der *Kunst* führen sie nicht neue (mediale) Artikulationen in die Operationen und damit in die Zugriffsmöglichkeiten des *Kunst-Codes* ein, sondern entziehen sich einer endgültigen Zuordnung. In der Negation der Kunstzugehörigkeit finden sie die (noch) einzig mögliche neu *Form* für das *Kunstsystem*. Statt einer manifestierten Identität sind es oszillierende *strukturelle Kopplungen*, die in und zu unterschiedlichen Bezugssystemen eingegangen werden. Gegenstände, Begriffe und *Formen* sind nicht mehr nur Teil eines *Systems*, sondern Element im jeweils beobachtbaren *System*. Sie sind Teil der Alltagskommunikation und gleichzeitig Teil der besonderen *Kommunikation* der *Kunst*.

> „*Post Art – things that aren't artworks so much as they are about the drive to make things that, like art, embed imagination in material […]. Things that couldn't be fitted into old categories embody powerfully creative forms, capable of carrying meaning and making change.*"[467]

Damit muss sich der Beobachter selbst stets neu als Beobachter entwerfen. Der Systembegriff nach Luhmann bietet hier die Möglichkeit nicht mehr basierend auf Relationen zwischen Elementen oder gar einem festen Zusammenhang der Elemente untereinander – durch welche Ordnung/*Sinn* auch immer – Beschreibungen vorzunehmen, sondern diese auf Grundlage der

466 Spike Island 2019.
467 Saltz 2013.

Rekursivität von Operationen auszudrücken.[468] Diese treffen einen Unterschied, ziehen die Grenzen immer wieder aufs Neue, sind von beiden Seiten beobachtbar und schließen damit das Ausgeschlossene in die Unterscheidung mit ein.[469]

> *„Die nächste Kunst bleibt nicht unbeeindruckt von der Welt, in der sie entsteht. Sie befasst sich mit aktuellen Gegenständen des aktuellen Lebens, sie nutzt dafür aktuelle Darstellungstechnologien und sie operiert auf dem Boden alltagskultureller Tatsachen."*[470]

Aktuelle Verhandlungen der *Kunst* zeigen diese Mehrsystemzugehörigkeit auf, präsentieren die Welt nicht nur in einem auch anders möglichen *Sinn*, sondern schaffen plausible Präsentationen anderer Realitäten. In diesen werden Unschärfen, (Un-)Kontrollierbarkeiten und Unreduzierbarkeiten nicht nur akzeptiert, sondern gar fokussiert. Aktuelle Verhandlungen der *Kunst* kultivieren die oszillierenden Identitäten komplexer *Kommunikation* und führen diese als re-entry wieder in die *Gesellschaft* ein.

> *„Die Kunst der nächsten Gesellschaft ist leicht und klug, laut und unerträglich. Sie weicht aus und bindet mit Witz; sie bedrängt und verführt. Ihre Bilder, Geschichten und Töne greifen an und sind es nicht gewesen."*[471]

Aktuelle Verhandlungen der *Kunst* opponieren gegen die Abgrenzungsbestrebungen des *Kunstsystems*.[472] Die *Kunst* „[…] sprengt ihre hochkulturellen Fesseln und verlässt das Gefängnis ihrer Autonomie."[473] Sie verliert ihre eindeutige Ordnung, weicht aus, wird flüchtig, nicht greifbar und geht in einem Netz unterschiedlicher Zugehörigkeiten auf.[474] Darüber gewinnt sie aber neue Möglichkeiten die *Strukturen* um *Kommunikation* sicht- und reflektierbar zu machen und fordert darüber die Komplexitätsreduzierungs-mechanismen, die *Strukturen* der *Kommunikation*, heraus. Die *Strukturen* und Funktionsweisen der komplexen Welt werden vorgeführt; vielleicht mit nur einer kleinen Geste, einer zusätzlichen Information, einem geschickten Dreh in Distanzierungen und Kontextualisierungen verwandelt, die die Perspektiven verschieben und bewusst mit Normen und *Erwartungen* brechen bzw. diese

468 Vgl. Luhmann 1987a, S. 73–76.

469 Diese grundlegende Eigenschaft wird im Formkalkül von George Spencer-Brown zum Ausdruck gebracht und in Draw a distinction – Aller Anfang ist Differenz [4.1.1.1] erläutert.

470 Meyer 2013, S. 20.

471 Baecker 2011, S. 62.

472 Ullrich 2022.

473 Baecker und Hedinger 2012, S. 35.

474 Für Sebastian Plönges ist *Kunst* in diesem Sinne die ‚Emanzipation der *Kontingenz*'. Er formuliert entsprechend: „‚Emanzipation der Kontingenz' bedeutet, so soll der vorläufige Vorschlag lauten, unter strukturellen Bedingungen des Netzwerks das Aufzeigen von Differenz und Kontrollverlust" (Plönges 2011).

enttäuschen. Das Potential liegt dann in der Öffnung für das Unplanbare und Unvorhersehbare und den geschickten *Irritationen* der *Form*.

### 4.2.4 Übergänge _Fachperspektiven

Die systemische Erschließung zentraler Begrifflichkeiten im Kontext *Kunst* zeigt vier Anschlussmöglichkeiten für die Anwendung der darüber gewonnenen systemischen Perspektive auf grundlegende kunstpädagogische _Fachperspektiven und -positionen auf.

*Kultur* als Meta-*Struktur* des *sozialen Systems Gesellschaft*
*Kommunikation* ist das Letztelement *sozialer Systeme*. *Soziale Systeme* halten *Kommunikation* mithilfe der systeminternen Operationen und entlang von *Strukturen* aufrecht. Diese *Strukturen* stellen (Vor-)Selektionen des *Systems* dar, welche die *Komplexität* der *Umwelt* für das *System* verarbeitbar machen. Innerhalb von *psychischen* und *sozialen Systemen* sind *Strukturen* Erwartungsstrukturen. Sowohl innerhalb der Verarbeitung von Gedanken des *psychischen Systems* als auch der *Kommunikation sozialer Systeme* machen *Erwartungen* bestimmte Anschlusskommunikationen bzw. -gedanken wahrscheinlich(er). *Strukturen* bestimmen damit maßgeblich die Formbildung und Prozessierung von *Sinn* innerhalb von *Systemen*. Die Summe aller *Strukturen* des *sozialen Systems Gesellschaft* lässt sich als *Kultur* beschreiben. *Kultur* ist dann die Gesamtheit der bewussten und unbewussten Normen und Wertvorstellungen und bietet der *Gesellschaft* eine operative Möglichkeit sich selbst zu beobachten und die eigenen Werte und Normen mit denen von anderen (sozialen) *Systemen* zu vergleichen.

Kognitives *Lernen* über das *Enttäuschen* von *Erwartungen*
Werden diese *Erwartungen* enttäuscht, kommt es zur *Irritation* des *Systems*. Wird diese *Irritation* nicht ignoriert, können die darüber aufgeworfenen Leerstellen und Unsicherheiten zum Aufbau neuer *Strukturen* und damit zu einer Veränderung der Informationsaufnahme und -verarbeitung führen.

*Kunst* als Provokation von *Enttäuschungen*
Das symbolisch generalisierte Kommunikationsmedium *Kunst* bildet mit dem *Kunstsystem* ein Subsystem des *sozialen Systems Gesellschaft*. *Kunst* ist die Provokation von *Enttäuschung* von *Erwartungen*. Bewusst werden *Erwartungen* nicht bedient und es wird entgegen der Ordnungsfunktion von *Strukturen* gehandelt. In diesen gezielt

gesetzten *Irritationen* der Welt- und Selbstverhältnisse manifestiert sich Kreativität im Finden neuer *Formen. Kunst* stellt die konstruiert(en) Wirklichkeit(en) in einem auch anders möglichen *Sinn* dar. *Kunst* lässt die (Vor-)Selektion der Anschlusskommunikationen wieder offen und zeigt andere Verbindungen und Muster auf.

Plausible Repräsentationen oszillierender Identitäten
*Kunst* provoziert *Kommunikation*, regt zur Sinnsuche an und macht über den ‚Paradoxierungstrick' auch *Erleben* für *Kommunikation* zugänglich. In/Mit/Über *Kunst* kann sich *Handlung erlebend* artikulieren und darüber legitimierte Perspektivverschiebungen auf die (Um-)Welt produzieren. Neue Ordnungen und Bezeichnungen erhöhen die Permeabilität der Systemgrenzen und in einem besonderen Modus der Aufmerksamkeit ermöglicht *Kunst* den Zugang zu plausiblen Präsentationen anderer Realitäten. In informierten und geschickten Bewegungen mischt sich *Kunst* in die Alltagskommunikation, wird in die *Formen* der *Kommunikation* verwoben und provoziert eine (ernsthafte) Auseinandersetzung mit den oszillierenden Identitäten vor dem Horizont der komplexen *Kommunikation.*

Der Kern des Faches *Kunst* ist nicht oder aber nur sehr grob zu bestimmen. Selbst im Fach selbst gibt es höchst unterschiedliche Auffassung darüber, was Teil des Faches ist, was es ausmacht und was damit auch die zentralen Themen und Ausgangspunkte im Kunstunterricht sein sollten. Die Herausgeber:innen der Reihe ‚Kunstpädagogische Positionen', Andrea Sabisch, Torsten Meyer und Eva Sturm, fassen es wie folgt zusammen:

> *"Gegenwärtig tritt die Koppelung von Kunst & Pädagogik, Kunstpädagogik, weniger durch systematische Gesamtentwürfe in Erscheinung, als durch eine Vielzahl unterschiedlicher Positionen, die aufeinander und auf die Geschichte des Faches unterschiedlich Bezug nehmen."*[475]

Um dennoch eine Strukturierung und Ordnung der untersuchten Positionen und Schwerpunkte zu finden, wurden drei Fokusse gesetzt. Im Fokus *Kommunikation* werden drei Positionen untersucht, die die Unkontrollierbarkeiten komplexer *Kommunikation* zum Ausgangspunkt ihrer Überlegungen nehmen. Der Fokus Räume greift die besondere Bedeutung von (*Kunst*-)Räumen für das Fach *Kunst* auf und stellt den Ansatz des pädagogischen Makings, als aktuelle Verhandlung der produktiven Einbindung von (Fach-)Räumen in Bildungsprozesse, vor. Der

475 Meyer 2013, S. 5

dritte Fokus Grundschule setzt den Schwerpunkt auf zwei Positionen, die sich explizit mit wichtigen kognitiven Prozessen beschäftigen, die für Schüler:innen in der Grundschule von Bedeutung sind und die im Kontext des Kunstunterrichts initiiert und begleitet werden sollen. Entsprechend des methodischen Vorgehens[476] wurden die kunstpädagogischen Positionen und Veröffentlichungen in den folgenden Kapiteln zunächst offen kodiert und textimmanente Phänomene und Besonderheiten herausgestellt. Für das axiale Kodieren wurden die in Strukturen und Erwartungen [4.2.1], Enttäuschungen und [neue] Formen [4.2.2] und Plausible Präsentationen anderer Realitäten [4.2.3] herausgearbeiteten systemischen Perspektiven herangezogen und im selektiven Kodieren auf zentrale Kategorien reduziert. Aufgrund der linearen Darstellungsweise im Textformat und den damit einhergehenden eingeschränkten Möglichkeiten den iterativen Forschungsprozess angemessen darstellen zu können, werden die erwähnten zentralen Kategorien als thematische Fokusse verwendet. Die detaillierten Kodierschritte und -daten sind der vorliegenden Studie im Anhang als Download der MAXQDA-Metadatei beigefügt und können von der/dem interessierten Leser:in zur genaueren Lektüre hinzugezogen werden Aus Darstellungsgründen und um die präzisen Angaben der MAXQDA-Metadatei von anderen Quellen abzugrenzen, sind die jeweiligen Bezüge im Fließtext im Format [QUELLENDOKUMENT:SEITE:ZEICHEN] vermerkt.

Beim Aufgreifen der systemischen Zusammenhänge in der Analyse kann es teilweise zu einzelnen Redundanzen in der Darstellung kommen. Dies wurde bewusst gemacht, um das Lesen zu vereinfachen und systemisch zu kontextualisieren, jedoch wurde versucht die Wiederholungen auf ein Minimum zu reduzieren.
Die in _Fachperspektiven systemisch betrachteten Veröffentlichungen und Beiträge sollen fachspezifische Perspektiven aufgreifen und verschiedene kunstpädagogische Schwerpunkte, auf Grundlage der in _Ausgangspunkte bereits gewonnenen Ergebnisse, produktiv und darüber hinaus für das Konzept des ‚medialen Anfangsunterrichts' anschlussfähig machen.

### 4.2.5 Fokus *Kommunikation*

*(Un-)Kontrollierbarkeiten und (Un-)Reduzierbarkeiten*

Der erste Schwerpunkt der ausgewählten kunstpädagogischen Positionen artikuliert sich im Kontext um *Kommunikation* und im Horizont von Digitalisierung und Globalisierung

476 Das Vorgehen ist ausführlich in Isomorphien und systemische Sensibilisierungen [3] beschrieben.

und greift damit die Fokussierungen aus _Ausgangspunkte auf. Es werden drei Positionen systemisch betrachtet, die die (Un-)Kontrollierbarkeiten und (Un-)Reduzierbarkeiten (digitaler) *Kommunikation* thematisieren und, darauf aufbauend, kunstpädagogische Konzepte entwickeln.[477]

## 4.2.5.1 Polemik gegen die Kunstorientierung der Kunstpädagogik I Franz Billmayer

In dem heterogenen und facettenreichen Spektrum kunstpädagogischer Schwerpunkte und Perspektiven positioniert sich Franz Billmayer mit seiner ‚Polemik gegen die Kunstorientierung der Kunstpädagogik'[478] gegen einen starken Kunstbezug in der Kunstpädagogik und setzt stattdessen die Alltagskommunikation über Bilder als Ausgangspunkt für den Kunstunterricht.

Institutionalisierte *Kunst* und die Kritik an der Kunstorientierung

Dafür greift Billmayer auf ein institutionelles Verständnis von *Kunst* zurück, wie es auch in der Systemtheorie von Niklas Luhmann verwendet wird.
Systemisch ist *Kunst* das, was im *Kunstsystem* als solche anerkannt und prozessiert wird. Das *Kunstsystem* fungiert damit als soziales Referenzsystem. Wird ein Element, ein Objekt, ein potenzielles Kunstwerk, mithilfe des systeminternen *Codes* differenziert, wird es zu einem potenziellen Teil des *Systems* und fortan entlang der spezifizierten *Strukturen* und Operationen des *Systems* verarbeitet.[479] Im *Kunstsystem* werden in diesem Verständnis dann spezifische *Kommunikationen* mit spezifischen Operationen prozessiert, womit nur ein kleiner – ganz besonderer – Teil der *Kommunikation* zu diesem autopoietischen Subsystem der *Gesellschaft* gehört.

> *„So wie die Kunst sich nach eigenen Angaben um das Andere und das Besondere, das Nichtnormale (den Widerstand) kümmert, so kümmert sich der Kunstunterricht um das Un- oder Außergewöhnliche.“*
> *[KPP06_Billmayer_2008:9:1024]*

477 Die Kontextualisierung der drei untersuchten Positionen im Zusammenhang der gesamten Forschungsarbeit wird in Entknoten [3.4] dargestellt.

478 Billmayer 2008.

479 Die genaue Funktionsweise des *Kunstsystems* entlang des *Codes* passt/passt nicht, wird in Kunstsystem [4.2.3.2] ausführlich dargestellt.

Damit schließe die Schwerpunktsetzung auf außergewöhnliche und besondere *Kommunikationen* im Kunstunterricht gleichzeitig die alltägliche *Kommunikation* als Ausgangspunkt aus, gleichwohl diese wesentlich prägender für die Akteur:innen bzw. die Schüler:innen seien.

> *„Dadurch wird – allen anders gearteten Versicherungen zum Trotz – das Normale, das unser Leben wesentlich mehr bestimmt als das Andere, weitgehend übersehen.“ [KPP06_Billmayer_2008:9:1218]*

> *„Aufmerksamkeit für das Besondere: Dies kommt einer proportionalen Umkehrung des Verhältnisses zwischen Netzhaut und blindem Fleck gleich.“ [KPP06_Billmayer_2008:10:2]*

Darüber sei eine umfassende Thematisierung der *Strukturen* und Funktionsweisen alltäglicher *Kommunikation* nicht mehr möglich und die „Kunstorientierung behindert die Auseinandersetzung mit den »normalen« Bildern.“ [Billmayer_2008:11:1096] Infolgedessen bürde sich die *Kunst* vielmehr die Verantwortung für die gesamte *Gesellschaft* auf. Die außergewöhnliche und besondere *Kommunikation* der *Kunst* sei der einzige Weg – so die Argumentation ‚der *Kunst*‘ – um dem Menschen, der *Gesellschaft*, zu einer vollkommeneren Existenz zu verhelfen.

> *„Die Kunst hat damit die (alleinige) Verantwortung für die Errichtung einer humanen Gesellschaft. […] Kultur in diesem Sinne ist die Summe künstlerischer Äußerungen, die den Anspruch erheben, für die ganze Gesellschaft und deren Belange zuständig zu sein. Anderen Bereichen billigt man nur Teilaspekte zu.“ [KPP06_Billmayer_2008:18:1383]*

Dies tue ‚die *Kunst*‘ aus der Überzeugung heraus, dass „die Gesellschaft […] seit Schiller und auch auf dem Hintergrund der Fortschrittsidee immer schon konservativ und im falschen Bewusstsein [ist]. Der Künstler muss also gegen sie opponieren.“ [KPP06_Billmayer_2008:22:445] Dabei wird nicht nur gegen die *Gesellschaft* vorgegangen, sondern auch gegen die aktuellen Grenzen des Kunstsystems selbst. Diese Opposition richtet sich nicht nur gegen die *Gesellschaft*, sondern immer mehr gegen die in der *Kunst* jeweils geltenden Vorstellungen. Dies liegt daran, dass *Kunst* alles sein kann und es keine Grenzen mehr gibt, an denen sich in der Vergangenheit abgearbeitet wurde. In die Kategorie ‚*Kunst*‘ lassen sich die differenten Wahrnehmungen, die die eigentlich eine besondere Aufmerksamkeit eröffnen sollen, ohne große kognitive Anstrengung einsortieren und über die Unschärfelabel ‚*Kunst*‘ oder ‚*Kultur*‘ wieder zu bearbeitbaren Kategorien des *psychischen Systems* machen, ohne diesen eine ernsthafte Auseinandersetzung damit abverlangen zu müssen. Wenn alles *Kunst* ist, ist es nichts bzw. wirkt sie nicht und ist damit selbst nichts. Darüber kommt Franz Billmayer zu dem Schluss, dass es nicht die *Kunst* ist, mit der sich die Schüler:innen im Kunstunterricht beschäftigen sollten, sondern die Alltagskommunikation über/mit Bildern, die eine Relevanz für die Lebenswirklichkeiten der Schüler:innen haben.

Vermittlung von Strukturwissen um Bilder

Billmayer „[…] interessiert, wie wir Kinder und Jugendliche auf die Welt der Bilder vorbereiten.“ [KPP06_Billmayer_2008:7:877] Systemisch lässt sich die Digitalisierung als grundlegende Strukturveränderung der *Gesellschaft* beschreiben.[480]
Dabei bestimmt vor allem die allumfassende Mediatisierung zunehmend *Kommunikation* und konstituiert die Wahrnehmung der Welt mit. In zeitgleichen Kommunikationspraktiken können menschliche und nicht-menschliche Akteur:innen kommunikative Artikulationen produzieren, verändern, und global zirkulieren lassen. Dabei werden die kommunikativen Intentionen zunehmend von verbaler *Kommunikation* losgelöst und stattdessen in vor allem visuellen Kommunikationsformen eingeschrieben. Bilder prägen die fluide Meta-*Struktur* – *Kultur* – der ‚nächsten *Gesellschaft*‘; sie sind flüchtig genug, um jedwede Intention aufnehmen zu können und dabei wirkmächtig, um über verbale Sprachhürden hinweg, Anschlusskommunikationen provozieren zu können. In dieser ‚Welt der Bilder‘ sollten Kunstwerke laut Franz Billmayer „[…] als Bilder unter vielen betrachtet […]“ [KPP06_Billmayer_2008:25:1096] werden. Als spezifische kommunikative Artikulationen lassen sich Kunstwerke systemisch als Kompaktkommunikationen beschreiben.[481] Sie sind auf die gleiche Weise aufgebaut, wie auch andere *Kommunikationen*. Damit sie verstanden werden – also die Differenz zwischen Information und Mitteilung erkannt wird – legen sie ihre Artifizialität offen.[482] Darüber ermöglicht die *Kunst* eine *strukturelle Kopplung* von Bewusstsein und *Kommunikation*. Die Selbstbeschreibung der *Kommunikation* als *Handlung* wird revidiert. *Kunst* inszeniert sich selbst als *Erleben* und über diese Negation der eigenen *Form* kann künstlerisches *Handeln*, in einem besonderen Modus der Aufmerksamkeit, *erlebend* wahrgenommen werden. Darüber

480 *Gesellschaften* operieren mit dem Letztelement *Kommunikation* und nichts ist so prägend für die Strukturen und Verarbeitungsmechanismen einer *Gesellschaft* wie das Leitmedium, mit dem es diese Operationen prozessiert. Der Aufbau und die Funktionsweise von *Kommunikation* und die mit der Digitalisierung verbundenen Veränderungen werden in Kommunikation [4.1.1] und Bildungsgleichungen [4.1.3] dargestellt.

481 Die besondere *Form der Kommunikation* Kunstwerk wird in Kunst [4.2.3.1] erläutert.

482 Die Erweiterungen des Kunstsystems und die damit einhergehende Subsumierung von – am Ende - allen kommunikativen Artikulationen, wird in Grenzen – Historische Verhandlungen der Kunst [4.2.3.3] anhand von drei Beispielen diskutiert.

artikulieren sich in den Kunstwerken – im Modus des *Erlebens* – alternative und legitimierte Präsentationen anderer Realitäten. Die *Kunst* zeigt die Welt im Sinne eines auch *anders Möglichen* und *so nicht Nötigen* und lässt – im besten Fall – die Grenzen der eigenen Differenzstrukturen darüber porös werden. Diese Provokation von *Enttäuschungen* der *Erwartungen* über das Subsystem *Kunst* befasst sich dann vorrangig nicht mit Alltagskommunikation, sondern mit Situationen, die über die Komplexitätsreduzierungsmechanismen hinausgehen. Als eigenständige Subsysteme der *Gesellschaft* können *Kunst* und das *Kunstsystem* nur mit eigenen Elementen operieren und externe Referenzen werden zwangsläufig ausgeschlossen.[483] Auf diese Weise schließt die Kunstorientierung im Kunstunterricht die Beschäftigung mit anderen *Kommunikationen* aus oder aber lässt wesentlich weniger Zeit für diese.
Im Kunstunterricht dürfe es laut Franz Billmayer dann eben nicht nur um die *Enttäuschung* der *Erwartungen* gehen, sondern – und sogar hauptsächlich – um die *Erwartungen* selbst, um die strukturierenden *Codes* des *sozialen Systems Gesellschaft* und den Umgang mit der komplexen *Kommunikation*. Was sind die *Strukturen* um *Kommunikation* die eine grundlegende Handlungsfähigkeit in der ‚nächsten *Gesellschaft*' ermöglichen? Welche Artikulationsformen aktueller (medien-)kultureller Phänomene sind für die Schüler:innen aktuell relevant, welcher Orientierungen bedarf es für deren Verständnis und wie kann ein produktiver und selbstbestimmter Umgang mit diesen Phänomenen eine Teilhabe an der *Gesellschaft* ermöglichen?

> *„Im Unterricht werden Bilder gemacht, mediale und semiotische Erscheinungen untersucht und reflektiert, es werden Informationen gestaltet und Techniken vermittelt und erlernt ... Auch die Bilder der Kunst werden vor allem als Bilder behandelt."*
> *[KPP06_Billmayer_2008:30:678]*

> *„Der Kunstunterricht kann sich, wenn das institutionelle Paradigma gesehen und akzeptiert wird, endlich unverkrampft mit den Sachen befassen, die anstehen und die die Schülerinnen und Schüler brauchen, ohne sich noch auf die Kunst im Speziellen beziehen zu müssen."*
> *[KPP06_Billmayer_2008:30:935]*

483 Die systemisch betrachtet höchst unwahrscheinliche Anfertigung eines Kunstwerks, lässt sich nicht (allein) auf dessen Nützlichkeit oder andere situations- oder zweckgebundene Faktoren zurückführen. Der *Sinn* seiner Entstehung erschließt sich nur im *Kunstsystem*. Spätestens seit der Moderne wurde die Abbildung der Natur als Daseinsberechtigung der *Kunst* hinfällig. Neuere Verfahren und Techniken – die sich die *Kunst* auch aneignete aber anders kontextualisierte – konnten diese Aufgaben wesentlich besser erfüllen. Infolgedessen wurden jegliche Rückbezüge auf externe Verweise zurückgewiesen und die Autonomie des Faches demonstrativ in immer neuen *Formen* ausgerufen und neu verhandelt. Vorgestellt werden in diesem Zusammenhang sowohl historische als auch aktuellere Verhandlungen im Abschnitt Plausible Präsentationen anderer Realitäten [4.2.3].

Damit wäre Kunstkommunikation für den Kunstunterricht bzw. Unterricht allgemein gleichgesetzt mit anderen *Kommunikationen*. Doch bieten womöglich gerade aktuellere Verhandlungen im Kontext der *Kunst* Potenziale für die Auseinandersetzungen mit den *Strukturen* und Funktionsweisen von *Gesellschaften* und damit auch für tiefgreifende kognitive Lernprozesse.

### 4.2.5.2 Next Art Education I Torsten Meyer

Diesen möglichen Potenzialen geht Torsten Meyer in seiner kunstpädagogischen Position ‚Next Art Education'[484] nach. Vor dem Hintergrund informierter Spekulationen über ‚das Nächste' der Kunstpädagogik, werden die *Strukturen* der *Gesellschaft* zum Ausgangspunkt der (kunst-)pädagogischen Überlegungen Meyers über Teilhabe an *Gesellschaft* und den Umgang mit dem Sinnüberschuss *Kontrolle*.

Orientierungen in einer flüchtigen *Kultur*

Teilhabe am *sozialen System Gesellschaft* wird systemisch über die Möglichkeit der Prozessierung von *Sinn* und damit der Ausführung und Beteiligung an den Operationen innerhalb dieses *Systems* ermöglicht. *Sinn* manifestiert sich entlang von *Strukturen*, die die Überführung von Potenziellem zu Aktuellem ordnen und darüber weitere Anschlüsse ermöglichen. Diese *Formen* machen die *Komplexität* der *Umwelt* für das *System* behandelbar. Die Prozessierung von *Sinn* ist die Grundeigenschaft von *Kommunikation*, welche das Letztelement des *sozialen Systems Gesellschaft* ist. Damit operieren *Gesellschaften* über *Kommunikation* und finden mit und in ihr ihre *Form*. Dieser Prozess ist für *Gesellschaften*, die auf dem Computer als Leitmedium beruhen, ein intransparenter und komplexer Prozess. Dies liegt zum einen daran, dass die ‚unsichtbaren Maschinen' die zirkulierenden Informationen verändern, selektieren und koordinieren und darüber als sinnkonstituierende *Systeme* an komplexer *Kommunikation* teilnehmen und zum anderen daran, dass die komplexe *Kommunikation* (potenziell) alle Teilnehmer:innen des Netzwerks global und zeitgleich verbindet.[485] Nahezu alle Bereiche sozialer Interaktion können über das globale Netzwerk auf der ganzen Welt gemeinsam erlebt und gestaltet werden. So ist es beispielsweise längst selbstverständlich, dass es möglich ist, Akteur:innen in Japan unmittelbar und

484 Meyer 2013.

485 Die (zunehmende) Intransparenz von *Kommunikation* durch die Beteiligung nicht-menschlicher Akteur:innen wird in Treffen sich zwei [psychische] Systeme [4.1] dargestellt und erläutert.

direkt beim Einkaufen zuzusehen oder Akteur:innen bei der Zubereitung ihres Lieblingsessens in Kanada zu beobachten. Informationen werden weltweit geteilt, neu geordnet und produzieren durch jede Iteration neuen Inhalt. Das konstituierende Element des Augenblicks und die damit einhergehende, nicht mehr verarbeitbare Menge an Informationen und kommunikativen Artikulationsformen, bleibt nur durch die technische Query und neue Inszenierungspraktiken und strikte Aufmerksamkeitsökonomien bearbeitbar. In/Über diese/n wird sich gegen ein Überangebot von Kommunikationsalternativen durchgesetzt oder aber die Flut an Inhalt (vor-)selektiert.

> *„Die nächste Gesellschaft bevorzugt die neuen Kommunikationsmittel zur Verbreitung von Informationen im Raum, vernachlässigt aber die Mittel zur Verbreitung von Informationen in der Zeit."*
> *[KPP29_Meyer_2013:24:1280]*

> *„Die nächste Gesellschaft denkt Zeit als Punkt. Relevant ist das Jetzt. Der umgestülpte Cyberspace entwickelt sich zum Medium einer globalen Zeitgenossenschaft. Kulturelle Globalisierung wird damit zum constantly present layer of reality."*
> *[KPP29_Meyer_2013:26:667]*

Die ‚nächste *Gesellschaft*' kommuniziert, Meyer folgend, demnach global in Echtzeit und der Umgang mit den damit verbundenen Überforderungen ist Herausforderung und Aufgabe für das *System* Schule.

> *„Und das heißt, sie kann sich nicht mehr das moderne Bildungsziel des „kritischen" und zugleich beschaulichen Umgangs mit Büchern und Bildern zum Paradigma nehmen, sondern muss sich orientieren an der Zerstreuung in die Netzwerke und am operativen Umgang mit Komplexität."*
> *[KPP29_Meyer_2013:23:1451]*

Für Teilnehmer:innen des Netzwerks sind die Informationen von überall aus abrufbar, bleiben aber, aufgrund der Veränderbarkeit, Verbreitungsmöglichkeiten und Reproduzierbarkeit von komplexer *Kommunikation*, trotzdem schwer greifbar und flüchtig. *Kommunikation* wird innerhalb des *sozialen Systems Gesellschaft* anhand einer Meta-*Struktur* prozessiert. Diese Meta-*Struktur* der *Gesellschaft* – *Kultur* – ist nicht (mehr) starr und (scheinbar) unveränderbar, sondern bildet zunehmend eine fluide Gesamtheit, über die die Kommunikationsinhalte verhandelt und bewertet werden können.[486]

> *„Es geht also nicht um die Produktion von zum Beispiel schönen oder neuen Bildern, sondern um den Umgang mit all den schönen und neuen Bildern im Vorrat des (inter-) kulturellen Erbes, das die globale Zeitgenossenschaft zur Verfügung stellt. Das Bild ist nicht mehr Ziel der Kunst, sondern deren Rohstoff und Material."*
> *[KPP29_Meyer_2013:27:1439]*

Die (digitalen) Kommunikationsinhalte scheinen nicht mehr statisch, sie sind veränder- und (nach-)bearbeitbar und zirkulieren selbst im Netz. Die ursprüngliche und nachvollziehbare Entstehung und Entwicklung werden ebenso weniger wichtig, wie eine behauptete Einmaligkeit. Die Inhalte werden in immer neue Zustände und Versionen überführt, die komplex mit- und untereinander verbunden und verflochten sind. Was zählt sind die Potenziale der Inhalte, die Intentionen und möglichen Anschlusskommunikationen. Alles wird zum (Ausgangs-)Material der nächsten *Kommunikation*. Durch die technische Entwicklung können kommunikative Intentionen vor allem in visuelle Kommunikationsformen eingeschrieben werden. Über die Loslösung von verbalen kommunikativen Artikulationen kann *Kommunikation* global stattfinden und Inhalte weltweit ausgetauscht werden.

> *„Es geht nicht mehr um das Bild als Ding und Objekt. Es geht um den symbolischen Umgang mit dem Bild."*
> *[KPP29_Meyer_2013:27:1771]*

In der globalen Zeitgenossenschaft, die Zeit als Punkt denkt, geht es dann laut Torsten Meyer um die Befähigung zum Umgang mit dem was ist und eine Teilhabe an der globalen Prozessierung von *Sinn* im *sozialen System Gesellschaft*.

> *„Sie [die ‚Next Art Education' | W.N.] produziert tiefgründiges Wissen über die Codes, die unsere Wirklichkeit strukturieren, und entwickelt die Fähigkeit zur interaktiven Aneignung von Kultur in der Form des Sample, Mashup, Hack und Remix."*
> *[KPP29_Meyer_2013:30:714]*

486 Über die *Kultur* kann die *Gesellschaft*, in der Beobachtung zweiter Ordnung, ihre eigenen Funktionen beobachten und darüber zum Beispiel ihre eingeschlossenen Werte mit anderen möglichen Werten vergleichen. Die genaue Funktionsweise wird in Kultur [4.2.1.2] im Kontext von *Strukturen* und *Erwartungen* erläutert.

Diese Teilhabe manifestiert sich Torsten Meyer zufolge zum einen im Erkennen und Anwenden der *Codes* und zum anderen auch im Finden neuer *Formen* – die im Wissen um die *Codes* – die *Kommunikation* zielgerichtet steuern und mit dem Sinnüberschuss *Kontrolle* produktiv umgehen.

Hacken als produktiver Umgang mit dem Sinnüberschuss *Kontrolle*

*Sinn* vollzieht sich im Prozessieren von Informationen anhand der Differenz von aktuell/potenziell und gleichzeitig erhält *Sinn* das Möglichkeitsspektrum weiterer Selektionen aufrecht, indem die Selektion stets Neuverweise auf weitere mögliche Selektionen provoziert. Dieser Verweisungsüberschuss von *Sinn* ist eine grundlegende Eigenschaft und Voraussetzung jeder *Kommunikation*.[487] Dieser Sinnüberschuss bedeutet für die ‚nächste *Gesellschaft*' einen Überschuss an *Kontrolle*. Im globalen Netzwerk wird alles gesteuert und kontrolliert – wenn über die notwendigen Fähigkeiten und Ressourcen verfügt wird. *Kontrolle* manifestiert sich dann über die Abfragelogiken der Query und ihre Beschreibungen der komplexen Welt.

> *„[...]die nächste Gesellschaft [muss | W.N.] Umgangsformen mit Kontrolle entwickeln, die nicht nur reagieren auf die Möglichkeit, kontrolliert zu werden, sondern auch auf die Möglichkeit, zu kontrollieren."*
> *[KPP29_Meyer_2013:14:484]*

Der mit dem ‚Kontrolliert-werden' einhergehende wechselseitige Kontrollverlust ist zurückzuführen auf die Möglichkeit, auf große Datenmengen und deren Zirkulation zugreifen und darüber Informationen und *Kommunikation* steuern und lenken zu können. *Kontrolle* zeigt sich aber auch direkt in der Bearbeitung und Manipulation der Datensätze und -archive. Über die grundsätzliche Veränderbarkeit digitaler Daten können kommunikative Intentionen und Absichten in diese eingeschrieben und darüber die Kommunikationsinhalte und -praktiken (subtil) gesteuert und gelenkt werden. Wer die Möglichkeiten zur *Kontrolle* hat, wer zwischen ‚Kontrolliert-werden' und ‚Selbst-kontrollieren' differenziert, besitzt auch die Fähigkeit selbstbestimmt die *Kommunikation* nach den eigenen Vorstellungen und Absichten zu steuern und darüber aktiv an Gesellschaft teilzuhaben.

> *„Der Held der nächsten Gesellschaft, Sachverwalter der Kultur und vorbildliches Ideal für Bildungsprojekte ist nicht mehr der an die öffentliche Vernunft appellierende*

487 *Kommunikation* vollzieht sich im Kontext ihres jeweiligen und im Horizont eines anders möglichen *Sinns*. Ausführlich beschrieben wird dieser Prozess in Unterscheiden als Formbildung – Sinn und dessen Überschuss [4.1.1.2].

*Intellektuelle der Aufklärung, nicht mehr der den Vergleich des Realen mit dem Idealen beherrschende Kritiker, kurz: nicht mehr das souveräne Subjekt der Moderne, sondern der Hacker.“*
*[KPP29_Meyer_2013:14:1151]*

Auch wenn die Identifikationsfiguren der Hackerin und des Hackers aus einem technischen Verständnis entnommen sind, so sind die mit ihr/ihm verbundenen – pädagogisch erstrebenswerten Eigenschaften und Fähigkeiten – nicht auf die digitalen Endgeräte und Techniken beschränkt.

*„Der Hacker ist hier deshalb einfach jemand, der die Kulturtechniken beherrscht, die notwendig sind, um das Kontrollieren und das Kontrolliert-Werden als die beiden Seiten einer Medaille zu begreifen.“*
*[KPP29_Meyer_2013:15:147]*

Die Funktionalität und Oberflächenbeschaffenheit von digitalen Medien und Endgeräten konstituieren die ‚nächste *Gesellschaft*‘ mit. Der Computer als Leitmedium bestimmt maßgeblich die *Formen* dieser *Gesellschaft*, jedoch entfalten die *Strukturen* innerhalb der gesamten *Gesellschaft* ihre Wirkung. Der Sinnüberschuss *Kontrolle* ist nicht nur im Kontext digitaler Endgeräte relevant, sondern leitet Selektionsprozesse auch außerhalb technisch getragener, digitaler Kommunikationsprozesse. Die *Strukturen* des Überschusssinns *Kontrolle* sind in die Referenzstruktur der Sprache, in die Zeitstruktur der Schrift, und in die Kritikstruktur des Buchdrucks integriert, bauen auf diesen auf und sind zutiefst untereinander verflochten.[488] Dadurch kann zum einen die Auseinandersetzung mit den Veränderungen der Digitalisierung nicht auf digitale Endgeräte und Medien beschränkt bleiben und zum anderen bedarf es auch der bisherigen Strategien im Umgang mit den Verweisungsüberschüssen von *Sinn,* für den nun neuen Umgang mit dem Sinnüberschuss *Kontrolle*.

*„Es geht dabei um die Erkundung kultureller Systeme mit dem Ziel, sich darin zurechtzufinden, und zugleich neue Orientierungen in diese Systeme einzuführen.“*
*[KPP29_Meyer_2013:15:614]*

Dieser Umgang soll laut Torsten Meyer im Wissen und Verständnis um die Funktionsweisen der *Strukturen* und *Codes* um *Kommunikation* entwickelt werden und über neue *Formen* die

488 In Bildungsgleichungen [4.1.3] wird die Verschränkung unterschiedlicher medialer Epochen mithilfe des Formkalküls George Spencer-Browns umfassend analysiert und diskutiert.

Erweiterung des Möglichkeitsspektrums und das Eröffnen neuer Perspektiven zugänglich machen. Vor dem Horizont der komplexen *Kommunikation* soll die eigene Handlungsfähigkeit erkannt und wahrgenommen und der Sinnüberschuss *Kontrolle* darüber bearbeitbar gemacht werden. Gesucht werden neue kontextualisierte affirmative *Formen*, die über informierte, widersinnige und geschickte Manipulationen der *Strukturen* um *Kommunikation*, neue Ordnungen in das *System* einführen und darüber die *komplexe Kommunikation* kontrollieren.

> *„Er [der Hacker | W.N.] betreibt formal strenge, aber im Effekt sehr befreiende Experimente mit Codierungstechniken, die unterschiedliche Bild- und Sprachspiele ineinander übersetzen.“*
> *[KPP29_Meyer_2013:15:1480]*

Um die (eigenen) Manipulationen zu kontextualisieren, findet das Suchen und Finden neuer kontextualisierter *Formen* (systemisch) im Modus der Beobachtung zweiter Ordnung statt. In diesem wird sich der Beobachter seiner selbst gewahr und identifiziert jede Beobachtung als Beobachtung und Selektion. Darüber werden die Strukturbedingungen der schwer greifbaren Wirklichkeit sichtbar und können nicht nur erkannt, sondern auch angewandt und verändert werden.[489] Im Bewusstsein der eigenen Zugehörigkeit zu *Systemen* wird eine informierte praktische Forschung an den *Strukturen* um *Kommunikation* betrieben.

> *„Er [der Hacker | W.N.] muss kein Experte der Informatik sein, aber er pflegt einen kreativen Umgang mit Codierungstechniken und Kontrollprojekten.“*
> *[KPP29_Meyer_2013:15:1997]*

Das Finden neuer kontextualisierter affirmativer *Formen* bedarf jedoch immer auch der Fähigkeiten und Fertigkeiten im Umgang mit den aktuellen Artikulationsformen komplexer *Kommunikation*. Um aktiv neue Ordnungen und Orientierungen ins *System* einführen zu können und damit die Prozessierung von Sinn zu kontrollieren, muss mit den Operationen des *Systems* umgegangen werden. Dafür braucht es zum einen ein umfassendes Strukturwissen über die *Codes* um *Kommunikation* und zum anderen auch ein Wissen um die neuesten Bedien- und Fabrikationsmöglichkeiten. Das Finden neuer kontextualisierter *Formen* vollzieht sich im zielgerichteten Umgang mit Algorithmen und *Codes* über das Einbringen und Manipulieren neuer *Strukturen* und das darüber Eröffnen neuer Anschlusskommunikation in die (Alltags-)

489 So können über die Beobachtung zweiter Ordnung mit Kreuzen beispielsweise Kontextualisierungen und Distanzierungsversuche entwickelt werden. Der Beobachter zweiter Ordnung wird in Draw a distinction – Aller Anfang ist Differenz [4.1.1.1] als grundlegendes Element der Systemtheorie eingeführt und ausführlich dargestellt.

*Kommunikation* des *sozialen Systems Gesellschaft*. Die Hackerin oder der Hacker kontrolliert über ihre/seine eigenen Beschreibungen der komplexen Welt. Die gewählten Ausschnitte und Abfragen lenken und steuern die Aufmerksamkeit und verzaubern die Akteur:innen mit zunehmender Intransparenz.

Denkt diese Forschung die kontextualisierten affirmativen *Formen* im Horizont des Sinnüberschusses *Kontrolle* mit künstlerischen Mitteln konsequent zu Ende, kann *Kunst*, als provozierte *Enttäuschung* von *Erwartungen* und plausible Präsentation anderer Realitäten, die neu eingebrachten Ordnungen und Orientierungen als *Irritationen* zum Ausgangspunkt von *Lern*prozessen sowohl *psychischer* als auch *sozialer Systeme* machen.

Nicht-*Kunst*-Posen und die Potenziale der oszillierenden Identität

An dieser Stelle unterscheiden sich die kunstpädagogischen Positionen Franz Billmayers und Torsten Meyers grundlegend. Setzt Billmayer – wenn auch als Polemik formuliert – die Bedeutung von jedweder Kunstkommunikation für den (*Kunst*-)Unterricht mit anderen *Kommunikationen* gleich, so fokussiert Torsten Meyer vermutete Bildungspotenziale von Kunstkommunikation.
Das hochflexible und effiziente *Kunstsystem* vermochte es (bisher) alle Kompaktkommunikationen als systeminterne Elemente – als *Kunst*(-werke) – aufzunehmen und damit als *Kunst* zu deklarieren.[490] Um steten Widerspruch zum *sozialen System Gesellschaft* bemüht, wurden alle möglichen kommunikativen Artikulationen subsumiert, konnte alles *Kunst* sein und wurde es zugleich nicht.[491]

> *„Die nächste Kunst bleibt nicht unbeeindruckt von der Welt, in der sie entsteht. Sie befasst sich mit aktuellen Gegenständen des aktuellen Lebens, sie nutzt dafür aktuelle Darstellungstechnologien und sie operiert auf dem Boden alltagskultureller Tatsachen."*
> *[KPP29_Meyer_2013:20:18]*

490 Die besondere *Form der Kommunikation* Kunstwerk wird in Kunst [4.2.3.1] erläutert.

491 In Grenzen – Historische Verhandlungen der Kunst [4.2.3.3] wird an drei Beispielen diskutiert, wie die exzessiv betriebenen Autonomiebestrebungen der *Kunst* – bzw. des Kunstsystems – eine gesellschaftliche Relevanz zwar behaupten, aber dennoch unterminieren.

Doch aktuellere Verhandlungen im *Kunstsystem*, etwa Post-Internet Art, befassen sich mit dem Strukturverständnis um *Kommunikation*.[492] Sie spielen leicht und unerkannt mit diesem, um nicht die Kategorie ,*Kunst*' zu leicht oder ,versehentlich' zu bedienen und damit eine ernsthafte Auseinandersetzung zu verhindern. Über eine Pose als Nicht-*Kunst* mischen sie sich in die Alltagskommunikation, sind verwoben in die *Formen* der *Kommunikation* und provozieren in genau dieser oszillierenden Identität doch Leerstellen und Unsicherheiten, *Enttäuschungen* von *Erwartungen* und eröffnen darüber Potenziale von kognitiven Lernprozessen *sozialer* und *psychischer Systeme*.

> *„Das Genie [des Künstlers der nächsten Gesellschaft] ist die Instanz, ,durch welche die [nächste!] Natur der Kunst die Regel gibt."*
> *[KPP29_Meyer_2013:34:196]*

Das Potential dieser plausiblen Präsentationen anderer Realitäten und des Findens neuer kontextualisierter affirmativer *Formen* liegt dann in den gezielt gesetzten *Irritationen* der *Strukturen* um *Kommunikation*, dem bewussten Brechen mit Normen und *Enttäuschen* von *Erwartungen*. Doch wie auch Franz Billmayer schon forderte; im Kunstunterricht kann es nicht nur um die *Enttäuschung* der *Erwartungen* gehen. Es muss zentral (auch) um die *Erwartungen* selbst und den Umgang mit diesen gehen. Die *Strukturen* um *Kommunikation* und der Umgang mit dem Sinnüberschuss *Kontrolle* werden zu Ausgangspunkten in der Auseinandersetzung mit den (aktuellen) Artikulationsformen (medien-)kultureller Phänomene und der Qualifikation zur Teilhabe an der ,nächsten *Gesellschaft*'.

> *„Der homme naturel 2.0 als Kontrast- und Ausgangspunkt für Kulturkritik wie Bildungsprojekte der nächsten Gesellschaft ist der Mensch im Zustand der nächsten Natur."*
> *[KPP29_Meyer_2013:32:1932]*

### 4.2.5.3 (Ästhetische) Vermittlung 2.0 I Martina Leeker

Während Torsten Meyer neue kontextualisierte affirmative *Formen*, die (subtil) als neue Orientierungen und Ordnungen, als Umgang mit dem Sinnüberschuss *Kontrolle*, in das *soziale System Gesellschaft* (wieder-)eingeführt werden, in seinen Ausführungen fokussiert, so

492 Die Verschiebung dieses Bezuges und die Loslösung von Autonomiebestrebungen in Teilbereichen der *Kunst* – wie beispielsweise der Post-Internet Art – wird in Strukturbewusstsein - Aktuelle Verhandlungen der Kunst [4.2.3.4] an drei Beispielen verdeutlicht.

plädiert Martina Leeker in ihrer Position ebenfalls für das Schaffen neuer Möglichkeitsräume und Handlungsermächtigungen, doch soll *Kommunikation* in den von ihr vorgeschlagenen ‚What-If-Scenarien' nicht kontrolliert, sondern für Distanzierungs- und Reflexionsversuche anschlussfähig gemacht werden. In der ‚Hyper-Affirmation' und von der Ausgangsfrage ‚Was wäre, wenn' ausgehend, sollen die Bedingungen von Wissen, Normierungen und Normalisierungen unterlaufen, hinterfragt und neu besetzt werden, um Theorien sowie Bedingungen digitaler *Kulturen* performativ zu testen. Die eigenen Selbstverständlichkeiten hinterfragend, werden über die Entfremdung und Kontextualisierung erste Distanzierungs- und Reflexionsversuche initiiert. „Ziel ist die Reflexion digitaler Kulturen sowie, und das ist entscheidend, deren Um-Bildung." [KPP40_Leeker_2018:24:437]

‚Um-Bildungen' in Spekulationen des ‚What-if'

Damit eine Reflexion der systeminternen *Strukturen* angeregt werden kann, muss es zur Beobachtung zweiter Ordnung kommen. In der Beobachtung zweiter Ordnung können die (eigenen) *Strukturen* in Abgrenzung zu anderen *Strukturen* erkannt und darüber deren Orientierungs- und Ordnungsfunktion offengelegt werden. Die Beobachtung zweiter Ordnung kann eine Selbstbeobachtung sein, kann sich aber auch auf die *Strukturen* anderer *Systeme* beziehen. Formal funktioniert die Beobachtung zweiter Ordnung als re-entry, sie kommt also dann zustande, wenn die (eigene) Anwendung der *Strukturen* im (Medien-)*Handeln* beobachtet wird.[493]

Lässt sich die Beobachtung selbst – das Treffen einer Unterscheidung – auf der Ebene der Beobachtung erster Ordnung verorten, so wird dem Beobachter im re-entry diese Unterscheidung bewusst. In den ‚What-If-Szenarien' können dann nach Martina Leeker markierte und benannte Unterscheidungen vom Beobachter als solche erkannt und dem Beobachter darüber die eigene Beteiligung in diesem Prozess deutlich werden.

> *„Im Kontext der Kultur der Datenkritik stehen die What-if-Szenarien mithin zum einen für das Erlangen einer speziell für digitale Kulturen ausgelegten performenden ‚Kritik im Innen / aus dem Drin-Sein' heraus die als Antwort auf den Verlust kritischer Distanz zu verstehen ist."*
> *[KPP40_Leeker_2018:24:1143]*

493 Die formale Übersetzung des re-entry in den Gleichungen George Spencer-Browns wird in Draw a distinction – Aller Anfang ist Differenz [4.1.1.1] eingeführt und die daraus abgeleiteten Folgerungen dargestellt und für den weiteren Verlauf der Forschungsarbeit produktiv gemacht.

Kontextualisierte affirmative *Formen* können systemisch nur im Bewusstsein der eigenen Involviertheit in die Aushandlungsprozesse von Mehrsystemzugehörigkeiten entstehen. Erfolgt die Beobachtung zweiter Ordnung ohne Kreuzen, kommt es zur Sicherung der eigenen Identität, wird die Grenze des eigenen *Systems* hingegen überschritten/gekreuzt, kann dies zu Kontextualisierungen und Distanzierungsversuchen führen.[494] In ‚What-If-Szenarien' soll es vor allem um das bewusste Übertreten und Prüfen der eigenen Systemgrenzen und das Kreuzen der Differenz gehen und nicht um das Festschreiben und Verstärken vorhandener *Strukturen.*

> *„So entstehen Fragilität, Zauderei sowie Queer-Feeling, um Handlungsketten zu unterbrechen und statt Meinungs-Eskalationen Problemlösungen wieder interessant werden zu lassen."*
> *[KPP40_Leeker_2018:24:1811]*

Diese tiefgreifende Auseinandersetzung mit den *Strukturen* um *Kommunikation* und den Bedingungen von Wirklichkeit(en) ist systemisch betrachtet genau der notwendige Prozess, um die *Strukturen* der Informationsverarbeitung selbst zu verändern und zu transformieren. *Psychische Systeme* prozessieren Informationen entlang ihrer *Erwartungsstrukturen.* Diese *Strukturen* und *Erwartungen* legen (wahrscheinliche) Anschluss-kommunikationen bzw. -gedanken fest, bestimmen welche Erkenntnisse aus Informationen gewonnen werden und welche Handlungen aus diesen folgen. Die ‚What-If-Szenarien' sind dann *Enttäuschungen* von *Erwartungen*[495]; *Irritationen,* die die *Komplexität* der *Umwelt* für das *System* wieder offenhalten und kognitives *Lernen* des *Systems* ermöglichen. In Situationen, die ohne die Komplexitätsreduzierungs-mechanismen der Alltagskommunikation auskommen müssen, werden die *Strukturen* um *Kommunikation,* werden Kulturalität, Medialität und Normativität porös und für die beteiligten Akteur:innen erfahr- und reflektierbar. Das *System lernt,* besetzt entstandene Leerstellen und strukturiert über neue *Formen* das systeminterne Netzwerk neu.

> *„What-if-Szenarien verbinden folglich Reflexion und Spekulation als Basis für konkretes Um-Denken und die Konstruktion von Alternativen."*
> *[KPP40_Leeker_2018:25:258]*

494 So lassen sich beispielsweise die Phänomene der ‚Echokammern' oder ‚Filterbubbles' (Jörger und Lahn 2018) und die Schwierigkeiten der Eingrenzung in einem ‚digitalen Tribalismus' (Seemann 2017a) unter dieser systemischen Perspektive als Beobachtung zweiter Ordnung ohne Kreuzen beschreiben. Durch die Wiedereinführung der systeminternen Operationen im re-entry – dem ‚kritischen' Prozessieren von *Kommunikation* – fällt die (vermeintliche) Reflexion in der Beobachtung zweiter Ordnung mit der Unterscheidung selbst zusammen und führt damit schlussendlich zur Sicherung der eigenen Identität und Festigung der systeminternen *Strukturen.* Dies kann womöglich wiederum die wahrgenommene Differenz zu anderen Systemen steigern und diesen Prozess darüber hinaus noch begünstigen.

495 Wie ein *System* über die *Enttäuschung* von *Erwartungen* lernen kann, wird in [Neue] Formen [4.2.2.2] erläutert.

Die ‚What-If-Szenarien' regen dann ebenso zur Sinnsuche an, wie *Kunst* dies tut. Sie provozieren *Enttäuschungen* von *Erwartungen*, tun dies aber über Distanzierungen und Kontextualisierungen im Modus der Beobachtung zweiter Ordnung.

> *„Denn What-if-Szenarien lassen in der überzogenen Affirmation Bekanntes [...] fremd werden und ermöglichen in der Fremdheit Befremden und damit Distanz für Reflexion."*
> *[KPP40_Leeker_2018:24:1462]*

Die neuen kontextualisierten affirmativer *Formen* sollen aber nicht direkt als neue Orientierungen und Ordnungen in das *soziale System Gesellschaft* (wieder-)eingeführt werden. Die ‚What-If-Szenarien' dienen vielmehr als Labore, als Versuchsgebiete für Spekulationen über mögliche Alternativen und (neue) Handlungsmöglichkeiten. Erforscht werden sollen laut Martina Leeker Kontextualisierungen und Distanzierungsversuche des (eigenen) *Systems* im Horizont der (eigenen) Bezugssysteme und -zusammenhänge. Im Modus der Beobachtung zweiter Ordnung, mit neuen Blicken auf sichergeglaubte Gewissheiten, sollen die (eigenen) unbewussten *Strukturen* und Prägungen explizit gemacht werden.

> *„Mit dem What-if wird dagegen in einem postspektakulären Format eine hypothetische Welt in möglichst vielen Facetten durchlebt, getestet und reflektiert."*
> *[KPP40_Leeker_2018:25:689]*

Im Experiment, in der praktischen Spekulation, sollen die (eigenen) Bezeichnungen und Zuschreibungen reflektiert, die *Strukturen* um *Kommunikation* hinterfragt und gleichzeitig Alternativen aufgezeigt werden. Trotz der damit verbundenen Risiken braucht es dieses Öffnen für das Neue, für das Unbekannte in kontextualisierten affirmativen *Formen*, um die (Weiter-)Entwicklung systeminterner *Strukturen* anzuregen und aktiv-gestalterische Teilhabe am *sozialen System Gesellschaft* zu unterstützen.

> *„Statt nur um Kritik oder unreflektierte Partizipation geht es mithin um die Produktion und Durchsetzung anderer Infrastrukturen."*
> *[KPP40_Leeker_2018:28:1595]*

> *„Aus einer affirmativen oder auch kritischen Vermittlung an technische Existenz wird eine Veränderung von deren Bedingungen."*
> *[KPP40_Leeker_2018:28:1728]*

Die ‚What-If-Szenarien' und die über sie gefundenen neuen kontextualisierten affirmativen *Formen*, ermöglichen das Identifizieren von Mehrsystemzugehörigkeiten. Die oszillierende Identität manifestiert sich in der komplexen *Kommunikation* und ist die prägende Artikulationsform für die ‚nächste *Gesellschaft*'. Im Kontext der Prozessierung von *Sinn* und multisystematischer Zusammenhänge hat sich der Umgang mit Wissen fundamental verändert. Jeder/m Teilnehmer:in des globalen Netzwerks stehen in postdigitalen Wissensstrukturen grundsätzlich alle Ressourcen zur Verfügung – vorausgesetzt die/der Teilnehmer:in besitzt die Fähigkeiten und Möglichkeiten auf diese zuzugreifen und diese zu ver-/bearbeiten. Dieses Überangebot an Inhalt, muss selektiert und geordnet werden. Die alten (medialen) Autoritäten werden von der (eigenständigen) Auswahl von Inhalten aus dem Netzwerk abgelöst.

> *„So lösen sich mit ihnen [der Big-Data-Systeme | W.N.] z. B. unterkomplexe Ordnungen nach dem Prinzip von Ursache und Wirkung auf und die Welt wird nach einer Ordnung der Korrelationen und damit einer komplexen Vielheit von Möglichkeiten re-konfiguriert."*
> *[KPP40_Leeker_2018:30:1790]*

Im Modus der Beobachtung zweiter Ordnung werden diese (eigenen) Selektionen reflektiert. Die eigenen Selektionsprozesse und Wahrnehmungspraktiken werden dann ebenso kontextualisiert, wie der grundsätzliche Horizont der Selektionsprozesse der ‚unsichtbaren Maschine' und der *Komplexität* von *Kommunikation*. Die eigenen Selektionen zur Prozessierung von *Sinn* artikulieren sich immer im Kontext der (Vor-)Selektionsprozesse anderer beteiligter (nicht-)menschlicher Akteur:innen. Diese Reflexionsleistung und -fähigkeit gilt es dann situationsunabhängig einsetzen zu können, sollen sowohl das (eigene) *Handeln*, als auch das *soziale System Gesellschaft* insgesamt reflektiert und Kulturalität, Medialität und Normativität aufgebrochen werden.[496] Das Finden neuer kontextualisierter affirmativer *Formen* vollzieht sich dann eben nicht im Berücksichtigen vorgegebener kritischer Handlungsanweisungen und Fragen, sondern ist ein besonderer Verarbeitungsmodus. Dieser nimmt die (eigenen) *Strukturen* im Modus der Beobachtung zweiter Ordnung wahr und hält *Systeme* – *psychische* wie *soziale* – offen für kognitives *Lernen*.

496 So werden die ‚kritischen' und ‚reflektierenden' Inhalte von schulischen Distanzierungsversuchen, aber auch außerschulischen Angeboten, im Kontext (medien-)pädagogischer ‚Medienkritik' häufig direkt und ‚unkritisch' vorgegeben. Anstatt die eigenen *Strukturen* zunächst erfahr- und wahrnehmbar zu machen, sollen die Inhalte von den Lernenden (scheinbar) ‚unkritisch' verarbeitet und aufgenommen werden.

## 4.2.6 Fokus Räume

*Von (Kunst-)Räumen und MakerSpaces*

*Kunst* befasst sich seit jeher mit Raum. Sei dies der durch sie dargestellte und abgebildete Raum[497] oder der konkrete Raum, in dem/für den sie entsteht.[498]

Bei der expliziten Beschreibung des Raumes für den ‚medialen Anfangsunterricht' wird auf eine andere Konstante in der Auseinandersetzung mit Raum in der *Kunst* zurückgegriffen – das Atelier[499]. Das Atelier wird/wurde lange als das Zentrum künstlerischer Handlungen und damit als Sinnbild für den Schaffensraum und die Wirkungsstätte von Künstler:innen verstanden.[500] Äquivalent zum Ideal der Künstlerin oder des Künstlers und der allgemeinen Kunstorientierung des Kunstunterrichts folgend, wurden die (Fach-)Räume, in denen dieser Unterricht stattfindet, dann auch als Ateliers begriffen, entsprechend eingerichtet und für den Kunstunterricht genutzt. Ein prägendes Konzept im deutschsprachigen Raum in diesem Zusammenhang, welches an dieser Stelle kurz dargestellt – und anschließend aktualisiert – werden soll, ist das Werkstatt-Konzept.

Das Werkstatt-Konzept für den Kunstunterricht wurde im Wesentlichen in den 60er und 70er Jahren des 20. Jahrhunderts aufgegriffen und bedeutete eine generelle Öffnung des Unterrichts in der Schule. Etabliert wurden *Formen* wie das Stationenlernen aber auch didaktische *Formen* und Formate, in denen die Schüler:innen sowohl Tempo, Zeitpunkt als auch Sozialform selbstständig wählen können und die Lehrkraft lediglich die Rahmungen setzt und darüber die selbstständige Auseinandersetzung mit dem Thema begleitet. Es wird ein Material- und Technikangebot zur Verfügung gestellt, auf welches die Schüler:innen zur Bearbeitung von (eigenen) Fragestellungen zurückgreifen können. Mit dem Fokus auf Prozessorientierung und

497 Die Auseinandersetzung mit Raum im Bild wird durch die Zentralperspektive bestimmt. Diese lässt sich – in Anlehnung an Erwin Panofsky – als gesellschaftliche Konvention zur zweidimensionalen Darstellung von Räumlichkeit begreifen. Damit ist die Zentralperspektive eine symbolische Form, welche keine Abbildung ist, sondern ein aktiver Prozess der Bedeutungszuschreibung und -bildung. Diese Form ist demzufolge auch Ausdruck für eine Geisteshaltung, die sich „[...] mit gleichem Recht als ein Triumph des distanzierenden und objektivierenden Wirklichkeitssinns und als Triumph des distanzverneinenden menschlichen Machtstrebens, ebenso wohl als Befestigung und Systematisierung der Außenwelt, wie als Erweiterung der Ichsphäre begreifen [...]" (Panofsky. 1927, S. 123–124) lässt.

498 So stellt bei den Verhandlungen von Raum in der *Kunst* beispielsweise der öffentliche und politische Raum einen Schwerpunkt dar. Zum einen bringen Künstler:innen neue Orientierungen und Forschungs-gegenstände in den öffentlichen Raum ein und zum anderen werden etablierte gesellschaftliche *Formen* im Kontext von Architektur und Ausstellungen immer wieder neu besetzt. „Das Ziel der Aktivitäten ist die Schaffung einer neuen Aufmerksamkeit für lokale Identitäten, die Anregung eines öffentlichen Dialogs, die Ausbildung eines Bewusstseins für Funktionen des öffentlichen Raumes, die Erforschung der Beziehungen zwischen persönlichen und gesellschaftlichen Interessen und die Entwicklung einer künstlerischen Praxis, welche gleichzeitig Forschung und Interaktion ist." (REINIGUNGSGESELL-SCHAFT (RG). 2013, S. 80). Gewonnen werden soll „ [...] Erkenntnis über die Instabilität und Veränderbarkeit urbaner Codes [...]" (Eschment. 2015, S. 99).

499 Aus dem Französischen stammend und ins Deutsche übersetzt etwa ‚Werkstatt' meinend (deepL Translate).

500 Mongi-Vollmer 2011.

selbstgesteuertes Forschen und Experimentieren soll mit dem Werkstatt-Konzept gar eine grundsätzliche Veränderung schulischen Lernens erfolgen; weg vom (Auswendig-)*Lernen* von Informationen und hin zu einer aktiven Wahrnehmung und handelnden Aneignung von Wirklichkeit.[501] Die Werkstatt soll dabei nicht nur die Involviertheit der Schüler:innen in ihr ästhetisch-praktisches Tun gewährleisten, sondern wird selbst zum künstlerischen Ort, zum begehbaren und interaktiv kommunizierbaren Kunstwerk.

Aktualisiert wird dieses Konzept mit den MakerSpaces, den Werkstätten des 21. Jahrhunderts. Die Making-Bewegung oder auch Making-Kultur ist eine weltweite Gemeinschaft, deren Mitglieder verschiedenste Prototypen, Maschinen und Roboter selbst entwickeln und ihre Inspirationen und Expertisen mit der Gemeinschaft und der Welt teilen. Gemeinsam wird gecodet, programmiert, gehackt, aber auch geschraubt, geklebt und genäht.
1998 nahm die Bewegung ihren Anfang am MIT in Boston mit dem von Neil Gershenfeld organisierten und abgehaltenen Seminar ‚how to produce (almost) anything'. Gemeinsam mit seinen Studierenden untersuchte Gershenfeld die Möglichkeiten der Herstellung von Prototypen und Kleinstserien und bezeichnete anschließend die Potenziale der persönlichen Fabrikation als ‚New Digital Fabrication Revolution'.[502] Mit der Entwicklung der sogenannten FabLabs und der damit einhergehend Verbreitung des Making-Konzepts wuchs das Konzept zu einer weltweiten Bewegung. In den meisten größeren Städten gibt es heute FabLabs, MakerSpaces oder Repair Cafés, in denen sich Gleichgesinnte zum gemeinsamen Austausch, Reparieren und Schrauben treffen.[503] Gemeinsam entsteht eine Möglichkeit des bezahlbaren Prototypings, der Herstellung von Kleinstauflagen – meist Einzelstücke – und dem weltweiten Austausch von Blueprints und Entwürfen. Durch diesen Prozess erfolgt eine Ermächtigung der Vielen im Produktionsprozess von Gütern, wodurch Making auch immer eine gesellschaftliche Dimension erhält. Diese wird von der Community auch betont und kommuniziert, was sich beispielsweise in der Verwendung von Begriffen wie ‚Revolution' oder dem Verfassen von Manifesten zeigt.[504] Aus dem eigenen Verhältnis zur Technologie und dem Verhältnis zu sich selbst und zur Welt soll auch eine neue Perspektive auf das *soziale System Gesellschaft* entstehen.

501 Vgl. Kirchner 2005, S. 9–12.

502 Gershenfeld 2012.

503 Vgl. Schön et al. 2016, S. 8.

504 Hier gilt es anzumerken, dass die Maker-Bewegung in sich keine homogene Gruppierung ist und Begrifflichkeiten immer auch Macht- und Einflussstrategien widerspiegeln. Dennoch soll hier kurz auf das Maker-Movement-Manifesto von Mark Hatch (2014) eingegangen werden, da es grundlegende Punkte der Bewegung bündelt. Mark Hatch stellt neun Aspekte des Makings heraus: Make (die selbstständige Herstellung von Artefakten); Share (das Teilen von Wissen, Materialien, Werkzeugen); Give (anderen Personen/Gegenständen die persönliche Aufmerksamkeit widmen); Learn (das Öffnen für Neues und die Bereitschaft etwas zu lernen); Tool up (die gemeinsame Verwendung von Werkzeug und Technologie); Play (die spielerische Umsetzung von Ideen und Konzepten); Participate (die Teilhabe an einer Gemeinschaft und gemeinsamen Lern- und Produktionsprozessen); Support (die Unterstützung anderer); Change (die gesellschaftliche Dimension des Makings und die Veränderung der Art und Weise mit der Welt umzugehen)

Die besondere *Form* der Selbsterfahrung und des kreativen Ausdrucks im eigenständigen Vorgehen und Selbermachen greifen Henrike Boy und Gerda Sieben auf und formulieren ihr Konzept des ‚Pädagogischen Makings‘, um die Potenziale der Maker-Bewegung pädagogisch produktiv zu machen.

### 4.2.6.1 Pädagogisches Making I Henrike Boy & Gerda Sieben

Das Konzept des ‚Pädagogischen Makings‘ entstand aus dem Praxisforschungsprojekt ‚Fablab mobil‘, welches 2015 im Kontext des größeren Projektzusammenhangs ‚*Kunst* & Kabel‘ angesiedelt wurde.[505] Im Projekt wurde die systematische Umsetzung und Evaluation von Making Workshops in der außerschulischen Praxis beforscht und auf mögliche Bildungspotenziale hin untersucht.[506] Geleitet wurde das Projekt von Gerda Sieben und Henrike Boy. Sieben ist seit 2007 Leiterin des jfc Medienzentrums e.V. in Köln und Henrike Boy leitet am jfc Medienzentrum den Projektbereich ‚*Kunst* & Kabel‘.
Die Projektergebnisse, aber auch der größere Forschungszusammenhang ‚*Kunst* & Kabel‘, wurde 2017 im kopaed-Verlag veröffentlicht.[507] Aus dieser Veröffentlichung stammt die Darstellung der Forschungsergebnisse, die im Folgenden für den ‚medialen Anfangsunterricht‘ systemisch gelesen und produktiv gemacht werden sollen. Für das Projekt wurden insgesamt sieben Making Workshops durchgeführt, analysiert und mithilfe der Ground Theory ausgewertet und darüber zu zentralen Aspekten zusammengeführt. Diese Aspekte dienen als Orientierungspunkte für die systemische Lesart des entwickelten Konzeptes des ‚Pädagogischen Makings‘.

‚Selbermachen‘ - Das (angeleitete) Finden neuer *Formen*

Der erste Aspekt des ‚Pädagogischen Makings‘ ist das ‚Selbermachen‘. Dieser Aspekt fokussiert die handlungsorientierte und kreative Auseinandersetzung mit (neusten) Technologien und Herstellungsmethoden. Ist die Informationsaufnahme und -verarbeitung in den meisten (schulischen) Szenarien durch tendenziell passive Reiz-Reaktions-Muster gekennzeichnet, soll durch das ‚Selbermachen‘ ein aktiver und handlungsorientierter Prozess

505 jfc Medienzentrum e.V. 2020.

506 Zwar wurde das Projekt im außerschulischen Kontext durchgeführt, die Ergebnisse können aber Anregungen und Perspektiven auch für schulische pädagogische Settings liefern. Die im Folgenden verwendete Bezeichnung ‚Teilnehmer:innen‘ lässt sich daher gedanklich auch mit ‚Schüler:innen‘ austauschen und übersetzen. Die Workshop-Leiter:innen sind in den Ausführungen von Gerda Sieben und Henrike Boy als Teamer:innen bezeichnet.

507 Boy und Sieben 2017.

der Wissensproduktion angestoßen werden. Um das ‚Selbermachen' zu klassifizieren, schlagen die Autorinnen ein dreistufiges Modell vor:

(i) „Kategorie 1: Produktideen (ohne Hinweis auf Herangehensweise) werden von Teamer:innen vorgeschlagen und von den Teilnehmer:innen selber gemacht/ umgesetzt (frei)."
[Boy_Sieben_2017_50-67:6:1789]

(ii) „Kategorie 2: Making-Produkte (mit Anleitung zur Herangehensweise) werden von den Teamer:innen vorgegeben und von den Teilnehmer:innen selber gemacht/umgesetzt (halbfrei)."
[Boy_Sieben_2017_50-67:6:1957]

(iii) „Kategorie 3: Herangehensweisen zur Erstellung von Making-Produkten werden vorgegeben/ Schritt für Schritt angewiesen und von den Teilnehmer:innen selber nachgemacht (unfrei)."
[Boy_Sieben_2017_50-67:6:2134]

Die Klassifizierung zeigt, dass die Teilnehmer:innen bei höherer wahrgenommenen Involviertheit in die Projektergebnisse zunehmend „[…] interessiert, fokussiert und entspannt waren und sich durch äußere Umstände nicht ablenken ließen" [Boy_Sieben_2017_50-67:7:5555]. Gleichzeitig verdeutlichen die Ergebnisse, „[…] dass die Teilnehmer:innen bei aktiver Beteiligung und Erfüllung ihrer Bedürfnisse Selbstwirksamkeitserfahrungen *erleben*, unabhängig davon, was und wie viel sie selber machen" [Boy_Sieben_2017_50-67:9:3505]. Laut Autorinnen ist das entscheidende Kriterium daher die wahrgenommene Beteiligung und Aktivierung der Teilnehmer:innen im ‚Selbermachen'. Ob und inwiefern die Aufgabenstellung dabei von den Teamer:innen vorgegeben wird, scheint für die wahrgenommene Selbstwirksamkeitserfahrung nicht von zu großer Bedeutung zu sein.

> *„Es scheint also für pädagogisches Making sinnvoll zu sein, zu beachten, dass Selbstwirksamkeitserfahrungen nicht so sehr vom Grad des Selbermachens abhängen, sondern davon, wie die TeilnehmerInnen aktiv eingebunden sind, ob sie Inspiration und Unterstützung erleben, ob die Produkte ihren Bedürfnissen entsprechen und sie Anerkennung dafür bekommen."*
> *[Boy_Sieben_2017_50-67:9:3917]*

Angestrebt wird von den Autorinnen für das Konzept des ‚Pädagogischen Makings', dass die Teilnehmer:innen sich frei eigenen Aufgabenstellungen und Projekten widmen, jedoch können sie bei Schwierigkeiten bei diesem Prozess auch unterstützt werden. Offene Fragestellungen können für die Teilnehmer:innen schnell überfordernd wirken, weshalb eine stufenweise Öffnung der Formate von den Autorinnen vorgeschlagen wird. Schrittweise entwickelt werden soll eine Offenheit für das Neue sowie das Erkennen und Nutzen der eigenen Handlungsmöglichkeiten. Im Horizont der komplexen *Kommunikation* ist dies vor allem auch der Umgang mit Überforderung und Planlosigkeit und der Erhalt einer grundlegenden Handlungsfähigkeit. Intransparente Kommunikationsprozesse, die überwältigende Technik und *Komplexität* von Maschinen, Abläufen und Produktionsprozessen, macht ein Anfangen schwer, benötigt Schutzräume des Ausprobierens und Erforschens. Über die *Irritation* der eigenen *Erwartungen*, das Wahrnehmen der eigenen *Strukturen* aber auch Möglichkeiten, kann es zu einer zunehmenden Aktivierung der Teilnehmer:innen kommen[508]. Die schrittweise Reduzierung der Planlosigkeit, das gemeinsame Durchdringen der *Komplexität* in immer neuen Prototypen und das Erstellen eines (be-)greifbaren Produktes, markiert dann einen handlungsorientierten (neuen) Modus im Umgang mit den komplexen kommunikativen Artikulationsformen. Das Finden neuer *Formen* und Anschlusskommunikationen besteht damit (zunehmend) im Sich-ablenken-lassen, der Möglichkeit unterschiedlichen Ideen nachzugehen und im Ausprobieren dieser zu neuen Handlungsmöglichkeiten und -alternativen zu kommen.[509] Die *Irritation* der (eigenen) Grenzen, der eigenen *Erwartungen* über das eigene Können, werden – im besten Fall – in selbstgesteuerten Lernprozessen und Projektarbeiten immer wieder aufs Neue provoziert und in neue *Strukturen* überführt. Die Teilnehmer:innen erfahren im ‚Selbermachen', durch das Schaffen von (eigenen) Produkten und dem Entwickeln von (eigenen) Interessen, Konzepten und Projekten, eine hohe Selbstwirksamkeit und *lernen* aktuellste Fabrikationsmöglichkeiten und Technologien kennen.

#### ‚Technikaneignung', ‚Zusammenarbeit' und ‚gesellschaftlicher Gestaltungswille' – Lernende *Systeme*

Für das (angeleitete) Finden neuer *Formen* im ‚Selbermachen' benötigen die Teilnehmer:innen Fähigkeiten und Fertigkeiten im Umgang mit den aktuellen Artikulationsformen komplexer *Kommunikation*. Um aktiv neue *Formen* zu finden – und diese ggf. sogar als neue Ordnungen und Orientierungen ins *soziale System Gesellschaft* einführen zu können[510]

508 *Irritationen* sind ein perturbativer Bestandteil in *Systemen* und deren Möglichkeit zu *Lernen*. Dies wird in [Neue] Formen [4.2.2.2] im Kontext von *Strukturen* und *Erwartungen* dargestellt.

509 Noll 2017.

510 Wie dies zuvor in der Position von Torsten Meyer in Next Art Education | Torsten Meyer [4.2.5.2] gezeigt wurde.

– müssen sie mit den Operationen des *Systems* umgehen können. Der Aspekt der ‚Technikaneignung' fokussiert in diesem Zusammenhang zum einen ein umfassendes Wissen über die *Strukturen* um *Kommunikation* und zum anderen auch ein fundiertes Verständnis der neuesten Bedien- und Fabrikationsmöglichkeiten. Gerda Sieben und Henrike Boy zeigen, dass eine hohe Involviertheit in die (eigenen) Projekte bei den Teilnehmer:innen dazu führt, dass sie „[...] Motivation für die Aneignung von Technik" [Boy_Sieben_2017_50-67:14:1892] entwickeln. Diese wird sich „[...] autodidaktisch durch eigenmotivierte Handlungsweisen" [Boy_Sieben_2017_50-67:14:1967] angeeignet. Die Teilnehmer:innen greifen bei der Aneignung auf das Wissen der Teamer:innen zurück, die als Expert:innen fungieren. Gerade spezifische Techniken sowie Herstellungs- und Verarbeitungsprozesse eignen sich die Teilnehmer:innen „[...] durch Einführungen der Teamer:innen an" [Boy_Sieben_2017_50-67:14:2066]. Das Finden neuer *Formen* im Aspekt ‚Selbermachen' baut auf den erlernten und erworbenen Fähigkeiten und Fertigkeiten im Aspekt ‚Technikaneignung' auf. Die Autorinnen konnten darüber hinaus zeigen, dass die „Teilnehmer:innen [...] eigene Produktideen durch ein erweitertes Verständnis von Technik" [Boy_Sieben_2017_50-67:14:2146] entwickeln und sich damit die eigenen Handlungsmöglichkeiten direkt mit den erworbenen Fähigkeiten erweitern. Zwar ist für die Teilnehmer:innen das vorrangige Ziel die Herstellung eines Produktes, eines (be-)greifbaren Objektes, jedoch sind die dabei entwickelten Fähigkeiten wesentlich zentraler im Zielhorizont des ‚Pädagogischen Makings'.

Der Erwerb dieser Fähigkeiten findet bei den Teilnehmer:innen nicht isoliert von den jeweils anderen Teilnehmer:innen statt. Der Aspekt der ‚Zusammenarbeit' ist in der Making-Bewegung generell sehr bedeutsam, lassen sich viele Projekte nur als Team und mit einer guten Kooperation und Kollaboration fertigstellen. Durch die besondere Situation in der von Gerda Sieben und Henrike Boy durchgeführten Studie, sind vor allem die Teamer:innen „[...] erste und wichtige Ansprechpartner:innen bei Fragen und bieten wichtige Orientierungspunkte für die Teilnehmer:innen" [Boy_Sieben_2017_50-67:10:1645]. Darüber hinaus „[...] unterstützen sich [die Teilnehmer:innen | W.N.] untereinander und verhalten sich als Expert:innen" [Boy_Sieben_2017_50-67:10:1497]. Erworbene Kenntnisse über die Funktionsweise von Maschinen, Verarbeitungs- und Produktionstechniken werden geteilt und an andere Teilnehmer:innen weitergegeben. Das Wissen zirkuliert zwischen den Teilnehmer:innen und findet und verändert darüber stetig seine (neue) *Form*. Die komplexen Projekte und Aufgabenstellungen werden vom Raum – vom Netzwerk der agierenden Akteur:innen – bearbeitet und gelöst. Wissensproduktion und Fertigstellung der Projekte und Produkte sind nicht beschränkt auf einzelne Akteur:innen. Die *psychischen Systeme* sind (zunehmend) in gegenseitiger Abhängigkeit strukturell mit ihrer jeweiligen *Umwelt* gekoppelt. Erst in und über diese Kopplung, im zirkulären Austausch mit anderen, wird Wissen möglich. Wissen wird damit (zunehmend) ein Prozess, der im stetigen Werden immer neue fluide

*Strukturen* um *Kommunikation* generiert. Diese kollaborativen Prozesse von Wissen und die wahrgenommene Erweiterung der eigenen Handlungsfähigkeit sind eng mit einem grundlegenden und gemeinsamen ‚gesellschaftlichen Gestaltungswillen' verbunden.
Die Teilnehmer:innen der Workshops sehen zum einen den persönlichen Nutzen von Making, erkennen aber auch den „[…] gesellschaftlichen Nutzen von Making […]" [Boy_Sieben_2017_50-67:19:2341] und die Möglichkeit sich mit den erworbenen Fähigkeiten öffentlich einzubringen.

> *„Making als Partizipationsmöglichkeit erkennt auch ein/e andere/r Kooperationspartner:in, der/die betont, dass die Einrichtung: „(bisher) noch nie irgendwie eine Methode gefunden (hat), die so schnell dazu beigetragen hat, dass die Kinder und Jugendlichen merken, welche Möglichkeiten zur Mitsprache, zur Teilhabe sie quasi haben können. Dass sie dann Möglichkeiten haben, auch aktiv Dinge mitzugestalten, das haben die auf jeden Fall im Rahmen des Projekts schon (ge)lern(t), also das ist also ein Ding, was erreicht wurde."*
> *[Boy_Sieben_2017_50-67:22:7708]*

In diesem Verständnis kann im ‚Pädagogischen Making' eine Teilhabe an der globalen Prozessierung von *Sinn* im *sozialen System Gesellschaft* gefördert werden.

> *„Fasst man den Zuwachs an Autonomie und nachhaltigem Interesse an Making als individuelle Aktivierung auf, zeigt sich hier eine wichtige Vorstufe zu gesellschaftlichem Gestaltungswillen."*
> *[Boy_Sieben_2017_50-67:23:1678]*

Diese Teilhabe an *Gesellschaft* bedarf der Fähigkeiten und des Wissens zum Erkennen und Anwenden der *Strukturen* um *Kommunikation*, aber auch der Möglichkeit zum Finden neuer *Formen*, die zielgerichtet in die *Kommunikation* eingreifen und diese mitbestimmen. ‚Pädagogisches Making' ist dann, wie zu Beginn dieses Abschnittes im Kontext der Making-Bewegung formuliert, eine Ermächtigung der Vielen, die Diskurse und *Formen* von *Kommunikation* im *sozialen System Gesellschaft* zu kontrollieren.

## 4.2.7 Fokus Grundschule

*Kunst als Übungsfeld des Denkens*

Den dritten Schwerpunkt der ausgewählten kunstpädagogischen Positionen stellen zwei Veröffentlichungen im Fokus Grundschule dar. Sowohl Andreas Brennes ‚Künstlerisch-ästhetische Forschung'[511] als auch Wolfgang Leglers Ausführungen im Kontext von ‚*Kunst* und Kognition'[512] thematisieren ebenso grundschulspezifische Fragestellungen um Persönlichkeits- und Interessenbildung, wie auch grundlegende Überlegungen im Zusammenhang mit tiefgreifenden Lernprozessen. Auch wenn beide Veröffentlichungen nicht direkt auf die Digitalisierung und aktuelle mediale Artikulationen Bezug nehmen, sollen sie in Bezug auf ihre allgemeine Auseinandersetzung mit den Potenzialen von *Kunst* für die Lernprozesse von Schüler:innen im Grundschulalter im Folgenden systemisch gelesen werden. [513]

### 4.2.7.1 Künstlerisch-Ästhetische Forschung | Andreas Brenne

Wie bereits mithilfe der entwickelten Perspektive herausgearbeitet und anhand der vorherigen untersuchten Positionen gezeigt, lassen sich tiefgreifende Lernprozesse von *Systemen* als *Enttäuschung* von *Erwartungen* systemisch beschreiben.[514] Erfolgt die Informationsaufnahme und -verarbeitung der Alltagskommunikation anhand von *Strukturen*, so werden über *Irritationen* auch überraschende Ereignisse in der *Umwelt* mit in das *System* aufgenommen. Diese können zu einer Veränderung der systeminternen Erwartungsstrukturen – den Selbst- und Weltverhältnissen – führen und darüber die Informationsaufnahme und -verarbeitung verändern. Andreas Brenne stellt in diesem Zusammenhang jeden tiefgreifenden Lernprozess eines *psychischen Systems* – ohne systemischen Kontext häufig als Bildung bezeichnet – als Prozess ästhetischer Wahrnehmung und Bildung dar.

511 Brenne 2019.

512 Legler 2005.

513 Die Kontextualisierung der zwei untersuchten Positionen im Fokus Grundschule wird in Entknoten [3.4] im Zusammenhang der gesamten Forschungsarbeit dargestellt.

514 Wie *Systeme* über die *Enttäuschung* von *Erwartungen* lernen können, wird in [Neue] Formen [4.2.2.2] erläutert. Möglichen Potenzialen aktueller Verhandlungen im Kontext *Kunst* beim bewussten erzeugen dieser *Irritationen*, wird in Next Art Education | Torsten Meyer [4.2.5.2] und (Ästhetische) Vermittlung 2.0 | Martina Leeker [4.2.5.3] nachgegangen.

## Bildung als Ästhetische Bildung

*Strukturen* und *Erwartungen* machen die *Komplexität* des Alltags für *psychische Systeme* ertrag- und bearbeitbar. Wird *Kommunikation* entlang dieser *Erwartungen* prozessiert, kommt es zur reibungslosen Verarbeitung von Information, kann das *psychische System* relativ mühelos den Alltag mit all den darin vorkommenden kommunikativen Herausforderungen meistern.[515] Erst in der *Irritation*, in der *Enttäuschung* der *Erwartungen*, können die eigenen *Strukturen* wieder wahrgenommen werden, wird die *Komplexität* der *Umwelt* für das *System* wieder präsent.

> *„Bildung reduziert sich nicht auf die Anpassung an sozio-ökologische Gegebenheiten, sondern ist als dekonstruktive und produktive Entwicklung sinnstiftender Perspektiven im Kontext einer vermittelten Lebenswelt zu verstehen."*
> *[KPP47_Brenne_2009:11:209]*

Kognitives *Lernen* findet in Situationen statt, in denen die Reduktionsmechanismen des Alltags ausgeschlossen werden. Dieser Modus besonderer Aufmerksamkeit gegenüber den eigenen *Strukturen* ist damit eine Sensibilisierung gegenüber den ‚ästhetischen Weltverhältnissen' und ermöglicht transformative Erfahrungen, ausgelöst durch erwartungstransgressive Erlebnisse.[516] Für Andreas Brenne steht damit fest: „Kinder bilden sich von Anfang an – und zwar ästhetisch" [KPP47_Brenne_2009:11:132]. Beobachten ließe sich dies an den (medialen) Artikulationsformen, den gefundene Anschlusskommunikationen, der Schüler:innen.

> *„Derartige Prozesse [Bildungsprozesse und Modellbildung | W.N.] sind in hohem Maße ästhetisch aufgeladen. Dies zeigt sich bereits in der frühen Kindheit im Hang zur expressiven und transmedialen Artikulation leibsinnlicher Erfahrungen, zu denen Sprache, Bewegungsformen, Bilder, Erzählungen sowie Klänge zählen."*
> *[KPP47_Brenne_2009:11:1358]*

> *„Diese Formen kindlicher Äußerungen sind keine vordergründigen Symbolisierungen von Affekten, sondern Versuche, die Realität zu deuten und sie sich produktiv anzueignen."*
> *[KPP47_Brenne_2009:11:1637]*

515 Mit einem institutionellen Verständnis von *Kunst*, lässt sich auch *Kunst* und das *Kunstsystem* als Kategorie von Alltagskommunikation beschreiben. Das (schnelle) Öffnen und Verwenden dieser Kategorie kann darüber eine ernsthafte und tiefe Auseinandersetzung mit *Kunst* verhindern und damit auch möglichen Potenzialen in Zusammenhang mit tiefgreifenden Lernprozessen entgegenstehen. Diese Verhinderung von Bildung durch/mit *Kunst* wird in Polemik gegen die Kunstorientierung der Kunstpädagogik | Franz Billmayer [4.2.5.1] diskutiert.

516 Badura 2011.

Kommt es zur *Irritation* und strukturieren *psychische* und *soziale Systeme* ihre *Erwartungen* aufgrund der enttäuschenden Realität um, können neue Anschlusskommunikationen aktualisiert werden und kann entlang neuer *Strukturen* die Informationsaufnahme und -verarbeitung prozessiert werden. Damit sei „ästhetisches Handeln […] eine forschende, das heißt ordnende Tätigkeit […]“ [KPP47_Brenne_2009:12:2103]. In einem konstruktivistischen Akt werden die *Strukturen* des *Systems* (um-)geformt, die bisherigen Selbst- und Weltverhältnisse (neu) geordnet und alte Gewissheiten neu hinterfragt.

> *„Objekte, Konzepte und Ideen sind nicht einfach nur vorhanden, sondern entstehen im Spannungsfeld von Zusammenbruch und Neuschöpfung – und dies ist ein kreativer bzw. künstlerischer Akt.“*
> *[KPP47_Brenne_2009:12:1168]*

Der Beobachter trifft eine Unterscheidung, erkennt eine *Form* und nimmt damit eine Bezeichnung vor. Dieser aktive Prozess des Bezeichnens beinhaltet immer bereits einen Beobachter, da ohne einen Beobachter auch keine Unterscheidung getroffen und damit auch keine Unterscheidung beobachtet werden kann. Die *Form* enthält damit immer auch schon den Beobachter erster Ordnung bzw. kann mit ihr gleichgesetzt werden.[517]

Der Modus besonderer Aufmerksamkeit, dem (Wieder-)Erkennen und Wahrnehmen der ‚ästhetischen Weltverhältnisse‘, greift dann explizit auch andere Perspektiven auf, stellt neue Unterscheidungen und Bezeichnungen zur Verfügung und macht diese als Anschlusskommunikationen wieder zugänglich.

> *„In der Ästhetischen Wahrnehmung verbinden sich individuelle Perspektiven mit dem Blick des ‚Anderen‘.“*
> *[KPP47_Brenne_2009:13:238]*

Die ‚ästhetischen Weltverhältnisse‘ können in vielen und höchst unterschiedlichen Zusammenhängen von *psychischen Systemen* wahrgenommen werden. Ästhetische Wahrnehmung kann zufällig und ungewollt passieren, kann jedoch auch fokussiert werden. *Kunst*, als Provokation von *Enttäuschungen* von *Erwartungen*, kann plausible Präsentationen anderer

517 Die mit diesem konstruktivistischen Verständnis der Erschließung von Realität einhergehende Betonung der Involviertheit des Bezeichnenden in das Bezeichnete, wird grundlegend und im Kontext von George Spencer-Browns Formkalkül in Draw a distinction – Aller Anfang ist Differenz [4.1.1.1] dargestellt.

Realitäten darstellen und darüber neue Anschlusskommunikationen und andere (neue) *Formen* für die Prozessierung von *Sinn* wieder zugänglich machen.[518]

> *„Gefragt ist die Kreativität des „L'Art pour l'Art" und eine kommunikative Neuschöpfung aus dem Vorgefundenen."*
> *[KPP47_Brenne_2009:12:1364]*

Entwickelt werden soll der Möglichkeitssinn und eine grundlegende Offenheit für alles, was möglich sein kann, durch die Komplexitätsreduzierungsmechanismen der Alltagskommunikation aber effektiv ausgeschlossen wurde. Dieser ‚Blick des Anderen', wie Brenne es nennt, erweitert den Blick auf aktualisierte neue/andere Möglichkeiten und eröffnet eine neue Perspektive auf die *Umwelt* und auf alles, was bereits unter anderen Sinnzuschreibungen und Bezeichnungen bekannt war.[519] Im Erschließen potenzieller/virtueller Möglichkeiten sollen neue Handlungsalternativen vor dem Hintergrund der komplexen *Kommunikation* entwickelt werden und als Anschlusskommunikationen aktualisiert werden.

> *„Dadurch wird die Tradition lebendig und kann im Lichte einer aktualisierten Sinnbestimmung verstanden werden."*
> *[KPP47_Brenne_2009:12:1479]*

Diese (neue) Prozessierung von *Sinn* findet im Horizont der komplexen *Kommunikation* aber nicht mehr isoliert statt. Im Netzwerk werden die Bedeutungszuschreibungen unter den unterschiedlichen Akteur:innen ausgehandelt, werden Bezeichnungen, wird Erschließung von Welt, zum kollaborativen Prozess.

> *„Diese Prozesse sind performativ strukturiert, das heißt sie entwickeln sich dynamisch und in responsiven Zusammenhängen, in denen Dritte (die Familie, Erziehende, die Peers) eine bedeutsame Rolle spielen."*
> *[KPP47_Brenne_2009:11:1813]*

518 Die besondere Funktionsweise von *Kunst* wird in Plausible Präsentationen anderer Realitäten [4.2.3] anhand unterschiedlicher historischer und aktueller Beispiele diskutiert.

519 Dirk von Gehlen schlägt hierfür den Begriff des Vujà-dé vor. So wie das Déjà-vu ein paradoxer alter Blick auf etwas Neues ist, soll das Vujà-dé dann ein neuer Blick auf das was schon bekannt ist sein. Das Einnehmen und Entwickeln einer neuen Perspektive auf Vertrautes und sicher geglaubte Gewissheiten (vgl. Gehlen 2018, S. 19).

Bezeichnungen können demnach weniger einem einzelnen *psychischen System* zugeordnet werden, sondern entstehen vielmehr in einem fluiden Prozess, der immer neue *Strukturen* generiert, neue *Formen* und Bezeichnungen hervorbringt. Die Prozessierung von *Sinn*, als Formbildung innerhalb des *sozialen Systems Gesellschaft*, erfolgt entlang der Meta-*Struktur Kultur*, welche darüber selbst immer neue *Formen* annimmt und eingeht. Sollen diese *Strukturen* vom *psychischen System* reflexiv erkannt, die eigene Eingebundenheit in Kulturalität und andere Bezugssysteme wahrgenommen werden, bedarf es laut Brenne einer anderen Herangehensweise, einer künstlerisch-ästhetischen Forschung und damit einer Reflexion in der Beobachtung zweiter Ordnung.

Künstlerisch-ästhetische Forschung im Modus der Beobachtung zweiter Ordnung

Die Zielsetzung der besonderen Auseinandersetzung mit tiefgreifenden Fragestellungen im Kontext künstlerisch-ästhetischer Forschung beschreibt Andreas Brenne als „[…] sozial-emotionale Kompetenzbildung oder explorativer und präsentativer Modellierung von Lernerträgen" [KPP47_Brenne_2009:26:391]. Die Fragestellungen, mit denen sich die Schüler:innen in ihrer Forschung befassen, die *Strukturen*, die sie beforschen, sollen für ihre eigene Lebenswelt Relevanz besitzen. Bekanntes wird ebenso neu geprüft, befragt und analysiert, wie Unbekanntes. Aktuelle kommunikative Artikulationen und Phänomene aktueller Medienkulturen werden zum Ausgangspunkt der Forschungen und nicht *Formen* längst vergangener Epochen.[520]

> *„Ästhetische Forschung wird nicht von außen motiviert, sondern basiert auf einem Eigeninteresse an einer Sache und auf dem Vorliegen einer sachbezogenen Forschungsfrage." [KPP47_Brenne_2009:26:1292]*

Vor dem Hintergrund einer veränderten Produktion von Wissen, ist auch die ästhetisch-kritische Forschung ein Umgang mit dem was ist, mit all den Materialien und Informationen, die das globale Netzwerk und die darin verflochtenen Akteur:innen zur Verfügung stellen. Das Ausgangsmaterial der ästhetisch-kritischen Forschung ist daher nicht mehr statisch, zirkuliert selbst im Netzwerk und wird dadurch fluide, schwer greifbar und doch überall und jederzeit verfügbar. Im Remix, Sample oder der Sammlung gibt es weniger einen Anfang, eine Mitte und einen Schluss, als vielmehr iterative und zirkuläre Prozessierungen von *Sinn*, die (immer neue) Sinnzuschreibungen für bereits Vorhandenes entwickeln. Damit geht es, wie zuvor in

520 Wie dies im Kunstunterricht (häufig) mit der Thematisierung von historischen Kunstepochen oder Techniken überwiegend vorkommt.

der Auseinandersetzung mit der Position von Torsten Meyer schon aufgezeigt[521], nicht (mehr) um die Produktion von zum Beispiel schönen und neuen Bildern, sondern um den Umgang mit all den schönen und neuen Bildern im Vorrat des (inter-) kulturellen Erbes, das die globale Zeitgenossenschaft zur Verfügung stellt. In den konkret von Andreas Brenne vorgeschlagenen Handlungen der ästhetisch-kritischen Forschung ordnen die Schüler:innen vor allem bereits vorhandenes Material, suchen neue Perspektiven, neue Anschlusskommunikationen für (alte) kommunikative Artefakte.

> *„Methoden sind die des Sammelns (Befragen, Erforschen, Recherchieren) und Sortierens (Analysieren, Kategorisieren, Dokumentieren, Archivieren) sowie des diskursiven Präsentierens (Ausstellen, Kommentieren, Einordnen, Vergleichen, Kontexte), woraus eine implizite Theorie entsteht, die durch ein Modell (die Sammlung) verdeutlicht wird.“*
> *[KPP47_Brenne_2009:27:4]*

In der ästhetisch-kritischen Forschung werden die Inhalte damit in neue Zustände überführt. Diese werden zur Prozessierung des ‚gefundenen‘ *Sinns* komplex mit- und untereinander verbunden und verflochten und zu neuen *Kommunikationen* geordnet und für anschließende Präsentationen produktiv gemacht. Was zählt sind die Potenziale der Inhalte, die Intentionen und möglichen Anschlusskommunikationen.

Diese konstruktivistische Sichtweise verdeutlicht abermals die Verbindung der Akteur:innen mit dem Finden neuer affirmativer *Formen* und damit der Prozessierung von *Sinn* im Allgemeinen. Die Selektionen des *psychischen Systems*, dessen *Strukturen*, *Erwartungen* aber auch möglichen *Irritationen*, bestimmen maßgeblich den Forschungsprozess der Schüler:innen, legen fest, welche Anschlusskommunikationen in diesem aktualisiert werden und welche Sinnzuschreibungen im Möglichkeitsspektrum bleiben. Zwar soll auch die distanzierende und kritische Forschungshaltung entwickelt werden, jedoch wird diese immer von den systeminternen *Strukturen* bestimmt, weshalb eine Loslösung von Vorerfahrungen, (Vor-) Urteilen und Sensibilisierungen nie in Gänze erfolgen kann.[522]

> *„Die subjektive Konfrontation mit dem ausgewählten Feld findet leitfragenorientiert statt. Gleichwohl können sich im Rahmen der Erforschung neue Fragestellungen*

521 Die systemische Betrachtung der Position wird in Next Art Education | Torsten Meyer [4.2.5.2] diskutiert.

522 Dies kann mit den Überlegungen von Martina Leeker kontextualisiert werden. Die ‚Um-Bildung‘ und Spekulationen im ‚What-If‘ werden immer vor dem Horizont der *Strukturen* der beteiligten *psychischen Systeme* entwickelt. Kritische Distanzierungen enthalten immer auch Affirmation und Involviertheit. Systemisch gelesen und besprochen wird die Position von Martina Leeker in (Ästhetische) Vermittlung 2.0 | Martina Leeker [4.2.5.3].

*entwickeln. Dabei ist die Forschungshaltung geprägt von einer Mischung aus kritischer Distanz und empathischem Erleben."*
*[KPP47_Brenne_2009:28:173]*

Vor allem die Präsentation der Ergebnisse steht dabei in einem Spannungsverhältnis; ist sie doch sowohl selbst elementarer Teil des Prozesses und gleichzeitig distanzierende Reflexion und Darstellung. Um dies zu leisten, werden die Präsentationen im Forschungsprozess der ästhetisch-kritischen Forschung nach Andreas Brenne besonders fokussiert. „Die Präsentationen gehen auf systematische Planungen zurück, die von der Einladungskarte bis zum resümierenden Katalog nichts unbedacht lassen" [KPP47_Brenne_2009:29:377]. In der Präsentation werden den anderen Akteur:innen die Selektionen der Forschenden aufgezeigt und ebenso neue Anschlusskommunikationen für die anderen beteiligten Akteur:innen – in der Regel sind dies Zuhörende, Zusehende oder Lesende – angeboten. Die eigenen Selektionen werden daher erneut ins *System* eingeführt, werden im Modus der Beobachtung zweiter Ordnung von den Forschenden beobachtet und darüber reflektiert. Damit sind nicht nur neue affirmative *Formen* Ziel der ästhetisch-kritischen Forschung, sondern auch kontextualisierte affirmative *Formen*, die einen grundsätzlichen reflexiven Verarbeitungsmodus aufgreifen. In diesem ist es den *psychischen Systemen* – den Schüler:innen – möglich, die (eigenen) *Strukturen* in der Beobachtung zweiter Ordnung wahrzunehmen, das eigene Orientierungswissen produktiv werden zu lassen und – im besten Fall – darüber zu *Lernen*. Das Finden, aber vor allem auch Implementieren dieser neuen kontextualisierten *Formen* in eigene Forschungszusammenhänge, in Projekte und deren Präsentationen, ermöglicht dann eine informierte künstlerisch-praktische Forschung im Horizont der komplexen *Kommunikation*. Gezielt können Anschlusskommunikationen angeboten, Aufmerksamkeiten gelenkt und die eigenen Bezeichnungen kommuniziert werden.

### 4.2.7.2 *Kunst* und Kognition I Wolfgang Legler

Als zweite Position im Fokus Grundschule werden Wolfgang Leglers grundlegende Überlegungen zu den Potenzialen von *Kunst* für Bildungsprozesse systemisch gelesen, mit den bereits untersuchten Positionen abgeglichen und darüber kontextualisiert und in das Konzept des ‚medialen Anfangsunterrichts' mitaufgenommen. In der Veröffentlichung ‚*Kunst* und Kognition'[523] setzt sich Legler mit den Grundbedingungen und -prozessen des *Lernens*

523 Legler 2005.

auseinander und greift in diesem Zusammenhang Bezüge aus den Neurowissenschaften auf, um zu beschreiben, welchen Anteil *Kunst* an diesen Prozessen haben könnte.

Die *Kunst* als Übungsfeld des Denkens

Ausgangspunkt für die Überlegungen Wolfgang Leglers ist, wie auch in den vorherigen Positionen überwiegend gezeigt und systemisch besprochen, ein konstruktivistisches Verständnis von *Lernen.* Zum einen sind die *Strukturen* von *Systemen* aktiv bei der Erschließung der (Um-)Welt beteiligt, ordnen Selektionen und lenken die Wahrnehmung und zum anderen müssen *Systeme* die durch *Irritationen* aufgeworfenen Leerstellen und enttäuschten Erwartungsstrukturen aktiv neu konstruieren. In den über die systeminternen Selektionen gefundenen Hypothesen und *Formen,* den (medialen) Artikulationen, manifestieren sich dann auch indirekt die *Strukturen* des *Systems* und damit „[…] vermitteln präsentative Symbole wie z.B. eine Zeichnung oder die Geste in einem Tanz über eine i.d.R. simultane Präsentation nicht nur komplexe Hinweise auf Sachverhalte oder Konzepte, sondern auch Aspekte ihrer eigenen Konstruktion" [KPP06_Legler_2006:35:1051]. Um diese Prozesse anzuregen, aber auch im Modus der Beobachtung zweiter Ordnung zu reflektieren, bietet die besondere Funktion von *Kunst* Potenziale und Anknüpfungspunkte.
Die Kompaktkommunikationen im Subsystem *Kunst* sind *Mitteilung* von Information und provozieren *Kommunikationen,* regen zur Suche nach der Differenz von Information und *Mitteilung* an und damit zur Prozessierung von *Sinn* im Allgemeinen. Über die *strukturelle Kopplung* von Wahrnehmung und *psychischem System,* ermöglicht *Kunst* der *Kommunikation* dann den Zugang zu einer sonst nicht zugänglichen Ebene; durch die Revidierung der funktionalen Selbstbeschreibung der *Kommunikation* als *Handlung* wird diese *erlebend* wahrnehmbar.[524] Kompaktkommunikationen sind damit insofern besondere kommunikative Artikulationen, als dass sich *Handlungen* in ihnen *erlebend* artikulieren und darüber legitimierte Perspektivverschiebungen auf die (Um-)Welt zulassen. Die (Um-) Welt wird in einem auch anders möglichen *Sinn* gezeigt, der die (eigenen) Bezeichnungen neu ordnet und die Permeabilität der (eigenen) Systemgrenzen erhöht. *Kunst* ermöglicht in einem besonderen Modus der Aufmerksamkeit dann den Zugang zu plausiblen Präsentationen anderer Realitäten. Wolfgang Legler erkennt darin Potenziale für die Schule und den darin angestrebten Verwicklungen der Schüler:innen in Bildungsprozesse.

524 Der ‚Paradoxierungstrick' der *Kunst* wird in Kunst [4.2.3.1] erläutert und in Grenzen – Historische Verhandlungen der Kunst [4.2.3.3] und Strukturbewusstsein - Aktuelle Verhandlungen der Kunst [4.2.3.4] an sowohl historischen wie auch aktuellen Verhandlungen der *Kunst* diskutiert.

*„Jedenfalls könnte das Fach Bildende Kunst im Kontext der Schule genau der Ort sein, an dem die Vermittlung von äußeren und inneren Bildern, die Verarbeitung von Anschauungen zu Vorstellungen, die Vergegenständlichung von Vorstellungsbildern in eigenen Gestaltungen und das Entdecken und Erschließen von Symbolbedeutungen in Bildern selbst zum Thema gemacht wird."*
*[KPP06_Legler_2006:38:17]*

Im Kontext Schule werden diese Lernprozesse sehr stark durch Vorgaben und ‚Erziehung' mitbestimmt. Über ‚Erziehung' – als *Kommunikation* mit Absicht – soll vor dem Horizont der *Gesellschaft* etwas als KIND[525] gefördert, gefordert (und bewertet) werden. Doch diese Unterscheidung, diese Differenz ist systemisch eine andere als das autopoietische kognitive *Lernen psychischer Systeme*. *Lernen* können *Systeme* nur über die Beobachtung zweiter Ordnung. In der Wiedereinführung der *Form*, der *Irritation* der systeminternen *Strukturen* – was streng genommen immer eine Selbstirritation ist – wird es dem *System* möglich die eigenen *Strukturen* wahrzunehmen, entlang derer es die eigenen Selektionen prozessiert. Darüber können *psychische Systeme* von wahrgenommenen *Irritationen lernen*, neue *Strukturen* aufbauen und neue Anschlusskommunikationen bzw. -gedanken aktualisieren.

*„Wo die Verarbeitungswege, die von Wahrnehmungen und Empfindungen zu Vorstellungen und Gedanken führen, durch Formen der Intensivierung und Verlangsamung (z.B. über zeichnerische Annäherungen oder komplexe ästhetische Arrangements in der Auseinandersetzung mit Kunstwerken) nicht nur Ordnung, Struktur und Erweiterungen erfahren, sondern selbst zu »Mustern« werden, die auch in gänzlich anderen Kontexten Orientierungshilfen für die Bewältigung vergleichbar komplexer Verarbeitungsprozesse geben können."*
*[KPP06_Legler_2006:38:392]*

*„Im Kunstunterricht, besonders der Grundschule, kann man im Sinne der Neurodidaktik also auf eine ganz elementare Weise Lernen lernen."*
*[KPP06_Legler_2006:38:914]*

Nach Wolfgang Legler vermag *Kunst* dann die Entwicklung des Möglichkeitssinns anzuregen. Ausgeschlossene Selektionen sollen in (geschützten) Testfeldern und Laboren wieder zugänglich gemacht werden, um das grundlegende Prinzip des *Lernens* über die Auseinan-

525 Die fiktionalisierte Figur des KINDES, welche ausschließlich in einem imaginierten (und normierten!) Zustand existiert, wird im Zusammenhang der Bildungsgleichungen von Dirk Baecker in Bildungsgleichungen [4.1.3] erläutert.

dersetzung mit plausiblen Präsentationen anderer Realitäten zu *lernen*. Entlang der eigenen Interessen und Fragestellungen der Schüler:innen gestaltet sich die (Um-)*Strukturierung* des *psychischen Systems*, wird die grundlegende Art und Weise der Informationsaufnahme und -verarbeitung fortlaufend verändert. *Lernen* ist in diesem Verständnis dann vor allem ein Prozess, der keine einfachen Antworten gibt, der nicht auf die Aufnahme von Informationen beschränkt ist, sondern vor dem Horizont der komplexen *Kommunikation* tiefgründiges Wissen über die oszillierenden Identitäten produziert und Unwägbarkeiten und Unsicherheiten als grundlegenden Bestandteil in sich aufnimmt. Die (medialen) Autoritäten (vor-) selektieren nicht mehr die (auswendig) zu lernenden Informationen, sondern *Lernen* vollzieht sich im (eigenen) Ordnen und Selektieren der schier unendlichen Daten- und Informationsflut und dem Konstruieren neuer Orientierungen.

> *„Generell erfordert die ständige Expansion verfügbarer Informationen aus unterschiedlichen Quellen immer häufiger eine differenzierte Aufmerksamkeit für das Besondere jedes Einzelfalles und sehr viel flexiblere Verknüpfungsleistungen bei der Einordnung und Anwendung des erworbenen Wissens.“*
> *[KPP06_Legler_2006:38:1557]*

Der Prozess des *Lernens* strukturiert sich damit als Netzwerkleistung. Psychische und *soziale Systeme* prozessieren immer neue Anschlusskommunikationen entlang der (eigenen) Operationen und geben den (eigenen) Selektionen darüber einen (neuen) *Sinn*. Im *sozialen System Gesellschaft* werden alle stabilen Identitäten zu Akteur:innen, weshalb *Lernen* auch immer ein kollaboratives *Lernen* ist. Informationen zirkulieren zwischen den einzelnen Akteur:innen, finden darin ihre *Form* und *Sinn*. Die Auseinandersetzung mit den (medialen) Artikulationen im Subsystem *Kunst* kann dann womöglich die neuen Bedingungen der Produktion, Aufnahme und Verarbeitung von Informationen und Wissen produktiv verlaufen lassen.[526]
Wolfgang Legler ist überzeugt:

526 Um Lern- und Kommunikationsprozesse aus einer anderen Perspektive zu beschreiben, greift Wolfgang Legler in seinem hier systemisch gelesenen Text auf die Ausführungen von Wolf Singer zurück. Singer ist Direktor des Max-Planck-Instituts für Hirnforschung und befasst sich aus der Disziplin der Neurowissenschaften heraus mit den Prozessen des Lernens und Denkens. Mit Verweis auf die bisherigen systemischen Ausführungen, sei ein längeres Zitat von Singer hier wiedergegeben, ohne es weiter einzuordnen „Durch die, mit der Entwicklung von Werkzeugen eröffnete Möglichkeit, *Umwelt* gestalterisch zu verändern, erschließen sich zudem externe, das Individuum überdauernde Speichermöglichkeiten, in denen die Ergebnisse reflexiver Analyse festgehalten werden können. Schriftliche Mitteilungen, Bilder, Skulpturen, Kompositionen, Gebrauchsgegenstände bis hin zu technischen Produkten teilen sich in diese Speicherfunktion. Diese Speicher sind Bestandteil neuer Wirklichkeiten, und somit Objekte für neue Interaktionen. Die bereits für die einzelnen Gehirne charakteristischen rekursiven Prozesse weiten sich aus und beziehen die Gehirne der kommunikationsfähigen Artgenossen mit ein. Diese Iteration von Perzeption, Reflexion, Rekombination, Abstraktion, Kommunikation und Perzeption, die sich als unendliche Reihe fortsetzen kann, ist in der Lage, neue *Systeme* von fast beliebiger Komplexität hervorzubringen“ [Wolf Singer zitiert nach Wolfgang Legler in KPP06_Legler_2006:41:984].

*„Das Fach Bildende Kunst bietet auch für das Erlernen solcher Orientierungen in komplexen Feldern ohne klar erkennbare Strukturen und hierarchische Ordnungen hervorragende Möglichkeiten."*
*[KPP06_Legler_2006:39:568]*

## 4.2.8 Zusammenfassung _Fachperspektiven

Die Anwendung der mithilfe der systemisch aufbereiteten Fachbegriffe und -zusammenhänge erweiterten Perspektive auf kunstpädagogische Positionen und Schwerpunkte bietet einen ausdifferenzierten Blick auf die in _Ausgangspunkte dargestellten Aspekte für die Konzeption des ‚medialen Anfangsunterrichts' und erweitert diese.

*Kommunikation* (II)
*Kommunikation* ist ein (un-)kontrollierbarer und komplexer Prozess, an dem (zunehmend) nicht-menschliche Akteur:innen als sinnkonstituierende Bewusstseinssysteme teilnehmen. Der Computer besitzt das Potenzial Kommunikationsprozesse zu kontrollieren, Anschlusskommunikationen zu selektieren und über die systeminternen *Strukturen* auch die Prozessierung von *Sinn* selbst zu steuern. Die damit einhergehende Intransparenz von *Kommunikation* erfordert eine Öffnung für heterogene, widersprüchliche und flüchtige Ordnungen. Die Kulturform der *Komplexität* berücksichtigt die Unwägbarkeiten und Unvereinbarkeiten komplexer *Kommunikation*, hilft bei deren Dekodierung und *Gesellschaft* findet über die Entwicklung einer umfangreichen Ambiguitätstoleranz ihren Umgang mit dem Überschusssinn *Kontrolle* und den Mehrsystemzugehörigkeiten oszillierender Identitäten. *Kunst* kann auf diese aufmerksam machen, kann in plausiblen Präsentationen anderer Realitäten sich subtil in die Alltagskommunikation einmischen und die Vermittlung eines umfassenden Strukturwissens sowie ästhetisch-kritischen Urteilsvermögens in einer fluiden *Kultur* mit anregen. Die Auseinandersetzung mit den *Strukturen* um *Kommunikation* und den Artikulationsformen aktueller medienkultureller Phänomene enthält auch die Beobachtung zweiter Ordnung und damit die reflexive (Selbst-)Beobachtung des (eigenen) (Medien-)*Handelns*.

*Handeln* (II)
Vor dem Hintergrund der Ambiguitätstoleranz braucht es zum Erhalt einer grundlegenden Handlungsfähigkeit das Finden neuer affirmativer *Formen*. Affirmative *Formen* erproben im agilen Wechselspiel mit allen beteiligten

Akteur:innen Handlungsmöglichkeiten und -erweiterungen und stellen darüber neue Blicke auf bereits Bekanntes zur Verfügung. Das Wahrnehmen und Erkennen der (eigenen) Überforderung im Horizont der komplexen *Kommunikation* und eine grundlegende Offenheit für neue, irritierende Perspektiven werden Ausgangspunkte für die Suche nach komplexen Antworten, die sich schrittweise, über Versionen und Prototypen, zusammensetzen und entwickeln. Der Prozess, der dabei durchlaufen wird, ist nicht mehr linear; die komplexe *Kommunikation* macht (zu) konkret definierte Ziele unmöglich. Der Erhalt einer grundlegenden Handlungsfähigkeit über das Finden neuer affirmativer *Formen* bedarf auch der Fähigkeiten mit den aktuellen Artikulationsformen komplexer *Kommunikation* umgehen zu können. Die entsprechenden (technischen) Maschinen müssen zielgerichtet verwendet und benutzt werden. In MakerSpaces kann Wissen über Bedien- und Fabrikationsmöglichkeiten erworben und ausgetauscht werden und soziale wie materielle Protoypen gemeinsam konzipiert, entworfen und realisiert werden. Neben diese neuen affirmativen *Formen* treten auch kontextualisierte affirmative *Formen*, die eine aktiv-gestalterische Teilhabe *am sozialen System Gesellschaft* ermöglichen können. Kontextualisierte affirmative *Formen*, wie das Hacken, bringen neue Orientierungen und Ordnungen in das (*soziale*) *System* ein und ermöglichen (neue) Anschlusskommunikationen. Das informierte, widersinnige und geschickte Verändern der *Codes* und *Strukturen* um *Kommunikation* ermöglicht das kontrollierte/kontrollierende Einbringen neuer *Strukturen* und darüber eine aktive Teilhabe am Prozessieren von *Sinn* im *sozialen System Gesellschaft*.

Bildung/*Lernen* (II)

*Psychische und soziale Systeme* prozessieren *Sinn* mithilfe der systeminternen Operationen und entlang von Erwartungs*strukturen*. Diese *Strukturen* (vor-)selektieren das Spektrum an Möglichkeiten und wirken somit komplexitätsreduzierend auf das *System*. *Irritationen* enttäuschen die systeminternen Erwartungsstrukturen und es kann zu produktiven kognitiven Lernprozessen kommen, in denen die aufgeworfenen Leerstellen und Unsicherheiten zum Aufbau neuer *Formen* und *Strukturen* und damit zu einer Veränderung der Informationsaufnahme und -verarbeitung führen. *Kunst* kann diese Enttäuschungen durch bewusst nicht bediente *Erwartungen* provozieren, dies aber nicht garantieren. Die neuen *Formen* manifestieren sich zu *Strukturen* in den sozialen und *psychischen Systemen*, bilden beispielswiese deren Interessen und Persönlichkeiten und ermöglichen über die Beobachtung zweiter Ordnung deren Lernprozesse in Kollaboration mit anderen *(psychischen) Systemen*.

Zur Darstellung des Konzepts des ‚medialen Anfangsunterrichts' werden die gefundenen Schwerpunkte und Anschlussmöglichkeiten in Entwurf des ‚medialen Anfangsunterrichts' [5] in fünf grundlegende Dimensionen überführt und anhand von drei Beispielen aus dem Kunstunterricht der Grundschule konkretisiert.

Im Folgenden werden aber zunächst noch ministeriale Vorgaben mithilfe der entwickelten systemischen Perspektive diskutiert. Über die Aufnahme der Lehrpläne und Strategien der *Organisationen* und *Institutionen* im organisierten *System* Schule/Bildung sollen Teile der Realitäten von Schule mit in die Forschungsarbeit aufgenommen werden, auch wenn diese nicht zwingend in das theoriegeleitete und normativ entwickelte Konzept des ‚medialen Anfangsunterrichts' mitaufgenommen werden.

## 4.3 _Richtlinien

*Einbezug schulischer und institutioneller Realitäten*

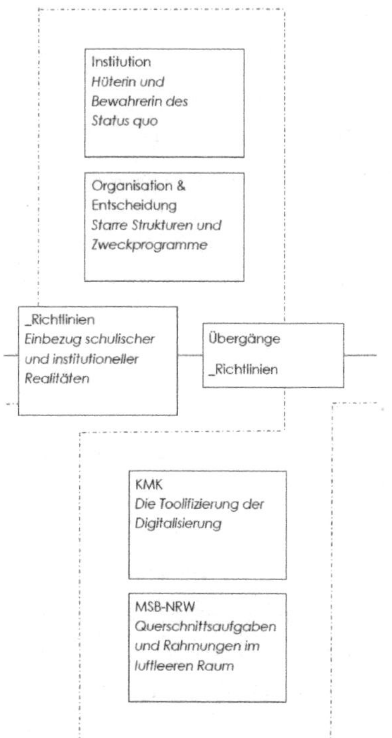


**Abb. 23:** Auszug aus ‚Spuren' 03 | W.N.

Richtlinien begrenzen den Horizont möglicher Aktualisierungen und damit den Möglichkeitsraum der beteiligten Akteur:innen einer *Organisation*. Es sind Richtlinien, die über die Kommunikationswege einer *Organisation* kommuniziert werden und zu deren systeminternen *Strukturen* evolvieren. Das organisierte *System* Schule/Bildung ist charakterisiert durch eine Vielzahl unterschiedlicher *Organisationen* und *Institutionen*, die über organisierte *Kommunikationen* Einfluss auf die sie umgebende *Umwelt* ausüben und damit die Operationslogiken und Dynamiken dieses (sehr besonderen) Teilsystems der *Gesellschaft* manifestieren.
Wurden in den vorherigen Themenschwerpunkten _Ausgangspunkt [4.1] und _Fachperspektiven [4.2] Schlüsselkategorien für mögliche Dimensionen des ‚medialen Anfangsunterrichts' herausgearbeitet, folgt in _Richtlinien [4.3] die systemische Betrachtung unterschiedlicher (bildungs-)politischer Veröffentlichungen mithilfe der zuvor gewonnenen Ergebnisse.
Um *Form* und *Struktur* dieser Veröffentlichungen ausreichend einordnen und für die systemische Betrachtung produktiv machen zu können, erfolgt in Organisation & Entscheidung [4.3.1] zunächst eine grundlegende systemische Beschreibung von *Organisationen*, ihren *Programmen* und Kommunikationswegen. In Institution [4.3.2] werden im Anschluss die besonderen Funktionsweisen institutioneller *Organisationen* thematisiert, die zur Legitimation institutionellen *Handelns* führen und deren Stellung im *System* determinieren. Auf diesen Beschreibungen aufbauend, werden in den folgenden Kapiteln verschiedene (bildungs-)politische Veröffentlichungen der Kultusministerkonferenz KMK [4.3.4] und des Ministeriums für Schule und Bildung des Landes Nordrhein-Westfalen MSB NRW [4.3.5] eingehend untersucht und im organisierten *System* Schule/Bildung kontextualisiert.

### 4.3.1 *Organisation* & Entscheidung

*Starre Strukturen und Zweckprogramme*

*Organisationen*, bzw. der Prozess des Organisierens, nehmen einen zentralen Forschungsschwerpunkt in den Wirtschaftswissenschaften ein und werden als „[...] durch Konsens gültig gemachte Grammatik für die Reduktion von Mehrdeutigkeit mittels bewusst ineinandergreifender Handlungen“[527] beschrieben. Ein gemeinsames Ziel, bzw. ein legitimierter Zweck, wird demnach durch abgestimmtes und strukturiertes *Handeln* verfolgt und ggf. auch erreicht. Aus dem Wirtschaftssystem heraus motiviert und in den Wirtschaftswissenschaften bereits seit Max Weber als grundlegender Begriff und Erklärungsmodell etabliert, bietet der Begriff

527 Weick 2007, S. 11.

auch in anderen Teilsystemen der *Gesellschaft* produktive Anhaltspunkte zum Verständnis der Operationsfähigkeit organisierter *Systeme*.[528] Für die Beschreibung komplexer Abläufe und zielgerichteter *Kommunikationen* in der funktional ausdifferenzierten *Gesellschaft*, wird auch von Niklas Luhmann der Begriff der *Organisation* genutzt, womit er an die erwähnten Traditionen in den Wirtschaftswissenschaften anknüpft. Die von Max Weber herausgearbeiteten Merkmale - hierarchische *Struktur*, formale und vorgegebene Kommunikationswege und Personen/Mitglieder, die bestimmte Ämter/Arbeitsstellen besetzen[529] - charakterisieren *soziale Systeme* wie Institute, Anstalten oder Unternehmen[530] als *Organisation* und werden auch von Niklas Luhmann zur Beschreibung des *sozialen Systems Organisation* genutzt. Auch die folgende Untersuchung wird durch diese Merkmale maßgeblich geleitet und strukturiert.
Neben Interaktion und *Gesellschaft* wird die *Organisation* von Niklas Luhmann als dritter Typus *sozialer Systeme* beschrieben. Die *Form* der *Organisation* gab es nicht schon immer, sie ist vielmehr ein evolutionäres Produkt des Aufbaus komplexer *Gesellschaften*.[531] *Organisationen* bilden sich aufgrund von Anerkennungsregeln, welche im Kontext strukturierter *Organisation* hauptsächlich Mitgliedschaftsregeln sind und immer nur eine begrenzte Anzahl von Personen einer *Organisation* zuordnen. Erst durch beobachtbare Mitgliedschaften, wird „[…] das Sozialsystem Organisation […] identifizierbar und kann seine *Strukturen* spezifizieren und seinen operationellen Zusammenhang ausdifferenzieren."[532] Mitglieder der Organisation sind diejenigen Personen, die zur Operationsfähigkeit des *Systems* beitragen.
In organisierten Sozialsystemen oder formalen *Organisationen* lässt sich *Kommunikation* – als Letztelement jeden *sozialen Systems* – als *Kommunikation* von Entscheidungen charakterisieren. *Organisationen* sind damit autopoietische *Systeme*, die auf der operativen Basis der *Kommunikation* von Entscheidungen Unsicherheitsabsorbtionen für das *System* produzieren.[533] *Organisationen* entstehen somit aus kontingenten Entscheidungen – bzw. der *Kommunikation* über diese - hinsichtlich ihres Zwecks.[534] Der Idee eines Ziels oder Zwecks folgend, definiert Luhmann verschiedene Entscheidungsprämissen der *Organisation*, welche

528 An dieser Stelle sei exemplarisch auf die Forschung zur Rolle der Kirchen in der Religion (Krech et al. 2013) und von Forschungseinrichtungen in der Wissenschaft (Kany 2016) hingewiesen.

529 Vgl. Weber 1980, S. 552–580.

530 Vgl. Llanque, S. 491.

531 An die Forschung von Stanley H. Udy (Udy 1970) anschließend, skizziert Niklas Luhmann Arbeit in primitiveren *Gesellschaften* als durch Bedingungen des physischen Überlebens strukturiert und motiviert. Produkt, Ziel und Zweck ergaben sich direkt und unmittelbar aus der Tätigkeit selbst. Erst mit der Entwicklung komplexerer Gesellschaftsstrukturen verliert Arbeit den für den/die Arbeitende unmittelbaren überlebensnotwendigen Zweck, wodurch die Arbeit zunehmend festgelegt werden musste. Die Systemform der Organisation zeigt sich für Luhmann somit grundlegend und ursprünglich als Determination von Arbeitsverhältnissen, strukturiert und ermöglicht aber auch, wie zuvor beschrieben, in anderen organisierten Systemen deren Operationsfähigkeit (vgl. Luhmann 2000, S. 380).

532 Baraldi et al. 1997, S. 129.

533 An dieser Stelle ist anzumerken, dass die Selektivität der Entscheidung zwar immer einem Mitglied der Organisation zugeordnet werden muss, die Mitgliedschaft selbst aber kein Entscheidungskriterium ist.

534 Vgl. Krause und Luhmann 2005, S. 202.

die Entscheidungsmöglichkeiten festlegen und den Alternativenbereich begrenzen, aus dem ausgewählt wird.

> *„Mit ‚Prämisse' soll gesagt sein, dass es sich um Voraussetzungen handelt, die bei ihrer Verwendung nicht mehr geprüft werden; oder vielleicht besser: dass zwar die Relevanz für das anstehende Problem, nicht aber die Wahrheit der Prämisse eine Rolle spielt."*[535]

Entscheidungsprämissen legen eine zukünftige Entscheidung somit noch nicht fest, dienen für das *System* aber als Indikatoren, da *Kommunikationen* fortan auf die in den Entscheidungsprämissen dokumentierten Unterscheidungen fokussiert werden und Situationen unter dem Aspekt der Konformität oder Abweichung der vorgegebenen Prämissen beobachtet werden. Dies hat eine Komplexitätsreduzierung der Beobachtung zur Folge, da nicht mehr die gesamte Situation erfasst, eingeordnet und beurteilt werden muss. Die systeminternen Entscheidungsprämissen bilden damit eine formale *Erwartungsstruktur* für das *soziale System Organisation* und gewährleisten damit dessen Operationsfähigkeit.[536]
Die erste dieser Entscheidungsprämissen ist das *Programm* bzw. das *Entscheidungsprogramm*. Dieses wird von der *Organisation* festgelegt und bestimmt die Richtigkeit von Entscheidungen. Damit begrenzt es die Kommunikationsmöglichkeiten, indem es ein zu erreichendes Ziel bzw. Zwecke setzt oder Konditionen abbildet, die zum Zeitpunkt der Entscheidung eingetroffen sein müssen. Zwecke und Ziele können in diesem Zusammenhang auch als übergreifende Aufgaben einer *Organisation* bezeichnet werden. „Unter einer Aufgabe wird in der betriebswirtschaftlichen Organisationslehre ein zu erfüllendes Handlungsziel, eine durch physische oder geistige Aktivitäten zu verwirklichende Soll-Leistung verstanden."[537] Unter der systemischen Perspektive wird der Begriff jedoch teilweise davon abgegrenzt bzw. komplexer verstanden, da sich Aufgaben nicht zwingend und in jedem Fall unmittelbar aus den Betriebszwecken im Sinne einer Bedarfsplanung ableiten lassen können. Sie müssten vielmehr in einen größeren Rahmen gestellt und kontextualisiert werden.[538] Um dieser

535 Luhmann 2000, S. 222.

536 *Erwartungsstrukturen* sind wahrscheinliche Anschlusskommunikationen innerhalb eines *sozialen Systems* oder Anschlussgedanken innerhalb eines *psychischen Systems*. Im Fall *sozialer Systeme*, können die an der *Kommunikation* beteiligten Akteur:innen mit der Orientierung an *Erwartungsstrukturen* das Zustandekommen von *Kommunikation* forcieren. Bestimmte etablierte Rituale, Verhaltens- oder Kommunikationsweisen strukturieren soziale Situationen vor und tragen zur systeminternen Komplexitätsreduktion bei. Eine genaue Beschreibung dieses Prozesses und seiner Funktion wird in Strukturen und Erwartungen [4.2.1] vorgenommen und für die Beschreibung von *Kunst* produktiv gemacht.

537 Frese 1992, S. 198.

538 In der Politik wird zum Beispiel von ‚Staatsaufgaben' gesprochen und in der Wirtschaft von Aufgaben, die über das Produzieren und Herstellen von Gütern hinausgehen. Die in diesem Kontext übergeordnete Aufgabe und die Bedeutung für das *System* selbst besteht dann in der Sicherstellung der Versorgung der *Gesellschaft* mit notwendigen Gütern oder Dienstleistungen (vgl. Weick 2009, S. 129–152).

begrifflichen Tradition zu entgehen und seine späteren Analysen präzise durchführen zu können, wählte Niklas Luhmann daher das *Programm* als Akkumulation der in der Zukunft zu erreichenden Ziele und Zwecke.[539] Das *Entscheidungsprogramm* oder *Programm*, dient dabei aber nicht nur bei sehr konkreten Zielen als Entscheidungsprämisse, sondern auch „[…] bei sehr vage formulierten Programmen, etwa: Optimiere das Betriebsergebnis, bringe Interessen zum Ausgleich."[540] Oder für den hier untersuchten Gegenstand wesentlich interessanter und entscheidender: Erlasse und Vorschriften im organisierten *System* Schule/Bildung und den sich darin manifestierenden Entscheidungsprämissen bzw. *Programmen*.

Das *Programm*, aufbauend auf dem Kausalverhältnis zwischen Mittel und Zweck, ist als Entscheidungsprämisse für zukünftige Entscheidungen – als Entscheidung für Entscheidungen – ein reines Zukunftsprogramm.[541] In der Gegenwart als Entscheidungsoperation praktiziert, setzt das *Programm* - und darin sind sich Konditionalprogramm und Zweckprogramm gleich - die Annahme einer stets unbekannten Zukunft als Faktum voraus. Es bedarf dieser Transformation der unsicheren und spekulativen Zukunft in einen intern verarbeitbaren und vorausgesetzten zukünftigen Zustand, um die Ausführbarkeit des *Programms* überhaupt gewährleisten und legitimieren zu können. Auf die Zukunft ausgerichtet und in der Gegenwart praktiziert, ist auch die Legitimation der Ziele und Zwecke der *Organisation*, die mit dem *Programm* verfolgt werden, in der Gegenwart notwendig. Somit manifestieren sich in den *Programmen* systeminterne Annahmen, Werte, Präferenzen und Operations-bedingungen, die für das jeweils *soziale System Organisation* charakteristisch sind.

Die im *Programm* akkumulierten Präferenzen werden vom *sozialen System Organisation* selbst entwickelt und führen dessen Autopoiesis fort. „Präferenzen und Entscheidungen stehen in einem zirkulären Zusammenhang wechselseitiger Bewährungen [...]"[542] und dienen damit dem *System* als Voraussetzung weiteren ‚Lernens'. Das *Programm* erfährt damit fortwährende ‚Updates' und kann an veränderte Situationen, Erfahrungen und neue Spekulationen der Zukunft angepasst werden. Dieses ‚*Lernen*' und Weiterentwickeln des *Programms* innerhalb der *Organisation* erfolgt für Karl E. Weick über die Bedeutung des Zweifels an der eigenen Vorgehensweise und den eigenen Handlungen. Nur über Zweifel, die Hinterfragung und ggf.

539 Vgl. Luhmann 2000, S. 257.

540 Luhmann 1998, S. 842.

541 Niklas Luhmann trifft in seinen Studien eine weitere Unterscheidung und differenziert unterschiedliche Programmtypen. Diese Typisierung wird der Vollständigkeit halber hier auch kurz ausgeführt, die weiteren Untersuchungen werden von ihr jedoch lediglich tangiert. Luhmann differenziert zwischen Konditionalprogrammen und Zweckprogrammen. Konditionalprogramme haben als wesentliche Bezugsnorm die Vergangenheit und ermöglichen jegliche Entfernung von dieser (sicheren) Situation nur mit/in einzelnen zugelassenen Entscheidungen. Für Konditionalprogramme gilt: „was nicht erlaubt wird, ist verboten" (Luhmann 2000, S. 265). Zweckprogramme hingegen sind stärker auf die noch unbestimmte und daher spekulative Zukunft ausgerichtet, weshalb die Einschränkung der Entscheidungen sich stehts auf die Wahl der Mittel beziehen, um einen ausgegebenen Zweck zu verfolgen. Dementsprechend gilt: „was nicht verboten ist, ist erlaubt" (ebd., S. 267).

542 Luhmann 2000, S. 266.

Neuausrichtung der eigenen Ziele bliebe die Operationsfähigkeit der gesamten Organisation gewährleistet und die Organisation stelle ihre Flexibilität für unerwartete Situationen sicher.[543] Für Luhmann hingegen wird die Möglichkeit des ‚Lernens' in der *Organisation* durch den Bewährungsprozess von Präferenzen und Entscheidungen gewährleistet, weshalb Anpassungen nur in diesem zirkulären Prozess möglich sind und nicht während der Exekution des *Programms* selbst.

> *„Es mag sein, dass einem Entscheidungsprogramm die Weisung beigegeben wird, Auffälligkeiten oder Verdachtsmomente, die gegen das Programm sprechen könnten, zu melden; aber das läuft dann fast schon auf eine paradoxe Programmierung hinaus - es kann richtig sein oder auch nicht - und hat im Allgemeinen wenig Effekt."*[544]

Die eingerichteten und etablierten Kommunikationswege sind die zweite Entscheidungsprämisse des *sozialen Systems Organisation.* Kommunikationswege begrenzen den Bereich der Entscheidungsmöglichkeiten weiter, indem sie bestimmte Verbindungen zur *Kommunikation* von Entscheidungen festlegen. Diese „[...] hierarchische *Struktur* bildet den typischen Fall, in dem die Organisationen sich intern differenzieren; die Selektivität der Entscheidungen wird so gelenkt, dass sie nicht ohne Weiteres Wirkungen in der ganzen Organisation haben kann."[545] Damit legen die Kommunikationswege auch die Reichweite und den kommunikativen Erfolg einer Entscheidung fest, wodurch die *Organisation* eine verarbeitbare und zuverlässige *Erwartung* einer Entscheidung bilden kann. Somit ergibt sich mit ihnen das Recht, verbindliche und bindende Anweisungen erteilen bzw. das Recht, angehört und ‚mitentscheiden' zu dürfen. An der *Kommunikation* und Kooperation zwischen den unterschiedlichen hierarchischen Ebenen der Organisationsstruktur beteiligen sich dann fortwährend höhere Stellen über den ‚Dienstweg' und kommunizieren die festgelegten *Programme* der Organisation.

/// In diesem Kontext sind auch die ‚Weisungsbefugnisse' im organisierten *System* Schule/Bildung zu betrachten. Seien es die Erlasse des MSB NRW, welche für Lehrende an den Schulen als Weisung befolgt, nicht hinterfragt und als Zweckprogramm korrekt ausgeführt werden müssen oder die Vorgaben der KMK, welche wiederum für die Bildungsministerien der einzelnen Länder die Ausgangspunkte für Erlasse und Entscheidungen bilden. Jedoch unterliegen die in den *Programmen* manifestierten Annahmen, Werte, Präferenzen und Operationsbedingungen des organisierten *Systems* Schule/Bildung dabei keiner zirkulären Bewährung wie es in anderen *Organisationen* der Fall ist. Keine evolutive Prüfung über die

543 Vgl. Weick und Sutcliffe 2007, S. 72–76.
544 Luhmann 2000, S. 257.
545 Baraldi et al. 1997, S. 130.

Richtigkeit getroffener Annahmen ist im organisierten *System* Schule/Bildung die Maßgabe zur Anpassung oder Beibehaltung eben dieser, sondern politisch motivierte *Irritationen* aus anderen *Systemen* und Zusammenhängen. Warum dies möglich ist und wie *Institutionen* – als spezifische *Form* von *Organisationen* und wie sie im organisierten *System* Schule/Bildung vorwiegend vorkommen – die Legitimation ihrer *Programme* über ihren Stellenwert und ihre Bedeutung für das *System* als Ganzes erlangen und damit die Richtigkeit ihrer Programme einfach behaupten können und nicht systematisch weiterentwickeln und ‚*lernen*' müssen, wird in Institutionen [5.3.2] ausführlich dargestellt. ///

Die dritte und letzte Entscheidungsprämisse ist das Personal einer *Organisation*. Dieses setzt sich aus einzelnen Personen zusammen, die Mitglied der *Organisation* sind. In der Mitgliedschaft zeigt sich, dass die *Organisation*, wie *Gesellschaft* und Interaktion auch, vor allem eine bestimmte *Form* des Umgangs mit *doppelter Kontingenz* ist. „Jeder kann immer auch anders *handeln* und mag den Wünschen und *Erwartungen* entsprechen oder auch nicht - aber nicht als Mitglied einer Organisation."[546] Durch den Eintritt an die *Organisation* gebunden, besteht fortan immer die Gefahr, diese Mitgliedschaft durch entsprechendes Fehlverhalten, welches anhand des *Programms* der *Organisation* beurteilt werden kann, auch wieder zu verlieren. Werden (An-)Weisungen (wiederholt) nicht befolgt, sind Sanktionen und auch die Entlassung aus der *Organisation* häufige Mittel, die zukünftige Befolgung durch andere Personen sicherzustellen. Richtete sich in früheren *Organisationen* wie Zünften, Gilden, aber auch frühen Staatsformen, die Mitgliedschaft vor allem nach der Herkunft möglicher neuer Mitglieder, ist die Herkunft für geeignete Personen heute kein primäres Auswahlkriterium mehr, „[…] sofern die Betreffenden der Organisation nur Qualifikation, Arbeitskraft und Motivation im nötigen Umfang zur Verfügung stellen und ebenso interessiert hier ‚spezifisch' nur, was sie […] bezogen auf die Organisationsziele beizusteuern haben."[547] Die Auswahl des Personals ist in diesem wirtschaftswissenschaftlichen Verständnis daher ein Zusammenspiel aus der Qualifikation spezifische Rollen in der *Organisation* übernehmen zu können und der Motivation die eigene Arbeitskraft für die Zwecke der *Organisation* einzusetzen.[548] Diese Übernahme von Rollen wird zeitlich betrachtet als Karriere beschrieben, wobei dabei nicht nur Karrieren in Firmen bzw. beruflich arbeitender Mitglieder einer *Organisation* gemeint

546 Luhmann 1998, S. 829.

547 Tyrell und Heintz 2008, S. 47.

548 Dieses Verständnis der herkunftsunabhängigen Möglichkeit einer *Organisation* beizutreten und deren Mitglied zu werden, lässt wesentliche sozial- und milieuspezifische Aspekte der Berufs- und Alltagswelt außenvor. Privilegien, im Sinne festgeschriebener und gesetzlich legitimierter Bevor-/Benachteiligung spezifischer Herkünfte, gibt es heute in Deutschland für deutsche Staatsbürger nicht mehr (Di Fabio 2019). Dennoch zeigt eine Vielzahl von Studien, dass dies in der alltagsweltlichen Realität nicht der Fall ist und es durchaus deutliche Korrelationen zwischen Herkunft, Beruf und Aufstiegsmöglichkeiten gibt. Die weiteren Untersuchungen dieser Studie werden durch diese Befunde nicht explizit geleitet, dienen aber als Kontextualisierung und haben daher an dieser Stelle kurz Erwähnung gefunden.

sind. Niklas Luhmann fasst diesen Begriff, und darin liegt einer der Stärken seiner Theorie für die vorliegenden Untersuchungen, wesentlich weiter. Betrachtet werden auch Bildungskarrieren von Schüler:innen in „[...] Schulen oder die Reputationskarrieren von Künstlern, ‚Entertainern', Sportlern oder Wissenschaftlern."[549] Dabei seien Karrieren sowohl durch Selbstselektionen – es ist immer auch notwendig seinen eigenen Antrieb und Anspruch zu kommunizieren – und Fremdselektionen – die durch die Selektionsstrukturen der jeweiligen *Organisation* immer als externer Faktor mitwirken – bestimmt und könnten auch unter diesen beiden Selektionsmechanismen interpretiert werden. Sei es Erfolg oder Misserfolg, den man sich selbst und den eigenen Selbstselektionen zuordnen oder den Fremdselektionen einer nicht zu beeinflussenden *Organisation*.[550] Wie *psychische Systeme* und auch der *Mensch in der Bildungsgleichung von Dirk Baecker, ist das Personal bzw. die Personen, die Mitglied der *Organisation* sind, nicht (mehr) zwingend (nur) menschlich.[551] Niklas Luhmann positioniert in seinen Studien zur *Gesellschaft* den Menschen in der *Umwelt* und nicht im *sozialen System Gesellschaft* selbst. Diese Perspektive gibt den Menschen – in *Form* des singulären Subjektes – als einzigen Träger und Einheit von Erkenntnis auf und erkennt im Gegenzug Objekte, Individuen, Ereignisse, Werte, Begriffe und Normen als ‚stabile Identitäten' an. Anhand dieses Perspektivwechsels ist es Luhmann schließlich möglich, Situationen beschreibbar zu machen, die von diesen stabilen *Formen* (mit-)konstituiert werden. Diese Überlegungen radikal ernst nehmend, können auch andere stabile Identitäten sinnkonstituierende *Formen* bilden und damit subjektiv, hypothetisch und disjunktiv – und damit ‚Mensch'[552] – sein. Im Kontext Personal wird dieses daher folgend nicht zwingend als menschlich verstanden, was jedoch eher eine - im Wissen um Diskurs - gemachte Leerstelle darstellt, als an dieser Stelle für die weitere Untersuchung notwendige Änderungen der Betrachtungsperspektive.

Alle drei Entscheidungsprämissen - *Programm*, Kommunikationswege und Personal, bilden zusammen die formale *Erwartungsstruktur* der *Organisation*. Sie wirken als Redundanzen im Entscheidungsprozess, indem sie die zur Verfügung stehenden Informationen auf ein verarbeitbares Format reduzieren. „Die an sich schon redundante Unbestimmbarkeit [...] wird in redundante, nämlich wiederholte verwendbare Beschränkungen umgesetzt."[553] Die Möglichkeiten jeder einzelnen Entscheidung werden eingeschränkt, indem die auszuwählenden Alternativen begrenzt und vorselektiert werden. Entscheidungsprämissen zeigen sich damit

549 Luhmann 2000, S. 101.

550 Die Tendenzen die eigenen Erfolge vermehrt auf die Selbstselektionen zurückzuführen und Misserfolg und Scheitern eher Fremdselektionen zuzuordnen, wird in der Sozialpsychologie als Grundvoraussetzung eines stabilen und positiven Selbstbildes gefasst (Aronson et al. 2012).

551 In Treffen sich zwei [psychische] Systeme [4.1.2] wird die generelle Möglichkeit der Beteiligung nicht-menschlicher Akteur:innen an *Kommunikation* diskutiert und als fester Bestandteil komplexer *Kommunikation* etabliert.

552 Kant 1978.

553 Luhmann 2000.

als Entscheidung von Entscheidungen und gewährleisten die Operationsfähigkeit des *sozialen Systems Organisation.* Um im Alltag mit der *Komplexität* und Entscheidungsfülle überhaupt zurechtzukommen, laufen laut Luhmann viele Entscheidungen auf das Wählen von gewissen ‚Typen' von Situationen und Rahmenbedingungen hinaus. Nicht nur in *Organisationen* bildet diese Typisierung die Grundlage der Komplexitätsreduzierung der *Kommunikation.* Auch bei Konzerten, Vorträgen, Einkäufen, Konferenzen oder dem nachbarschaftlichen Smalltalk, sind es *Erwartungsstrukturen,* die die *doppelte Kontingenz* überhaupt erst verarbeitbar machen. Die Wahl eines ‚Typen' setzt den Rahmen der möglichen, anerkannten *Kommunikationen* - und im Fall der *Organisation,* Entscheidungen – fest. Entscheidungsprozesse kennzeichnen sich daher nicht als Folge loser Einzelentscheidungen, sondern als Abfolge von Typwahlen.
Eine getroffene Entscheidung manifestiert die *Kontingenz* der *Kommunikation* in einer *Form,* die die Entscheidung selbst kontingent macht, indem auch immer anders hätte entschieden werden können. „Diese Umwandlung von künftiger *Kontingenz* in vergangene *Kontingenz* ermöglicht das Entstehen einer eigenen internen, von außen nicht koordinierbaren Zeit [...]."[554] Dies gilt im Besonderen auch für *Programme* als Entscheidung von Entscheidungen. Zweckprogramme, wie Erlasse und Weisungen, dienen im organisierten *System* Schule/ Bildung als systeminterne Zeit- und Datumsangaben und beziehen sich, sei es in Abgrenzung oder Anlehnung, auf vorherige *Programme.* Die Bezugnahme und Verkettung von Entscheidungen auf vorherige Entscheidungen ermöglicht die Bearbeitung des Risikos jeder einzelnen Entscheidung selbst und nehmen dem *System* den Entscheidungsdruck.[555]
Die fortschreitende Intransparenz der *Kommunikation* durch undurchschaubare und unberechenbare algorithmische Prozesse und Effekte, die fortan an fast jedweder sozialen *Kommunikation* beteiligt scheinen, verändert auch die *Organisation.* Ulrich Weinberg beschreibt das Wegfallen hierarchischer *Strukturen* durch die Fluidisierung von Kommunikationswegen und *Programmen* in einer Organisationsstruktur des ‚Network Thinking'.[556] Netzwerkstrukturen und die Zusammenarbeit von gleichberechtigten Mitarbeiter:innen lösen demnach Einzelpersonen und starre, einzuhaltende Dienstwege ab. Lose und sich stehts neuformierende und -formende Konstellationen sollen Anpassungsprozesse an schnell wechselnde Gegebenheiten erleichtern und Redundanzen verringern. Dem Erfolg des Netzwerkbegriffs in der Organisationstheorie folgend, bezeichnet Dirk Baecker die ‚nächste' *Organisation* – in der ‚nächsten *Gesellschaft*' – als ‚Netzwerkorganisation'.[557] In Netzwerkorganisationen strukturieren sich – für Baecker – vor allem auch externe Verknüpfungen in *Form* von Netzwerken, in denen es darum gehe, Produkte und Verfahren möglichst so zu organisieren,

554 Baraldi et al. 1997, S. 131.
555 Vgl. Luhmann 2000, S. 231–236.
556 Vgl. Weinberg 2015, S. 49–76.
557 Vgl. Baecker 2007b, S. 48–51.

dass eine Motivation zur Beteiligung an der Netzwerkorganisation selbst entstünde und weiterentwickelt werden könne. Insbesondere die Aussicht auf eine Mitgliedschaft sei hierbei Motivation, die eigene Arbeitskraft für die Netzwerkorganisation einzusetzen und deren *Programme* zu verfolgen. Ganz im Sinne des ‚entfesselten Netzwerkeffektes'[558] führt dies auch zu einer Akkumulation von Mitgliedern bzw. dem folgend von Arbeitskraft in großen Netzwerkorganisationen, welche zu dominierenden Plattformen wachsen und ihrerseits wieder Ausgangspunkt und Infrastruktur für weitere Netzwerke und Netzwerkorganisationen werden können.[559]

In der Netzwerkorganisation generieren Technik, Soft- wie Hardware schließlich vollends zum Personal der *Organisation* und werden damit fester Bestandteil im Zusammenspiel unterschiedlicher menschlicher und nicht-menschlicher Akteur:innen. Der Mensch vereine in diesem Netzwerk nach Dirk Baecker eine einzigartige Konstitution von Verbindungen verschiedener Eigenschaften, weshalb sich „das Design der ‚nächsten' Organisation [...] um den Menschen [drehe]."[560] Diese Formulierung Baeckers lässt vermuten, sie könne in einem emphatisch humanistischen Sinne gemeint sein – schließlich strukturiere sich die Organisation fortan um den Menschen als zentrale Einheit – jedoch wird diese Perspektive von Dirk Baecker im Anschluss negiert. Bei der Einheit Mensch handle es sich letztlich ‚nur' um die „ […] hochspezifische *Form*, in der die Kombination mentaler und sozialer Aufmerksamkeit in einem bestimmten Netzwerk der Organisation [...] gebraucht und gepflegt wird."[561] Den Begriff der Aufmerksamkeit entnimmt er dabei den Arbeiten von Karl E. Weick und Kathleen M. Sutcliffe, die für Netzwerkorganisationen die unabdingbare Ressource der ‚mindfulness' herausarbeiten und in den Diskurs einführen.[562] Demnach verfüge nur der Mensch über ein hinreichendes Verständnis von den *Formen* der *Kommunikation* und der Unmöglichkeit ihrer *Kontrolle* und könne daher die notwendige Aufmerksamkeit aufbringen, auch in komplexen Situationen erfolgreich zu kommunizieren und zu *handeln*. Aufgehend in einem Geflecht aus menschlichen und nicht-menschlichen Akteur:innen sei es die *Kommunikation* und ein Verständnis für die *doppelte Kontingenz* und die Beteiligung intransparenter Bewusstseinssysteme, die den Menschen als grundlegende Bedingung und Bestandteil für die Netzwerkor-

558 Eine ausführliche Beschreibung des Netzwerkeffektes als Phänomen der Digitalisierung erfolgt in Vernetzung [2.2.2].

559 Vgl. Seemann 2014, S. 102–103.

560 Baecker 2007b, S. 49.

561 Ebd., S. 50.

562 Dirk Baecker benutzt in diesem Zusammenhang ‚Aufmerksamkeit' als Übersetzung für ‚mindfulness'. In der deutschsprachigen Ausgabe von Weicks und Sutcliffes Arbeit (‚Das Unerwartete managen', 2007) wird hingegen ‚Achtsamkeit' als Übersetzung von ‚mindfulness' verwendet, was im deutschsprachigen Raum jedoch überwiegend in Verbindung mit Entspannungsübungen und Achtsamkeit gegenüber dem eigenen Körper Verwendung findet (Achtsamkeit // Wikipedia). Der Begriff der Aufmerksamkeit hingegen wird im deutschsprachigen Raum auch unter Aspekten der Aufmerksamkeitsökonomie und damit im Sinne einer Ressource verwendet, weshalb Dirk Baecker und den Ausführungen von Strukturen und Erwartungen [4.2.1] folgend, auch im Weiteren der Begriff der ‚Aufmerksamkeit' verwendet wird.

ganisation nicht aufgeben.[563] Damit manifestieren sich im Aushalten der (Un-)Möglichkeiten der *Kommunikation* die neuen Aufgaben und Routinen der Netzwerkorganisation und charakterisieren sich die spezifischen *Formen* des menschlichen Personals.
Der selbstbestimmte und produktive Umgang mit diesen Ungewissheiten und Leerstellen ist demnach Aufgabe des organisierten *Systems* Schule/Bildung, will es Teilhabe und Mitgliedschaften in Netzwerkorganisationen und der ‚nächsten *Gesellschaft*' ermöglichen.[564]

Erreicht eine *Organisation* den Status eines selbstverständlichen und fest vorgesehenen Teils der *Systeme* ihrer umgebenden *Umwelt*, so wird sie zur *Institution*.

### 4.3.2 *Institution*

*Hüterin und Bewahrerin des Status quo*

Die *Institution* ist eine spezifische *Form* der *Organisation*. Um ihre Charakteristika und besonderen Eigenschaften angemessen befragen zu können, ist es zunächst notwendig, die Selbstbeschreibung der *Organisation* zu verstehen, denn „Organisationen haben keinen Körper, aber sie haben einen Text."[565]
Selbstbeschreibungen von *Organisationen* sind Texte – und hierbei ist ein weiter Textbegriff zu verwenden –, die „[...] die laufend anfallenden Selbstreferenzen [...] raffen, [...] bündeln, [...] und zentrieren, um damit deutlich zu machen, dass es immer um dasselbe „Selbst", immer um ein mit sich identisches *System* geht."[566] Sie lassen sich öffentlich kommunizieren und dienen dem *System* als ‚offizielle Gedenkkultur'.[567] Wie jede andere *Kommunikation* können Selbstbeschreibungen dann wiederum Thema anderer *Kommunikationen* werden und positiv oder negativ kritisiert und angenommen oder abgelehnt werden. Stabile Selbstbeschreibungen bilden sich daher nicht in der einmaligen Konstruktion eines überzeugenden und bleibenden Textes, sondern als Resultat rekursiven Beschreibens und Beobachtens von

563 Dies bedeutet nicht, wie in Treffen sich zwei [psychische] Systeme [4.1.2] bereits dargelegt, dass mit der Fortentwicklung der Technologie, nicht auch zunehmend nicht-menschliche Akteur:innen die *doppelte Kontingenz* kommunikativer Prozesse erfolgreich zur (eigenen) Konstruktion von *Sinn* nutzen können. Dies unterstreicht vielmehr noch die Forderung nach einer Fokussierung des organisierten *Systems* Schule/Bildung auf die *Form(en)* der *Kommunikation*.

564 Die Entwicklung einer umfassenden Ambiguitätstoleranz wurde bereits in Kommunikation [4.1.1] und Plausible Präsentationen anderer Realitäten [4.2.3] als zentrale Bildungsaufgabe des organisierten *Systems* Schule/Bildung im 21. Jahrhundert herausgearbeitet. In diesem Kontext steht auch die Möglichkeit zur Mitgliedschaft an Netzwerkorganisationen, da mit ihnen die Erwerbstätigkeit und Existenzsicherung – als funktionale Bestandteile der Selbstbestimmung – sichergestellt werden können.

565 Luhmann 2000, S. 422.

566 Ebd., S. 421.

567 Vgl. Lachmann 1990, S. 11.

Selbstbeschreibungen. Zurückgegriffen auf die Formulierungen der Kybernetik, sind solche stabilen *Formen* von Texten, welche als Selbstbeschreibungen fungieren, der ‚Eigenwert' des *Systems*.[568] Der Eigenwert ist dann der nicht veränderbare Teil einer rekursiven Abbildung auf sich selbst. Damit manifestiert sich das identische und gleichbleibende ‚Selbst' Luhmanns in den Beschreibungen und Ausführungen des Eigenwertes einer *Organisation*. Der Eigenwert und das Einrichten und Stabilisieren eines Textes als Selbstbeschreibung negieren die Autorschaft des Textes selbst und damit die mit den Autor:innen verbundenen Interessen und Perspektiven. Selbst die Herstellung der Selbstbeschreibung wird überdeckt und schützt den Text vor negativer (und positiver) Kritik.

> *„Der Text wird zu einem heiligen Text oder zu einem Text, dessen Alter und bewährte Tradition ihn gegen Kritik schützen. Seine Offensichtlichkeit verdeckt, dass es andere Möglichkeiten gegeben hätte."*[569]

Befreit von ihren Verfasser:innen und mit diesen von jeglicher Möglichkeit diese zu hinterfragen, ordnen und bestimmen die Selbstbeschreibungen den Ort der *Organisation*. Mit dem Ort sind dabei nicht nur Bürogebäude, Fabriken oder allgemeine physische Räume gemeint, sondern auch der Wirkungs- und Operationsraum der jeweiligen *Organisation*. Sie gewährleisten über diese ‚Sichtbarkeit' die konstitutive Differenz von Selbstreferenz und Fremdreferenz.[570] Die Festsetzung des ‚wo' – und das damit immer auch einhergehende ‚wie' und ‚was' –, wird von Niklas Luhmann genauso für die Verwaltungshoheit der *Organisation* Staat, wie für die Produktionsprozesse von Lebensmittelkonzernen, Unterricht in Schulen, Dienstleistungen in Startups oder der Lehre an Universitäten als Selbstbeschreibung beobachtet und untersucht.[571] Luhmann geht dabei vom Grundschema bestimmt/unbestimmt für Selbstbeschreibungen von *Organisationen* aus, da keine Operation alleine die Abläufe und das Ganze der *Organisation* sein bzw. beschreiben kann. Jede Operation müsse daher vielmehr die Verkettung und Vernetzung von Entscheidungen sein und durch deren rekursive

568 Vgl. Foerster 1985, S. 66–79.

569 Luhmann 1998, S. 889.

570 Wie in Draw a distinction – Aller Anfang ist Differenz [4.1.1.1] gezeigt, unterscheiden selbstreferenzielle *Systeme* die systeminternen Operationen und jene, die ihrer *Umwelt* zugerechnet werden müssen. Sie reproduzieren ihre eigenen Operationen zur Beobachtung und zur Prozessierung ihres eigenen Bestehens systemintern und differenzieren damit zwischen externer ‚Wirklichkeit' und sich selbst. Diese Differenz wird damit zur „Bedingung [ihrer] Operativität und jede Form von Kognition ist die Möglichkeit, zwischen Selbst- und Fremdreferenz intern [...] unterscheiden [zu können]" (Baraldi et al. 1997, S.163). Da die Komplexität der Welt im *System* nie als solche reproduziert werden kann, ist jede Beschreibung und Beobachtung der Umwelt durch das *System* nur eine Konstruktion des *Systems* selbst. Zwar wird die *Umwelt* als objektiv existent angenommen, jedoch ist diese nicht als solche vom *System* beobachtbar. Der Beobachter wird somit zur Einheit dieser Differenz und das Selbst des *Systems* kann nur in der Unterscheidung zum anderen kommuniziert werden.

571 Vgl. Luhmann 2000, S. 423–435.

Vernetzung wiederum selbst eine Entscheidung bilden. Die fortlaufende Bestimmung des Unbestimmten in jeder Entscheidung wird dann als Akkumulation von Wissen und Informationen gefasst, welches die Qualität zukünftiger Entscheidungen bestimmt. Die *Organisation* wird an ihren Entscheidungen gemessen, die sie produziert, wodurch der Transformation von Unbestimmtheit in Bestimmtheit in der *Organisation*, aber auch ihrer *Umwelt*, eine wichtige Bedeutung zugesprochen wird.[572]

Über ihre Selbstbeschreibungen sind es *Organisationen*, „die als [...] einzige Sozialsysteme [...] mit Systemen ihrer *Umwelt* kommunizieren können."[573] Mit der Differenz *System/Umwelt* beginnend, scheint diese Behauptung Luhmanns im Widerspruch mit den Grundannahmen seiner eigenen entworfenen Systemtheorie zu stehen, basiert sie doch auf der Unterscheidung von *System* und *Umwelt* und einem Ausschluss der Verbindung und gegenseitigen Einflussnahme der Unterschiedenen. Die *Umwelt*, als gegeben und objektiv als vorhanden angenommen, stellt das *System* vor die Probleme der Ressourcenknappheit und Informationsüberschüsse, weshalb das *System* die systeminternen Komplexitätsreduzierungsmechanismen entwickelt, um die *Irritationen* der *Umwelt* verarbeitbar zu machen und die eigene Existenz weiter prozessieren zu können. Eine grundsätzliche Verbindung von *System* und *Umwelt* ist daher von sich gegeben, jedoch ist es nur dem *sozialen System Organisation* möglich, seinerseits in organisierte und absichtsvolle *Kommunikation* mit seiner *Umwelt* zu treten. Sind es wiederum andere *Systeme*, die sich in der *Umwelt* eines *Systems* befinden und die *Irritationen* im jeweils anderen *System* hervorrufen, so sind dies *strukturelle Koppelungen*, die *Systeme* untereinander verbinden und zusammenschalten.[574]

Die anderen Funktionssysteme der *Gesellschaft*, sei es die Wissenschaft, die Wirtschaft, die Politik oder die Familie, können hingegen nicht als Einheit mit anderen *Systemen* in *Kommunikation* treten, da die entsprechenden Sprecherrollen nicht genuin in den *Systemen*

572 Dies führt mitunter dazu, dass das Generieren und Zusammenstellen von *Informationen* und Wissen sogar als reiner Selbstzweck fortgeführt wird, obwohl gar nicht absehbar ist, ob dies für zukünftige Entscheidungen von Bedeutung sein könnte. Luhmann präzisiert weiter: „Organisationen und im Spezifischen *Institutionen* entwickeln starke Anreize, Unbekanntes in Bekanntes zu transformieren, Sachverhalte zu untersuchen und Berichte zu schreiben, die dann aber gar nicht gelesen oder ausgewertet werden. Der Nutzwert von Wissen ist im Voraus ohnehin schwer abzuschätzen, aber zumindest kann man es als Ergebnis von Arbeit präsentieren, und es entstehen bei dieser Arbeit genügend Schwierigkeiten der Beschaffung von Informationen und der Koordination der Darstellung, dass man das Produkt als gelungenen Leistung präsentieren kann" (Luhmann 2000, S.425).

573 Luhmann 1998, S. 843.

574 Im Kontext der *Kunst* werden beispielsweise über *strukturelle Koppelungen* die Wahrnehmung mit der *Kommunikation* verbunden und es entsteht der Paradoxierungstrick der *Kunst*: Die Selbstbeschreibung der *Kunst* wird als *Handlung* rückgängig gemacht und tarnt sich fortan als *Erleben*. Das künstlerische *Handeln* wird *erlebend* wahrgenommen und Realitäten fokussiert und sichtbar gemacht, indem sie – die *Kunst*- selbst als *Form* unsichtbar bleibt. Der Paradoxierungstrick der *Kunst* wird in Plausible Präsentationen anderer Realitäten [4.2.3] als Untersuchungs- und Beschreibungsmöglichkeit explizit dargestellt und an verschiedenen Beispielen erläutert.

selbst organisiert und verortet sind.[575] Die organisierte *Kommunikation* der *Organisation* mit den *Systemen* ihrer *Umwelt* wiederum steht im Kontext der von ihr verfolgten *Programme* und kann sogar expliziter Teil dieser systeminternen Entscheidungsprämissen sein bzw. werden. Demnach manifestieren sich auch Absichten, Ziele, Werte und Normen der *Organisation* in der organisierten *Kommunikation*, was die Möglichkeit der Manipulation, Lüge und Täuschung zu deren Durchsetzung miteinschließt und systemintern legitimiert.[576]

Gelingt es der *Organisation* das Verfolgen ihrer *Programme* über den Erhalt und den Beitrag für die *Gesellschaft* an sich zu legitimieren, so erlangt die *Organisation* „[...] jene institutionellen Weihen [...], die sie zu einem selbstverständlichen, kosmologisch bereits vorgesehenen Teil des Ganzen werden lassen."[577] Über den Bezug auf die Werte ihrer gesellschaftlichen *Umwelt* erlangt die *Institution* eine kulturelle Identität, die sie gesellschaftlich kontextualisiert, so dass selbst von den *Erwartungsstrukturen* der *Gesellschaft* abweichende Ziele und Zwecke verfolgt werden können. In diesem Zusammenhang ist dabei vor allem die gesellschaftliche Akzeptanz und der der *Organisation* zugestandene Ort in der *Gesellschaft* gemeint und nicht die aus diesen resultierende Macht und Möglichkeit die Ziele und Zwecke der *Organisation* auch wirklich verfolgen zu können. Der Ort umfasst dabei – wie zuvor beschrieben – nicht nur die physischen Räumlichkeiten, sondern vor allem den Status und den Wirkungsbereich innerhalb der *Gesellschaft*.[578] Mit dem Status der *Institution* werden die internen *Programme* der *Organisation* zum systemrelevanten Teil der sie umgebenden *Umwelt* (und derer *Systeme*) bzw. als solchen organisiert kommuniziert. Ob diese Übereinstimmung der *Programme* tatsächlich stimmt, oder ob es sich dabei nur um bewusste, organisierte *Kommunikation* der *Organisation* handelt, ist für den Status der *Organisation* als *Institution* irrelevant. Einmal den Status als *Institution* erreicht, kann die *Organisation* ihre *Programme* als Teil und Beitrag der Erhaltung der *Gesellschaft* behaupten. „Kurz, als Institution erwirbt die Organisation jene Autorität, die es ihr erlaubt, ihre Programme so zu verfolgen, als verbiete sich an ihnen jeder Zweifel."[579]

575 Zwar gibt es – und darauf verweist auch Niklas Luhmann (1998) – in den entsprechenden Funktionssysteme immer wieder angemaßte Sprecherrollen, wie zum Beispiel Arbeitgeber- und Arbeitnehmerverbände oder -vertreter, jedoch kommunizieren diese lediglich für einen Teil des eigentlichen Funktionssystems und nicht für ‚die' Wirtschaft oder ‚die' Wissenschaft als Ganze.

576 Vgl. Fend 2008, S. 28–32.

577 Baecker 2007b, S. 41

578 Gilt es aktuell beispielsweise als fortschrittlich und gesellschaftlich relevant nachhaltig zu *handeln*, eine gute Ökobilanz zu haben oder die eigenen *Programme* im Rahmen der Digitalisierung zu verfolgen, so macht es für die *Institution* keinen Unterschied, ob diese Selbstbeschreibungen wirklich stimmen oder organisierte *Kommunikationen* zur Wahrung des eigenen Status und Verfolgung der eigenen *Programme* sind. Im Kontext der weiteren Untersuchung der *Programme* und Richtlinien im organisierten *System* Schule/Bildung wird diese Unterscheidung in bei der systemischen Betrachtung der Veröffentlichungen der Kultusministerkonferenz [KMK] [4.3.4] und des Ministerium für Schule und Bildung des Landes Nordrhein-Westfalen [MSB NRW] [4.3.5] von besonderem Interesse sein.

579 Baecker 2007b, S. 41.

Die Konstruktion eines systeminternen Datums, durch die Überführung von zukünftiger *Kontingenz* in vergangene *Kontingenz*[580], ermöglicht es Entscheidungen in der *Organisation* zu konservieren und als Ausgangspunkt für weitere Entscheidungen zu nutzen. Auf Daten kann sich innerhalb der *Organisation* bezogen werden und zukünftiges *Handeln* sich an ihnen orientieren. In den *Zweckprogrammen* von *Organisationen* und im Speziellen von *Institutionen* akkumulieren die Entscheidungen von Entscheidungen und determinieren die systeminternen Daten. *Institutionen* lassen sich damit zum einen unter dem ermöglichenden Aspekt der Handlungsentlastung als kulturelle Erweiterung und Hilfestellung oder als freiheitsbeschränkendes Instrument und inhaltsloses Gehäuse charakterisieren. Sich diesen Beschreibungen entgegenstellend, formuliert Robert Seyfert eine Revidierung dieser Sichtweisen bzw. ergänzt den skizzierten Dualismus um eine Perspektive, die gezielt auch Veränderungen und Dynamisierungen in der *Institution* umfasst und die affektiven *Strukturen* von *Institutionen* zum Ausgangspunkt macht.

Neben dem Ort, der von Seyfert als ‚institutioneller Raum‘ gefasst wird, beschreibt Seyfert in seinen Ausführungen zur Institutionalisierung, die Etablierung einer systeminternen ‚institutionellen Zeit‘ und ‚institutionellen Affektivität‘.[581] Lassen sich die ‚institutionelle Zeit‘ und der ‚institutionelle Raum‘ direkt mit den bisherigen Ausführungen fassen, greift die ‚institutionelle Affektivität‘ weiter, stellt sie doch gerade vor dem Hintergrund der tradierten Institutionstheorie ein Novum dar.

Seyfert beschreibt *Institutionen* als weniger limitativ, disziplinierend und kontrollierend als bisherige Ansätze und charakterisiert sie nicht nur als einschränkend, sondern an vielen Stellen auch als ausweitend und integrativ. Es existiere ein institutionelles Miteinander, welches auf stille und allmähliche Weise Veränderungen wahrnehmen und in die *Institution* zurückführen könne. Die *Institution* stehe außerdem im Austausch mit anderen Akteur:innen und ihrer *Umwelt*, sei an diese gekoppelt und mit ihnen verbunden. Die wahrgenommenen Veränderungen könnten zur Weiterentwicklung der *Strukturen* innerhalb der *Institution* führen.[582]

580 Ganz im ‚Sinne‘ Luhmanns. Anhand der Differenz *Medium/Form* wird die Prozessierung von *Sinn* in Unterscheiden als Formbildung – Die Differenz Medium/Form [4.1.1.2] diskutiert.

581 In seinen Ausführungen über die *Strukturen* und Funktionen von *Institutionen* und dem Entwickeln einer eigenen Institutionstheorie distanziert sich Robert Seyfert gegenüber der systemischen Perspektive wie sie zum Beispiel Luhmann entwickelt (vgl. Seyfert 2011, S. 24-28). Seyfert begründet dies mit der fehlenden Einbeziehung der *Umwelt* in die Prozesse der *Systeme* selbst und bevorzugt die Beschreibung institutioneller Affektionen, bzw. Effekte anstatt der Konzentration auf *Strukturen* und Beziehungen (ebd., S. 26). Im Laufe der Untersuchung Seyferts kann diese Perspektive zur Darstellung der institutionellen Affektivität, Zeit und Raum produktiv gemacht werden, zeigt vor dem Hintergrund der *strukturellen Kopplung* und der Konzeption von Daten – als systeminterne Zeit – dennoch eine Vereinbarkeit mit den Beschreibungen der Systemtheorie. Den bisherigen Ausführungen folgend und im Wissen um die kritischen Anmerkungen Seyferts zur Systemtheorie, werden im Weiteren die Ansätze Seyferts daher dennoch unter der systemischen Perspektive kontextualisiert und mit einbezogen.

582 Vgl. Seyfert 2011, S. 72–89

Mit den etablierten Formulierungen von Niklas Luhmann ist die *Institution* dann durch ausgeprägte Entscheidungsprämissen charakterisiert, die eine starre systeminterne *Erwartungsstruktur* darstellen und durch wiederholende *Irritationen* – der organisierten *Kommunikationen* der *Institution* - auf die umliegenden *Systeme* einwirkt und die eigenen *Programme* verfolgen.[583] In der ‚institutionalized organisation' manifestieren sich die zu verfolgenden Ziele und *Programme* zu dauerhaft gegebenen und änderungsresistenten Verhaltensprämissen, auf die sich das *Handeln* (in) der *Institution* stützen kann und die das weitere Analysieren der jeweiligen Situation und das Abwägen von Alternativen verbietet bzw. erspart.[584] Weiter ist die *Institution* aber auch über die *strukturelle Kopplung* mit den *Systemen* ihrer *Umwelt* verbunden, was eine grundsätzliche Möglichkeit zur Anpassung der systeminternen *Strukturen* erfordert, will die *Institution* ihre Bedeutung für eine sich verändernde *Umwelt* weiterhin behaupten.

Dennoch sind die *Strukturen* der *Institution* auf den Erhalt eines Zustandes und des Status der *Institution* ausgelegt und die Evolution systeminterner *Strukturen* nur bedingt möglich. Neue Gegebenheiten der *Umwelt* treten als störende *Irritationen* in der *Institution* auf und selbst steigender Evolutionsdruck kann lange ignoriert werden. Dies mag vor allem dann auffallen, wenn sich die *Umwelt* und ihre *Systeme* grundlegend ändern und die organisierte *Kommunikation* der *Institutionen* mit den veränderten Umweltbedingungen nicht Schritt halten kann.

### 4.3.3 Übergänge _Richtlinien

/// Mit Hilfe der entwickelten systemischen Perspektive lassen sich das organisierte *System* Schule/Bildung und die darin verorteten *Organisationen* als *autopoietische Systeme* beobachten. Sowohl der ‚Ort' als auch die damit einhergehende Legitimation der jeweiligen *Organisation* sind fest in das *System* eingeschrieben und durch ein Netz von Selbstbeschreibungen abgesichert, womit sich die *Organisationen* als *Institutionen* beschreiben lassen. Gesetze und Verordnungen legen den Wirkungs- und Einflussbereich der unterschiedlichen Akteur:innen fest und hierarchisieren gleichzeitig deren Beziehungen untereinander. Schule lässt sich dabei als *Institution* beobachten, die als Teilsystem des organisierten *Systems* Schule/Bildung über *strukturelle Kopplungen* ihr (Zweck-)*Programm* [Lehrplan] von anderen Teilsystemen in systeminternen *Irritationen* aufnimmt, in schulinternen Lehrplänen umsetzt und über die eigenen Kommunikationswege [Dienstweg] an das Personal [Lehrkräfte]

583 Vgl. Luhmann. 1970, S. 37–39
584 Vgl. Meyer und Rowan, S. 46–49

verbreitet. In Nordrhein-Westfalen hängt die Mitgliedschaft zum Personal der *Institution* Schule im Regelfall (noch) mit einem Eintritt in das Beamtentum zusammen. Diese spezielle *Form* der Mitgliedschaft ist besonders bindend (Lebenszeit) und bietet eine Vielzahl von Vorteilen für das Personal, aber auch weitreichende Folgen bei einem Verlust der Mitgliedschaft. Dementsprechend hat das Personal in der *Institution* die *Programme* zu befolgen und evolutive Prozesse aus dem *System* heraus sind entsprechend unwahrscheinlich bzw. werden grundsätzlich verhindert. Nichtsdestotrotz – und dabei kann auf den Aspekt der ‚institutionellen Affektivität' von Robert Seyfert zurückgegriffen werden – bleibt es möglich, dass aus dem *System* selbst heraus Anpassungs- und Veränderungsprozesse initiiert werden. Im Austausch mit anderen Akteur:innen in der *Umwelt* der *Institution* Schule kann ein institutionelles Miteinander entstehen, welches Veränderungen von *Strukturen* gekoppelter *Systeme* in das *System* Schule zurückführt. Dies können Gremien wie Schulkonferenzen oder -pflegschaften an den Schulen selbst sein, die Entscheidungsprämissen im Rahmen der Schule anpassen. Dies können beispielsweise aber auch Abordnungen an andere Schulen oder – um zumindest in Teilen einem anderen *Programm* zu unterliegen – Universitäten sein. Laborschulen von Universitäten sind ein Beispiel für eine Möglichkeit, wie auf allmähliche Weise Veränderungen im organisierten *System* Schule/Bildung wahrgenommen und in die *Institution* Schule zurückgeführt werden können. Veränderungen der Entscheidungsprämissen finden dann jeweils im Kontext der Realisierung und Umsetzung und weniger in der Hinterfragung des *Programms,* der Kommunikationswege oder des Personal*s* selbst statt. Die grundlegende Anpassung der Entscheidungsprämissen ist nicht durch evolutive Prozesse aus dem organisierten *System* Schule/Bildung selbst heraus umsetzbar. Sie werden vielmehr von gesellschaftlichen und politischen *Irritationen* beeinflusst, die aus der *Umwelt* auf dieses komplexe Teilsystem der *Gesellschaft* einwirken und zu Selbstirritationen führen können. ///

Systemische Teilperspektiven und Anhaltspunkte [Stichtpunkte]

KMK & MSB NRW

*Institutionen* als spezifische *Form* von *Organisationen*

[starre Entscheidungsprämissen und *Kommunikation* der Stabilisierung des ganzen *Systems* und die Notwendigkeit der eigenen Existenz]

Institutionalisierung/*Institutionen* als Bewahrerinnen des aktuellen Status

[Schule als Bewahrung von *Gesellschaften* vs. Schule als Vorbereitung auf eine (wie auch immer) prognostizierte Zukunft]

Selbstbeschreibung zur Legitimation der eigenen Programme

[bedingungslose Normativität und fehlende wiss. Begleitung – Durchsetzung durch Autorität]

Etablierung eines hierarchisch stark gegliederten Personals
[Beamtentum – Dienstherren und Weisungsbefugnisse]

Lehrplan

*(Ziel-)Programm*
[Ausdruck systeminterner Annahmen, Werte, Präferenzen und Operationsbedingungen, die organisiert mit der *Umwelt* des *Systems* kommuniziert wird]

Autorschaft
[fehlende Notwendigkeit wiss. Legitimation – Legitimation über den Status als Institution]

In den folgenden Kapiteln werden die im *organisierten System Schule/Bildung* vermuteten Differenzen zwischen der organisierten *Kommunikation* der *Institutionen* und ihrer *Umwelt* zum Ausgangspunkt der Untersuchung. Dabei handelt es sich nicht um eine politikwissenschaftliche Abhandlung und detaillierte Beschreibung des organisierten *Systems* Schule/ Bildung, sondern um eine Darstellung und Einordnung der organisierten *Kommunikationen*, der *Programme* einzelner *Institutionen* und Akteur:innen. Zentrale Untersuchungsgegenstände stellen hierbei die Veröffentlichungen der Kultusministerkonferenz [KMK] [4.3.4] und des Ministerium für Schule und Bildung des Landes Nordrhein-Westfalen [MSB NRW] [4.3.5] dar.

Die Veröffentlichungen des BMBF wurden in die detaillierte systemische Betrachtung nicht aufgenommen, da die Relevanz der Dokumente für die Forschungsarbeit nicht in dem Maße gegeben ist, wie bei den Veröffentlichungen der Kultusministerkonferenz [KMK] und des Ministeriums für Schule und Bildung Nordrhein-Westfalen [MSB NRW]. Die entwickelte systemische Perspektive und die Darstellung möglicher neuer Teilhabequalifikationen, die die Grundlage für den ‚medialen Anfangsunterricht' bilden sollen, werden mit den generellen inhaltlichen Vorgaben der KMK und den spezifischen inhaltlichen Vorgaben des MSB NRW kontextualisiert.
Die Betrachtung der Veröffentlichungen des BMBF wären im Zusammenhang mit Untersuchungen zur Ausbildung von Lehrkräften und den hochschulspezifischen *Strukturen* interessant, dies tangiert die vorliegende Forschungsarbeit jedoch nur, weshalb die Veröffentlichungen des BMBF nicht mitaufgenommen wurden.

Entsprechend des methodischen Vorgehens[585] wurden die politischen Veröffentlichungen in den folgenden Kapiteln zunächst offen kodiert und textimmanente Phänomene und Besonderheiten herausgestellt. Für das axiale Kodieren wurden die in Organisation und Entscheidung [4.3.1] und Institution [4.3.2] herausgearbeiteten systemischen Perspektiven herangezogen und im selektiven Kodieren auf zentrale Kategorien reduziert. Aufgrund der linearen Darstellungsweise im Textformat und den damit einhergehenden eingeschränkten Möglichkeiten den iterativen Forschungsprozess angemessen darstellen zu können, werden die erwähnten zentralen Kategorien als thematische Fokusse verwendet. Die detaillierten Kodierschritte und -daten sind der vorliegenden Studie im Anhang als Download der MAXQDA-Metadatei beigefügt und können von der/dem interessierten Leser:in zur genaueren Lektüre hinzugezogen werden. Aus Darstellungsgründen und um die präzisen Angaben der MAXQDA-Metadatei von anderen Quellen abzugrenzen, sind die jeweiligen Bezüge im Fließtext im Format [QUELLENDOKUMENT:SEITE:ZEICHEN] vermerkt.

Beim Aufgreifen der systemischen Zusammenhänge in der Analyse kann es teilweise zu einzelnen Redundanzen in der Darstellung kommen. Dies wurde bewusst gemacht, um das Lesen zu vereinfachen und systemisch zu kontextualisieren, jedoch wurde gleichzeitig versucht die Wiederholungen auf ein Minimum zu reduzieren.

### 4.3.4 Kultusministerkonferenz [KMK]

*Die Toolifizierung der Digitalisierung*

Die ‚Ständige Konferenz der Kultusminister der Länder in der Bundesrepublik Deutschland' (kurz: Kultusministerkonferenz / KMK) ist ein freiwilliges Koordinations-gremium, in dem sich die für Bildung, Schule und *Kultur* zuständigen Minister viermal jährlich treffen und abstimmen.[586] Zu Kommunikation und Aussprache der Empfehlungen werden von der KMK regelmäßig Positionen veröffentlicht, die dann Grundlagen für die Gesetzestexte innerhalb der Länder darstellen.
Im Kontext der KMK wird vor allem die Strategie der KMK zur ‚Bildung in der digitalen

585 Das Vorgehen ist ausführlich in Isomorphien und systemische Sensibilisierungen [3] beschrieben.

586 Die Freiwilligkeit basiert auf den jeweiligen Befugnissen von Bund und Ländern im Kontext Bildung und Schule. Da die Kultushoheit bei den Ländern liegt, hat dieses Gremium nur beratende Funktion, da die Empfehlungen in den Ländern noch in Rechtsvorschriften überführt werden müssen. Die Entscheidungen sind daher nicht bindend (Kultusministerkonferenz [KMK] // Wikipedia).

Welt'[587] detailliert analysiert. Hauptausgangspunkt für die vorliegende Analyse wird die Veröffentlichung aus dem Jahr 2016 sein, das Papier zur ,Medienbildung in der Schule'[588] von 2012 wird aber explizit zur Veranschaulichung von Entwicklungen und Veränderungen herangezogen. Insbesondere die KMK-Strategie ,Bildung in der digitalen Welt' hat eine breite Reaktion in der medialen und wissenschaftlichen Öffentlichkeit hervorgerufen und viele Verbände formulierten entsprechende Stellungnahmen. Aufgrund der gewählten systemischen Perspektive sind diese für den vorliegenden Abschnitt der Studie (II) nicht zentral, werden jedoch an einzelnen Stellen aufgegriffen, wenn dies inhaltlich sinnvoll ist. Die Entwicklungen zwischen der Empfehlung zur ,Medienbildung in der Schule' aus dem Jahr 2012 und der KMK-Strategie ,Bildung in der digitalen Welt' von 2016 sowie einer Entwurfsfassung der KMK-Strategie aus dem Jahr 2015 bilden den ersten Einstieg in die Untersuchung.

In der KMK-Strategie ,Bildung in der digitalen Welt' wird wiederholt auf die Ausführungen der Empfehlung von 2012 verwiesen und sich explizit auf die weiterführenden Entwicklungen und Konkretisierungen, die nach Ansicht der Verfasser:innen über das angesprochene Papier hinausgehen, bezogen.

> *„Eine für den Bildungs- und Erziehungsauftrag besonders bedeutsame [Empfehlung] ist die zur ,Medienbildung in der Schule' aus dem Jahr 2012, die weiterhin ihre Gültigkeit besitzt. Die ,digitale Revolution' macht es jedoch erforderlich, diese Empfehlung mit Blick auf konkrete Anforderungen für eine schulische ,Bildung in der digitalen Welt' zu präzisieren bzw. zu erweitern und nunmehr verbindliche Anforderungen zu formulieren, über welche Kenntnisse, Kompetenzen und Fähigkeiten Schülerinnen und Schüler am Ende ihrer Pflichtschulzeit verfügen sollen, damit sie zu einem selbstständigen und mündigen Leben in einer digitalen Welt befähigt werden."*
> *[KMK2016:11:353]*

> *„Er geht mit Blick auf die konkreten Anforderungen für eine schulische „Bildung in der digitalen Welt" über die bisher entwickelten Konzepte zur Medienbildung hinaus und soll als Grundlage für die künftige Überarbeitung von Bildungs-, Lehr- und Rahmenplänen der Unterrichtsfächer durch die Länder dienen."*
> *[KMK2016:14:1707]*

587 Kultusministerkonferenz (KMK) 2016.
588 Kultusministerkonferenz (KMK) 2012.

In Bezug auf die Länge und die Detaillierung der Beschreibungen und Ausführungen zur Digitalisierung und zu ihrer angenommenen Relevanz für die Wirtschaft und für die zukünftig benötigten Arbeitskräfte weist die KMK-Strategie von 2016 eine Erweiterung und vor allem eine Ausdifferenzierung auf. Jedoch fällt sie gerade hinsichtlich der Tiefe relevanter Begrifflichkeiten und Überlegungen zur Digitalisierung, (Medien-)Bildung und Schulentwicklung hinter die Empfehlung von 2012 und auch den Entwurf von 2015 zurück und stellt damit an vielen Stellen eine Verflachung und Reduktion dar. Im Folgenden werden diese Begrifflichkeiten zu Ausgangspunkten in der Darstellung der Forschungsergebnisse.

Bewahren und Stabilisieren
// Ausgangsbegriff: Digitalisierung

> *„Die Digitalisierung ist ein epochaler Prozess, der alle Bereiche unserer Gesellschaft durchdringt und die Lebens- und Berufswelten grundlegend verändert.“*
> *[KMK2015:1:160]*

Im Entwurf der KMK-Strategie, welcher 2015 veröffentlicht wurde und erste Eckpunkte der geplanten Strategie skizziert, wird der disruptive Charakter der Digitalisierung und die damit einhergehenden grundlegenden Strukturveränderungen innerhalb der *Gesellschaft* explizit berücksichtigt und erwähnt. Die Unberechenbarkeit digitaler *Kommunikation* und die Teilhabe an einer *Gesellschaft*, die auf dem Computer als dominierende Kommunikationstechnologie beruht, wird entschieden von bisherigen Gesellschaftsformen und ihren Funktionsweisen abgegrenzt.
In der Präambel der veröffentlichten KMK-Strategie wurde diese Formulierung abgewandelt.

> *„Die zunehmende Digitalisierung aller Lebensbereiche führt zu einem stetigen Wandel des Alltags der Menschen.“*
> *[KMK2016:8:17]*

Die Digitalisierung wird als vornehmlich kontinuierlicher Prozess beschrieben; die Veränderungen stetig, auf dem Bisherigen aufbauend und fortlaufend. Die grundlegenden *Strukturen* (der *Gesellschaft*) blieben erhalten und es können neue zusätzliche Aufgaben additiv hinzugefügt werden.

> *„Chance, weil sie dazu beitragen kann, formale Bildungsprozesse – das Lehren und Lernen – so zu verändern, dass Talente und Potentiale individuell gefördert werden; Herausforderung, weil sowohl die bisher praktizierten Lehr- und Lernformen sowie die*

> *Struktur von Lernumgebungen überdacht und neu gestaltet als auch die Bildungsziele kritisch überprüft und erweitert werden müssen. Herausforderung aber auch, weil dafür infrastrukturelle, rechtliche und personelle Rahmenbedingungen zu schaffen sind.“*
> *[KMK2016:8:1736]*

Die Digitalisierung wird unter dem Aspekt der *Institutionen* und der in diesen tätigen Lehrenden thematisiert und nicht als eine Herausforderung für *Gesellschaft*(en) und die darin lebenden Individuen.
Neben der Zuschreibung der besonderen Bedeutung, welche die *Institution* im Kontext der Auseinandersetzung mit den Herausforderungen im Umgang mit der Digitalisierung habe, stellen die Verfasser:innen der KMK-Strategie ‚das Digitale' auch als gegeben dar, welches von nun an stets verfügbar sei und sich Schüler:innen daher einen kompetenten Umgang mit/ in diesem aneignen müssen.

Bedienen und Funktionieren
// Ausgangsbegriff: Bildung

> *„Durch die Digitalisierung entwickelt sich eine neue Kulturtechnik – der kompetente Umgang mit digitalen Medien –, die ihrerseits die traditionellen Kulturtechniken Lesen, Schreiben und Rechnen ergänzt und verändert.“*
> *[KMK2016:12:2047]*

Die entwickelte systemische Perspektive fasst Digitalisierung als neuartigen Prozess mit einer Vielzahl von Phänomenen auf, welche hochgradig neue Situationen von *Irritationen* und möglichen *Enttäuschungen* hervorbringen.[589] Diese Leerstellen gilt es in jeder *Kommunikation* innerhalb der ‚nächsten *Gesellschaft*' zu gestalten und somit Teilhabe an eben dieser mitzubestimmen. Der (deutsche) Bildungsbegriff zielt damit nicht auf eine konkrete Verwertungslogik von Bildungsprozessen oder auf die Aneignung von Faktenwissen für berufsspezifische Fertigkeiten und Anwendungen, sondern umfasst auch eine facettenreiche soziale und individuelle Dimension.
In der KMK-Strategie sollen diese Phänomene mithilfe eines konkreten Kompetenzkanons in behandelbare Problemlagen überführt werden und das zu bildende Subjekt anhand/durch diese Kompetenzen geformt werden. Der Prozess der Digitalisierung wird nicht als ‚unbestimmt-

589 Die besondere Bedeutung von *Irritationen* für *Lern*- bzw. Bildungsprozesse wird in [Neue] Formen [4.2.2.2] erläutert und darauf aufbauend ein transformatorischer Bildungsbegriff etabliert, welcher an den Ausführungen Niklas Luhmanns zu den *Formen* kognitiven *Lernens* bei *sozialen* und *psychischen Systemen* weiter ausgeschärft und im Anschluss für die Bildungspotenziale der Auseinandersetzung mit *Kunst* und ästhetischen Erfahrungen produktiv gemacht wird.

heitserzeugendes Phänomen‘ begriffen, welcher Potenziale zur Nutzung von *Irritationen* bietet, sondern durch eine instrumentelle Sichtweise auf messbare und damit operationalisierbare Kompetenzen und Faktoren reduziert.[590]

Ausgangspunkt in allen Bereichen der KMK-Strategie zur Schul-, Berufs- und Hochschulbildung ist ein Verständnis von Kompetenzen, welches die zweck- und zielorientierte Anwendung von Wissen und Methoden zur Problemlösung als zentralen Grundgedanken hat, und Fähigkeiten und Fertigkeiten aufzählt, welche von den Heranwachsenden entsprechend beherrscht werden müssen, um den Herausforderungen einer digitalisierten (Arbeits-)Welt gerecht zu werden. Findet der Bildungsbegriff Verwendung, ist er in der KMK-Strategie austauschbar mit den *Institutionen* des Bildungswesens und deren Anliegen und Aufgabe, die verwertbaren Fähigkeiten und Fertigkeiten zu vermitteln, den Erfolg dieser Vermittlung zu messen (Qualitätssicherung)[KMK2016:47:2150] und entsprechend der Ergebnisse das Verfahren zu optimieren (Reflexion)[KMK2016:48:876].

Die in der Empfehlung von 2012 noch titelgebende ‚Medienbildung‘ findet – neben dem Rekurrieren auf die Empfehlung von 2012 – in der gesamten KMK-Strategie von 2016 keine Erwähnung mehr und stattdessen wird die Digitalisierung als Auslöser und zentraler Ausgangspunkt für die (nun) als notwendig beschriebenen Veränderungen und Anpassungen von Schul-, Weiter- und Hochschulbildung platziert. Anstatt diese an vielen Stellen hervorgehobene Veränderung in einem größeren Rahmen zu kontextualisieren, wird auf lebenslanges *Lernen* [KMK2016:10:608] und die Notwendigkeit der steten Aktualisierung entsprechender (Schul-)Lehrpläne [KMK2016:11:10] verwiesen. Dieses geplante reaktive Anpassen der Kompetenzen berücksichtigt damit nur in Teilen die Veränderungsprozesse und Herausforderungen einer zunehmenden *Kontingenz* (digital) komplexer *Kommunikation.* Statt *Kontingenzen* in Freiräumen versuchsweise immer wieder zu besetzen und zu entwickeln, sollen von außen herangetragene und explizit formulierte Kompetenzen verinnerlicht und übernommen werden. Der Kompetenzbegriff wird von den Verfasser:innen als objektive und messbare Konstante der beschriebenen pädagogischen Bemühungen zentral gesetzt. Diese seien immer wieder an die sich verändernden (gesellschaftlichen) Bedingungen anzupassen, wodurch die Veränderungsprozesse der Digitalisierung nicht als Auslöser für mögliche Bildungsprozesse verstanden werden, sondern als Erwerb von Fähigkeiten und Fertigkeiten, die als in der Zukunft benötigt lose antizipiert werden [KMK2016:15:1186]. Nicht nur die Curricularen Vorgaben sollen entsprechend des gemessenen Ertrags angepasst werden, auch die (heranwachsenden) Individuen haben die Aufgabe „eigene Defizite bei der Nutzung digitaler Werkzeuge [zu] erkennen und Strategien zur Beseitigung zu entwickeln“

590 Vgl. Allert und Asmussen. 2017, S. 32–36.

[KMK2016:17:1600]. Der in der KMK-Strategie verwendete verkürzte Kompetenzdiskurs berücksichtigt damit weder die notwendige Zeit noch die benötigten (Möglichkeits-)Räume für umfassende Bildungsprozesse. Dies erscheint aber angesichts der tiefgreifenden Strukturveränderungen geboten, soll Bildung erfolgreiche Sozialisations-, Enkulturations- und Partizipationsprozesse auch in der ‚nächsten *Gesellschaft*' ermöglichen.
Es ist an dieser Stelle jedoch auch zu erwähnen, dass es durchaus offene Formulierungen innerhalb des Kompetenzmodells der KMK-Strategie gibt. Fragestellungen und Herausforderungen im Rahmen der Selbstbestimmung und gesellschaftlichen Solidarität werden beispielsweise mit der Kompetenz „2.5.3. Als selbstbestimmter Bürger aktiv an der Gesellschaft teilhaben" [KMK2016:16:1206] thematisiert oder kulturelle Aspekte mit „2.4.4. Kulturelle Vielfalt in digitalen Umgebungen berücksichtigen" [KMK2016:16:966] zumindest tangiert. Die Verfasser:innen der KMK-Strategie gehen jedoch nicht weiter darauf ein, ob diese offen gehaltenen Formulierungen gezielt gesetzt sind oder dem spezifischen politischen Schreibstil und einer (noch) fehlenden konkreten Auseinandersetzung mit den jeweiligen Themenkomplexen geschuldet sind. [591]

// Die Individualität der Norm
Die Verfasser:innen der KMK-Strategie verweisen direkt zu Beginn des Vorwortes auf die vermuteten Möglichkeiten und Potenziale der digitalen Medien für Prozesse der Individualisierung.

> *„Digitale Medien halten ein großes Potential zur Gestaltung neuer Lehr- und Lernprozessen [sic] bereit, wenn wir allein an die Möglichkeiten zur individuellen Förderung von Schülerinnen und Schülern denken."*
> *[KMK2016:5:356]*

Jedoch werden mit dem Begriff Individualisierung im Wesentlichen die mit digitalen Endgeräten verbesserten Überwachungs- und Messmethoden der Lernfortschritte der Schüler:innen verstanden. Anhand festgestellter Kompetenzen und des individuellen Lernfortschritts sollen angepasste Lernangebote zur Verfügung gestellt werden, die den am Lernoutput empirisch messbaren Lernerfolg zu optimieren versprechen. Als zentrales Instrument sollen

591 In diesem Zusammenhang arbeitet Felicitas MacGilchrist sechs unterschiedliche Subjektfiguren heraus, die in der KMK-Strategie zum Ausdruck kommen und nicht näher ausgeführt oder reflektiert werden. Drei dieser Figuren – der/die Nutzer:innen, das kritisch-reflexive Subjekt und der/die Maker:in – sind für MacGilchrist wiederkehrende Bezugspunkte in der medienpädagogischen Debatte (MacGilchrist. 2017). Die grundlegenden Aspekte (dieser (noch) auf Individuen gedachten Bezugsnormen) werden auch in den Dimensionen des ‚medialen Anfangsunterricht' in Entwurf des ‚medialen Anfangsunterrichts' [5] einfließen.

dafür ID-Management-*Systeme* zum Einsatz kommen, die die Lerndaten einer/eines Lernenden bündeln und zur (automatischen) Bereitstellung neuer Lernangebote nutzen.

> *„ID-Management-Systeme*
> *Für die Nutzung von digitalen Bildungsmedien im Internet wird häufig eine persönliche Anmeldung verlangt. Dies gilt besonders für kostenpflichtige Angebote. Dadurch weist man sich als berechtigte Person aus. Besonders wichtig ist diese Authentifizierung bei der Nutzung von Lernangeboten mit Rückmeldesystem über den eigenen Leistungsstand, selbst wenn sie lizenzkostenfrei sind. Hier muss das System erkennen, welcher Nutzer die Eingaben macht und der Nutzer muss zu jedem Zeitpunkt seinen erreichten Lernstand abrufen können. So können Lernfortschritte sichtbar gemacht werden."*
> *[KMK2016:39:83]*

Wie der Prozess der Digitalisierung, wird auch die Individualisierung vor allem als institutionell zu lösendes Problem thematisiert, welches mit Hilfe digitaler Technologien die verschiedenen *Institutionen* des organisierten *Systems* Schule/Bildung, wie (Hoch-)Schuleinrichtungen, Schulbehörden, Schulamt, Ausbildungsseminare des ZfsL aber auch schulische Beratungs- und Unterstützungsbehörden besser vernetzt, und somit die (Lern-)Daten frei zwischen diesen Einrichtungen zirkulieren und damit auch abseits der Lernprozesse des Individuums Ertrag liefern können.

Auch in diesem Zusammenhang wird das Kompetenzdenken der Verfasser:innen deutlich, indem die Individualisierung als Vermittlung und *Lernen*/Aufnahme von vorgegebenen Lehr- und Lerninhalten begriffen wird und nicht als Orientierungsphase und prinzipiell offener Suchprozess eines Individuums. Die in der KMK-Strategie skizzierte Individualisierung basiert vielmehr auf einem Auswertungsalgorithmus, der die jeweiligen (Lern-)Daten analysiert und einen Lernweg mit entsprechenden Aufgaben zusammenstellt, auf dem das Individuum die vorgegebenen und zu erreichenden Kompetenzen zielsicher erreicht. Persönliche Interessen, individuelle Fragestellungen, (persönliche) Krisenmomente in der Auseinandersetzung mit *Kontingenzen* und das produktive und gestalterische Füllen aufgeworfener Leerstellen, wie es für Prozesse tiefgreifenden *Lernens* notwendig ist, werden nicht thematisiert und finden in der gesamten KMK-Strategie keine Erwähnung.

> *„2.2 Selbstbestimmte, aktive und demokratische Teilhabe an Politik, Kultur und Gesellschaft"*
> *[KMK2012:4:2357]*

*„2.3 Identitätsbildung und Persönlichkeitsentwicklung"*
*[KMK2012:5:309]*

Die in der Empfehlung von 2012 noch aufgeführten Bereiche der kulturellen und politischen (Medien-)Bildung fehlen in der KMK-Strategie genauso wie der Abschnitt zur Identitätsbildung und Persönlichkeitsentwicklung.
Statt individueller Entwicklungsprozesse fokussiert das Kompetenzmodell der KMK-Strategie durch die Offenlegung und Vermessung von Lernfortschritten und das Festlegen zu erreichender ‚Bildungsziele' – in allen Bereichen [KMK2016:15:1186] –, sogar vereinheitlichte Entwicklungsprozesse und orientiert Persönlichkeitsentwicklung und Subjektivierung an messebaren, verwertbaren und leistungsbringenden Normzuständen und Normalität(en).

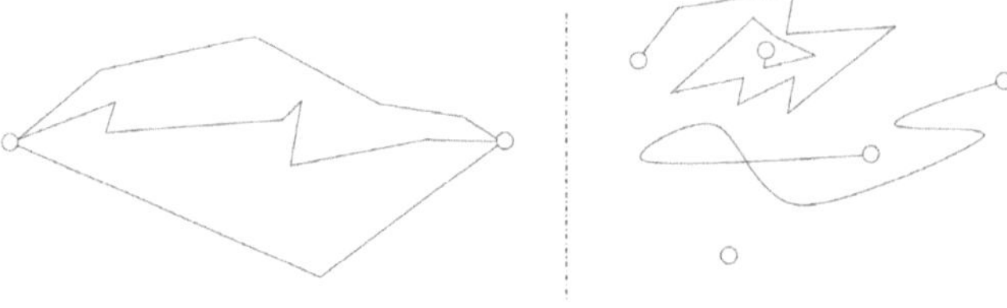

**Abb. 24:** Die Individualität der Norm, Willy Noll

An dieser Stelle ist anzumerken, dass in fachspezifischen Zusammenhängen selbstverständlich Normzustände und zu erreichende Kompetenzen klar definiert werden können und sollten.[592] Jedoch fehlt in der KMK-Strategie die notwendige Differenzierung zwischen Basisverfahren und -fähigkeiten in eben diesen fachspezifischen Zusammenhängen und den offenen und freien Räumen für allgemeine *Lern*-Prozesse.[593] Zwar umfasst Medienbildung oder Bildung im Horizont von Digitalität und Globalisierung auch Aspekte informatorischer Bildung und damit das Beherrschen von Basiskompetenzen im Zusammenhang mit Programmierung, Logik, Mathematik, Elektronik usw. jedoch geht diese auch darüber hinaus und thematisiert die Erschließung einer mediatisierten und medial vermittelten Welt. Damit sind in diesen Auseinandersetzungen auch immer Aspekte grundlegender *Lern*-Prozesse inkludiert, die über die Vermittlung von Fähigkeiten und Fertigkeiten hinausgehen.

592 Es sollte beispielsweise ein grundlegendes Operationsverständnis der Multiplikation, welches sowohl zeitlich-sukzessive als auch räumlich-simultane Aspekte umfasst, von allen Grundschüler:innen erworben werden und kann auch entsprechend überprüft werden.

593 Zumal selbst in diesen Zusammenhängen nicht von der suggerierten einheitlichen Ausgangslage ausgegangen werden kann. Die KMK-Strategie sieht nach Thematisierung der entsprechenden schulischen Lehrinhalte das Erheben individueller Lernstände und anschließender individueller Lernwege vor, berücksichtig aber nicht die Tatsache, dass die individuellen Lernausgangslagen gerade/selbst zu Beginn der Schuleingangsphase der Grundschule bis zu vier Entwicklungsjahre der kognitiven Fähigkeiten umfassen können (QUA-LiS NRW 2020).

Ein Beispiel, an dem sich diese fehlende Differenzierung zeigt, ist die Thematisierung von Algorithmen in der KMK-Strategie.

Zunächst ist anzumerken, dass Algorithmen ohnehin in einem Spannungsverhältnis von operationalisierbarer Bestimmtheit und Momenten der Unbestimmtheit stehen. Zum einen können die auf Datenerhebung und -verarbeitung beruhenden Technologien ein hohes Maß an Bestimmtheit erzeugen, indem Situationen, Prozesse und Praktiken operationalisiert und formalisiert werden.[594] Als Beispiel nennen Heidrun Allert und Michael Asmussen hierfür Suchprozesse, die formalisiert im Internet durchgeführt werden und mit einem hohen Maß an Bestimmtheit die gewünschten Ergebnisse auf die eingegebenen Suchanfragen liefern. Gleichzeitig sind die Prozesse dabei aber auch von einer großen Unbestimmtheit geprägt, da die ‚unsichtbare Maschine' sich in „[…] unsere Praktiken mischen, ohne dass wir in der Lage sind, sie vollständig zu entschlüsseln oder auch nur zu erkennen."[595] Die Funktionsweise der ‚black-box' ist für die Suchenden meist nicht nachvollziehbar und bleibt für diese verschlüsselt.
Die Auseinandersetzung mit Algorithmen als Vorgabe für pädagogisches *Handeln* bewegt sich simultan in einem ähnlichen Spannungsverhältnis, wobei die Verfasser:innen der KMK-Strategie ein deutliches Ungleichgewicht bei der Ausdifferenzierung vornehmen. Insgesamt werden im Kompetenzmodell der KMK-Strategie sechs übergeordnete Kompetenzbereiche definiert [KMK2016:15:1100]. Algorithmen werden im Unterbereich „5.5 Algorithmen erkennen und formulieren" [KMK:18:108] thematisiert, welcher zu „5 Problemlösen und Handeln" [KMK2016:17:977] gehört. Insgesamt werden drei Kompetenzen im Unterpunkt 5.5 im Zusammenhang mit Algorithmen formuliert.

> *„5.5.1. Funktionsweisen und grundlegende Prinzipien der digitalen Welt kennen und verstehen.*
> *5.5.2. Algorithmische Strukturen in genutzten digitalen Tools erkennen und formulieren*
> *5.5.3. Eine strukturierte, algorithmische Sequenz zur Lösung eines Problems planen und verwenden"*
> *[KMK2016:18:147]*

Die Formulierungen der Kompetenzen suggerieren eine umfassende Beschäftigung mit Algorithmen und den mit ihnen zusammenhängen Fragestellungen. Die Auseinandersetzung findet jedoch nur auf instrumenteller und rein technischer Ebene statt. Es sollen Algorithmen

594 Vgl. Allert und Asmussen. 2017, S. 41–42.
595 Allert und Richter. 2017, S. 244.

erkannt und die Lernenden in die Lage versetzt werden, auch eigene Algorithmen zu entwickeln und zu formulieren, um damit Probleme zu lösen. Mit Bezug zu *Lern*-Prozessen und offenen *Lern*-Anlässen lassen sich zwei Aspekte hinterfragen und detaillierter betrachten, die eng miteinander verwoben sind.

(i) Überführung von *Irritationen* in systeminterne Elemente

Algorithmen und die Beschäftigung mit Problemen die algorithmisch gelöst werden sollen, legt eine Festlegung bestimmter Parameter und Werte nahe, die in den zu entwickelnden Algorithmus implementiert werden und zu dessen Ausführung notwendig sind. Die damit einhergehende Operationalisierung überführt *Irritationen* in (leicht) bearbeitbare Probleme und damit in Elemente, die (leicht) anhand der systeminternen *Strukturen* prozessiert werden können. Die daraus resultierende Zuschreibung als systeminterne Elemente bei der Auseinandersetzung mit Problemen, ermöglicht es überhaupt erst Probleme algorithmisch lösen zu können. Die Transformation innerhalb dieses Operationalisierungsprozesses beinhaltet aber nun nicht nur eine (mögliche) Veränderung der epistemischen Sicht bzw. Wahrnehmung der (eigenen) *Umwelt*, sondern hat auch einen (möglichen) konstitutiven Einfluss auf die ontologische Gestalt der Welt selbst. Durch die gemeinsame Konstitution von Individuen und der von ihnen verwendeten Technologie, führen unter dieser Perspektive anders wahrgenommene Probleme zu gänzlich anderen Problemen und demnach auch zu anderen Lösungswegen und Lösungen. Der Problemkontext weist damit eine partielle Geschlossenheit auf, die grundlegenden *Lern*-Prozessen entgegensteht.

„Für Bildungsprozesse braucht es […] die Auseinandersetzung mit schlecht definierten Problemen.“[596] Die Individuen sollten diese Irritationen explorativ erkunden und dadurch ihre eigenen Selbst- und Weltverhältnisse erweitern können und damit der Möglichkeitsraum für nachhaltiges kognitives *Lernen* eröffnet werden. Die Fokussierung auf das algorithmische Lösen von Problemen kann Momente der *Kontingenz* reduzieren und die Operationalisierung von Problemen eine normative Geschlossenheit produzieren.

(ii) Algorithmische Ausführung entlang von *Strukturen*

Der zweite Aspekt wurde im ersten Abschnitt bereits kurz angedeutet, soll an dieser Stelle aber weiter ausgeführt werden.

596 Asmussen et al. 2017, S. 107.

„5.5.2. Algorithmische *Strukturen* in genutzten digitalen Tools erkennen und formulieren" [KMK2016:18:244] ist die zweite Kompetenz im Kontext von Algorithmen, die in der KMK-Strategie thematisiert wird. Schüler:innen sollen demnach eigene algorithmische *Strukturen* – wie zum Beispiel Programme – schreiben und damit Programmieren *lernen*. Wie bereits erwähnt, fällt hierbei das technische Verständnis und die instrumentelle Sichtweise auf Algorithmen auf und die konstitutive Aufnahme von *Strukturen* in die Programmierung wird als grundlegendes Element nicht berücksichtigt. Bei jeder Nutzung und bei jeder Ausführung werden die *Strukturen* innerhalb eines Algorithmus aktiviert und konstituieren die durch den Algorithmus erschaffene und gezeigte Welt mit.[597] Demnach ist es nicht ausreichend, algorithmische *Strukturen* zu (er-)kennen und selbst formulieren zu können. Wesentlich entscheidender ist die Frage, welche Annahmen und *Strukturen* der programmierenden *psychischen Systeme* in die Programmierung mit einfließen und damit die Funktionsweise prägen. Damit dieses grundlegende Prinzip von den Schüler:innen entdeckt und nachvollzogen werden kann, müssen sie mit der Technologie herumexperimentieren und unterschiedliche Zugänge, aber auch Welten selbst, immer wieder aufs Neue erschaffen.[598]
Es geht nicht (nur) um den kompetenten Umgang mit digitalen Medien und Technologien, das Schreiben und Formulieren von Algorithmen, sondern die komplexen wechselseitigen Konstruktionen von *Strukturen*. Die Auseinandersetzung mit *Lern*-Prozessen im Kontext der Digitalisierung und Algorithmisierung umfasst daher auch gesamtgesellschaftliche Aspekte, da sich unter der aufgeworfenen Perspektive auch innerhalb dieser eine grundlegende Transformation vollzieht.

Durchgehend werden in der KMK-Strategie keine für *Lern*-Prozesse notwendigen Frei- und Zeiträume genannt und das Kompetenzmodell reduziert sich auf die Vermittlung von Fertigkeiten und Fähigkeiten im Umgang mit digitalen Technologien. Dieses technologisch geprägte Verständnis der Digitalisierung zeigt sich in einem verkürzten und auf digitale Endgeräte beschränkten Medienbegriff.

597 Über diskriminierende Algorithmen und *Codes* wurde im Zusammenhang der Phänomenbeschreibung von Wissensstrukturen und Abruflogiken in Query [2.2.4] diskutiert und die gemeinsame Konstitution von Menschen und Technologie beschrieben.

598 Vgl. Allert und Richter 2017, S. 252–257.

Digitalisierung ist Technik
// Ausgangsbegriff: Medien

Aufbauend auf der Differenz von *Medium/Form* wurde im Rahmen der vorliegenden Forschungsarbeit ein komplexer Medienbegriff etabliert, der die mediale Vermitteltheit von *Kultur*, *Gesellschaft* und Welt im Allgemeinen miteinschließt und damit die Medialität jeglicher *Lern*-Prozesse herausstellt. Der in der KMK-Strategie verwendete Medienbegriff legt ein technisches Verständnis nahe, was sich in verschiedenen Begriffs- und Wortkonstellationen zeigt.

> *„Digitale Lehre" [KMK2016:47:2272] [KMK2016:10:497]*
> *„Digitale Didaktik" [KMK2016:47:2323]*
> *„Digitale Schulwelt" [KMK2016:24:2080]*

Etablierte pädagogische Begriffe und Kontexte werden an verschiedenen Stellen um ‚das Digitale' erweitert, ohne dies zu erläutern oder auszuführen.[599] Es wird eine additive Sichtweise auf die Digitalisierung vermittelt, welche vor allem neue Technologien und Endgeräte in den Fokus rückt, die nun in die verschiedenen *Institutionen* des organisierten *Systems* Schule/Bildung aufgenommen werden müssen. ‚Das Digitale' verändert die *Institutionen* und ihre Prozesse nach Auffassung der Verfasser:innen der KMK-Strategie dabei nicht grundlegend, sondern muss an die bisherigen *Strukturen*, Abläufe und Aufgaben angepasst werden.

> *„Für den schulischen Bereich gilt, dass das Lehren und Lernen in der digitalen Welt dem Primat des Pädagogischen – also dem Bildungs- und Erziehungsauftrag – folgen muss."*
> *[KMK2016:9:769]*

Es seien vielmehr „digitale Prozesse" [KMK2016:9:1688], die es zu etablieren gelte, und neue Technologien als „digitale Werkzeuge" [KMK2016:8:799] [KMK2016:8:1357] [KMK2016:11:1092] [KMK2016:12:1185] [KMK2016:13:494] [KMK2016:16:498] [KMK2016:16:623] [KMK2016:16:1385] [KMK2016:17:1240] [KMK2016:17:1312] [KMK2016:17:1386] [KMK2016:21:1426] [KMK2016:24:1495] [KMK2016:26:1649] einzusetzen.

599 Positiv ist an dieser Stelle anzumerken, dass die „digitale Kompetenz" [KMK2015:3:2458] nicht mehr in der finalen Fassung von 2016 enthalten ist.

Die Reduzierung der Digitalisierung auf digitale Werkzeuge über alle Bereiche der KMK-Strategie hinweg, spiegelt ebenfalls das technische Verständnis der damit einhergehenden Prozesse und die Beschränkung des Medienbegriffs auf digitale Endgeräte wider. Die (fach-)wissenschaftliche Auseinandersetzung mit den medienkulturellen Aspekten der Digitalisierung werden nicht aufgegriffen und ein umfassendes Verständnis der damit einhergehenden grundlegenden Transformationsprozesse nicht in der KMK-Strategie verankert.[600] Stattdessen erfolgt eine starke Fokussierung und Reduzierung auf (digitale) Lehr- und Lerntechnologien, die durch einen unkritischen Optimismus hinsichtlich des Einsatzes und Erfolgs von (digitaler) Technologie im Unterricht der Schule oder den Seminaren der Hochschule geprägt sind. So ermöglichen (und garantieren) digitale Werkzeuge nach den Verfasser:innen der KMK-Strategie nicht nur „orts- und zeitunabhängiges Lehren und *Lernen*" [KMK2016:44:311] und einen größeren Lernerfolg, sondern seien gleichzeitig auch die „Chancen in einer digitalen Schulwelt insbesondere den Herausforderungen für den inklusiven Unterricht durch individuelle Förderung zu begegnen" [KMK2016:24:2034]. Der Aufbau der digitalen Infrastruktur fokussiert das technische Verständnis der Digitalisierung weiter, wenn die Distribution digitaler Technologien in die *Institutionen* des organisierten *Systems* Schule/Bildung zum Ziel erklärt wird.

> *„Da es Ziel der vorliegenden Strategie ist, dass zunehmend mehr digitale Bildungsmedien in Lehr- und Lernprozessen integriert sind, ist es sinnvoll, eine standardisierte Lösung für die Authentifizierung einzusetzen.*
> *[KMK2016:39:705]*

Zwar geht es im zitierten Kontext um die bereits erwähnten ID-Management-*Systeme* und standardisierte Anmeldeverfahren, jedoch formulieren die Verfasser:innen der KMK-Strategie auch deutlich das Ziel, dass mehr digitale Technologien in Lehr- und Lernprozessen eingesetzt werden.

> *„Die sinnvolle Einbindung digitaler Lernumgebungen erfordert eine neue Gestaltung der Lehr- und Lernprozesse." [KMK2016:12:1817]*

Pädagogisches *Handeln* in den *Institutionen* des organisierten *Systems* Schule/Bildung soll sich demnach dem Ziel der Distribution von digitalen Technologien in Lehr- und

600 Die Entwicklung der ((medien-)pädagogischen) Perspektiven auf die Prozesse der durch digitale Technologien getriebenen (gesellschaftlichen) Veränderungen wird in hype_tool_normal [2.1.1] diskutiert und als Ausgangspunkt für die Betrachtung verschiedener Phänomene im Kontext der Digitalisierung.

Lernprozessen anpassen. Der fehlende Bezug auf etablierte Modelle aus der (fach-)wissenschaftlichen Forschung wird in weiteren Ausführungen der Verfasser:innen deutlich, wenn sie generisch wirkende Formuliergen zur Organisations- und Kommunikationskultur innerhalb des organisierten *Systems* Schule/Bildung platzieren.

> *„Insgesamt betrachtet ermöglicht die Digitalisierung neue Organisations- und Kommunikationskulturen auf allen Ebenen innerhalb der Schulgemeinschaft.“ [KMK2016:14:669]*

Die Unverbindlichkeit in der gesamten KMK-Strategie mag der *Form* politischer Veröffentlichungen geschuldet sein und dennoch wird ein inhärenter Widerspruch erzeugt. Zum einen sollen digitale Technologien vermehrt in den Institutionen des organisierten *Systems* Schule/Bildung als Mittel eingesetzt werden, damit die in den Unterrichtsfächern geforderten Kompetenzen entsprechend vermittelt werden können. Zum anderen wird es zum Ziel erklärt, dass mehr digitale Technologien in diesen *Institutionen* zur Verfügung stehen. Die KMK-Strategie erschafft damit Problem und Lösung auf einmal und der Einsatz der oftmals erwähnten ‚digitalen Werkzeuge‘ generiert zum unreflektierten Selbstzweck. Ob sich die Verfasser:innen dieses Zirkelschlusses bewusst sind, bleibt offen, mahnen sie doch selbst an, dass der Einsatz digitaler Technologien „kein Selbstzweck“ [KMK2016:44:1430] sein dürfe.

Das notwendige und vom Selbstzweck digitaler Technologien befreite pädagogische *Handeln* in umfassenden *Lern*-Prozessen und in Momenten der Unbestimmtheit gerät bei der Fokussierung auf die Vermittlung von Kompetenzen, dem Bestreben etablierte *Strukturen* aufrechtzuerhalten und dem technischen Verständnis der Digitalisierung den Verfasserinnen der KMK-Strategie aus dem Blick.

### 4.3.5 Ministerium für Schule und Bildung des Landes Nordrhein-Westfalen [MSB NRW]

*Querschnittsaufgaben und Rahmungen im luftleeren Raum*

Das Ministerium für Schule und Bildung des Landes Nordrhein-Westfalen (MSB NRW) ist die oberste Schulaufsichtsbehörde des Landes Nordrhein-Westfalen und übernimmt die Aufsicht für das gesamte Schulwesen auf Landesebene.[601] Die Aufgaben des MSB NRW umfassen zum einen die Qualitätssicherung und -weiterentwicklung der schulischen Angebote als auch die damit verbundene Veröffentlichung von Lehrplänen und anderen Vorgaben und Richtlinien. Im Folgenden werden zwei Veröffentlichungen systemisch betrachtet.

(i) Lehrplan für das Fach *Kunst* in der Grundschule (2021)[602]
Aufgrund der Corona-Pandemie wurde die verpflichtende Übernahme der Inhalte aus dem neuen Kernlehrplan an den Schulen auf den Beginn des Schuljahres 2022/2023 verschoben. Zur systemischen Betrachtung wird zudem eine Entwurfsfassung des Lehrplans von 2020 ergänzend hinzugezogen. Nach 2008 ist es die erste Überarbeitung des Lehrplans für die Grundschule seit 13 Jahren.

(ii) Medienkompetenzrahmen NRW (2019)[603]
Der Medienkompetenzrahmen NRW ging aus dem Medienpass NRW hervor und wurde 2017 veröffentlicht und 2019 aktualisiert. In ihm werden Fähigkeiten und Fertigkeiten gesammelt und er soll einen umfassenden Aufbau von Medienkompetenz bei den Schüler:innen gewährleisten. Medienkompetenz wird damit keinem spezifischen Fach zugeordnet, sondern soll als Querschnittsaufgabe integriert werden.

Da sich beide Veröffentlichungen sowohl konkret als auch implizit auf die Strategie der KMK zur ‚Bildung in der digitalen Welt'[604] beziehen, werden grundlegende Aspekte, die bereits in der systemischen Betrachtung der KMK-Strategie herausgearbeitet wurden, nicht wiederholt. Stattdessen erweitert und vertieft die systemische Betrachtung der Lehrpläne diese um fachspezifische Schwerpunkte und anhand von Veränderungen zwischen Entwurfsfassung und Veröffentlichung.

### 4.3.5.1 Lehrplan *Kunst* 2021/2022

Allgemein zeigt der Lehrplan *Kunst* 2021/2022 eine starke Fokussierung auf Gestaltungstechniken, Verfahren und Materialien. Diese Strukturierung entstammt dem Lehrplan von 2008 und soll nicht ausführlich besprochen werden. Als Anmerkung sei an dieser Stelle nur vermerkt, dass dies womöglich auf eine starke Orientierung am *Handeln* von Künstler:innen

601 Aufgrund vorheriger Bezeichnungen und umgangssprachlichen Verkürzungen, wird die Behörde häufig auch Schulministerium (NRW) genannt (Ministerium für Schule und Weiterbildung des Landes Nordrhein-Westfalen // Wikipedia).

602 Ministerium für Schule und Weiterbildung des Landes Nordrhein-Westfalen 2021.

603 LVR Zentrum für Medien und Bildung 2022.

604 Kultusministerkonferenz (KMK) 2016.

zurückzuführen ist und weniger den notwendigen Qualifikationen zur Teilhabe an der (nächsten) *Gesellschaft.*
Im einführenden Abschnitt, in dem auf den allgemeinen Erziehungs- und Bildungsauftrag der Schule eingegangen wird, ist, im Vergleich zum Lehrplan von 2008, die neue ‚Querschnittsaufgabe' ‚Medienbildung und Bildung für die digitale Welt' hinzugekommen, welche direkt auf die Formulierung der KMK-Strategie verweist.

> *„Querschnittsaufgaben*
> - *Menschenrechtsbildung*
> - *Werteerziehung*
> - *politische Bildung und Demokratieerziehung*
> - *Medienbildung und Bildung für die digitale Welt*
> - *Verbraucherbildung und Bildung für nachhaltige Entwicklung*
> - *geschlechtersensible Bildung*
> - *kulturelle und interkulturelle Bildung"*
>
> *[MSB_NRW2021:56:1340]*

Die Einbindung von Medienbildung als Querschnittsaufgabe legt eine fächerübergreifende und umfassende Thematisierung der Prozesse der Digitalisierung nahe, haben sich doch alle Fächer am allgemeinen Erziehungs- und Bildungsauftrag der Schule zu orientieren. Neben dieser einmaligen Aufführung erfolgen jedoch keine weiterführenden Konkretisierungen und Formulierungen von Themen und Fragestellungen, weshalb die Forderung nach dieser Querschnittsaufgabe zunächst ohne Kontext bleibt. Die Ausdifferenzierung und Kategorisierung erfolgt stattdessen im Zusammenhang mit dem Medienkompetenzrahmen, der neben dem Kernlehrplan veröffentlicht wird. Diese Auslagerung der Auseinandersetzung mit den Herausforderungen der Digitalisierung als ‚zusätzliche' Aufgabe, stellt die Digitalisierung als Additivum dar, als hinzukommende Aufgabe, die neben den ‚alten' Aufgaben nun auch noch zu bewältigen sei. Die *Institutionen* des organisierten *Systems* Schule/Bildung bewahren und stabilisieren die systeminternen *Strukturen* und versuchen, nach langem Zögern, additiv einzelne Aspekte zu ergänzen und so dem *System* den Evolutionsdruck zu nehmen.
Dieses Verständnis der Digitalisierung als zusätzliche Aufgabe aus dem vorgelagerten allgemeinen Teil des Lehrplans wird durch Veränderungen und Überarbeitungen zwischen der Entwurfsfassung des Lehrplans *Kunst* von 2020 und der finalen Fassung von 2021 verstärkt. Die weiterhin nach systeminternen Operationen funktionierenden Institutionen stabilisieren die bisherigen *Strukturen* und streuen – in der Überarbeitung der Lehrpläne – etwas ‚Medienbildung' mit in die Programme, die sie strukturiert kommunizieren.

*„Der Kunst initiiert und ermöglicht ästhetische Erfahrungs- und Erkenntnisprozesse, in denen die Schülerinnen und Schüler sich wahrnehmen und deutend, praktisch gestaltend sowie reflektierend und urteilend mit sich selbst, mit anderen und mit ihrer Lebenswelt auseinandersetzen.“*
*[MSB_NRW2020:4:511]*

*„Der Kunst initiiert und ermöglicht ästhetische Erfahrungs- und Erkenntnisprozesse, in denen die Schülerinnen und Schüler sich wahrnehmen und deutend, praktisch gestaltend sowie reflektierend und urteilend mit sich selbst, mit anderen und mit ihrer – auch medial vermittelten – Lebenswelt auseinandersetzen.“*
*[MSB_NRW2021:54:465]*

*„Die Schülerinnen und Schüler sollen Zusammenhänge zwischen Gestaltung, Inhalt und Wirkung herstellen.“*
*[MSB_NRW2020:8:487]*

*„Die Schülerinnen und Schüler sollen Zusammenhänge zwischen Gestaltung, Inhalt und Wirkung herstellen sowie u. a. deren kommunikative Funktionen untersuchen.“*
*[MSB_NRW2021:58:886]*

Wird die Digitalisierung jedoch, mit Rückgriff auf die bisherigen Ausführungen, als grundlegende Strukturveränderung des *sozialen Systems Gesellschaft* aufgefasst, so lässt sich die Auseinandersetzung mit den *Strukturen* um die komplexe *Kommunikation* der ‚nächsten *Gesellschaft*‘ nicht als Zusatz zu den bisherigen *Strukturen* hinzufügen.
Durch die Veränderung der Hintergrundstrukturen der *Kommunikation* ändert sich die Prozessierung von *Sinn* innerhalb des gesamten *Systems*. Starre *Strukturen* und *Formen* gehen in flüchtigen Gefügen und Verbindungen auf, das globale Netzwerk verbindet (nicht-) menschliche Akteur:innen weltweit und verwickelt alle daran Beteiligten in einen neuen Grad an *Komplexität*. Weder verschwinden die *Formen* und *Strukturen* bisheriger Medienepochen disruptiv durch die Digitalisierung, noch bleiben sie unverändert und unbeeinflusst. Die Strukturform der Vernetzung und die Kulturform der *Komplexität* erwachsen vielmehr aus dem bisherigen Umgang mit kommunikativem Überschusssinn.[605] Damit vollzieht sich der

605 In Bildungsgleichungen [4.1.3] wird anhand der Gleichungssysteme Dirk Baeckers gezeigt, wie die Medienepochen ineinander verschachtelt sind und auseinander erwachsen und in Unterscheiden als Formbildung – Sinn und dessen Überschuss [4.1.1.2] wird ausführlich erläutert, wie das *soziale System Gesellschaft* sowohl eine *Struktur*- als auch eine Kulturform für den jeweils produzierten Überschusssinn finden muss.

Umgang mit dem Sinnüberschuss *Kontrolle* nicht nur in digitale Endgeräte und Medien. Es bedarf auch der bisherigen Strategien im Umgang mit den Verweisungsüberschüssen von *Sinn.*

Eine weitere Ebene des additiven Verständnisses der Digitalisierung, welches sowohl in der KMK-Strategie zur ‚Bildung in der digitalen Welt' als auch in den Veröffentlichungen des MSB NRW zum Ausdruck kommt, ist die Beschreibung der Digitalisierung als (rein) technische Veränderung bzw. (Weiter-)Entwicklung.
Im gesamten Lehrplan *Kunst* wird lediglich im Bereich ‚Fotografieren und Filmen' auf die Digitalisierung bzw. Teilaspekte davon, eingegangen und dann aber mit einer Reduzierung auf aktuelle kommunikative Artikulationen mithilfe des Einsatzes digitaler Endgeräte.
Zum einen findet in diesem Bereich eine stete Differenzierung von analogen und digitalen Gestaltungsverfahren statt [MSB_NRW2021:60:486] / [MSB_NRW2021:60:1307] und zum anderen, mit Rückbezug auf die KMK-Strategie, wird von „digitale[n] Werkzeuge[n]" [MSB_NRW2021:60:894] gesprochen.[606] Diesen Formulierungen liegt offenbar ein geräte- und werkzeugbezogenes Verständnis des Digitalen bzw. der Digitalisierung zugrunde. Auch in der Ausdifferenzierung des Kompetenzbereichs bleiben die Formulierungen auf der technischen Ebene, da sie sich ausschließlich auf das Fotografieren und Filmen beschränken.

> *„[...] sammeln und ordnen themenbezogen unterschiedliche Fotos und beschreiben angeleitet Bezüge zwischen Bildmitteln (Ausschnitt, Kameraperspektive, Format) und Wirkungen"*
> *[MSB_NRW2021:66:188]*

> *„realisieren u. a. mittels digitaler Fotografie themenorientiert individuelle Bildideen durch den Einsatz bekannter Bildmittel"*
> *[MSB_NRW2021:66:462]*

Die Aspekte, die mit einer grundlegenden Strukturveränderung der *Gesellschaft* einhergehen, werden nicht weiter im Lehrplan thematisiert. Lediglich die Bedienung der neuen technischen Geräte soll eingeübt werden und wird vereinzelt mit individuellen Fragestellungen und Entwicklungsprozessen kontextualisiert.

606 In der systemischen Betrachtung der KMK-Strategie ‚Bildung in der digitalen Welt' wird dieser Aspekt in Kultusministerkonferenz [KMK] [4.3.4] ausführlich besprochen.

Sowohl der Umgang mit der Strukturform der Vernetzung als auch die Teilhabe an der (Um-) Strukturierung der fluiden Meta-*Struktur* im *sozialen System Gesellschaft* in der Kulturform der *Komplexität* wird nicht berücksichtigt und wird im Lehrplan nicht wiedergegeben. Nicht thematisiert werden in diesem Zusammenhang die Teilhabe an globalen komplexen Kommunikationsprozessen, das Bedienen und Steuern von Inszenierungspraktiken, das Beherrschen und Verstehen von Aufmerksamkeitsökonomien, das Kontrollieren von Abfragelogiken und dem Zugriff auf Datenströme, der Umgang mit dem damit verbundenen Kontrollverlust, die Beteiligung an kollaborativen Produktionen von Wissen, das Finden neuer kontextualisierter affirmativer *Formen* im Horizont von Digitalisierung und Globalisierung und das Finden neuer Anschlusskommunikationen alter kommunikativer Artikulationen in der Postproduktion. Oder kurzum: die Vermittlung von Qualifikationen zur Teilhabe an der globalen Prozessierung von *Sinn.* Damit konstituiert sich der Lehrplan wieder maßgeblich entlang der eigenen Kunstorientierung und -zentrierung und die Chance, durch die Thematisierung der *Strukturen* um komplexe *Kommunikation*, das Nischendasein und die Loslösung aus dem Fächerkanon des Faches *Kunst* zu reduzieren, wurde vertan.

### 4.3.5.2 Medienkompetenzrahmen NRW

Der Medienkompetenzrahmen NRW[607] umfasst insgesamt 24 Teilkompetenzen, die sich in 6 übergeordnete Kompetenzbereiche gliedern. Er soll Schüler:innen bis zum Ende der Schulpflichtzeit – in der Regel Ende der Sekundarstufe 1 – einen systematischen und umfassenden Aufbau von Medienkompetenz ermöglichen. Der Medienkompetenzrahmen NRW wurde 2017 erstmalig veröffentlicht und 2019 umfänglich aktualisiert. Ursprünglich ging er aus dem Medienpass NRW hervor, den Schüler:innen der Grund- und Förderschule und der Sekundarstufe I erwerben konnten und der ihnen einen ‚geübten' Umgang mit Medien und ein ‚sicheres' Verhalten im Internet mit zu verdienenden ‚Badges' bescheinigte.[608] Die Weiterentwicklung zum Medienkompetenzrahmen erfolge in Reaktion auf die Veröffentlichung der KMK Strategie ‚Bildung in der digitalen Welt' 2016, weshalb an dieser Stelle auch keine systemische Detailanalyse des Medienkompetenzrahmens NRW vorgenommen wird, sondern eine kurze Kontextualisierung der im Medienkompetenzrahmen NRW gefundenen Ordnung.[609] Auch wenn die Veröffentlichung und Überarbeitung des Medienkompetenz-

607 LVR Zentrum für Medien und Bildung 2022.

608 Landesanstalt für Medien NRW (lfm) 2015.

609 Die detaillierte systemische Betrachtung der in der KMK Strategie ‚Bildung in der digitalen Welt' beschriebenen Kompetenzen und Perspektiven auf digitalen Medien und die Digitalisierung wird in Kultusministerkonferenz [KMK] [4.3.4] dargestellt.

rahmens NRW viele Aspekte des Umgangs mit digitalen Endgeräten aufgreift und darüber eine grundsätzliche Auseinandersetzung mit digitalen Kommunikationspraktiken bietet, liegt der Fokus der kurzen Einordnung auf den Herausforderungen des darin vermittelten Verständnisses der Digitalisierung.

| 1. BEDIENEN UND ANWENDEN | 2. INFORMIEREN UND RECHERCHIEREN | 3. KOMMUNIZIEREN UND KOOPERIEREN | 4. PRODUZIEREN UND PRÄSENTIEREN | 5. ANALYSIEREN UND REFLEKTIEREN | 6. PROBLEMLÖSEN UND MODELLIEREN |
|---|---|---|---|---|---|
| **1.1 Medienausstattung (Hardware)**<br>Medienausstattung (Hardware) kennen, auswählen und reflektiert anwenden; mit dieser verantwortungsvoll umgehen | **2.1 Informationsrecherche**<br>Informationsrecherchen zielgerichtet durchführen und dabei Suchstrategien anwenden | **3.1 Kommunikations- und Kooperationsprozesse**<br>Kommunikations- und Kooperationsprozesse mit digitalen Werkzeugen zielgerichtet gestalten sowie mediale Produkte und Informationen teilen | **4.1 Medienproduktion und Präsentation**<br>Medienprodukte adressatengerecht planen, gestalten und präsentieren; Möglichkeiten des Veröffentlichens und Teilens kennen und nutzen | **5.1 Medienanalyse**<br>Die Vielfalt der Medien, ihre Entwicklung und Bedeutungen kennen, analysieren und reflektieren | **6.1 Prinzipien der digitalen Welt**<br>Grundlegende Prinzipien und Funktionsweisen der digitalen Welt identifizieren, kennen, verstehen und bewusst nutzen |
| **1.2 Digitale Werkzeuge**<br>Verschiedene digitale Werkzeuge und deren Funktionsumfang kennen, auswählen sowie diese kreativ, reflektiert und zielgerichtet einsetzen | **2.2 Informationsauswertung**<br>Themenrelevante Informationen und Daten aus Medienangeboten filtern, strukturieren, umwandeln und aufbereiten | **3.2 Kommunikations- und Kooperationsregeln**<br>Regeln für digitale Kommunikation und Kooperation kennen, formulieren und einhalten | **4.2 Gestaltungsmittel**<br>Gestaltungsmittel von Medienprodukten kennen, reflektiert anwenden sowie hinsichtlich ihrer Qualität, Wirkung und Aussageabsicht beurteilen | **5.2 Meinungsbildung**<br>Die interessengeleitete Setzung und Verbreitung von Themen in Medien erkennen sowie in Bezug auf die Meinungsbildung beurteilen | **6.2 Algorithmen erkennen**<br>Algorithmische Muster und Strukturen in verschiedenen Kontexten erkennen, nachvollziehen und reflektieren |
| **1.3 Datenorganisation**<br>Informationen und Daten sicher speichern, wiederfinden und von verschiedenen Orten abrufen; Informationen und Daten zusammenfassen, organisieren und strukturiert aufbewahren | **2.3 Informationsbewertung**<br>Informationen, Daten und ihre Quellen sowie dahinterliegende Strategien und Absichten erkennen und kritisch bewerten | **3.3 Kommunikation und Kooperation in der Gesellschaft**<br>Kommunikations- und Kooperationsprozesse im Sinne einer aktiven Teilhabe an der Gesellschaft gestalten und reflektieren; ethische Grundsätze sowie kulturell-gesellschaftliche Normen beachten | **4.3 Quellendokumentation**<br>Standards der Quellenangaben beim Produzieren und Präsentieren von eigenen und fremden Inhalten kennen und anwenden | **5.3 Identitätsbildung**<br>Chancen und Herausforderungen von Medien für die Realitätswahrnehmung erkennen und analysieren sowie für die eigene Identitätsbildung nutzen | **6.3 Modellieren und Programmieren**<br>Probleme formalisiert beschreiben, Problemlösestrategien entwickeln und dazu eine strukturierte, algorithmische Sequenz planen; diese auch durch Programmieren umsetzen und die gefundene Lösungsstrategie beurteilen |
| **1.4 Datenschutz und Informationssicherheit**<br>Verantwortungsvoll mit persönlichen und fremden Daten umgehen; Datenschutz, Privatsphäre und Informationssicherheit beachten | **2.4 Informationskritik**<br>Unangemessene und gefährdende Medieninhalte erkennen und hinsichtlich rechtlicher Grundlagen sowie gesellschaftlicher Normen und Werte einschätzen; Jugend- und Verbraucherschutz kennen und Hilfs- und Unterstützungsstrukturen nutzen | **3.4 Cybergewalt und -kriminalität**<br>Persönliche, gesellschaftliche und wirtschaftliche Risiken und Auswirkungen von Cybergewalt und -kriminalität erkennen sowie Ansprechpartner und Reaktionsmöglichkeiten kennen und nutzen | **4.4 Rechtliche Grundlagen**<br>Rechtliche Grundlagen des Persönlichkeits- (u.a. des Bildrechts), Urheber- und Nutzungsrechts (u.a. Lizenzen) überprüfen, bewerten und beachten | **5.4 Selbstregulierte Mediennutzung**<br>Medien und ihre Wirkungen beschreiben, kritisch reflektieren und deren Nutzung selbstverantwortlich regulieren; andere bei ihrer Mediennutzung unterstützen | **6.4 Bedeutung von Algorithmen**<br>Einflüsse von Algorithmen und Auswirkung der Automatisierung von Prozessen in der digitalen Welt beschreiben und reflektieren |

**Abb. 24:** Medienkompetenzrahmen NRW | Eingezeichnete Ordnung W.N.

1 | *Lernen* mit digitalen Medien | Bedienen digitaler ‚Werkzeuge'

Wie auch in der KMK-Strategie wird die Digitalisierung im Medienkompetenzrahmen auf digitale ‚Werkzeuge' reduziert und spiegelt damit das technische Verständnis der damit einhergehenden Prozesse und die Beschränkung des Medienbegriffs auf digitale Endgeräte wider. Die grundlegenden Transformationsprozesse der Digitalisierung sind nicht – oder nur rudimentär – im Medienkompetenzrahmen NRW verankert. Stattdessen erfolgt eine starke Fokussierung auf (digitale) Lehr- und Lerntechnologien, die durch einen unkritischen Optimismus hinsichtlich des Einsatzes und Erfolgs von (digitaler) Technologie im Unterricht charakterisiert sind. Mit digitalen Medien sollen die fachlichen Inhalte vermittelt werden, die – so zumindest suggerieren es der Aufbau des Medienkompetenzrahmens NRW und die Konstruktion der Lehrpläne – sich nicht durch die differenten medialen Verhältnisse verändern.

2 | *Lernen* über digitale Medien | Distanzierungsversuche

Die reflexive Ebene des Medienkompetenzrahmens NRW bezieht sich als Sinnstruktur vorrangig auf Kommunikationsverhältnisse digitaler Endgeräte. Die notwendige beobachtende Auflösung der Differenz *Medium/Form* und die Etablierung einer Beobachtung zweiter Ordnung – mit und ohne Kreuzen – geht in einer normierten Vermittlung ‚kritischer' Distanzierungs- und Reflexionsversuche unter. Das ‚*Lernen* über digitale Medien' erfordert von den Schüler:innen dann genauso eine Informationsaufnahme wie das kompetente Anwenden der korrekten Bedienungsanweisungen zur Erstellung einer Textdatei. Dass es ohne ein Außen keinen ‚höheren Standpunkt' des zweiten Beobachters mehr gibt, dass eine isolierte, ‚kritische' und distanzierte Position/Haltung – aus systemischer Perspektive – grundsätzlich nicht eingenommen werden kann, findet keine Berücksichtigung. Damit kann das Aufgreifen affirmativer Aspekte bzw. das Anerkennen der eigenen Involviertheit – gerade bei mediatisierten Prozessen – das Verständnis von Kritik als Beobachtung zweiter Ordnung ermöglichen; ohne Kreuzen, als Sicherung der eigenen Identität, und mit Kreuzen, als Kontextualisierung und Distanzierungsversuche.[610]

3 | Informatische Grundbildung | Reproduktion von Strukturwissen

Der vierte Bereich wird inhaltlich der Informatik (und Mathematik) überschrieben, die sich traditionell mit dem Modellieren, Programmieren und Anwenden und

610 Die Beobachtung zweiter Ordnung mit und ohne Kreuzen wird in Draw a distinction – Aller Anfang ist Differenz [4.1.1.1] für die weiteren Analysen produktiv gemacht.

> Verstehen von Algorithmen beschäftigten. Zum einen unterminiert diese monothematische Zuordnung bei der Auseinandersetzung mit Algorithmen und den *Strukturen* digitaler Kommunikation wesentliche gesellschaftliche Aspekte und zum anderen kann die Fokussierung auf das algorithmische Lösen von Problemen die bildungsrelevanten Momente der Kontingenz reduzieren. Die zunehmende Operationalisierung von Problemen – um diese algorithmisch lösen zu können – produziert notwendigerweise eine normative Geschlossenheit, die die Auseinandersetzung mit Algorithmen auf eine instrumentelle und rein technische Ebene festlegen. Programmieren sollte stattdessen auch als aktiv-gestalterischer Prozess gefasst werden, bei dem es nicht (nur) um den kompetenten Umgang mit digitalen Medien und Technologien und das Schreiben und Formulieren von Algorithmen geht, sondern als ein Prozess aufgefasst werden, der auch komplexe wechselseitige gesellschaftliche Konstituierungsprozesse umfasst. Diese werden von Annahmen und Normen der Programmierenden determiniert und konstituieren wiederum die Subjektivierungs- und *Lern*-Prozesse, die Selbst- und Weltverhältnisse anderer Individuen mit.[611] Die Auseinandersetzung mit *Lern*-Prozessen im Kontext der Digitalisierung und Algorithmisierung sollte daher auch immer gesamtgesellschaftliche Aspekte umfassen.

Der Medienkompetenzrahmen NRW fokussiert die technologischen Prozesse und Endgeräte und lässt gesamtgesellschaftliche Aspekte der Digitalisierung weitestgehend außen vor. Die grundsätzliche additive Gestaltung zum restlichen fachlichen Lehrplan verhindert eine Auseinandersetzung, die über digitale ‚Werkzeuge' hinausgeht. Stattdessen soll mithilfe eines konkreten Kompetenzkanons den (neuen) Herausforderungen begegnet werden und diese damit in behandelbare Problemlagen überführt werden. Durch die Auslagerung aus dem Lehrplan und die Trennung von fachlichen Inhalten kann der Prozess der Digitalisierung nicht ganzheitlich und als Strukturveränderung implementiert werden, sondern legt eine instrumentelle Sichtweise auf messbare und damit operationalisierbare Kompetenzen und Faktoren nahe.

### 4.3.6 Zusammenfassung _Richtlinien

Über die Anwendung der systemischen Perspektive auf ministeriale Vorgaben können Lehrpläne und Strategien der *Organisationen* und *Institutionen* im organisierten *System*

611 Die wechselseitigen Konstituierungsprozesse in kommunikativen Situationen der *doppelten Kontingenz* werden in <u>Treffen sich zwei [psychische] Systeme</u> [4.1.2] erläutert.

Schule/Bildung mit in die Forschungsarbeit aufgenommen werden. Zwar fließen diese nicht direkt in das theoriegeleitete und normativ entwickelte Konzept des ‚medialen Anfangsunterrichts' mit ein, über sie können aber Elemente der Realitäten von Schule mit der systemischen Perspektive beobachtet und in Teilen als Kontrastierung genutzt werden. Folgende Aspekte und Schwerpunkte lassen sich bei der systemischen Betrachtung der KMK-Strategie ‚Bildung in der digitalen Welt' und den Veröffentlichungen des MSB NRW herausstellen.

Stabilisierung und Bewahrung des organisierten *Systems* Schule/Bildung
Die Digitalisierung wird im organisierten *System* Schule/Bildung vorwiegend als *Irritation* durch die *Umwelt* wahrgenommen, die einen stetigen Evolutionsdruck auf das *System* erzeugt, aber nicht disruptiv durch neue *Strukturen* ins *System* aufgenommen wird. Es erfolgt vielmehr eine additive Hinzunahme einzelner Aspekte, die als Herausforderung beschrieben werden und zu den bisherigen Aufgaben und *Strukturen* hinzukommen. Die *Organisationen* und *Institutionen* des organisierten *Systems* Schule/Bildung stabilisieren und bewahren die (alten) *Strukturen* und verkennen darüber den fundamentalen transformatorischen Charakter der Digitalisierung.

Digitalisierung als (Weiter-)Entwicklung der Technik
In allen Veröffentlichungen der *Organisationen* und *Institutionen* im organisierten *System* Schule/Bildung wird die Digitalisierung auf den ‚kompetenten' Einsatz digitaler Werkzeuge reduziert und der Medienbegriff (ausschließlich) auf digitale Endgeräte fokussiert. Dabei sind die Beschreibungen der Technologien von einem unkritischen Optimismus bezüglich der Erhöhung des Lernerfolgs im Unterricht geprägt und erschöpfen sich im Einbezug aktueller kommunikativer Artikulationen, die mithilfe digitaler Endgeräte erstellt (und reflektiert) werden sollen. Offenbar befindet sich das organisierte *System* Schule/Bildung in der Phase der ‚Toolifizierung' und fasst die Digitalisierung (noch) nicht als neue Selbstverständlichkeit auf.

Bedienen und Funktionieren
Wenn Digitalisierung vor allem als technische (Weiter-)Entwicklung verstanden wird – wie es (offenbar) im organisierten *System* Schule/Bildung der Fall ist – dann sollen bzw. müssen die Heranwachsenden in die Lage versetzt werden, diese neue Technologie auch ‚kompetent' bedienen zu können. Im Kontext des organisierten *Systems* Schule/Bildung soll der Digitalisierung daher mit einem konkreten Kompetenzkanon begegnet werden und die damit verbundenen Herausforderungen in

behandelbare Problemlagen überführt werden. Der Prozess der Digitalisierung wird nicht als Veränderung der grundlegenden *Strukturen* der *Gesellschaft* begriffen, der Unbestimmtheiten und Leerstellen produziert, sondern durch eine instrumentelle Sichtweise auf messbare und damit operationalisierbare Kompetenzen und Faktoren reduziert. Diese hat die zweck- und zielorientierte Anwendung von Wissen und Methoden zur Problemlösung als zentralen Grundgedanken und weniger die Ermöglichung von *Lernen*.

Sowohl der Umgang mit der Strukturform der Vernetzung als auch die Teilhabe an der globalen Prozessierung von *Sinn* im *sozialen System Gesellschaft* in der Kulturform der *Komplexität*, wird in den Veröffentlichungen im Kontext des organisierten *Systems* Schule/Bildung nicht hinreichend berücksichtigt und dargestellt.

# Aktuelles/[Reales]

Wurden in Grundlegendes die veränderten Ausgangsbedingungen von Schule im Kontext der Strukturveränderungen und Phänomene der Digitalisierung beschrieben, folgten in Potenzielles/[Virtuelles] systemische Beschreibungen möglicher Anknüpfungs- und Ausgangspunkte aus der *Kunst*- und Medienpädagogik für den ‚mediale Anfangsunterricht'. In Aktuelles/[Reales] erfolgt nun abschließend die Überführung der formulierten ‚Theoretisierungen' zum Konzeption des ‚medialen Anfangsunterrichts' auf Grundlage der zuvor getroffenen Selektionen und aktualisierten Möglichkeiten. Dazu werden zunächst übergreifende und grundlegende Aspekte des ‚medialen Anfangsunterrichts' in Entwurf des ‚medialen Anfangsunterrichts' [5] dargestellt und anschließend die 5 herausgearbeiteten Dimensionen in Die Dimensionen des ‚medialen Anfangsunterrichts' [5.1] ausführlich beschrieben. Auf die theoretische Konzeption folgen in Formen des ‚medialen Anfangsunterrichts' [5.2] noch drei Praxisbeispiele, die veranschaulichen, wie der ‚mediale Anfangsunterricht' im Kunstunterricht der Grundschule umgesetzt werden könnte.

Der Abschnitt fasst sowohl die zentralen Forschungsergebnisse der theoriegeleiteten systemischen Forschung (Studie (I))[612] zusammen, als auch die Kernkategorien des selektiven Kodierens bei der Anwendung der zuvor entwickelten systemischen Perspektive (Studie (II))[613].

612 Die Ergebnisse und Zusammenfassungen der systemischen Forschung werden zur besseren Lesbarkeit und Übersicht im Wesentlichen in Fußnoten dargestellt. Dabei kann es – entsprechen des zusammenfassenden Charakters des folgenden Abschnittes – vereinzelt zu Redundanzen in der Darstellung kommen.

613 Die Kernkategorien der Studie (II) bilden die Dimensionen des ‚medialen Anfangsunterrichts'.

# 5 Entwurf des ‚medialen Anfangsunterrichts‘

An die Logik einer sprachlichen und mathematischen (Grund-)Bildung anschließend, wird der ‚mediale Anfangsunterricht‘ als Vermittlung einer medialen (Grund-)Bildung entwickelt. Es gilt die neue Kulturtechnik ‚Medienkompetenz‘[614] umfassend in der (Grund-)Schule zu implementieren.

Entwickelt wird der ‚mediale Anfangsunterricht‘ vor dem Horizont neuer Selbstverständlichkeiten, die sich durch die grundlegenden Veränderungen der Hintergrundstrukturen der ‚nächste *Gesellschaft*‘ durch die Digitalisierung manifestieren.[615] Als Ziel nimmt sich das Unterfangen der Konzeption eines ‚medialen Anfangsunterricht‘, die zentralen Dimensionen einer zeitgemäßen Auseinandersetzung mit den aktuellen medialen Artikulationen zu beschreiben und gleichzeitig auch Möglichkeiten aufzuzeigen, wie diese Dimensionen aus Sicht der Kunstpädagogik in den (*Kunst-*)Unterricht (der Grundschule) einfließen können.

Die differenzierte Betrachtung von *Kommunikation* stellt dabei den Ausgangspunkt für dieses Unterfangen dar.[616]

*Kommunikation* als Ausgangspunkt für den ‚medialen Anfangsunterricht‘

*Kommunikation* besteht nicht nur aus dem Absenden und Empfangen von Nachrichten, sondern lässt sich als ein hochkomplexer Prozess charakterisiert, welcher sich aus den

614 Der Begriff der ‚Medienkompetenz‘ wird im Folgenden bewusst nicht mehr verwendet, da er – wie in Medienkompetenz [4.1.5] dargestellt – im Diskurs häufig verkürzt verwendet wird, das Kompetenzkonzept in der vorliegenden Studie ohnehin kritisch betrachtet wird und der ‚mediale Anfangsunterricht‘ zwar Aspekte aus dem Konzept von Dieter Baacke aufgreift, diese aber aktualisiert und fachspezifisch ausdifferenziert. Der Horizont vor dem der ‚mediale Anfangsunterricht‘ entwickelt wird, ist so umfänglich und grundsätzlich, dass auf die Wahl eines Oberbegriffs verzichtet wird und im Folgenden allgemeine Aspekte und schwerpunktbildende Dimensionen dargestellt und beschrieben werden.

615 In Neue Selbstverständlichkeiten [1] werden diese skizziert und zum Anlass zur Entwicklung des ‚medialen Anfangsunterrichts‘.

616 Zur detaillierten Analyse und umfänglichen Beschreibung der *Strukturen* um *Kommunikation* wurde die Systemtheorie nach Niklas Luhmann als Grundlage genutzt, womit diese auch konstitutiv für die Konzeption des ‚medialen Anfangsunterrichts‘ wurde. Im Folgenden werden im Wesentlichen nur Ergebnisse der vorliegenden Studie und der entwickelten systemischen Perspektive dargestellt, wobei auf die detaillierten Ausführungen und Argumentationen an den entsprechenden Stellen über interne Verweise hingewiesen wird. Die zusammengefassten systemischen Ausführungen finden sich in den Fußnoten und die *kursiv* geschriebenen systemischen Begrifflichkeiten können auch im Glossar [7] nachgeschlagen und darüber die entsprechenden Stellen innerhalb der vorliegenden Studie zur vertieften und nicht-linearen Lektüre herangezogen werden.

verschiedenen Selektionen aus den (Handlungs-)Möglichkeiten der beteiligten Akteur:innen zusammensetzt.[617]

Die Situationen in denen es zur *Kommunikation* kommt, lassen sich als ein Aufeinandertreffen von mindestens zwei ‚black-boxen' beschreiben, die keinen Einblick auf die internen Prozesse – die Gedanken und Entscheidungslogiken – der jeweils anderen Akteur:innen zulassen.[618] Zwar *handeln* und verhalten sich alle Akteur:innen in den Situationen, das *Handeln* und Verhalten der jeweils anderen ist aber grundsätzlich unvorhersagbar. *Kommunikation* ist damit grundsätzlich sehr fehleranfällig und unwahrscheinlich, da es entweder gar nicht zur *Kommunikation* kommt oder man sich leicht ‚missverstehen' kann.[619]

Und dennoch läuft *Kommunikation* im Alltag meistens sehr effektiv und zuverlässig ab.

Dies liegt daran, dass unsere Alltagskommunikation durch wiederkehrende Muster und sich wiederholende Abläufe vorstrukturiert ist.[620] Bestimmtes erwartbares *Handeln* von Akteur:innen, wie beispielsweise ein freundliches ‚Moin' zur Begrüßung, legt auch für die jeweils anderen Beteiligten bestimmte Handlungsoptionen näher. Das erwartbare Verhalten und die darauffolgenden Reaktionen sind dabei an bestimmte Kontexte und Situationen

617 Dieser Prozess umfasst zum einen das Wahrnehmen von Verhalten und zum anderen aber auch das Registrieren eines Unterschieds, zwischen der inhaltlichen Information – also dem was ist – und der Intention, warum diese Information mitgeteilt wurde. Erst wenn diese Differenz unterstellt werden kann, kann die Wahrnehmung dieser Mitteilung zur *Kommunikation* werden – alles andere ist keine *Kommunikation*, sondern nur Wahrnehmung. Die ausführliche Darlegung der Trias aus Mitteilung, Information und Verstehen der Differenz von Information und Verstehen wird in Kommunikation [4.1.1] vorgenommen.

618 Das Erkennen der Differenz von Information und Mitteilung ist eine Unterstellung, da niemand in die Gedanken und internen Prozesse der anderen beteiligten Akteur:innen direkt involviert ist. In der *Kommunikation* kommt es damit zu Situationen *doppelter Kontingenz*. Wie in Treffen sich zwei [psychische] Systeme [4.1.2] gezeigt, ist *Kontingenz* dabei die Gleichzeitigkeit des ‚So-nicht-Unmöglichen' und ‚So-nicht-Nötigen'. Alle Akteur:innen *handeln* – ihre Handlungsauswahl ist nicht unmöglich – und sie hätten sich aber grundsätzlich auch entscheiden können, anders zu *handeln* – ihre Handlungen waren so nicht nötig.

619 Gerade die *doppelte Kontingenz* wird im *System* Schule trivialisiert oder in Gänze ausgeblendet. Pädagogisches *Handeln* – also *Kommunikation* mit Absicht – unterstellt implizit die kausale Verkettung in einem Aktion-Reaktions-Muster. Dass Kommunikation – und damit auch pädagogisches *Handeln* – wesentlich komplexer ist und auch pädagogische Bemühungen vor dem Horizont dieser Komplexität realisiert werden müssen, wird mit der entwickelten systemischen Perspektive in Ausgangspunkte [4.1] grundsätzlich zum Ausdruck gebracht.

620 Die Situationen, die durch das Aufeinandertreffen von mindestens zwei Akteur:innen entsteht, werden durch *soziale Systeme* strukturiert, welche für alle beteiligten Akteur:innen bestimmte Perspektiven nahelegen, mit der das Verhalten der jeweils anderen beobachtet werden kann. Erwartbare Ereignisse forcieren verschiedene Anschlusskommunikationen und machen diese damit wahrscheinlicher. In der Systemtheorie werden *soziale Systeme* dadurch charakterisiert, dass sie in Situationen *doppelter Kontingenz* entstehen, da es keine Sicherheiten, Regeln oder Gewissheiten über Verhalten, Absichten oder Handlungen der beteiligten Akteur:innen gibt. Wie *soziale Systeme* diese Unsicherheiten handhaben und zu bearbeitbaren Problemen machen wird in Die Wahrscheinlichkeit des Unwahrscheinlichen [4.1.1.3] erläutert.

gebunden, die sehr allgemein, aber auch hochspezifisch sein können.[621] Doch nur weil bestimmte Reaktionen auf bestimmte Handlungen üblich sind, heißt das nicht, dass es nicht auch zu anderen, unüblichen Reaktionen und Folgehandlungen kommen kann. Diese brechen dann mit dem was erwartet wurde, mit dem, was die Alltagskommunikation nahelegt und uns normalerweise mühelos unseren Alltag bewältigen lässt. Funktionieren die erlernten *Erwartungen* und die damit verbundenen Komplexitätsreduzierungsmechanismen nicht mehr, kann es zu einer veränderten Wahrnehmung kommen, die die *Komplexität* der *Kommunikation*, den Möglichkeitshorizont, wieder miterfasst.[622] Konstellationen, die über die Erwartungs- und Verarbeitungsmechanismen von Alltagssituationen hinausgehen, ermöglichen einen Modus der besonderen Aufmerksamkeit der ‚ästhetischen Weltverhältnisse'[623] und führen womöglich zu Umstrukturierungen mentaler Muster und *Strukturen* und damit zu etwas, was vielleicht als Bildung an/in Netzwerkstrukturen bezeichnet werden kann. *Kunst* wiederum provoziert diesen Modus der besonderen Aufmerksamkeit durch die aktive Konstituierung von *Irritationen* der Welt- und Selbstverhältnisse.

In der Betrachtung von *Kunst* als spezifische *Struktur* von, bzw. um *Kommunikation* liegt dann das Potenzial für einen Kunstunterricht als ‚medialer Anfangsunterricht'. Das zentrale Anliegen im Kunstunterricht der Schule – vor allem der Grundschule – ist weniger/ selten das praktische Erarbeiten von *Kunst* – hier bedarf es definitiv einer realistischen Perspektive[624] – aber die Auseinandersetzung mit *Kunst* und den eigenen ästhetischen Erfahrungen und

621 Um erfolgreiche *Kommunikation* prozessieren zu können, bilden *soziale Systeme* – und damit auch die *Gesellschaft* – Gelingensbedingungen für *Kommunikation* aus. Diese Bedingungen werden *Strukturen* genannt und machen über eine Vorauswahl möglicher Anschlusskommunikationen den Erfolg der *Kommunikation* wahrscheinlicher – wie bei der Begrüßung. Diese *Erwartungen* sind über die Grenzen der jeweiligen Situation gültig – die etablierten *Formen* der Begrüßung können zu unterschiedlichen Zeitpunkten und Orten verwendet werden – und wirken komplexitätsreduzierend auf das *System* selbst. Dabei gibt es nicht nur eine *Form* – der Begrüßung – und die Reichweiten der jeweiligen *Formen* sind höchst unterschiedlich. Werden alle strukturierenden und formgebenden Funktionen aller Medien zusammengefasst, käme dies dem Begriff der *Kultur* am nächsten. *Kultur* ist dann eine Art Meta-*Struktur* der *Gesellschaft*, welche als Gesamtheit aller *Strukturen* und als Systemgedächtnis des *sozialen Systems Gesellschaft*, Werte vergleichbar und verhandelbar macht.
Diese *Strukturen* sind *Erwartungen*, welche das Verhalten der jeweils beteiligten Akteur:innen erwartbar und für andere bearbeitbar machen. Die systemische Perspektive auf diese strukturierenden (sozialen) Prozesse wird in Strukturen und Erwartungen [4.2.1] entwickelt.

622 Systemisch betrachtet sind *Enttäuschungen* nicht negativ konnotiert, sondern sie erfüllen die Funktion, überraschende Ereignisse in der *Umwelt* im *System* selbst behandel- und verarbeitbar zu machen. Erst wenn eine *Erwartung* enttäuscht wird, kann das *System* die Existenz der *Erwartung* auf seine *Umwelt* wahrnehmen und in einen besonderen Modus der Aufmerksamkeit gegenüber den eigenen *Strukturen* gelangen. *Enttäuschungen* von *Erwartungen* sind somit ein produktiv-störender Bestandteil der Funktionsweise *sozialer* und *psychischer Systeme* wie in Enttäuschungen[4.2.2.1] erläutert wird.

623 Vgl. Badura 2011, S. 8.

624 Diese Perspektive auf *Kunst* und Kunstunterricht wird unter anderem von Franz Billmayer propagiert, indem er den Kunstbezug als zentralen Ausgangspunkt des Kunstunterrichts hinterfragt (Billmayer 2008). Die vorliegende Studie schließt sich dieser Position nicht in Gänze an, da zwar (ebenfalls) *Kommunikation* - bzw. die systemische Perspektive auf diese – als Ausgangspunkt für den ‚medialen Anfangsunterricht' genutzt wird, aber die besonderen Potenziale der *Kunst*, als *Struktur* von/um *Kommunikation*, für die Auseinandersetzung mit *Kommunikation* im Unterricht fokussiert werden.

Ausdrucksmöglichkeiten als spezifische *Formen* von *Kommunikation,* bergen in diesem Zusammenhang eine Vielzahl von Potenzialen und Möglichkeiten.
Im ‚medialen Anfangsunterricht' geht es dann vor allem um eine Vermittlung von Wissen über die *Strukturen,* die *Kommunikation* innewohnen und diese determinieren. Um *Kommunikationen,* die für die Schüler:innen relevant sind – Phänomene aktueller Medienkulturen oder neuere Ausdrucksformen in der *Kunst* wie Post Internet Art – und nicht nur *Kommunikationen,* die durch die spezifischen *Formen* längst vergangener Epochen charakterisiert werden – wie die (ausschließliche) Auseinandersetzung mit historischen (*Kunst*-)Epochen. Diese aktuellen *Formen* sind nicht zwingend technologische digitale Artefakte, aber unbedingt Artefakte und Kommunikationsformen, die sich im Horizont der Digitalisierung und Globalisierung artikulieren.

Die Themen und Inhalte des ‚medialen Anfangsunterrichts' sind *komplex*

Die Auseinandersetzung mit den (eigenen) kommunikativen Artikulationsformen findet im Horizont von *Komplexität* statt. Dies liegt zum einen an der zunehmenden Beteiligung nicht-menschlicher Akteur:innen an *Kommunikation* und zum anderen an der Vernetzung und Veränderbarkeit der im globalen Netz zirkulierenden kommunikativen Artikulationsformen. Das Internet der Dinge verbindet (zukünftig) jeden Teil der physischen Welt mit dem globalen Netzwerk und an aktuellen Kommunikationspraktiken nehmen zunehmend auch nicht-menschliche Akteur:innen teil. Die durch die ‚unsichtbaren Maschinen'[625] (mit-)konstituierte (digitale) *Kommunikation* wird dabei immer intransparenter. Die ‚unsichtbaren Maschinen' produzieren diese Intransparenz. Sie erschweren das logische Nachvollziehen von Eingabe und Ausgabe, zwischen dem was Gesendet und dem was Empfangen wird. Damit entwickeln sich die ‚unsichtbaren Maschinen' selbst zur an *Kommunikation* beteiligten ‚black-box'. Input und Output von (digitaler) *Kommunikation* sind beobachtbar – wenn eine gewisse Eingabe getätigt wird, ist mit hoher Wahrscheinlichkeit mit einer bestimmten Ausgabe zu rechnen –, aber wie diese zu Stande kommen, ist selbst für Informatiker:innen nicht mehr einfach herauszufinden. Die ‚unsichtbaren Maschinen' *lernen* zunehmend selbst, sie wirken als vernetzte Gesamtheiten – als neuronale Netze – die selbstständig Klassifizierungen vornehmen und *Strukturen* entwickeln, um auch mögliche Eingaben, für die es keinen von der/dem Informatiker:in vorstrukturierten Prozess gibt, mit den systemintern Operationen prozessieren zu können. Die *Kommunikation* mithilfe/über die ‚unsichtbare Maschine' ist damit nicht mehr

625 Wie in Nicht-menschliche Akteur:innen [4.1.2.3] dargestellt, charakterisiert Niklas Luhmann den Computer als ‚unsichtbare Maschine', die hinter der Leere der Bildschirme unwissentlich und fortlaufend ihre Arbeit vollrichtet. Heute sind dies vor allem die Milliarden von vernetzen Computern, die zu riesigen und komplexen Netzwerken zusammengeschaltet sind.

nur ein rein kompliziertes Problem, sondern zunehmend auch ein komplexes. Denn an der Schnittstelle zwischen dem Bewusstsein und Maschine werden Operationen ausgeführt, die keine eindeutigen oder kausalen Beziehungen zwischen Ein- und Ausgabe (mehr) zulassen. Andere Teilnehmer:innen sind immer häufiger darauf angewiesen, sich auf maschinell produzierte *Kommunikation* von nicht-menschlichen Akteur:innen zu verlassen, ohne den Informationsgehalt dieser *Kommunikation* hinterfragen zu können. Es müssen Informationen angenommen und Entscheidungen getroffen werden, ohne die Quelle und Qualität der Daten, die als Grundlage für diese Informationen und Entscheidungen dienen, überprüfen zu können. [626] Die Abfragelogiken der Query und ihre Beschreibungen der komplexen Welt mithilfe von großen Datenmengen produzieren einen ‚Kontrollverlust'[627] über die *Kommunikation*, an der auch gerade nicht-menschliche Akteur:innen beteiligt sind.

Gleichzeitig verbinden die globalen Netzwerke alle menschlichen Akteur:innen – die daran angeschlossen sind – und ihre kommunikativen Artikulationsformen miteinander. Inhalte bleiben nicht mehr statisch, sie sind veränderbar, zirkulieren im Netz, verweisen aufeinander und werden in *Formen* der Postproduction[628] – dem Remix, Mashup, Sample – in immer neue Versionen und Zustände überführt.[629] Die Idee eines Anfangs wird zunehmend brüchig, es gibt keine eindeutig nachvollziehbare lineare Entstehung mehr, keine (suggerierte) Einmaligkeit, sondern nur noch den Umgang mit dem was ist. Es geht nicht (mehr) um die Produktion von zum Beispiel schönen und neuen Bildern, sondern um den Umgang mit alle den schönen und neuen Bildern im Vorrat des (inter-) kulturellen Erbes, das die globale Zeitgenossenschaft zur Verfügung stellt.[630] Das neue ‚Layer of Reality' ist zur Dauerirritation geworden; Trolle, Bots, Fake News und Überwachung zwingen die Akteur:innen ständig auf der Hut sein, nicht doch Täuschungen und Unwägbarkeiten zu erliegen.[631] Darüber hinaus können alle digitalen Inhalte in Echtzeit geteilt und verbreitet werden. Nahezu alle Bereiche sozialer Interaktion können durch das Livestreaming auf der ganzen Welt gemeinsam erlebt und gestaltet werden. Die nicht mehr verarbeitbare Menge an Informationen und kommunikativen Artikulationsformen ist nur durch die technische Query und neue Inszenierungspraktiken und Aufmerksamkeitsökonomien möglich.

626 Diese Unterbrechung von Eindeutigkeit oder Kausalität war bislang nur aus sozialen Situationen, etwa im Bereich der *Kunst* oder in vorhumanistischen Zeiten aus der Magie und der Religion bekannt. In Query [2.2.4] wird diskutiert, wie heute die ‚unsichtbaren Maschinen' diese Intransparenz in der komplexen *Kommunikation* produzieren und in Nichtmenschliche Akteur:innen [4.1.2.3] wird anschließend gezeigt, wie sie darüber zu sinnkonstituierenden nicht-menschlichen Akteur:innen generieren.

627 Seemann 2014.

628 Bourriaud 2002.

629 Gehlen 2011.

630 Meyer 2013.

631 Leeker 2018.

Für die Kulturform der *Komplexität* bedeutet dies, dass es in jeder digitalen oder digitalisierbaren *Kommunikation* Widersprüchliches gibt, es existieren heterogene und nicht eindeutige Aspekte. Keine klaren Quellen, kein Anfang, kein Ende. In der *Gesellschaft*, die auf dem Computer als Leitmedium beruht, werden Unreduzierbarkeiten und Unvereinbarkeiten nicht nur von allen Akteur:innen akzeptiert, sondern in der *Kommunikation* sogar gepflegt. Die Kulturform der *Komplexität* strukturiert die ungewissen und unzähligen Artikulationsformen und macht diesen Zustand ertragbar und gesellschaftlich akzeptabel.
Im *medialen Anfangsunterricht* geht es dann vor allem auch um das Erlangen eines hinreichenden Verständnisses von den *Formen* der *Kommunikation* und den (Un-) Möglichkeiten ihrer *Kontrolle*.

Der (*Kunst*-)Raum für den ‚medialen Anfangsunterricht' ist ein MakerSpace

Ein MakerSpace ist ein Ort, an dem verschiedenen Personen zusammen Prototypen, Maschinen, Roboter und Spiele selbst entwickeln und ihre Inspirationen und Expertisen mit der Gemeinschaft und der Welt teilen. Es wird gecodet, programmiert, gehackt, aber auch geschraubt, geklebt und genäht. Das eigene Können und die eigenen Grenzen werden in der spielerischen Auseinandersetzung mit Materialien und Technologien erfahrbar. Im Abgleich entworfener Konzepte, (be-)greifbarer Endprodukte und in der Zusammenarbeit mit anderen können diese Grenzen der Selbsterfahrung weiter getestet und auch erweitert werden. Das Making bietet sich aus pädagogischer Perspektive als eine besondere Möglichkeit an, um eine besondere Form der Selbsterfahrung und des kreativen Ausdrucks zu durch das eigenständige Vorgehen zu *erleben*.
Das Making-Konzept aufgreifend und daran anknüpfend, kommt es im ‚medialen Anfangsunterricht' zur handlungsorientierten, kreativen Auseinandersetzung mit den *Irritationen* der Alltagskommunikation, den *enttäuschten Erwartungen* der festsitzenden *Strukturen* unserer *Gesellschaft*. Selbstgesteuerte Lernprozesse, das Arbeiten an/in Projekten und in der engen Zusammenarbeit mit anderen, stehen beispielhaft für kollaborative Lehr-/Lernsituationen und die aktiv praktizierte gesellschaftliche Teilhabe.[632] In diesem Sinne erfahren die Lernenden im ‚medialen Anfangsunterricht' eine hohe Selbstwirksamkeit durch das Schaffen eigener Produkte, entwickeln eigene Interessen, Konzepte und Projekte weiter, *lernen* aktuellste Fabrikationsmöglichkeiten und Technologien kennen und üben den Austausch und die Zusammenarbeit in kollaborativen Arbeitsprozessen.[633] Kommt es in diesen Prozessen zur Auseinandersetzung mit enttäuschten *Erwartungen* mittels normdifferenter *Formen*, also zur

632 Vgl. Krebber 2020, S. 277–278.
633 Vgl. Boy und Sieben 2017, S. 27–32.

kreativ-künstlerisch Beschäftigung mit ästhetischen Erfahrungen, kann es zu tiefgreifenden Bildungsprozessen kommen. Suchen Lernende beispielsweise danach, welche Erfindung oder Maschine es heute ganz dringend nicht braucht, an welchen Stellen eine Apparatur oder Maschine eher hinderlich sein könnte, so wird die Funktionalität und ihr Paradigma der Optimierung selbst in kleinen Artikulationen, in Momenten des Schmunzelns der Beobachtenden sicht- und reflektierbar. Auf YouTube zeigt die Erfinderin Simone Giertz mit ihren ‚shitty robots' wie auch mit neueren Technologien, im Erfinden nicht funktionaler, bzw. noch optimierbarer Roboter, unsere *Erwartungen* – an Roboter und Technologie – spielerisch enttäuscht und neue Denk- und Möglichkeitsräume aufgeworfen werden können.[634] Es von Giertz gebauten Maschinen, Apparaturen und Roboter oszillieren im Spannungsverhältnis sich auflösender *Formen*, nicht gestellter Fragen und nicht gegebener Antworten. Im gestalterischen Einsatz von Technologien an den Grenzen von Funktionalität und Perfektion – die Stalder als die (Grund-)*Formen* der Digitalität beschreibt[635] –, in Situationen, in denen frei mit den Reduktionsmechanismen der Alltagskommunikation umgegangen wird, kann eine aktive Auseinandersetzung mit zeitgenössischen künstlerischen Ausdrucksformen und eine Schulung der Wahrnehmung stattfinden.

Der ‚mediale Anfangsunterricht' macht diese Erfindungen, Apparaturen und Maschinen - als enttäuschende Realität(en) - zum Ausgangspunkt der Auseinandersetzung mit den *Formen* der Digitalität. Es wird zum spielerischen Umgang mit unserer *Gesellschaft* und ihrer *Kommunikation* eingeladen und gesucht wird nach Möglichkeiten der Konfrontation mit den Momenten der *Irritation.* Neue Handlungs-/Gestaltungsmöglichkeiten werden im Spiel mit *Normen* und Normalität, in den einmaligen Differenzierungen von *Formen,* im Erschaffen so nicht (zwingend) notwendiger Maschinen, Apparaturen und Erfindungen erschlossen. Für die Lernenden gilt es „[…] Fantasievorstellungen zu entwickeln […] die über unmittelbare Wahrnehmungen und Erfahrungen hinausgehen und somit zur internen Konstruktion von Wirklichkeit beitragen."[636] Entwickelt werden eigene fantasievolle Erfindungen und Utopien, die die grundlegenden *Strukturen* der Digitalisierung offen legen und im Wissen um deren *Komplexität* trotzdem Handlungsmöglichkeiten aufzeigen. Die ubiquitäre Verwebung von digitaler und physischer Welt – die Verbindung von Stofflichkeit und Zeichenhaftigkeit – wird als eine grundlegende *Form* der Digitalität - im Selbst-Machen, Selbst-Erfinden und Selbst-Erfahren – als Modi der Erschließung von Welt – (be-)greifbar. Kreative (ästhetische) Praxen bewegen sich dann im Spannungsverhältnis virtueller und physischer Räume und

634 Giertz 2018.
635 Stalder 2017.
636 Schmidt, S. 121.

manifestieren sich durch experimentelle Vorgehensweisen und künstlerische Verfahren in Artikulationen neuer *Formen* und Möglichkeiten.
Der ‚mediale Anfangsunterricht' lädt somit ein, die Werk- und Fachräume des Kunstunterrichts selbst als MakerSpaces zu verstehen und die *Irritationen* unserer Alltagskommunikation als produktive enttäuschte *Erwartungen* nutzbar zu machen. Das Prototyping im ‚medialen Anfangsunterrichts' beschränkt sich aber nicht auf materielle Projekte wie Roboter oder Maschinen. Der ‚mediale Anfangsunterricht stellt vielmehr einen Raum dar, in dem jedwede kommunikative Artikulationsformen erprobt werden können. Der ‚mediale Anfangsunterricht' ist ein Labor, ein Versuchsgebiet für soziale Praxen, für plausible Präsentationen anderer Realitäten und es resultieren *Formen* und Artikulationen, die vor dem Horizont der Digitalisierung, zwischen dem Erhalt von Handlungsfähigkeit und der Entwicklung von Kritik- und Urteilsfähigkeit, oszillieren.

Neben diesen allgemeinen Aspekten gibt es 5 grundlegende Dimensionen, die spezifische Schwerpunkte des ‚medialen Anfangsunterrichts' fokussieren und in den Mittelpunkt rücken.

## 5.1 Die Dimensionen des ‚medialen Anfangsunterrichts'

Im ersten Teil der Untersuchung – Studie (I) – wurde die systemische Perspektive entwickelt und anschließend verschiedene grundlegende Positionen im Kontext komplexer *Kommunikation* unter dieser Perspektive analysiert – Studie (II). Da diese Gliederung den iterativen Wechsel zwischen (Weiter-)Entwicklung der systemischen Perspektive und (Rück-)Bezug auf die Positionen nicht angemessen widerspiegelt, wurde die Strukturierung der linearen Ausführungen im Text anhand der ‚Knoten' _Ausgangspunkte[637], _Fachperspektiven[638] und _Richtlinien[639] vollzogen. Alle ‚Knoten' stellen thematische Bündelungen dar und weisen somit immer Aspekte aus Studie (I) und Studie (II) auf.

637 Im Knoten _Ausgangspunkte [4.1] werden grundlegende Begrifflichkeiten im Kontext komplexer Kommunikation bzw. ‚Digitale Bildung' systemisch erschlossen und anschließend mit zentralen Positionen aus der (Medien-)Pädagogik, die sich mit übergreifenden Themenstellungen auseinandersetzen, zusammengeführt.

638 Der Knoten _Fachperspektiven [4.2] bündelt verschiedene systemische Untersuchungen rund um fachspezifische Begrifflichkeiten, welche anschließend zur Fokussierung kunstpädagogischer Schwerpunkte und Felder im Kontext digitaler *Kommunikation* und Grundschule genutzt werden.

639 Im Knoten _Richtlinien [4.3] erfolgt ein systemischer Exkurs in die Organisations- und Institutionsstrukturierung, um abschließend die Realitäten von Schule, in Form ministerialer Vorgaben und institutioneller Vorgehensweisen, mit der entwickelten systemischen Perspektive zu analysieren.

Mithilfe des bei der Analyse eingesetzten Konzept-Indikator-Modells[640] und der offenen, axialen und selektiven Fokussierung konnten 5 grundlegende Dimensionen des ‚medialen Anfangsunterrichts' herausgearbeitet werden.

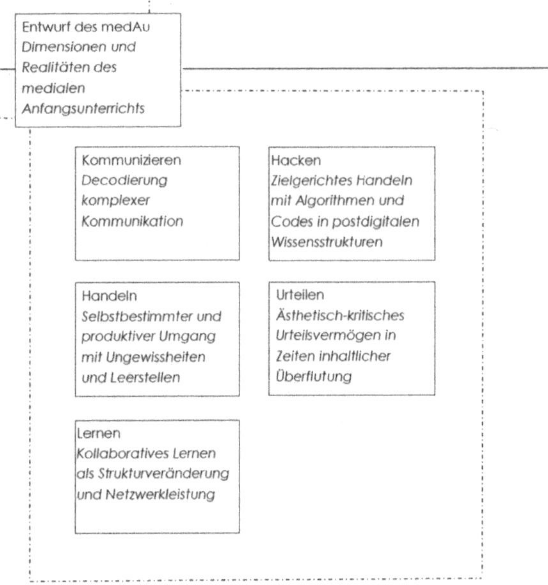


**Abb. 26**: Medienkompetenzrahmen NRW | Eingezeichnete Ordnung W.N.

Neben dem zuvor beschriebenen grundsätzlichen Horizont vor dem der ‚mediale Anfangsunterricht' konzipiert wurde, weisen die Dimensionen noch weitere Kopplungen und Verweise untereinander auf. Dies liegt vor allem daran, dass die Kategorien vor der selektiven Fokussierung nicht in den Dimensionen vollständig subsumiert werden können, bzw. diese im Sinne eines ‚Auffalten und Verdichtens'[641] weitere spezifische Aspekte beinhalten. Zum besseren Verständnis werden die dadurch hervorgerufenen Schnittmengen im Folgenden kurz erläutert, bevor im Anschluss die Dimensionen mit ihren Schwerpunkten vorgestellt werden. Inhaltlich weisen vor allem ‚*Kommunizieren*', ‚*Handeln*' und ‚Hacken' Überschneidungen auf, bzw. sind nicht in Gänze disjunkt. Dies liegt daran, dass thematisch ‚Kommunizieren' auch als Oberbegriff von ‚*Handeln*' und ‚Hacken' eingesetzt werden könnte, da sowohl die Aspekte von ‚*Handeln*' als auch von ‚Hacken' spezifische Elemente von ‚Kommunizieren' sind, aber nicht jeder Aspekt von ‚*Kommunizieren*' auch in ‚*Handeln*' oder ‚Hacken'

640 Die Methodik der Studie wird in Isomorphien und systemische Sensibilisierungen [3] entwickelt und ausführlich dargestellt.

641 Prediger 2018.

thematisiert wird. Ähnlich verhält es sich mit ‚*Handeln*' und ‚Hacken' untereinander, so dass ‚Hacken' als Subkategorie von ‚*Handeln*' betrachtet werden könnte. Eine Trennung der Dimensionen wurde dennoch vorgenommen – auch wenn dadurch die Darstellung der internen Kopplungen und Verweise schwieriger ist –, da die Dimensionen jeweils unterschiedliche Schwerpunkte setzen.

So fokussiert ‚*Handeln*' vor allem auf der enaktiven Ebene den Erhalt von Handlungsfähigkeit und das Finden neuer *Formen* – Kreativität –, während ‚*Kommunizieren*' mehr das fundierte Verständnis und den zielgerichteten Einsatz der *Strukturen* um *Kommunikation* in den Mittelpunkt rückt und die vermehrt (nonverbale) komplexe *Kommunikation* und deren Decodierung in den Blick nimmt.

Im Verhältnis zwischen ‚*Handeln*' und ‚Hacken', setzt ‚Hacken' den Schwerpunkt auf das Finden kontextualisierter neuer *Formen* und damit das informierte (widersinnige und geschickte) Verändern der *Codes* und *Strukturen* um *Kommunikation*, während ‚*Handeln*' (auch) rein affirmative *Formen* und den grundsätzlichen Erhalt von Handlungsfähigkeit fokussiert.

## 5.1.1 Dimension *,Kommunizieren'*

*Decodierung komplexer Kommunikation*

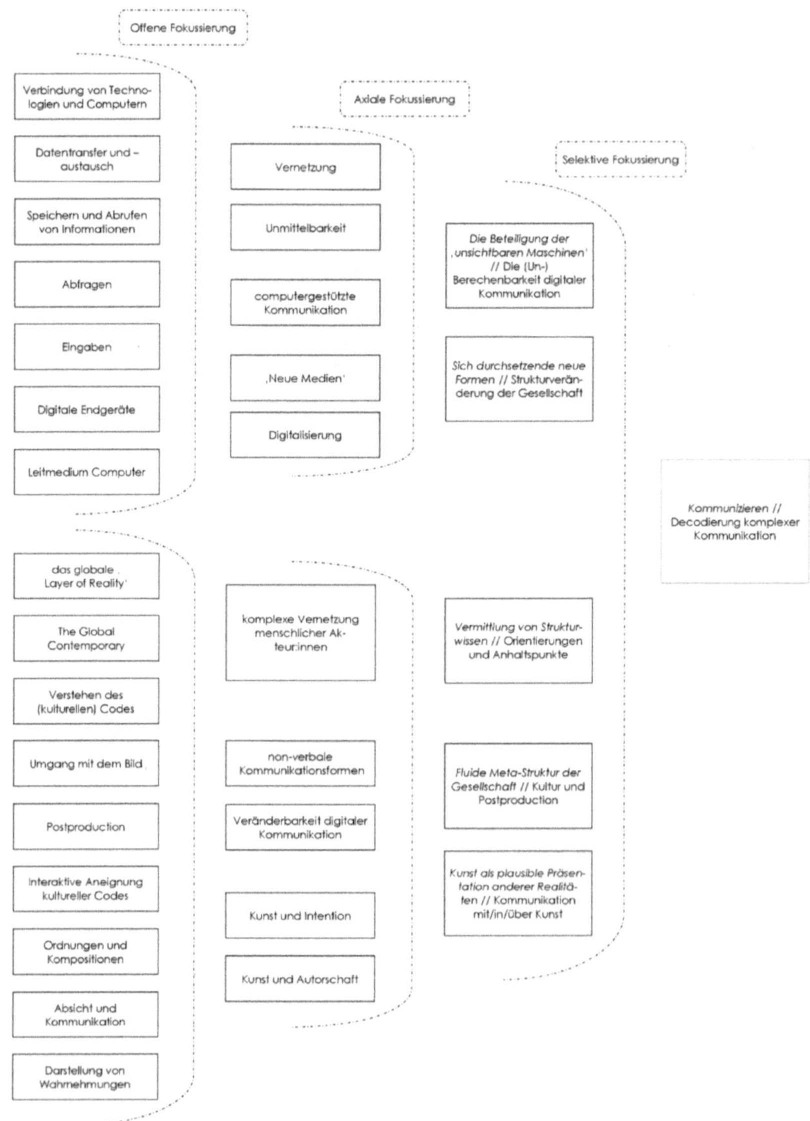


**Abb. 27:** Kodemap ,Kommunizieren' | W.N.

,*Kommunizieren*' stellt die erste Dimension des ,medialen Anfangsunterrichts' dar und fokussiert die Dekodierung der komplexen (digitalen) *Kommunikation. Kommunikation* ist das Letztelement des *sozialen Systems Gesellschaft. Gesellschaften* operieren über *Kommunikation* und finden mit ihr ihre *Form*. Für *Gesellschaften,* die auf dem Computer als Leitmedium beruhen, ist dies ein (zunehmend) intransparenter und komplexer Prozess.

Zeitgleiche globale *Kommunikation* verbindet weltweit, bringt durch das konstituierende Element des Augenblicks neue Inszenierungspraktiken hervor und erfordert für das Überangebot an Inhalt strikte Aufmerksamkeitsökonomien von allen Akteur:innen.[642] Die ,unsichtbaren Maschinen' verändern, selektieren und koordinieren die zirkulierenden Informationen über ihre Algorithmen und *Codes* und nehmen damit (zunehmend) als sinnkonstituierende *Systeme* an *Kommunikation* teil. Im globalen Netzwerk wird alles gesteuert und kontrolliert. *Kontrolle* manifestiert sich als Sinnüberschuss digitaler *Kommunikation* über die Abfragelogiken der Query und ihre Beschreibungen der komplexen Welt.[643] Der damit einhergehende Kontrollverlust über die *Kommunikation* zeigt sich in der Verfügung über die Datenströme großer Datenmengen und der Möglichkeit die *Kommunikation* lenken und steuern zu können. *Kontrolle* äußert sich aber auch in der Veränderung und Manipulation der Daten selbst, im Steuern und Lenken der Kommunikationsinhalte und -praktiken.

Die kommunikativen Intentionen werden durch die technisch getragene (zunehmende) Loslösung von verbalen kommunikativen Artikulationen, vor allem in visuelle Kommunikationsformen eingeschrieben. Die Dimension ,*Kommunizieren*' umfasst daher die Vermittlung von Strukturwissen und damit das Erkennen, Anwenden und Verändern der über die *Strukturen* wirkenden *Codes* in (visuellen) Artikulationsformen.

In der fluiden Gesamtheit von *Kultur* – als Meta-*Struktur* der *Gesellschaft* – bleiben diese Kommunikationsinhalte nicht mehr statisch, sie sind veränderbar und zirkulieren selbst im Netz. Dieses Netzwerk besteht aus flüchtigen Institutionen und fluiden Kollektiven, die die festen Organisationsstrukturen und -formen abgelöst haben. Die Linearität von Entwicklungsprozessen wird mit den immer neuen Zuständen und komplex mit- und untereinander verbundenen und verflochtenen Versionen konterkariert.

642 Wie zuvor dargestellt und in Nicht-menschliche Akteur:innen [4.1.2.3] ausführlich besprochen, können dies (zunehmend) auch nicht-menschliche Akteur:innen sein.

643 *Sinn* ist die Simultanpräsentation von Aktuellem und Potenziellem und damit die Aktualisierung einer Möglichkeit aus einem Möglichkeitsspektrum, die weitere Anschlüsse provoziert. Bei diesem Prozess entstehen sich ausprägende *Formen* im *Medium Sinn*, die die Komplexitätsreduzierung des *Systems* konstituieren. Erst die Umwandlung in Sequenzen/[*Formen*] macht die Komplexität der *Umwelt* für das *System* behandelbar. Dabei gehen nicht aktualisierte Möglichkeiten nicht verloren. Sie bleiben als weiterhin unstrukturiertes und unbestimmtes Spektrum an Möglichkeiten erhalten und werden eventuell nach neuen und veränderten Sinnkriterien in zukünftigen Selektionsprozessen aktualisiert. Damit vollzieht sich *Kommunikation* im Horizont eines auch anders möglichen *Sinns*. Dieser Überschusssinn in sozialen *Systemen* ermöglicht und fokussiert die Vergleichbarkeit von *Kommunikationen* und treibt über die Erweiterung oder Einengung des Möglichkeitsspektrums die Veränderung und Entwicklung sozialer Phänomene und *Strukturen* voran. Die genaue Funktionsweise von Sinn wird in Unterscheiden als Formbildung – Sinn und dessen Überschuss [4.1.1.2] dargestellt.

Doch komplexe (digitale) *Kommunikation* findet nicht nur im Horizont des Sinnüberschusses *Kontrolle* statt.

Die *Strukturen* des Sinnüberschusses *Kontrolle*

Digitale Medien und Endgeräte konstituieren über ihre Funktionalitäten und Oberflächen die *Gesellschaft* mit, jedoch entfalten die darüber sich bildenden *Strukturen* innerhalb dieser gesamten *Gesellschaft* ihre Wirkung und leiten Selektionsprozesse nicht nur in technisch digitalen Kommunikationsprozessen.[644] *Kommunikation* ist kontrollierbar. Der Computer, ob als eigenständiger Akteur oder eingesetztes Kontrollinstrument, besitzt das Potenzial Kommunikationsprozesse zu steuern, Anschlusskommunikationen zu ermöglichen oder auszuschließen und über die systeminternen *Strukturen* auch die Prozessierung von *Sinn* selbst zu kontrollieren. Diese neuen *Strukturen* des Überschusssinns *Kontrolle* sind in die Referenzstruktur der Sprache, in die Zeitstruktur der Schrift, und in die Kritikstruktur des Buchdrucks eingebettet.[645] Dadurch kann die Auseinandersetzung mit den Veränderungen der Digitalisierung nicht auf digitale Medien beschränkt bleiben. Die Strukturform der ‚nächsten *Gesellschaft*' ist das Netzwerk, welches durch die hybride Kopplung heterogener, fluider und irritierbarer Elemente – der *Kommunikation* – gekennzeichnet ist. Damit die *Gesellschaft* einen Umgang mit dieser/für diese Strukturform finden kann, bedarf es nach Dirk Baecker – aufbauend auf Niklas Luhmann – dann einer Öffnung für diese oszillierenden Elemente. Die *Form*, die mit diesen nicht feststehenden Gestalten umgehen könne, sei die Kulturform der Komplexität.[646] Die Öffnung für heterogene, widersprüchliche und flüchtige Ordnungen in der Kulturform der Komplexität berücksichtigt, dass es in jeder (digitalen) *Kommunikation* Widersprüchliches gibt und ist damit ‚Lösung' und nicht ‚Problem' des Überschusssinns *Kontrolle*.

In der Ambiguitätstoleranz gegenüber der *doppelten Kontingenz* manifestiert sich das Verständnis über die Beteiligung intransparenter nicht-menschlicher Akteur:innen an *Kommunikation* und der komplexen Vernetzung aller (nicht-)menschlichen Akteur:innen, weshalb eine hinreichende Ambiguitätstoleranz für einen selbstbestimmten und produktiven Umgang mit den Ungewissheiten und Leerstellen (digitaler) *Kommunikation* unabdingbar wird. Dem folgend ist es Aufgabe des *Systems* Schule, will es Teilhabe an der ‚nächsten

644 Damit die Verteilung und Verbreitung der jeweiligen Kommunikationsformen akzeptiert und geordnet werden, müssen *Gesellschaften* (neue) *Struktur-* und Kulturformen für ihren jeweiligen Überschusssinn finden. Der Umgang einer *Gesellschaft* mit dem/ihrem kommunikativen Überschusssinn wird ebenfalls in Unterscheiden als Formbildung – Sinn und dessen Überschuss [4.1.1.2] erläutert.

645 In Bildungsgleichungen [4.1.3] wird die Verschränkung unterschiedlicher medialer Epochen mithilfe des Formkalküls George Spencer-Browns umfassend analysiert und diskutiert.

646 Vgl. Baecker. 2020, S. 27–31.

*Gesellschaft*‘ ermöglichen, diese grundlegende Teilhabequalifikation zu vermitteln und verstärkt in den Blick zu nehmen. In der Dimension ‚Kom-munizieren‘ wird sie zum Ausgangspunkt der Decodierung komplexer *Kommunikation.*

Der Umgang mit Überforderung

Um dies zu initiieren, muss die eigene Überforderung zunächst in der Beobachtung zweiter Ordnung erkannt und akzeptiert werden, um anschließend trotz oder gerade aufgrund dieser, neue affirmative und kontextualisierte *Formen* finden zu können.[647] Dies bedeutet aber auch, dass das sich distanzierende, alles überblickende und dann – im Wissen um alle Konsequenzen – entscheidende Subjekt, nicht mehr (alleiniges) Ziel pädagogischen *Handelns* sein kann. Wer die Überforderung akzeptiert, versteht, dass es keine einfachen Antworten mehr gibt, dass einfache Antworten vor allem von extremistischen Ansätzen und Verschwörungserzählungen propagiert werden. Statt einfacher Antworten haben wir es zunehmend mit komplexer *Kommunikation*, flüchtigen Identitäten und nicht greifbaren Sachverhalten zu tun, die unauflösbar zwischen unterschiedlichen Bedeutungszuschreibungen oszillieren und keinen eindeutigen Zugriff mehr erlauben.[648] Was zunächst unpräzise und unaufgelöst erscheint, eröffnet darüber den Umgang mit Leerstellen, mit Selbstreferenz und der Beobachtung zweiter Ordnung als Beobachtung der Beobachtung und damit eine Perspektive auf die komplexe Wirklichkeit von *Gesellschaften*, die auf dem Computer als zentrales Leitmedium beruhen. Die *Strukturen* dieser Wirklichkeiten werden in einem Modus des zweiten Beobachters offenbart; in der Auseinandersetzung mit *Kunst* als plausible Präsentationen anderer Realitäten, die die ausgeschlossenen Anschlusskommunikationen aktualisieren und darüber ihren *Sinn* prozessieren.[649]
Im ‚medialen Anfangsunterricht‘ fokussiert die Dimension ‚*Kommunizieren*‘ damit das Decodieren der zunehmend komplexen kommunikativen Artikulationen. Über das

647 Der Journalist Christoph Kucklick nannte die zu entwickelnde Fähigkeit auf der 3. Fachkonferenz ‚Digitale Gesellschaft‘ der Initiative D21 am 15. November 2016 dementsprechend auch ‚Überforderungsbewältigungskompetenz‘ (Initiative D21 2016).

648 Mit dem Formkalkül George Spencer-Browns lässt sich das Bezeichnen [die Beobachtung zweiter Ordnung] (von etwas) als fortwährender Wechsel zwischen der Bezeichnung selbst [der Identität] und dem Nichts [der Außenseite der Bezeichnung] beschreiben. Die Beobachtung zweiter Ordnung führt im *re-entry* die Unterscheidung erneut ein, kann diese aber nicht mehr auf die einfache Unterscheidung oder das Nichts zusammenführen. In der imaginären Oszillation nimmt der *re-entry* weder die Unterscheidung noch das Nichts an, sondern bewegt sich unauflösbar zwischen diesen beiden Möglichkeiten. Etwas ist etwas [eine Unterscheidung] und nichts [das Nichts] zugleich und konstituiert in der Oszillation zwischen diesen beiden Möglichkeiten seine Wirklichkeit. Diese Betrachtungsweise ist die Grundvoraussetzung, um auf komplexe Einheiten zugreifen zu können (und mit diesen rechnen zu können). In Draw a distinction – Aller Anfang ist Differenz [4.1.1.1] wird die Erläuterung des Formkalküls und dessen Verwendung in der Systemtheorie diskutiert.

649 Wie *Kunst* als plausible Präsentation anderer Realitäten einen dezidierten Blick auf die *Strukturen* von *Kommunikation* erlaubt, wird in Plausible Präsentationen anderer Realitäten [4.2.3] dargestellt.

Erlangen eines hinreichenden Verständnisses von den *Formen* der *Kommunikation* und der Unmöglichkeit ihrer *Kontrolle* wird ein zielgerichteter Einsatz der *Strukturen* um *Kommunikation* ermöglicht.

Herausfordernd sind nicht die einfachen Antworten, sondern der Mut die *Komplexität* der Probleme unserer alltäglichen *Kommunikation* zu akzeptieren und vor diesem Hintergrund gemeinsame Antworten zu finden. Das Suchen und Finden komplexer Antworten ist aber gerade nicht der Garant für das Ausbleiben von Überforderung und Verstörung, aber sie können einen souveränen und selbstbestimmten Umgang mit der komplexen *Kommunikation* und all ihrer Herausforderungen – wie der Überforderung und Verstörung – anregen.

## 5.1.2 Dimension ,*Handeln*'

*Selbstbestimmter und produktiver Umgang mit Ungewissheiten und Leerstellen*

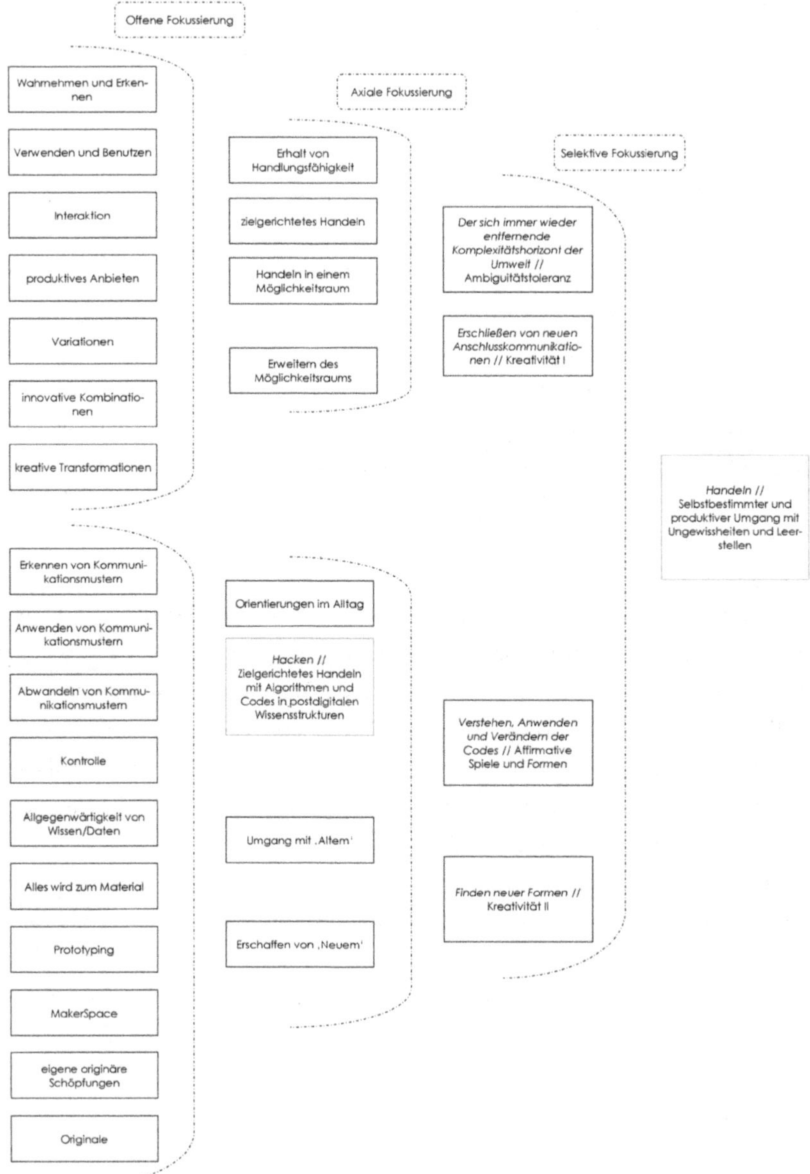


**Abb. 28:** Kodemap ,Handeln & Hacken' | W.N.

*„Die Chancen herauszufinden, was wirklich vor sich geht, sind so lächerlich klein, dass man sich bloß sagen kann: Schlag's dir aus dem Sinn und sieh zu, dass du anfängst, überhaupt etwas zu machen."*
*Douglas Adams – Per Anhalter durch die Galaxis*[650]

*„Wir irren vorwärts"*
*Robert Musil – Der Mann ohne Eigenschaften*[651]

Nach ‚*Kommunizieren*' stellt ‚*Handeln*' die zweite Dimension des ‚medialen Anfangsunterrichts' dar. Fokussiert ‚Kommunizieren' das Decodieren der zunehmend (nonverbalen) komplexen Kommunikationsformen und deren *Strukturen*, rückt mit ‚*Handeln*' das in diesem Kontext verortete Finden und Produzieren neuer affirmativer *Formen* in den Mittelpunkt.
Im Kontext der Ambiguitätstoleranz gegenüber den (Un-)Kontrollierbarkeiten digitaler *Kommunikation* geht es dann vor allem darum zu erproben, was funktioniert. Entworfen werden Prototypen – materielle wie soziale – und im agilen Spiel mit dem Computer Handlungsmöglichkeiten und -erweiterungen entwickelt.

Das Finden neuer affirmativer *Formen*

Herausgefordert und entwickelt wird – ganz im Sinne Robert Musils – der Möglichkeitssinn. Eine Offenheit für das, was möglich sein kann. Ein erweiterter Blick, eine neue Perspektive auf die einen umgebende *Umwelt* und auf all das, was man schon zu wissen glaubt.[652] Vor dem Verständnis der komplexen *Kommunikation* – welches den Schwerpunkt der Dimension ‚Kommunizieren' bildet – gilt es mit einem neuen Blick, auf das was bekannt ist, Handlungsmöglichkeiten und/oder -alternativen zu entwickeln. Dabei sind das Wahrnehmen und Erkennen, die Offenheit für das Neue, für all die Dinge, die überfordern und einen (zunächst) planlos zurücklassen, nicht nur auf technische Entwicklungen bezogen, sondern auch auf den Umgang mit anderen Kulturen, fremden Sichtweisen und – im besten Sinne – irritierenden Perspektiven und *enttäuschte Erwartungen*, grundlegende Voraussetzung. Die sich angesichts der komplexen *Kommunikation* dabei einstellende Ratlosigkeit ist nicht nur unproblematisch, sondern erstrebenswert. Was ironisch klingt, ist als pädagogische Herausforderung

650 Adams 1985, S. 169.
651 Musil 1990.
652 Im gleichen Sinne, wie das Déjà-vu ein paradoxer alter Blick auf, bzw. das bereits Erinnern an, etwas Neues und eigentlich Unbekanntes ist, schlägt Dirk von Gehlen vor, in diesem Zusammenhang vom Vujà-dé zu sprechen (vgl. Gehlen 2018, S. 19). Ein Vujà-dé ist dann ein neuer Blick auf das was schon bekannt ist, das Entwickeln einer neuen Perspektive auf sicher geglaubte Tatsachen.

ernst gemeint: Die Planung der Planlosigkeit. Denn genau darum geht es, soll der Erhalt der Handlungsfähigkeit und der selbstbestimmte Umgang mit den Artikulationen der komplexen *Kommunikation* bei Heranwachsenden vor dem Hintergrund der zu entwickelnden Ambiguitätstoleranz unterstützt werden.

Die Inhalte und Themen dieser Suche sind nicht mehr statisch, zirkulierend fortwährend im globalen Netzwerk und verweisen aufeinander. Die beteiligten (nicht-)menschlichen Akteur:innen agieren zeitgleich, teilen in Echtzeit, umformen Gegebenes und ohne die Idee eines Anfangs gibt es keine Möglichkeit eine lineare Entwicklung nachzuzeichnen und zu überblicken. Es geht um den Umgang mit dem, was ist und wie es ist. Und selbst ein Überblick über das, was ist und wie es ist, ist bei den schier unendlichen Datenmengen nicht mehr allumfänglich möglich. Die Wahrnehmung reduziert sich auf einzelne Ausschnitte, auf Abfragen – die Query – von Datenbanken, die die Aufmerksamkeit lenken und ökonomisieren. Das globale Netzwerk und die komplexe *Kommunikation* sind zu kontinuierlichen Störungsmaschinen evoluiert, die zunehmend als Ablenkung wahrgenommen werden. Sie halten uns davon ab, verlässliche Informationen aufzunehmen, weiterzugeben und konzentriert zu arbeiten. Konzentration heißt damit heute zunehmend Isolation.[653] Aber diese *Form* der Konzentration, das fokussierte Nachverfolgung eines klar identifizierten Ziels, ist nicht mehr (ausschließlich) der Modus Operandi im Umgang mit den komplexen Artikulationsformen digitaler *Kommunikation.* Das Finden neuer *Formen* besteht (auch) im Sich-ablenken-lassen, der Möglichkeit unterschiedlichen Ideen nachzugehen, verschiedene Perspektiven zu berücksichtigen und produktiv werden zu lassen. Mal eben kann eine andere App auf dem Handy, ein anderes Fenster auf dem Computer geöffnet werden, um etwas nachzulesen oder in eine ganz andere Welt zu schauen und sich im eigenen Prozess zu verirren. Im fortwährenden Irren und Verirren, im Updaten und Neukonfigurieren, kommt man schließlich auch vorwärts. Damit dieser Prozess nicht zum Selbstzweck verkommt, bedarf es übergreifender Fragestellungen. Fragestellungen, die die Beteiligten etwas angehen und damit intrinsisch einen Anker, einen zu verfolgenden – und wahrscheinlich so nie zu erreichenden – Horizont setzen. Diese Suche nach Antworten, nach Handlungsmöglichkeiten und -formen ist damit kein linearer Prozess, kein Programm, welches nur noch durchlaufen werden muss, um das ausgemachte Ziel zu erreichen. Ziele werden flüchtig und intransparent, die komplexe *Kommunikation* ermöglicht keinen klaren Blick auf das, was seien wird und was es zu erreichen gilt – dies mag ein Hauptproblem des normativen *Systems* Schule mit den komplexen Artikulationsformen digitaler *Kommunikation* sein –, aber möglicherweise ist dies auch nicht (immer/mehr) notwendig. Wer seinen Blick weitet, muss gerade das Störende, das Unreine, das Ablenkende,

653 Wie Michael Seemann entsprechend feststellte: „'konzentration' ist exil!" (Seemann 2010).

das Intransparente und auch Zufällige zulassen und die Bereitschaft einüben, sich auf dem eingeschlagenen Weg auch zu irren.[654] Gesucht wird zunächst nur, dass was funktioniert; erste Prototypen, die den gegenwärtigen Anforderungen genügen, die aber in Versionen vorliegen, ständig geupdatet werden und keinen Anspruch haben, bereits der Weisheit letzter Schluss zu sein. Es geht darum anzufangen, sich agil aktuellen Fragestellungen zu nähern und nicht erst alle Aspekte eines Sachverhalts oder eines Problems theoretisch durchdrungen zu haben.[655] Dies erfordert natürlich auch die Fähigkeiten und Fertigkeiten mit den aktuellen Artikulationsformen komplexer *Kommunikation* umgehen, die entsprechenden Geräte, Apps oder Maschinen verwenden und benutzen zu können. Der Raum des ‚medialen Anfangsunterrichts' stellt daher auch immer einen MakerSpace dar, indem Wissen über neuste Bedien- und Fabrikationsmöglichkeiten erworben und ausgetauscht wird. Das Prototyping im ‚medialen Anfangsunterricht' beschränkt sich – wie zuvor skizziert – nicht nur auf materielle Objekte und Projekte, sondern auch auf die *Formen* des Sozialen, des gemeinsamen Umgangs mit- und untereinander. ‚*Handeln*' im Horizont der komplexen *Kommunikation* ist dann ein Ausprobieren, Versuchen, Irren, Scheitern, gemeinsames Neuanfangen und Finden neuer *Formen* im differenzierten Spiel mit allen (nicht-)menschlichen Akteur:innen.

Gerade die Beteiligung der ‚unsichtbaren Maschinen' an der komplexen *Kommunikation* erfordert von allen Akteur:innen nicht nur ein Verständnis um die (Un-)Kontrollierbarkeiten von *Kommunikation* – wie in ‚Kommunizieren' skizziert -, sondern auch ein anderes Suchen nach neuen *Formen* im Umgang mit gerade diesen ‚unsichtbaren Maschinen' selbst. Über die Eingabemöglichkeiten elektronischer Medien – seien dies Touchscreen, Maus, Tastatur, Mikrophone oder irgendwelche anderen Eingabemöglichkeiten – werden nur Informationen mitgeteilt, die auch Anschlusskommunikationen ermöglichen. Denn nur Informationen die ‚korrekt' eingegeben wurden, können prozessiert werden, können – und sind es zugleich – verstanden werden. Die anderen Teilnehmer:innen können nicht nachvollziehen, welche Prozesse und Abläufe dazu führen, dass manche Eingaben fortgesetzt werden und andere nicht, die intransparenten ‚unsichtbaren Maschinen' gewähren darauf keinen Zugriff (mehr). Als Konsequenz werden die Eingaben dem angepasst, was möglich ist und die von den ‚unsichtbaren Maschinen' toleriert werden. Genau dieser Zugang ist ebenfalls ein

654 Das Ausprobieren von Anschlusskommunikationen und anderer Verweisungen von *Sinn* bieten dann, wie in Enttäuschungen und [neue] Formen [4.2.2.] gezeigt und in Dimension ‚Lernen' [5.1.3] ausführlich im Konzept des ‚medialen Anfangsunterrichts verankert, nicht nur Möglichkeiten für den Erhalt von Handlungsfähigkeit, sondern gleichzeitig auch die Chance (kognitve) Lernprozesse zu initiieren.

655 In unsicheren Zeiten, ohne die Möglichkeit einer verlässlichen Prognose in die Zukunft, greifen beispielswiese auch Unternehmen auf ähnliche Vorgehensweisen zurück. Unter dem Schlagwort ‚agiles Arbeiten/Handeln' oder ‚Effectuation' haben sich Praktiken etabliert, bei denen es darum geht, in kleinen Schritten zu beginnen, erste Prototypen auszumachen und vor dem Hintergrund der eignen Ressourcen und Möglichkeiten in einen Entwicklungsprozess zu gelangen (Effectuation // Wikipedia). Die theoretischen Grundlagen dafür bilden die Ausführungen Niklas Luhmanns zu konditionalen und zweckorientierten *Programmen*, wie sie in Organisation & Entscheidung [4.3.1] dargestellt werden.

Ausprobieren, ein kindliches Experimentieren mit den (neuen) Kommunikationsmöglichkeiten, die die ‚unsichtbaren Maschinen' zulassen.
Dirk Baecker charakterisiert diesen Umgang als;

> *„Spielerisch, das heißt mit einem Blick auf die bewegliche Differenz von Online und Offline, mit Ein- und Ausklammerungen, die eingesetzt und wieder aufgehoben werden können, und nicht zuletzt mit einer Suggestion von Folgenlosigkeit, die sich zur Erprobung zuvor ungeahnter Möglichkeiten ausnutzen lässt, lassen Menschen, Teams und Organisationen [...] sich auf Maschinen und deren Oberflächen ein, um herauszufinden, worauf sich diese Maschinen einlassen."*[656]

Ohne die komplexen Prozesse der Verarbeitung zu kennen, *handeln* die Teilnehmer:innen in diesen kommunikativen Situationen. Sie gehen mit der Intransparenz der ‚unsichtbaren Maschinen' um, wissen um die Rigidität der Informationsein- und -weitergabe und der damit verbundenen bereits getroffenen Selektionsprozesse. Sie stellen sich auf die Unsicherheiten und Unschärfen ein und finden neue *Formen* für den Umgang mit eben diesen. Die Strukturform der Vernetzung erfordert damit die Kulturform des Spiels im *Medium* der *Komplexität* für die ‚nächste *Gesellschaft*'. Die Vernetzung analoger und digitaler Prozesse, menschlicher und nicht-menschlicher Akteur:innen ist komplex und kann nur im Ausprobieren, im Spiel erprobt und schlussendlich bewältigt werden. Dieses Spiel lässt sich nicht auf lineare Kausalitäten oder eine rekursive Eindeutigkeit festlegen.

Neben dieses affirmative Spiel und Ausprobieren mit den *Formen* digitaler *Kommunikation* treten auch kontextualisierende und distanzierende *Formen*, die sich in ‚poetischen Spielzügen' und dem Hacken unserer Alltagskommunikation artikulieren.

656 Baecker 2017, S. 20.

### 5.1.3 Dimension ‚Hacken'

*Zielgerichtes Handeln mit Algorithmen und Codes in postdigitalen Wissensstrukturen*

Die Dimension ‚Hacken' ist die dritte Dimension des ‚medialen Anfangsunterrichts'.[657] Die Zurücknahme kritischer Distanzierungsversuche zugunsten neuer affirmativer *Formen* – in der Dimension ‚*Handeln*' – bedeutet nicht, dass im ‚medialen Anfangsunterricht' das Produzieren neuer *Formen*, die im Wissen und Verständnis um die Funktionsweise der *Strukturen* und *Codes* um *Kommunikation* entwickelt werden, nicht berücksichtigt wird. In der Dimension ‚Hacken' geht es, ebenso wie in der Dimension ‚*Handeln*', um den Möglichkeitssinn; die Erweiterung des eigenen Blicks und die Offenheit neue Perspektiven einnehmen zu können, um die eigene Handlungsfähigkeit zu erkennen und entsprechend wahrzunehmen. Im Horizont der komplexen *Kommunikation* und dem Sinnüberschuss *Kontrolle* geht es aber nicht darum, einen Umgang mit den Kontrollmöglichkeiten anderer Akteur:innen zu finden und trotzdem eine grundlegende Handlungsfähigkeit erhalten zu können. In der Dimension ‚Hacken' geht es vielmehr darum, selbst zu kontrollieren und die komplexe *Kommunikation* zu steuern. Die Dimension ‚Hacken' fokussiert das informierte, widersinnige und geschickte Verändern der *Codes* und *Strukturen* um *Kommunikation* in neuen kontextualisierten affirmativen *Formen*. Damit baut sie auf der Vermittlung fundierten Wissens über die Funktionsweise eben dieser *Strukturen* und *Codes* in der Dimension ‚Kommunizieren' auf und erweitert die neuen affirmativen *Formen* aus der Dimension ‚*Handeln*'. Dies bedeutet, dass auch die Fähigkeiten und Fertigkeiten mit den aktuellen Artikulationsformen komplexer *Kommunikation* umgehen zu können, ebenfalls zur Entwicklung neuer kontextualisierter affirmativer *Formen* notwendig sind. Es bedarf nicht nur eines umfassenden Strukturwissens über die *Codes* um *Kommunikation*, sondern auch eines Wissens um die neuesten Bedien- und Fabrikationsmöglichkeiten, um die *Strukturen* und *Codes* (digitaler) *Kommunikation* entsprechend den eigenen Absichten und Fragestellungen verändern und manipulieren zu können.

657 ‚Hacken' wird als eigene Dimension aufgeführt, kann aber auch als Subkategorie der Dimension ‚*Handeln*' betrachtet werden. Eine Trennung der Dimensionen wurde aufgrund der gesonderten Rolle kontextualisierter neuer *Formen* vorgenommen und der damit einhergehenden unterschiedlichen Schwerpunktsetzung der jeweiligen Dimensionen. Auf das Aufführen einer eigenen Kodemap wurde verzichtet, dafür sei an dieser Stelle auf die Kodemap im Abschnitt Dimension ‚Handeln' [5.1.3] verwiesen.

Das Finden neuer kontextualisierter affirmativer *Formen*

Das Entwickeln neuer kontextualisierter affirmativer *Formen* benötigt ein hohes Maß an Orientierungswissens und verliert sich nicht im Irren und Verirren, wie es womöglich bei affirmativen neuen *Formen* produktiv werden kann.
Das Suchen und Finden neuer kontextualisierter affirmativer *Formen* geschieht vor dem Hintergrund des Beobachters zweiter Ordnung.[658] In Gewissheit der eigenen Involviertheit in *Kommunikation* wird eine informierte praktische Forschung betrieben. Eine Forschung mit künstlerischen Mitteln, die die *Strukturen* und *Codes* um *Kommunikation* im Blick hat, konsequent zu Ende denkt und *Kunst* als provozierte *Enttäuschung* von *Erwartungen* versteht und als plausible Präsentation anderer Realitäten nutzt. Das Potential dieser plausiblen Präsentationen anderer Realitäten und das Finden neuer kontextualisierter affirmativer *Formen* für den ‚medialen Anfangsunterricht' liegt dann in der *Irritation* der *Form* durch beispielsweise ‚poetische Spielzüge'[659], die ganz bewusst mit Normen und *Erwartungen* brechen, bzw. diese enttäuschen. In diesen bewusst normdifferenten und gezielt gesetzten *Irritationen* werden Perspektiven verschoben und entstehende Leerstellen müssen von den Akteur:innen aktiv neu besetzt werden. Über die Wahrnehmung der Akteur:innen wird kontrolliert der Modus der Beobachtung zweiter Ordnung angeregt, ihre Selektionen gelenkt und gesteuert. Für die dafür notwendige Flexibilisierung und Fluidisierung mentaler (und organisationaler) Muster und *Strukturen*, gilt es das oftmals rigide Paradigma der Funktionalität in der Auseinandersetzung mit digitalen Medien und *Kulturen* zu unterwandern, Gestaltungsräume offenzuhalten und neue/alte/ausgeschlossene Lösungen und Möglichkeiten (neu) zu erschließen. Es entsteht ein subversives Spiel mit den (kulturellen) *Codes* und gesellschaftlichen Bedeutungszuschreibungen. Der neue Held dieses Spiels, der ‚nächsten *Gesellschaft*' und das vorbildliche Ideal für Bildungsprojekte, ist dann fortan – ganz im Sinne Torsten Meyers – die Hackerin oder der Hacker. Souverän durchblickt sie/er die *Strukturen* eines *Systems* und kann gleichzeitig neue Orientierungen und *Irritationen* in das *System* einführen. Über kleine Veränderungen wird der Diskurs gelenkt, Aufmerksamkeiten kontrolliert und „[...] befreiende Experimente mit Codierungstechniken, die unterschiedliche Bild- und Sprachspiele ineinander übersetzen [...]"[660],

658 In der Beobachtung zweiter Ordnung mit Kreuzen kann die (eigene) Grenze des *Systems* verlassen, die Unterscheidung gekreuzt und Kontextualisierungen und Distanzierungsversuche entwickelt werden. Der Beobachter wird sich in den Beobachtungen zweiter Ordnung seiner selbst gewahr und kann jedwede Beobachtung als Beobachtung und Selektion identifizieren. Er verwechselt diese nicht mit einer (schwer/nicht greifbaren) Realität und kann darüber die Wirkmechanismen der *Strukturen* um Kommunikation nicht nur erkennen, sondern auch anwenden und verändern. Der Beobachter zweiter Ordnung wird in Draw a distinction – Aller Anfang ist Differenz [4.1.1.1] als grundlegendes Element der Systemtheorie eingeführt und ausführlich dargestellt.

659 Allert und Richter 2017.

660 Meyer 2013, S. 15.

betrieben. Mithilfe der ‚unsichtbaren Maschinen' und den Abfragelogiken der Query werden die allumfassenden und jederzeit abrufbaren globalen Wissensspeicher mit ihren unendlichen Datenmengen als Material und Ressource der eigenen Beschreibungen der komplexen Welt verstanden. Die gewählten Ausschnitte und Abfragen lenken und steuern die Aufmerksamkeit und verzaubern die Akteur:innen mit zunehmender Intransparenz.

‚Hacken' im Kontext des Verstehens, Anwendens und Veränderns der *Strukturen* und *Codes* um *Kommunikation* vollzieht sich dann im Finden neuer kontextualisierter affirmativer *Formen*, die in den ‚poetischen Spielzügen' und im ‚Hacken' unserer Alltagskommunikation, neue Anschlusskommunikationen produzieren und neue *Strukturen* zur Verfügung stellen. Somit lässt sich ‚Hacken' als Spezialfall von ‚*Handeln*' kennzeichnen, als ein zielgerichtetes ‚*Handeln*' mit Algorithmen und *Codes* im Horizont von Globalisierung und Digitalisierung.

### 5.1.5 Dimension ‚Urteilen'

*Ästhetisch-kritisches Urteilsvermögen in Zeiten inhaltlicher Überflutung*

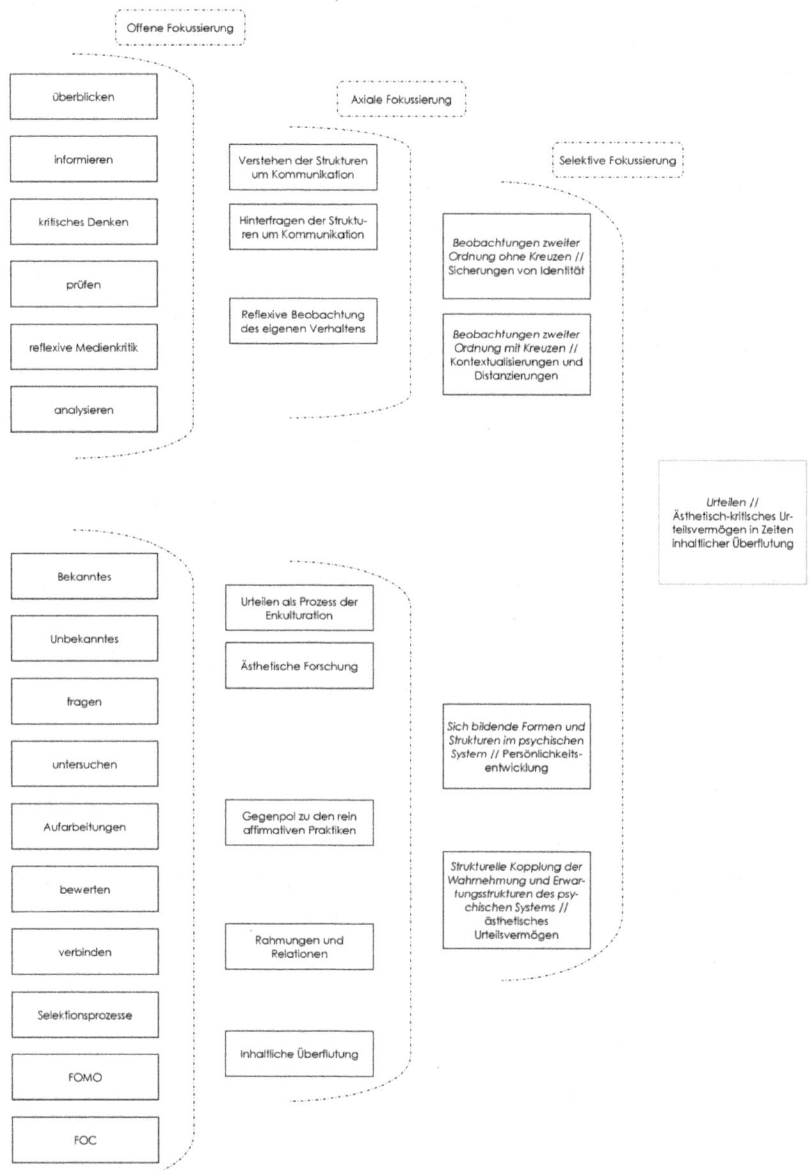


**Abb. 29**: Kodemap ‚Urteilen' | W.N.

Die für diese Selektion und Beurteilung von Inhalten und Fragestellungen notwendigen Auswahlprozesse eines (ästhetisch-kritischen) Urteilsvermögens werden mit der fünften Dimension ‚Urteilen' des ‚medialen Anfangsunterrichts' fokussiert.

Postdigitale Wissensstrukturen stellen grundsätzlich jeder/m Teilnehmer:in des Netzwerks alle Ressourcen und Inhalte zur Verfügung. Verfügbarkeit und Bereitstellung von Wissen werden damit erneut zum Problem, wobei nicht der Mangel, sondern das Überangebot eine Herausforderung darstellen. Jede/r muss für sich selbst wissen, was sie/er wissen will. Die eigenständige Auswahl von Inhalten aus dem Netzwerk, die Abfrage über die Query, löst die alten (medialen) Autoritäten ab und filtert fortan die Wahrnehmungen und Selektionen. Es sind nicht mehr die einzelnen Fakten, Sachverhalte und Informationen, die das Wissen (einer Teilnehmerin oder eines Teilnehmers des Netzwerks) bestimmen, sondern die Fähigkeiten und Möglichkeiten, die einzelnen Inhalte ausfindig zu machen und so untereinander zu verknüpfen und zusammenzusetzen, dass sie neue Anschlusskommunikationen erlauben und in diesem Sinne *Sinn* prozessieren.[661]

Gleichzeitig geschieht diese Auswahl und Prozessierung von *Sinn* immer vor dem Horizont der Selektionsprozesse der ‚unsichtbaren Maschine' und der *Komplexität* von *Kommunikation*, wie sie in ‚Kommunizieren' fokussiert wird. Die eigenen Selektionen artikulieren sich immer im Kontext der (Vor-)Selektionsprozesse anderer beteiligter (nicht-)menschlicher Akteur:innen.

Um vor diesem Hintergrund die eigenen Selektionsprozesse beurteilen zu können, bedarf es zum einen der Sicherung der eigenen Identität und zum anderen Kontextualisierungen und Distanzierungen über die Beobachtung zweiter Ordnung mit und ohne Kreuzen.

Beobachtungen zweiter Ordnung mit und ohne Kreuzen

Durch die Einführung des Beobachters zweiter Ordnung wird das Beobachten selbst – inklusive der Beobachtung der Beobachtung – zum realen Sachverhalt erklärt und mit in die *Systeme* aufgenommen. Erst in der Beobachtung zweiter Ordnung – die auch eine Selbstbeobachtung sein kann – kann die Orientierungsleistung einer *Struktur* in Abgrenzung zu anderen *Strukturen* erkannt werden. Wie bereits im Zusammenhang der Dimensionen

661 Die Konstruktion von Informationen im Zuge des Kommunikationsprozesses geht damit systemisch betrachtet über das Senden und Empfangen – und anschließende Prüfen der gesendeten Inhalte auf Korrektheit – hinaus. Information wird in der *Kommunikation* nicht übertragen. Die Information kann nicht verloren gehen, da sie niemandem gehört oder zugeschrieben wird, sondern wird mitgeteilt und verstanden und damit, im Prozess des Verstehens der Differenz von Information und Mitteilung, produziert. Über diesen Prozess ist Information stehts veränderbar und fluide, was die Verbreitung, Wirkung und Manipulation von Informationen erst ermöglicht und bestimmt. Die dafür notwendige Synthese ist Hauptuntersuchungsgegenstand der systemischen Betrachtungen in Die Wahrscheinlichkeit des Unwahrscheinlichen [4.1.1.3]

,Kommunizieren' und ,Hacken' erläutert, ist es dem *System* darüber möglich mithilfe der Beobachtung zweiter Ordnung, wenn die (eigene) Anwendung der *Strukturen* im (Medien-) *Handeln* beobachtet wird, Veränderungsprozesse und Reichweiten der (eigenen) *Strukturen* wahrnehmen, einordnen und bewerten zu können. Über diesen Prozess können Mehrsystemzugehörigkeiten – als oszillierende Identitäten – identifiziert und hinterfragt werden. (Ästhetisch-kritisches) Urteilsvermögen muss damit immer berücksichtigen, dass auch der Beobachter zweiter Ordnung Teil der Beobachtung selbst ist. Die Beobachtung zweiter Ordnung kann ohne Kreuzen zur Sicherung der eigenen Identität führen oder mit Kreuzen Kontextualisierungen und Distanzierungsversuche zur Verfügung stellen.[662]

Die Fähigkeit, die Beobachtung zweiter Ordnung nicht nur kontextbezogen zu berücksichtigen, sondern auch auf andere Situationen übertragen zu können, zeigt systemisch die Differenzierung zwischen der reinen Datenaufnahme und -verarbeitung und dem Sichern und Verändern der Datenverarbeitung selbst.[663] ,Urteilen' erstreckt sich dann nicht nur auf das kontextbezogene Berücksichtigen (auswendig) gelernter (kritischer) Aspekte, sondern stellt einen grundsätzlichen Verarbeitungsmodus dar, der die (eigenen) *Strukturen* in der Beobachtung zweiter Ordnung wahrnimmt und das *psychische System* offenhält für kognitives *Lernen*. Schüler:innen – bzw. alle *psychischen Systeme* – müssen dem (eigenen) Denken über kontextualisierte affirmative *Formen* vertrauen und misstrauen können. Erst darüber kann das Finden und Implementieren neuer kontextualisierter affirmativer *Formen*, die sich ihrer eigenen Involviertheit gewahr sind und einen Umgang mit der *Komplexität* digitaler Kommunikation ermöglichen, entwickelt werden.[664]

In der Dimension ,Urteilen' sind kontextualisierte affirmative *Formen* gemeint, die durch die Entfremdung in der ,Hyper-Affirmation' oder ,What-If-Scenarien'[665] Momente der Neubesetzung, der ,Um-Bildung' die Schaffung von Distanz und Distanzierungen ermöglichen. Geschaffen werden sollen Möglichkeitsräume und Handlungs-ermächtigungen, in denen Bedingungen von Wissen, Normierungen und Normalisierungen unterlaufen, hinterfragt und neu besetzt werden. Von der Ausgangsfrage: ,Was wäre wenn' ausgehend, werden Theorien, Praktiken oder Umstände und Bedingungen digitaler *Kulturen* performt und getestet. Dabei geht es nicht wie in ,Hacken' darum, die *Kommunikation* zu steuern und

662 Das differenzierte Wechselspiel der Beobachter wird bereits in der Differenz *System/Umwelt* konstitutiv und im Rahmen der Forschungsarbeit in Draw a distinction – Aller Anfang ist Differenz [4.1.1.1] systemisch erschlossen.

663 Gerade im Kontext (medien-)pädagogischer ,Medienkritik' werden die ,kritischen' Inhalte häufig direkt und ,unkritisch' von Lehrenden vorgegeben, die über eine (scheinbar) reine Datenaufnahme von den Lernenden verarbeitet werden. Sei dies die Information, dass man Quellen auf Wikipedia nicht trauen dürfe oder, dass die Anonymität im Internet prinzipiell auch negative Effekte haben kann und man zu einem ,sicheren' Umgang mit diesem Internet erzogen werden müsse.

664 Auf die Erzeugung und Implementierung neuer kontextualisierter affirmativer *Formen* in soziale *Systeme* legt die Dimension ,Hacken' [5.1.3] einen Schwerpunkt.

665 Leeker 2018.

unmittelbar neue *Formen* in das *soziale System Gesellschaft* zurückzuführen, sondern über eine Kritik im Inneren, über die ‚Hyper-Affirmation', Bekanntes, die eigenen Selbstverständlichkeiten, fremd werden zu lassen und über die Entfremdung und Kontextualisierung erste Distanzierungs- und Reflexionsversuche zu initiieren. Etablierte *Strukturen* und Handlungsketten sollen unterbrochen, Problemlösungen (wieder) interessant gemacht und die (eigenen) Vorstellungen und Bezeichnungen (neu) erdacht und erprobt werden.

‚Urteilen' ist damit immer ein Kontextualisieren – ohne Anspruch auf Vollständigkeit – der (eigenen) *Strukturen* und *Erwartungen* und der Versuch des Schaffens von Distanz – mit Berücksichtigung der eigenen Bezugssysteme – über die Beobachtung zweiter Ordnung. Vor dem Hintergrund der (eigenen) Überforderung und den neuen Blicken auf alte Gewissheiten[666], gilt es die (eigenen) unbewussten Prägungen bewusst und explizit zu machen und darauf zu achten, wie die (eigenen) *Strukturen* und *Erwartungen* der Bezugssysteme die Wahrnehmung beeinflussen.

Im Prozess der Sicherung der (eigenen) Identität über die Beobachtung zweiter Ordnung ohne Kreuzen werden die *Strukturen* im *System* ausgebaut, gestärkt und abgesichert. In der Beobachtung zweiter Ordnung mit Kreuzen werden die (eigenen) *Strukturen*, Bezeichnungen und Zuschreibungen hinterfragt und weiterentwickelt.

Trotz der damit verbundenen Risiken der Spekulationen und möglicher verworfener Entwürfe, braucht es dieses Öffnen für das Neue, für das Unbekannte in kontextualisierten affirmativen *Formen*, um die (Weiter-)Entwicklung von Persönlichkeitsentwürfen anzuregen und zu unterstützen.

666 Im Sinne des in der Dimension ‚Handeln' [5.1.2] besprochenen Vujà-dé, welches das Entwickeln einer neuen Perspektive auf sicher geglaubte Tatsachen beschreibt.

## 5.1.4 Dimension ‚*Lernen*'

*Kollaboratives Lernen als Strukturveränderung und Netzwerkleistung*

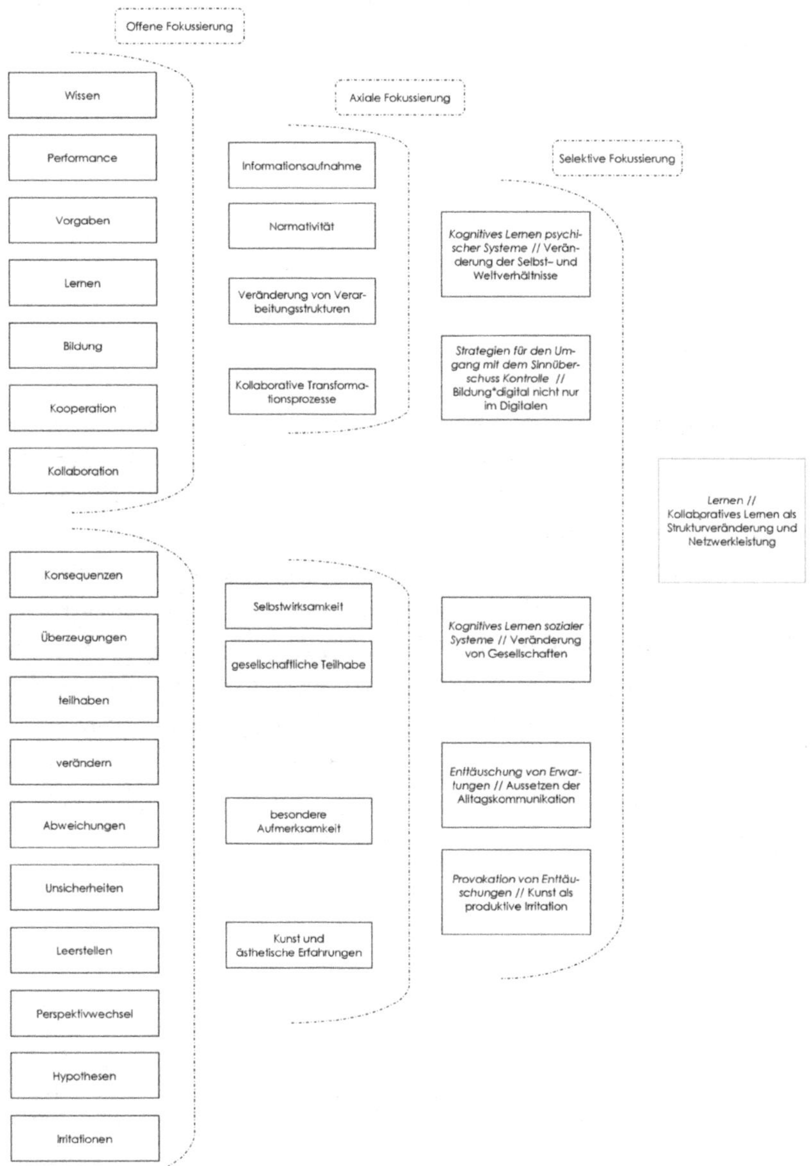


**Abb. 30:** Kodemap ‚Lernen' | W.N.

*‚Lernen‘* ist die vierte Dimension des ‚medialen Anfangsunterrichts‘. Neue Wissensformate und -formen erfordern auch eine andere Produktion, Aneignung und *Kommunikation* von und über Wissen.

Wissen ist nicht mehr etwas, was an einzelnen Individuum gedacht werden muss, sondern vielmehr etwas, das zwischen den Köpfen, zwischen den einzelnen Akteur:innen eines Netzwerks zirkuliert und in *sozialen Systemen* seine *Form* findet. Komplexe Projekte und Aufgabenstellungen werden nicht mehr von den klügsten Köpfen gelöst, sondern von Netzwerken und den Räumen, in denen sich diese artikulieren. Diese systemische Perspektive schließt die grundsätzliche materielle Gegebenheit der einzelnen *psychischen Systeme* nicht aus, aber die eigentliche Wissensproduktion ist nicht auf diese beschränkt. Das *psychische System* ist in gegenseitiger Abhängigkeit strukturell mit seiner *Umwelt*, den umgebenden anderen *psychischen Systemen* und *sozialen Systemen,* gekoppelt. Erst in und über diese Kopplung, im Austausch mit anderen, wird Wissen möglich. Damit lässt sich Wissen weniger als fester und statischer Zustand beschreiben, der über Tests und Abfragen einem einzelnen *psychischen System* zugeordnet werden kann, sondern ist vielmehr ein Prozess, der im stetigen Werden immer neue fluide *Strukturen* um *Kommunikation* generiert. Diese kollaborativen Prozesse von Wissen sind in einer *Gesellschaft,* die auf dem Computer als Leitmedium beruht, damit auch eng mit der grundsätzlichen Fähigkeit des *Lernens* verbunden.[667]

Kommt es in den meisten (schulischen) Szenarien nur zu Prozessen der Informationsaufnahme und -verarbeitung in Reiz-Reaktions-Mustern (ohne und mit Berücksichtigung des jeweiligen Kontextes), sind Situationen der Wahrnehmung und Veränderung des Selbst- und Weltverhältnisses und der möglichen distanzierten Betrachtung dieses Prozesses wesentlich seltener und schwieriger herzustellen. [668] Es ist nicht immer möglich in jeder Situation die Bedingungen und *Strukturen* der Wirklichkeit(en) und ihrer *Kommunikation* zu erfassen und zu hinterfragen. Dieser Prozess ist aber grundsätzlich notwendig, um die *Strukturen* der Informations-verarbeitung selbst zu verändern und zu transformieren.

667 An dieser Stelle sei kurz darauf hingewiesen, dass bewusst auf den Begriff der ‚Kollaboration‘ zurückgegriffen wird, wie ihn Gesa Krebber im Kontext ihrer Auseinandersetzung mit den Potenzialen der ‚Kollaboration‘ für die Kunstpädagogik verwendet. ‚Kollaboration‘ fokussiert das aktive, zielgerichtete miteinander arbeiten, forschen und *handeln* in Projekten, um ein gemeinsames und (auch) intrinsisch motiviertes Ziel zu erreichen (vgl. Krebber 2020, S. 50–54).

668 Diese Klassifizierung wurde von Benjamin Jörissen und Winfried Marotzki vorgeschlagen: ‚Lernen I‘ – Informationsaufnahme ohne Kontext | ‚Lernen II‘ – Informationsaufnahme mit Kontext | ‚Bildung I‘ – Wahrnehmung und Veränderung der Selbst- und Weltverhältnisse | ‚Bildung II‘ – Reflexion der eigenen Auseinandersetzung mit den Selbst- und Weltverhältnissen (Jörissen und Marotzki 2009). Eine grundsätzliche Darstellung der systemischen Perspektive auf Lern- und Bildungsprozesse erfolgt in [Neue] Formen [4.2.2.2].

Bildung | Kognitives *Lernen psychischer Systeme*

Die Informationsaufnahme und -verarbeitung in *psychischen Systemen* erfolgt entlang ihrer Erwartungs*strukturen*. Welche Erkenntnisse aus Informationen gewonnen werden und was zu einem späteren Zeitpunkt noch erinnert wird – als klassische Abfragewerte im *System* Schule und Anspruch an Lernprozesse – wird von diesen *Strukturen* und *Erwartungen* bestimmt. Funktionieren diese *Erwartungen*, kommt es zur ungehinderten Informationsaufnahme und -verarbeitung, ohne dass die Verarbeitung selbst hinterfragt oder neu strukturiert werden muss. *Erwartungen* machen über eine Vorauswahl bestimmte Anschlusskommunikationen wahrscheinlicher und wirken damit komplexitätsreduzierend auf das gesamte *System*. Um die Situationen der produktiven Strukturveränderung *psychischer Systeme* (im schulischen Kontext) zu erzeugen und nutzbar zu machen, bedarf es zunächst einer veränderten Wahrnehmung, welche eine besondere Aufmerksamkeit für die ‚ästhetischen Weltverhältnisse' erzeugt und darüber die *Komplexität* der *Kommunikation* wieder miterfasst. Dies wird möglich, wenn die *Erwartungen* durch überraschende Ereignisse in der *Umwelt* enttäuscht werden und das *System* darüber in einen besonderen Modus der Aufmerksamkeit gegenüber den eigenen *Strukturen* gelangt. Systemisch betrachtet sind *Enttäuschungen* somit nicht negativ, sondern ein produktiv-störender Bestandteil der Funktionsweise *sozialer* und *psychischer Systeme*. Kommt es zur *Enttäuschung* von *Erwartungen*, können *psychische* und *soziale Systeme* entweder die *Erwartung* verändern, um sie an die *enttäuschende Realität* anzupassen oder sie halten trotz der *enttäuschenden Realität* an der *Erwartung* fest. Werden die *Erwartungen* an die *enttäuschende Realität* angepasst und „[…] verläuft diese Konfrontation produktiv [...] so kann es zu Lernprozessen höherer Ordnung kommen [...]"[669] und damit zu grundlegenden Veränderungen der systeminternen *Strukturen*. Dieser Prozess wird systemisch kognitives *Lernen* genannt. Das kognitive *Lernen psychischer Systeme* vollzieht sich dann in Situationen, in denen Bereiche der Wahrnehmung in den Fokus rücken, die sonst durch die Reduktionsmechanismen des Alltags ausgeschlossen werden. In der persönlichen Auseinandersetzung, in den ‚produktiven Verwicklungen'[670], werden die *Strukturen* von Kulturalität, Medialität und Normativität porös und sind darüber durch eine besondere Wahrnehmung der beteiligten Akteur:innen erfahr- und reflektierbar. In Momenten der Neustrukturierung und Neubesetzung von aufgerissenen Leerstellen *lernt* das *System*, findet es neue *Formen* und strukturiert das eigene Netzwerk neu.

669 Meyer 2014, S. 157.
670 Allert und Asmussen 2017.

*Kunst* wiederum provoziert diese ästhetischen Erfahrungen, regt zur Sinnsuche an und will verstanden werden, kann dies aber nicht garantieren.[671]

In der Betrachtung von *Kunst* als spezifische *Struktur* von bzw. um *Kommunikation* liegt dann das Potenzial, um Situationen, in denen das kognitive *Lernen psychischer Systeme* möglich wird, zu erzeugen und für den ‚medialen Anfangsunterricht' zu nutzen. Kognitives *Lernen psychischer Systeme*, als aktiv praktizierte Neustrukturierung *enttäuschter Erwartungen*, vollzieht sich dann als Netzwerkleistung in den tiefgreifenden Verflechtungen von *Kommunikation*, dem Lösen und Eingehen von neuen/alten *strukturellen Kopplungen* und der fortwährenden Neubesetzung sichergeglaubter Selbstverständlichkeiten.

Teilhabe als Netzwerkleistung | Kognitives *Lernen sozialer Systeme*

*Lernen* strukturiert sich als Netzwerkleistung – sowohl innerhalb *psychischer* als auch *sozialer Systeme* –, die problemorientiert, autopoietisch und nur im fortwährenden Austausch mit anderen neue Anschlusskommunikationen prozessiert und damit den (eigenen) Selektionen in der unüberschaubaren Flut an Inhalten des globalen ‚Layer of Reality' einen *Sinn* gibt. Alle stabilen Identitäten werden zu Akteur:innen im *sozialen System Gesellschaft*. Nicht nur Personen wie Lehrer:innen und Lernende, sondern auch Konzepte wie Lehrpläne oder Begriffe, aber auch Räume, Motive, Motivationen oder Möbel müssen als Akteur:innen berücksichtigt werden, soll das kognitive *Lernen* des *Systems* erfasst, beschrieben oder gar begünstigt werden. Gerade im *System* Schule werden viele dieser konstituierenden Akteur:innen unterrepräsentiert bzw. als selbstverständlich oder nicht wichtig erachtet. Das kognitive *Lernen* – man könnte es auch Bildung nennen – wird dann „[...] in erster Linie nicht auf die Kompetenz des Subjekts zielen, sondern auf die Performanz der Bildung des Sujet."[672] In diesem Sujet[673] ist dann die spezifische stabile Identität ‚Mensch' nicht mehr alleiniger Ausgangspunkt und konstituierendes Moment, sondern gerade die *strukturellen Kopplungen* zur *Umwelt* – zu den Meta-*Strukturen* der *Kultur* – werden für eine Betrachtung von Bildungsprozessen zugänglich gemacht. Das fluide, wenig greifbare Subjekt geht auf in einem Netzwerk unterschiedlicher soziokultureller Kontexte, den unterschiedlichen menschlichen

671 Unter der entwickelten systemischen Perspektive lässt sich *Kunst* als Provokation von *Enttäuschung* von *Erwartungen* verstehen. In nicht bedienten *Erwartungen* und entgegen ordnender *Strukturen*, manifestieren sich neue *Formen* – in einem Akt der Kreativität (vgl. Pfab 2018, S. 269–280) – und konstituieren aktiv *Irritationen* der Welt- und Selbstverhältnisse. Historische und aktuelle alternative und plausible Präsentationen anderer Realitäten (*Kunst*), in denen differente Perspektiven und Blickwinkel entworfen und kommuniziert werden, sind in Plausible Präsentationen anderer Realitäten [4.2.3] ausführlich beschrieben.

672 Meyer 2018, S. 61.

673 Übersetzt aus dem Französischen und in etwa ‚Thema', ‚Gegenstand' oder ‚Betreff' meinend (deepL Translate).

und nicht-menschlichen Akteur:innen und wird in seinen flüchtigen Erscheinungen zum Ausgangspunkt einer relational angelegten (Medien-)Bildung.
Diese Netzwerke und *Systeme* artikulieren sich mithilfe der Verbreitungsmedien in Zeit und Raum und produzieren in neuen *Formen* des Zusammenseins und -handelns gemeinsam Bedeutung. Informationen werden geteilt, bereitgestellt und das akkumulierte Material gemeinsam strukturiert, neu arrangiert und darüber als Ressource für (zukünftige) Bedeutungszuschreibungen, als Möglichkeitsspektrum für neue Produktionen, Artefakte oder allg. Anschlusskommunikationen bereitgestellt.
Kollaboratives *Lernen* als Strukturveränderung und Netzwerkleistung prozessiert Wissen neu, lässt Inhalte zwischen den stabilen Identitäten zirkulieren und bewahrt *Gesellschaften* (vor sich selbst). Dabei sind nicht nur die Prozesse der Produktion, Aufnahme und Weitergabe neuen Bedingungen unterlegen, sondern auch die Bestimmung der Inhalte, der thematisierten Fragestellungen und ‚Ziele' erfolgt nach neuen Kriterien und Selektionen.

## 5.2 *Formen* des ‚medialen Anfangsunterrichts'

In diesem Abschnitt wird in drei Unterrichtsbeispielen dargestellt, wie eine Umsetzung des ‚medialen Anfangsunterrichts' im Kunstunterricht der Grundschule realisiert werden könnte. Die Erprobung der konzipierten Unterrichtsreihen erfolgte zwischen November 2019 und April 2021 an der Buchholzer Grundschule in Witten (Deutschland).

Die Darstellung der drei Beispiele ist in drei Aspekte strukturiert:

(i) Einordnung in das Konzept des ‚medialen Anfangsunterrichts'
Worum geht es in der Unterrichtsreihe und welche [Dimensionen] und Schwerpunkte des Konzepts des ‚medialen Anfangsunterrichts' werden in dem Unterrichtsbeispiel thematisiert? Wie gestaltet sich die konkrete Übersetzung der theoretischen Überlegungen und an welchen Frage- und Aufgabenstellungen forschen/arbeiten die Schüler:innen?

(ii) tabellarische Darstellung der gesamten Unterrichtsreihe
Die einzelnen Unterrichtseinheiten der gesamte Unterrichtsreihe werden kurz dargestellt und die jeweiligen Themen/Schwerpunkte der Einheiten thematisiert.

(iii) Eindrücke aus der durchgeführten Exploration

Die Darstellung von Fotos und Artefakten der Durchführung geben einen konkreten Einblick in die Praxis im Kunstunterricht der Grundschule und in die durchgeführte Erprobung der Unterrichtsreihe.

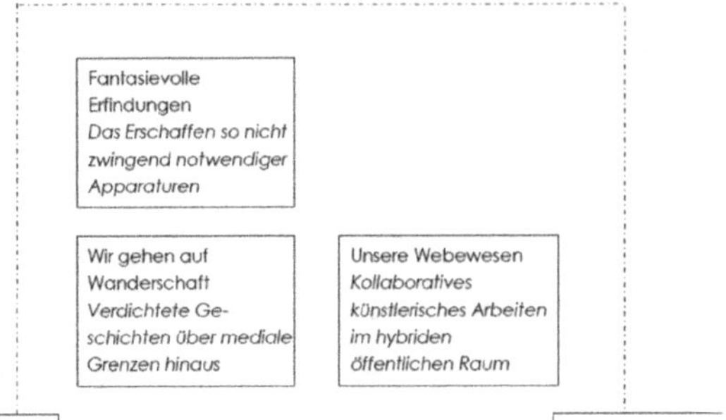


**Abb. 31**: Auszug aus ‚Spuren' 05 | W.N.

### 5.2.1 Unterrichtsbeispiel 1 I Wir gehen auf Wanderschaft

*Verdichtete Geschichten über mediale Grenzen hinaus*
*[3.-4. Klasse]*

(i) Einordnung in das Konzept des ‚medialen Anfangsunterrichts'
In der Unterrichtsreihe ‚Wir gehen auf Wanderschaft' entwickeln die Schüler:innen eigene Reiseberichte zu einer fiktiven Reise in Europa. Die Reiseberichte erzählen dabei auf multimedialen Ebenen verschiedene Facetten der nie angetretenen, sondern nur ersponnenen Bewegung [‚Hacken']. Die Fotos für den Reisebericht fertigen die Schüler:innen dabei mittels Google-Street-View an und kontextualisieren sie auf ihrem eigenen Padlet mit weiteren Bildern des weltweiten Bildarchives ‚Internet. In der ‚Post-Producation' bereits vorhandenen Materials, den schier unendlichen Bildarchiven dieser Welt, die über Suchmaschinen wie Google & Co. zu jeder Zeit frei zugänglich sind und deren gestalterischen Potenziale erst mit der Zeit entdeckt wurden/werden, erfahren die Schüler:innen wie einfach und schnell Bilder heute zur Verfügung stehen, welche Wirkungen und Geschichten mit diesen erzählt und transportiert werden können und mit welchen Mitteln Bilder auch verändert und verfälscht werden können [‚Kommunizieren']. Das gemeinsame Ziel, einen Reisebericht anzufertigen und diesen anschließend über die Schulhomepage der gesamten Welt zu präsentieren, lässt sich nur durch Kollaboration realisieren, weshalb eine gute Zusammenarbeit unabdingbar für das Erreichen des gemeinsamen Ziels ist [*Lernen*]. Die Schüler:innen entwickeln dabei Fantasievorstellungen, die über unmittelbare Wahrnehmungen und Erfahrungen hinausgehen, und somit zur internen Konstruktion von Wirklichkeit beitragen [‚Urteilen']. Erlebnisse und Abenteuer, Reisebegleitungen und Unterkünfte werden von den Schüler:innen imaginiert. Gestützt von angeblich mitgebrachten Fundstücken und Souvenirs, deren narrativer Charakter von den Schüler:innen als Erzählanlass genutzt wird, gestalten sie einen Bericht der fiktiven Reisen, welcher in (spielerischen) Erzählungen immer wieder (neu) erfunden werden kann. Diese Art der Aneinanderreihung von Informationen hat starke intertextuelle Implikationen, die zu einer verdichteten transmedialen Erzählung ausgebaut werden können. Die Schüler:innen schaffen sich die Fakten und Beweise für ihre Erzählungen selbst, entwerfen Bedeutungszuschreibungen und -verflechtungen. Im Zusammenspiel nie geschossener Fotos, nie gekaufter oder gefundener Souvenirs und Fundstücke und nie benutzter Ausrüstung oder Anziehsachen, entwickeln, konstruieren und präsentieren die Schüler:innen ihr persönliches Narrativ einer nie angetretenen Reise.

(ii) tabellarische Darstellung der gesamten Unterrichtsreihe

| Einheit | Thema der Einheit |
|---|---|
| 1. Einheit [~45 Min.] | *Die Reisen von Jacqui Kenny* – Beschreibung und Näherung der Arbeiten von Jacqui Kenny und erstes angeleitetes Ausprobieren der Funktionsweise von Google-Street-View. |
| [~20 Min.] | *Selbstlerneinheit // Padlet - Reisen und Geschichten* Imaginieren fiktiver Geschichten zu Arbeiten von Jacqui Kenny als Zugang zu deren Arbeiten, sowie das Einüben der Kommentar- und Postfunktion bei Padlet. |
| 2. Einheit [~90 Min.] | *Wir starten unsere Reise* – Exploratives Arbeiten mit Google-Street-View und den Möglichkeiten der ‚Online-Fotografie' und Vertiefen der Auseinandersetzung mit den Möglichkeiten von Padlet. |
| [~45 Min.] | Planen der Grundstruktur der eigenen fiktiven Reise mit/über Google-Street-View und Erstellen der ersten eigenen Bilder. |
| 3 Einheit [~90 Min.] | *Souvenirs und andere Erinnerungen* – Einbinden von Artefakten in die fiktiven Geschichten und das Narrativ der erfundenen Reisen, sowie Planen und Aussuchen besonders passender Bilder in der Bildersuche von Google und Einbinden dieser in das eigene Padlet. |
| 4 Einheit [~90 Min.] | *Die richtige Ausrüstung* – Erweiterung des Narratives der Reisen um den Aspekt der Ausrüstung und den damit verbunden Reisezielen und Aktivitäten, mittels Planung im Reisetagebuch und zielgerichtetem Gestalten im Padlet. |
| 5. Einheit [~90 Min.] | *Wir gestalten unsere Reiseberichte* – Fertigstellung und Teilpräsentationen der Reiseberichte - bestehend aus Reisetagebuch, Padlet, Souvenirs und Ausrüstung, sowie digitaler Rundgang durch die Padlets und Vorstellung der Geschichten der Schülerinnen und Schüler. |
| 6. Einheit [~45 Min.] | *Wir überarbeiten unsere Reiseberichte* – Überarbeitung und Fertigstellung der Reiseberichte auf Grundlage der gegenseitigen Rückmeldungen und Tipps der Schülerinnen und Schüler untereinander. |
| 7. Einheit [~90 Min.] | *Wir präsentieren unsere Reiseberichte* - Abschlusspräsentationen der Reiseberichte mit den Elementen Reisetagebuch, Padlet, Souvenirs und Ausrüstung, sowie anschließendes Ausstellen der Padlets mit den erarbeiteten Materialien/Dokumentation der Reise auf der Homepage der Schule. |

(iii) Eindrücke aus der durchgeführten Exploration

### 5.2.2 Unterrichtsbeispiel 2 | Fantasievolle Erfindungen, die die Welt so noch nicht gesehen hat

*Das Erschaffen so nicht zwingend notwendiger Apparaturen*
*[3.-4. Klasse]*

(i) Einordnung in das Konzept des ‚medialen Anfangsunterrichts'
Das zweite Unterrichtsbeispiel greift die ‚Chindogu', die ‚verrückt-nützlichen' Erfindungen, von Kenji Kawakami auf. Die Erfindungen von Kenji Kawakami spielen mit den *Erwartungen* zur Funktionalität von Maschinen und Technik und finden eine Vielzahl begeisterter Nachahmer und Nachahmerinnen auf der ganzen Welt. So wurde beispielsweise in Österreich der VVG (Verein zur Verwertung von Gedankenüberschüssen) gegründet und auf YouTube erreicht die Erfinderin Simone Giertz mit ihren ‚shitty robots' ein Millionenpublikum. Die Schüler:innen erweitern durch die spielerische Auseinandersetzung mit Materialien und Technologien im Verlauf der Unterrichtsreihe ihre Fähigkeiten und ihr Wissen über unterschiedliche Verfahrens- und Verbindungstechniken. Sie erstellen, verwerfen und überarbeiten Prototypen in einer Art MakerSpace [*Handeln*], der gleichzeitig zum Ort des Austausches über aufgeworfene Probleme, gefundene Lösungen und gemeinschaftlich weiterentwickelte Fragestellungen wird. Die (abschließende) Präsentation der hergestellten Produkte und Artefakte greift die Bedeutung der (abschließenden) Inszenierung und *Kommunikation* im (künstlerischen) Schaffensprozess auf und nimmt daher eine zentrale Rolle in der Unterrichtsreihe ein. Die Schüler:innen erstellen bereits während des Entwicklungsprozesses Notizen, Skizzen und Entwürfe, um anhand dieser die eigenen Ideenfindungen, Fragen, Probleme und getroffene Entscheidungen zu dokumentieren und in der abschließenden Präsentation aufzeigen zu können [Urteilen]. Indem die Schülerinnen und Schüler sich bewusst mit ihrem Gestaltungsprozess auseinandersetzen, einen Erfinderstand gestalten und an diesem mit ihren Mitschülerinnen und Mitschülern über die Produkte und den Entwicklungsprozess kommunizieren, erweitern sie ihren Zugang zur eigenen Produktion sowie ihre Rezeptions- und Reflexionsfähigkeiten [Kommunizieren]. Suchen die Schüler:innen in diesem Zusammenhang dann beispielsweise danach, welche Erfindungen oder Maschinen es nicht braucht, erfinden sie ‚verrückt-unnütze' Erfindungen, die unter Umständen eher hinderlich sind, so wird die Funktionalität von Maschinen und ihr Paradigma der Optimierung in Gänze sicht- und reflektierbar [Hacken]. Die Materialien und Technologien können und sollten an die jeweilige Schulstufe angepasst werden. Stehen in den ersten Schulstufen eher ‚unfunktionale' Prototypen im Vordergrund, können und sollten ältere Lernende dabei unterstützt werden, zum Beispiel auch selbst zu programmieren, zu löten und darüber funktionale Prototypen zu entwickeln.

(ii) tabellarische Darstellung der gesamten Unterrichtsreihe

| Einheit | Thema der Einheit |
|---|---|
| 1. Einheit<br>[~45 Min.] | *Wir lernen die Chindogu von Kenji Kawakami kennen*<br>Untersuchung alltäglicher Gegenstände und deren Einzelbestandteile und Funktionen und darüber kennenlernen von ‚verrückt-nützlichen' Erfindungen |
| 2. Einheit<br>[~90 Min.] | *Wir verwandeln Gegenstände in etwas Fantastisches* Umgestaltung und Umfunktionierung alltäglicher Gegenstände und Objekte zur Förderung und Erweiterung der Narrations- und Präsentationsfähigkeiten |
| 3. Einheit<br>[~45 Min.]<br><br>[~90 Min.] | *Wir entwickeln verrückt-nützliche Erfindungen*<br>Entwurf und Bau einer eigenen dreidimensionalen Erfindung<br>…………<br>*Wir perfektionieren unsere verrückt-nützlichen Erfindungen*<br>Reflektion des bisherigen Entwicklungsprozesses im Klassenplenum und Weiterentwicklung und Fertigstellung der eigenen verrückt-nützlichen Erfindungen |
| 4. Einheit<br>[~45 Min.]<br><br>[~90 Min.] | *Wir entwickeln unnütze Erfindungen*<br>Entwurf und Bau einer eigenen dreidimensionalen Erfindung<br>…………<br>*Wir perfektionieren unsere unnützen Erfindungen*<br>Reflektion des bisherigen Entwicklungsprozesses im Klassenplenum und Weiterentwicklung und Fertigstellung der eigenen unnützen Erfindungen |
| 5. Einheit<br>[~45 Min.]<br><br>[~45 Min.] | *Wir gestalten unseren Stand für die Erfindermesse*<br>Planung der Präsentation der verrückt-nützlichen und unnützen Erfindungen und Gestaltung einer Ausstellungsfläche für die Präsentation unter gestalterisch-inhaltlichen Vorgaben<br>…………<br>*Wir perfektionieren unseren Stand für die Erfindermesse*<br>Reflektion des bisherigen Entwicklungsprozesses im Klassenplenum und Weiterentwicklung und Fertigstellung der eigenen verrückt-nützlichen Erfindungen |
| 6. Einheit<br>[~90 Min.] | *Erfindermesse*<br>Präsentation der Erfindungen und gegenseitige kriteriengeleitete Beurteilung der Stände und Präsentationen |

(iii) Eindrücke aus der durchgeführten Exploration

(Beispiele von *Chindogu* - Abbildung Kenji Kawakami)

## 5.2.3 Unterrichtsbeispiel 3 | Unsere Webewesen schenken dir ein Lächeln

*Kollaboratives künstlerisches Arbeiten im hybriden öffentlichen Raum [3.-4. Klasse]*

(i) Einordnung in das Konzept des ‚medialen Anfangsunterrichts'

Die Schülerinnen und Schüler entwickeln im Laufe der Unterrichtsreihe eine eigene Urban Art Aktion, bei der sie individuelle gewebte Wesen und weitere textile Artefakte im Bezirk der Schule aufhängen und diese mit guten Wünschen (und Aussichten auf eine Zeit nach Corona) verbinden. Ein gemeinsam geführtes Padlet dient dabei sowohl als Austauschort über Tipps und Tricks bei der Herstellung der Webewesen und der weiteren gewebten Artefakte, als auch als Dokumentation der gemeinsamen Aktion. Das Padlet fungiert in diesem Zusammenhang aber nicht nur als Präsentation der Aktion über den analogen urbanen Raum hinaus, sondern bietet auch die Möglichkeit, dass sich Schüler:innen, aber auch andere Personen, an der Aktion beteiligen und ebenfalls ‚Webewesen' gestalten [*Kommunikation*]. Über einen QR-Code auf der Rückseite der Wunschkarten können Interessierte schnell auf das Padlet gelangen und dort auf Anleitungen und Tutorials zugreifen. Das Erstellen einer gemeinsamen Urban Art Aktion, das Erstellen und Führen des gemeinsamen Padlets, die gemeinsame Exkursion in den Schulbezirk und das Aufhängen der textilen Wesen und Artefakte sowie die gemeinsame Präsentation und Dokumentation der gesamten Aktion am Ende der Reihe, fordert und fördert die Bereitschaft zur Kooperation und die Akzeptanz der ästhetischen Prozesse und Produkte der Mitschüler:innen [*Lernen* & Urteilen]. Mit der Aktion treten die Schüler:innen mit ihren Produktionen in den öffentlichen Raum und gestalten diesen mit. Die (Mit-)Gestaltung urbaner Lebensräume und die Partizipation an gesellschaftlichen und politischen Prozessen, die diese determinieren, wird zentral mit der Unterrichtsreihe thematisiert und durch die gemeinsame Arbeit in/an einem öffentlich auffindbaren Padlet, für die Schüler:innen in der Koordination und Kollaboration über Schulgrenzen hinaus direkt erfahrbar [Kommunizieren]. Die Schüler:innen erstellen eigene Tutorials, stellen diese im Internet öffentlich zur Verfügung, präsentieren dort ihre Produktionen und *lernen* darüber die positiven, aber womöglich auch negativen Potenziale, zum Beispiel in *Form* von Kommentaren, Aufmerksamkeitslogiken und Inszenierungspraktiken dieser Technologien kennen. So können sie ein erstes Verständnis von der Wirkmacht und den Mechanismen von Darstellungs- und Vernetzungsprozessen im Internet und den damit verbundenen Endgeräten (und so auch mit deren Nutzer:innen) entwickeln [Kommunizieren].

(ii) tabellarische Darstellung der gesamten Unterrichtsreihe

| Einheit | Thema der Einheit |
|---|---|
| 1. Einheit [~45 Min.] | *Wir lernen Urban Art kennen* – Auseinandersetzung mit den Hintergründen urbaner *Kunst* über das Beschreiben und Annähern an die *Murals* von Dre Urhahn und Jeroen Koolhaas und den *Urban Interventions* von Steinbrenner / Dempf und Brad Downey. |
| 2. Einheit [~45 Min.] | *Flauschig und bunt - Urban Knitting in unserer Stadt* - Thematisierung von *Urban Knitting* als reversible *Form* urbaner *Kunst* und Aktivierung von Vorerfahrungen mittels der Betrachtung von Arbeiten aus dem näheren Stadtzusammenhang. |
| 3. Einheit [~45 Min.] | *Klein und süß – Wir erfinden unsere Wesen* - Die Schüler*innen erfinden nach einer Sensibilisierung mit der Methode *cadavre exquis* ein fantasievolles Wesen und beginnen mit der Führung ihres ‚Filzheftes', indem sie erste Skizzen und Pläne ihrer eigenen Wesen notieren. |
| 4. Einheit [~90 Min.] | *So wird es gemacht! Wir weben unsere Wesen* - Einführung in die textile Arbeit und Kennenlernen der Technik des ‚Strohhalm-Webens', sowie dem Formulieren von Tipps und Tricks für diese Technik. |
| 5. Einheit [~90 Min.] | *Wir erwecken unsere Wesen zum Leben* – Gestalten von individuellen Mittelteilen der Webewesen, sowie das Formulieren von Tipps und Tricks für die Verwendung verschiedener Materialien und das Aufnehmen erster Tipp-Videos. |
| [~45 Min.] | *Wir erwecken unsere Wesen zum Leben* – Gestalten von individuellen Ober- und Unterteilen der Webewesen auf Grundlage der zuvor angefertigten Skizze, sowie das Formulieren von Tipps und Tricks für die Gestaltung und das Aufnehmen weiterer Tipp-Videos. |
| [~90 Min.] | Fortführung und Fertigstellung der textilen Arbeit unter besonderer Berücksichtigung der gegebenen Tipps und Aufnehmen weiterer Tipp-Videos, sowie das Befestigen der im Deutschunterricht erarbeiteten ‚Guten Wünsche'. |
| 6. Einheit [Exkursion ~150 Min.] | *Unsere Webewesen ziehen in die Stadt* – Exkursion zur Befestigung und Aufhängen der Webewesen im Stadtgebiet und Dokumentation der jeweiligen Standorte. |
| 7. Einheit [~45 Min.] | *Hier wohnen unsere Wesen jetzt* – Sammeln und Vorstellen der Orte, an denen die Webewesen hängen, sowie Reflexion und Abschluss der Reihe. |

(iii) Dokumentation der durchgeführten Exploration

Link zum gemeinsamen Padlet
https://padlet.com/willsonkoeln/kqhjp4nzne8jtcin

# 6 Abschließendes

*Weiterführendes und Perspektiven auf anschließende Projekte*

Die vorliegende Forschungsarbeit nahm sich zum Ziel vor dem Horizont der (vermuteten) Strukturveränderungen der Digitalisierung und vom Prinzip der Grundschule und der dortigen Einführung von Heranwachsenden in die zentralen Kulturtechniken unserer *Gesellschaft* ausgehend, den ‚medialen Anfangsunterricht' zu entwickeln.
Dazu wurden zunächst die veränderten Ausgangsbedingungen von Schule im Kontext der Phänomene der Digitalisierung beschrieben und in Studie (I) eine systemische Perspektive auf fachspezifische Kontexte entwickelt. Ziel der Studie (I) war es, den Potenzialen einer Anwendung der Theorie auf verschiedene Fachgebiete nachzugehen und mögliche Anschlüsse und Perspektiven der daraus resultierenden Beobachtungen zu veranschaulichen. Anschließend wurde diese Perspektive in Studie (II) genutzt, um mögliche Anknüpfungs- und Ausgangspunkte aus der *Kunst*- und Medienpädagogik systemisch zu untersuchen und darüber die verschiedenen Aspekte des ‚medialen Anfangsunterrichts' in der Grundschule herauszuarbeiten. Die Konstitution des ‚medialen Anfangsunterrichts' erfolgte im Anschluss und wurde mit drei Beispielen aus dem Kunstunterricht der Grundschule konkretisiert.
Die Rahmung für diese Forschungsarbeit stellte dabei eine modifizierte Grounded Theory dar, die als methodische Hintergrundstruktur für das Forschungsvorhaben herangezogen wurde.

Das entwickelte Konzept des ‚medialen Anfangsunterrichts' wurde zwar im Kontext der Grundschule entwickelt, dies bedeutet aber nicht, dass die Auseinandersetzung mit den Themen und Inhalten des ‚medialen Anfangsunterrichts' nach der Grundschule abgeschlossen ist. Die Themenstellungen des ‚medialen Anfangsunterrichts' müssen über die Schulstufen hinweg immer (weiter-)entwickelt werden. In diesem Sinne ist es nun die Aufgabe folgender Projekte, die in der Forschungsarbeit entwickelte, systemische Perspektive und Impulse für das Fach Kunstpädagogik aufzugreifen und für bzw. in weitere(n) Zusammenhänge(n) und Themenfelder(n) zu prüfen – sei dies theoriegeleitet oder konkret in der Praxis.
Mögliche weiterführende Forschungsansätze und Fragestellungen könnten dabei sein:

- Die Verdichtung der systemischen Perspektive auf Post Internet-Art und diese konkret als Kultivierung der oszillierenden Identität beschreibbar machen:

  Wie kann/wird Wissen aus der *Kunst* (über die *Gesellschaft*) zurück in die *Gesellschaft* transformiert (/werden)? Kann Post Internet-Art in diesem Sinne als re-entry der Operationen der *Gesellschaft* (die auf dem Computer als Leitmedium beruht) verstanden werden und welchen Beitrag zur Sicherung der eigenen Identität oder dem kognitiven *Lernen* des *Systems Gesellschaft* leistet Post Internet-Art aus dieser Perspektive? Welche Themen/Inhalte folgen daraus für die Schule, (den Kunstunterricht) und die Befähigung zur gesellschaftlichen Teilhabe?

• Die vertiefte Beschreibung der komplexen (digitalen) *Kommunikation* und die daraus folgenden Konsequenzen:

Wie funktioniert die Beteiligung von nicht-menschlichen Akteur:innen an komplexer *Kommunikation* konkret? In welchen Kontexten übernehmen nicht-menschliche Akteur:innen als sinnkonstituierende *Systeme* zentrale Positionen in Kommunikationsnetzwerken und welchen Einfluss hat dies auf andere Akteur:innen? Was bedeutet es für die (*Kunst*-)Pädagogik, wenn das zurücktretende, alles erfassende und kritische Subjekt nicht mehr (alleiniges) Ziel pädagogischen *Handelns* im *System* Schule ist? Wie kann eine Auseinandersetzung mit den Überforderungen komplexer *Kommunikation* und das Erlangen/Erhalten einer umfassenden Ambiguitätstoleranz und (zukünftiger) Handlungsfähigkeit produktiv unterstützt werden? Welche Potenziale bietet hierbei die *Kunst*(-pädagogik) und wie kann dieser Prozess reflektiert werden?

• Erweiterung der systemischen Perspektive auf das organisierte *System* Schule/Bildung:

Wie kann die Funktionsweise des organisierten *Systems* Schule/Bildung detaillierter beschrieben werden? Welche Akteur:innen gibt es in diesem *System*, welche *Strukturen* sind etabliert, welche Möglichkeiten der *Kunst*(-pädagogik) gibt es, in diesem *System* (konkret) *Irritationen* hervorzurufen oder die vorhandenen *Strukturen* zu nutzen?

• (Weiter-)Entwicklung einer systemischen Perspektive auf Teilhabe [Entwurf: Möglichkeit *Sinn* innerhalb des *sozialen Systems Gesellschaft* prozessieren zu können].

Welche konkreten Anknüpfungsmöglichkeiten für die *Kunst*(-pädagogik) ergeben sich daraus?

Wie die systemischen Anregungen und Perspektivverschiebungen der Forschungsarbeit in der Kunstpädagogik aufgegriffen werden, welche (produktiven) *Irritationen* und möglichen Anschlusskommunikationen sie auslösen, wird erst in Zukunft bewertet werden können. Geschlossen wird die Forschungsarbeit daher mit einem abgeänderten Zitat, welches Niklas Luhmann ursprünglich zum Verhältnis von Systemtheorie und *Kunst* verfasste:

> *„Es geht also, was Kunst[-pädagogik | W.N.] betrifft, nicht um eine allzu hilfreiche Theorie. Damit soll nicht ausgeschlossen sein, dass […] [die Kunstpädagogik | W.N.] in [ihren | W.N.] eigenen Operationen davon profitieren kann, ein Theorieangebot zu erhalten, das Kontext und Kontingenz der Kunst[-pädagogik | W.N.] gesellschaftstheoretisch zu klären versucht. Aber ob eine erfolgreiche Umsetzung gelingt und durch welche Missverständnisse sie beflügelt werden kann, muss […] [in der Kunstpädagogik | W.N.] selbst entschieden werden.“*[674]

674 Luhmann 1997a, S. 9.

# 7 Glossar

Zur Unterstützung der Lektüre werden in diesem Glossar zentrale Begriffe der systemischen Hintergrundstruktur der Forschungsarbeit kurz dargestellt. Zudem wird jeweils auf einen Abschnitt in der Forschungsarbeit verwiesen, in dem der jeweilige Begriff erschlossen oder zentral verwendet wird.

*Code*

Ein *Code* ist die Leitdifferenz eines *sozialen Systems*, der die Zugehörigkeiten zu bestimmten Domänen in diesem *System* strukturiert und damit die *Kommunikation* im *System* maßgeblich leitet. Im *Code* kumulieren Unterscheidungen und Differenzierungen, die es einem *System* erst ermöglichen, die eigenen Operationen zu beobachten. Damit manifestiert der *Code* die Möglichkeiten des *Systems* zur Beobachtung zweiter Ordnung.
// Kunstsystem [4.2.3.2]

*Doppelte Kontingenz*

Kommt es zur *Kommunikation,* ist das Erkennen der Differenz von Information und Mitteilung eine Unterstellung, da es nicht möglich ist, die internen Prozesse (anderer) *psychischer Systeme* direkt zu beobachten. In der *Kommunikation* kommt es damit zu Situationen *doppelter Kontingenz*, dem Aufeinandertreffen zweier ‚black-boxes'. *Kontingenz* ist die Gleichzeitigkeit des ‚So-nicht-Unmöglichen' und ‚So-nicht-Nötigen'; die Handlungen der Akteur:innen sind grundsätzlich möglich – sie wurden ja ausgewählt – und gleichzeitig hätten die Akteur:innen sich aber auch für eine andere Handlung entscheiden können. Situationen *doppelter Kontingenz* sind daher grundsätzlich durch Unbestimmtheit, Unsicherheit und Unwägbarkeiten charakterisiert und werden (in der Regel) durch *soziale Systeme* (vor-)strukturiert.
// Doppelte Kontingenz [4.1.2.2]

*Enttäuschungen*

*Enttäuschungen* sind *Irritationen* und erfüllen die Funktion, überraschende Ereignisse der *Umwelt* im *System* selbst behandel- und verarbeitbar zu machen. Erst wenn eine *Erwartung* enttäuscht wird, kann das *System* die Existenz der eigenen *Erwartung* auf seine *Umwelt* wahrnehmen und in einen besonderen Modus der Aufmerksamkeit gegenüber den eigenen *Strukturen* gelangen. *Enttäuschungen* von

*Erwartungen* sind somit ein produktiver Bestandteil der Funktionsweise *sozialer* und *psychischer Systeme.*// Enttäuschungen[4.2.2.1]

*Erleben*

*Erleben* findet über die Wahrnehmung im Kontext der *Umwelt* statt. Dabei beschreibt *Sinn* die funktionale Ordnungsform menschlichen *Erlebens,* da nur aktualisierte Möglichkeiten erlebend wahrgenommen werden können. Die nicht greifbare und unstrukturierte Gesamtheit des Möglichen ist nicht als solche wahrnehmbar, weshalb *Erleben* eine Selektion ist, die mittels der Zuschreibung spezifischer Sinnkriterien innerhalb des *Systems* prozessiert wird.
// Unterscheiden als Formbildung – Sinn und dessen Überschuss [4.1.1.2]

*Gesellschaft*

Die *Gesellschaft* ist ein *soziales System* und damit ein Zusammenhang von *Strukturen* zur Fortsetzung und (vor-)Strukturierung von möglichen Anschluss-kommunikationen. Die *Gesellschaft* ist damit kein greifbares Objekt oder eine feststehende Einheit, sondern eine Relation zwischen Werten, Ereignissen und Akteur:innen. Die *Gesellschaft* ist die *Umwelt* vieler anderer *sozialer Systeme*, wie *Organisationen, Institutionen* oder dem *Kunstsystem*, und prozessiert *Kommunikation* entlang ihrer Meta-*Struktur Kultur*.
// Strukturen und Erwartungen [4.2.1]

*Handeln*

Systemisch findet *Handeln* im Kontext eines *sozialen Systems* statt und stellt das Treffen einer Auswahl und darüber die Konstruktion von Wirklichkeit im Kommunikationsprozess dar. *Handeln* ist ein gerichteter Prozess und ermöglicht und erzwingt Anschlusshandeln. Die Selektion der Handlung wird dabei auf der Ebene der Mitteilung getroffen und lässt die rekursive Verweislogik der *Kommunikation* außer Acht. Im Vollzug wird die *Kommunikation* auf die Beobachtung der Mitteilung reduziert, gerät zur Handlung, ohne weiterhin notwendigerweise darauf verweisen zu müssen, dass sich jede *Kommunikation* nur im Verweis auf weitere *Kommunikationen* realisiert.
// Unterscheiden als Formbildung – Sinn und dessen Überschuss [4.1.1.2]

*Institution*

Die *Institution* ist eine spezifische *Form* der *Organisation*. Mit dem Status der *Institution* werden die internen *Programme* der *Organisation* zum systemrelevanten

Teil der sie umgebenden *Umwelt* (und derer *Systeme*), bzw. als solchen von der *Institution* organisiert kommuniziert. Über den Bezug auf die Werte ihrer gesellschaftlichen *Umwelt* erlangt die *Institution* eine kulturelle Identität, die sie gesellschaftlich kontextualisiert und ihre *Programme* als Teil und Beitrag der Erhaltung der *Gesellschaft* legitimiert.
// Institution [4.3.2]

*Irritationen*

*Irritationen* sind Operationen im *System*. Wenn das *System* Ereignisse und Elemente nicht entlang oder zuwider etablierter *Strukturen* prozessiert und keine angemessene (vor-)strukturierte Reaktion findet, kommt es zu *Irritationen*. *Irritationen* können von Umweltzuständen und -einflüssen ausgelöst werden, sind aber trotzdem immer Operationen im *System* und damit Selbstirritationen. *Irritationen* sind ein produktiver Bestandteil in *Systemen* und deren Möglichkeit zu *Lernen*.
// Enttäuschungen und [neue] Formen [4.2.2]

*Kommunikation*

Systemisch ist *Kommunikation* nicht (nur) ein zweistelliger Prozess, welcher aus Absenden und Empfangen von Informationen besteht, sondern kann als dreistelliger Selektionsprozess beschrieben werden. *Kommunikation* besteht demnach aus der Synthese von (i) Mitteilung (ii) Information und (iii) dem Verstehen der Differenz von Mitteilung und Information. Dieser Prozess umfasst somit zum einen das Wahrnehmen von Verhalten und zum anderen aber auch das Registrieren eines Unterschieds, zwischen der inhaltlichen Information – also dem was ist – und der Intention, warum diese Information mitgeteilt wurde. Erst wenn diese Differenz unterstellt werden kann, kann die Wahrnehmung dieser Mitteilung zur *Kommunikation* werden. Alles andere ist keine *Kommunikation*, sondern Wahrnehmung.
// Die Wahrscheinlichkeit des Unwahrscheinlichen [4.1.1.3]

*Komplexität*

Systemisch beschreibt *Komplexität* Prozesse der Selbstorganisation innerhalb von *Systemen*. Diese Prozesse weisen die Möglichkeit auf, dass mindestens eine Selektion getroffen werden kann, die zu weiteren selektiven Verknüpfungen führt. Diese Verknüpfung von Selektionen erzeugt *Komplexität*, da keine (wahrnehmbare) kausale Verbindung mehr zwischen Ein- und Ausgabe existiert, die Selektivität im *System* für die *Umwelt* nicht erfahr-, erklär- oder reflektierbar ist. Damit enthält

*Komplexität* immer heterogene und uneindeutige Aspekte, die beispielsweise durch die Beteiligung nicht-menschlicher Akteur:innen in der (digitalen) *Kommunikation* potenziert werden.
// Nicht-menschliche Akteur:innen [4.1.2.3]

*Kultur*

*Kultur* ist die Summe aller *Strukturen* im *sozialen System Gesellschaft. Kultur* akkumuliert damit alle zum Teil bewussten und zum Teil unbewussten Normen und Wertvorstellungen einer *Gesellschaft*, strukturiert *Kommunikation* und erfüllt damit die gesellschaftliche Funktion, *sinn*-volle Selektionen in komplexen Möglichkeitszusammenhängen zu selektieren. *Kultur* organisiert darüber die Unterscheidung von für richtig gehaltenem von für falsch gehaltenem Verhalten. *Kultur* ist eine Art Meta-*Struktur* der *Gesellschaft*, welche als Gesamtheit aller *Strukturen* und als Systemgedächtnis des *sozialen Systems Gesellschaft* Werte vergleichbar und verhandelbar macht.
// Kultur [4.2.1.2]

*Kunst*

*Kunst* lässt sich systemisch als Provokation von *Enttäuschung* von *Erwartungen* beschreiben. Bewusst werden *Erwartungen* nicht bedient und entgegen der Ordnungsfunktion von *Strukturen* gehandelt. Die Selbstbeschreibung der *Kunst* als *Handeln* wird rückgängig gemacht und ‚tarnt' sich als *Erleben*. Das künstlerische *Handeln* wird *erlebend* wahrgenommen und darüber Realitäten fokussiert und sichtbar gemacht, indem sie – die *Kunst*- selbst als *Form* unsichtbar bleibt. Produziert werden legitimierte Perspektivverschiebungen auf die *Umwelt* und darüber plausible Präsentationen anderer Realitäten. In informierten und geschickten Bewegungen mischt sich *Kunst* in die Alltagskommunikation, wird die *Kunst* in die *Formen* der *Kommunikation* verwoben und provoziert eine (ernsthafte) Auseinandersetzung mit den oszillierenden Identitäten vor dem Horizont der komplexen *Kommunikation*.
// Kunst [4.2.3.1]

*Kunstsystem*

Die Elemente der *Kunst* – die Kunstwerke – stellen Verbindungen untereinander her und die *Kunst* entwickelt darüber die *Strukturen* des *Kunstsystems*. Das *Kunstsystem ist* ein geschlossenes Subsystem der *Gesellschaft* und operiert mit dem *Code* ‚passt'/‚passt nicht'. Der *Code* wird dabei sowohl im Kunstwerk produktiv, indem die Passung und Anschlussfähigkeit von einzelnen *Formen* im Kunstwerk

bewertet werden, als auch als Indikator für eine Zuordnung eines Kunstwerks zum *Kunstsystem* selbst.
// Kunstsystem [4.2.3.2]

*Lernen*

Kommt es aufgrund nicht erfüllter *Erwartungen* zu *Enttäuschungen*, kann ein *System lernen*. Dabei werden die systeminternen *Strukturen/Erwartungen* an die enttäuschende Realität angepasst. Sowohl *soziale* als auch *psychische Systeme* können *lernen* und ihre *Strukturen* und Bedingungen anpassen. Lernende *psychische Systeme* verändern grundlegend die Art und Weise ihrer Wahrnehmungsformen und Anschlussmöglichkeiten. Es werden nicht ‚nur' neue Informationen aufgenommen, sondern deren Verarbeitung selbst wird verändert. Lernende *soziale Systeme* verändern die Art und Weise wie *Kommunikation* innerhalb der eigenen Grenzen prozessiert wird, welche Anschlusskommunikationen wahrscheinlicher und erfolgreicher sind bzw. werden.
// Enttäuschungen und [neue] Formen [4.2.2]

*Medium/Form*

Die Differenz *Medium/Form* beschreibt systemisch die grundsätzliche Beziehung zwischen Möglichkeiten und sich daraus realisierenden Wirklichkeiten. Das *Medium* strukturiert sich dabei als lose und unverbrauchbare Kopplung von Elementen, die selbst nicht wahrnehmbar sind und in dem sich wahrnehmbare *Formen* manifestieren können. Die Differenz *Medium/Form* dient dabei der Aufrechterhaltung des *Systems* selbst, da es entsprechend des Komplexitätsgefälles die unwahrscheinliche operative Kontinuität in eine systemintern handhabbare Differenz überführt. Jede Unterscheidung ist eine *Form*, die sich gegenüber einem *Medium* durchsetzt, ist ein *System*, welches gegenüber seiner *Umwelt* beobachtbar wird.
// Draw a distinction – Aller Anfang ist Differenz [4.1.1.1]

*Organisation*

Neben Interaktion und *Gesellschaft* ist die *Organisation* der dritte Typus *sozialer Systeme* in der Systemtheorie Niklas Luhmanns. *Organisationen* bilden sich aufgrund von Anerkennungsregeln, welche im Kontext strukturierter *Organisation* hauptsächlich Mitgliedschaftsregeln sind und immer nur eine begrenzte Anzahl von Personen einer *Organisation* zuordnen. In organisierten Sozialsystemen oder

formalen *Organisationen,* lässt sich *Kommunikation* als *Kommunikation* von Entscheidungen charakterisieren und *Organisationen* damit als autopoietische *Systeme*, die auf der operativen Basis der *Kommunikation* von Entscheidungen Unsicherheitsabsorbtionen für das *System* produzieren.
// Organisation & Entscheidung [4.3.1]

*Programm*

Das *Programm* ist eine Entscheidungsprämisse im *sozialen System Organisation.* Aufbauend auf dem Kausalverhältnis zwischen Mittel und Zweck, ist ein *Programm* eine Entscheidung für zukünftige Entscheidungen. Das *Programm* wird in der Gegenwart als Entscheidungsoperation praktiziert und setzt die Annahme einer stets unbekannten Zukunft als Faktum voraus, um die unsichere und spekulative Zukunft in einen intern verarbeitbaren und vorausgesetzten zukünftigen Zustand zu transformieren. Im *Programm* manifestieren sich systeminterne Annahmen, Werte, Präferenzen und Operationsbedingungen, die für die jeweilige *Organisation* charakteristisch sind.
// Organisation & Entscheidung [4.3.1]

*Psychisches System*

*Psychische Systeme* sind eine der drei Kernkategorien von *Systemen* in der Systemtheorie Niklas Luhmanns. Sie werden auch Bewusstseinssysteme genannt und operieren als sinnkonstituierende *Systeme* mit Gedanken, die entlang von *Strukturen* prozessiert werden. *Psychische Systeme* befinden sich in einem geschlossenen Netzwerk ohne Kontakt zur *Umwelt* und reproduzieren die Gedanken rekursiv und autopoietisch. Die Autopoiesis vollzieht sich unter der Verwendung des *Mediums Sinn.* Das Treffen einer Auswahl aktualisiert einen möglichen Gedanken, erhält gleichzeitig aber das Möglichkeitsspektrum weiterer Gedanken und fokussiert durch die getroffene Selektion mögliche Anschlussgedanken. Zwischen einem *psychischen System* und seiner *Umwelt* gibt es keinen direkten Austausch und es besteht keine Möglichkeit an der Prozessierung von Gedanken direkt teilzuhaben. Diese Grenze zwingt *psychische Systeme* eine Repräsentation oder eigenständige Konstruktion der *Umwelt* innerhalb des eigenen *Systems* zu schaffen.
// Psychische Systeme [4.1.2.1]

*Sinn // Sinnüberschuss // Kontrolle*

*Sinn* ist der zentrale Begriff mit dem soziale Prozesse in der Systemtheorie Niklas Luhmanns beschrieben werden. *Sinn* ist das *Medium*, welches die selektive

Erzeugung aller sozialen und psychischen *Formen* erlaubt und ist gleichzeitig auch die Prämisse jeder Erfahrungsverarbeitung selbst. *Sinn* vollzieht sich im Prozessieren von Informationen anhand der Differenz von real/möglich oder aktuell/potenziell. *Soziale* und *psychische Systeme* durchlaufen fortwährend diesen Prozess des Neuarrangierens der Unterscheidung von Aktuellem und Möglichem. Dabei bleiben die jeweils nicht gewählten Anschlüsse als Möglichkeiten – als Sinnüberschuss – erhalten und können ihrerseits später aktualisiert werden. *Gesellschaften* müssen mit dem so produzierten Sinnüberschuss umgehen und für die *Gesellschaft,* die auf dem Computer als Leitmedium beruht, ist dies der Umgang mit *Kontrolle*. Dieser umfasst zum einen den Umgang mit den

Kontrollmöglichkeiten anderer Akteur:innen und zum anderen die Konsequenzen daraus, selbst kontrollieren zu können und die komplexe *Kommunikation* zu steuern.
// Unterscheiden als Formbildung – Sinn und dessen Überschuss [4.1.1.2]

*Soziales System*

*Soziale Systeme* sind eine der drei Kernkategorien von *Systemen* in der Systemtheorie Niklas Luhmanns. Sie operieren als sinnkonstituierende *Systeme* mit dem Letztelement *Kommunikation*. *Soziale Systeme* entstehen in Situationen *doppelter Kontingenz* und überführen die auftretenden Unbestimmtheiten in bearbeitbare Probleme, indem sie die Selektivität und die möglichen Anschlusskommunikationen (vor-)strukturieren. Diese *Strukturen* sind *Erwartungen*, welche das Verhalten der jeweils beteiligten Akteur:innen erwartbar machen und bestimmte Perspektiven nahelegen, mit denen das Verhalten der jeweils anderen beobachtet werden kann.
// Die Wahrscheinlichkeit des Unwahrscheinlichen [4.1.1.3]

*Struktur // Erwartungen*

*Strukturen* sind die Gelingensbedingungen für *Kommunikation innerhalb sozialer Systeme* und Gedanken innerhalb *psychischer Systeme*. In *sozialen Systemen* sind diese *Strukturen Erwartungen*, die über die Grenzen der jeweiligen Situation hinweg gültig sind, darüber komplexitätsreduzierend auf das *System* wirken und über eine Vorauswahl möglicher Anschlusskommunikationen den Erfolg der *Kommunikation* wahrscheinlicher machen. Mit *Erwartungen* kann *Kommunikation* trotz der *Komplexität* der *Umwelt* und der hohen Unwahrscheinlichkeit erfolgreicher Anschlusskommunikationen relativ stabil in *sozialen Systemen* prozessiert werden.
// Strukturen und Erwartungen [4.2.1]

*Strukturelle Kopplung*

Jedes beobachtbare *System* ist an seine *Umwelt* angepasst, da es andernfalls nicht existieren könnte. Die *strukturelle Kopplung* beschreibt die Voraussetzungen und Verbindungen, die gegeben sein müssen, damit ein *System* seine Autopoiesis fortsetzen kann. Da jedes *System* seine Operationen in dem ihm zur Verfügung stehenden Möglichkeitsraum autonom vollzieht, stehen Selbstbestimmtheit und *strukturelle Kopplung* eines *Systems* in einer gegensätzlichen Beziehung zueinander.
// Strukturelle Kopplung [4.2.1.3]

*System/Umwelt*

Die Differenz *System/Umwelt* ist der Ausgangspunkt für alle Beschreibungs- und Erklärungsansätze der Systemtheorie nach Niklas Luhmann. Ein *System* entsteht genau dann, bzw. ist als solches beobachtbar, wenn seine Operationen sich von denen der/seiner *Umwelt* unterscheiden (lassen). Diese Unterscheidung ist die Grenze des *Systems* und markiert den autonomen Bereich des *Systems*, der sich durch besondere Bedingungen auszeichnet und der sich von anderen (*Umwelt*-) Zuständen (außerhalb des *Systems)* unterscheiden lässt. Die Grenze kann nicht ohne Weiteres überschritten werden, weshalb das *System* alle internen Elemente selbst erzeugen muss und darüber die eigenen Operationen autopoietisch prozessiert.
// Draw a distinction – Aller Anfang ist Differenz [4.1.1.1]

# Literaturverzeichnis

Adams, Douglas (1985): Per Anhalter durch die Galaxis. Frankfurt am Main: Ullstein GmbH.

Affde (2021): Nutzungs- und Wachstumsstatistik von Twitch. Wie viele Menschen nutzen Twitch im Jahr 2021? Online verfügbar unter https://www.affde.com/de/twitch-users.html, zuletzt geprüft am 23.05.2022.

Alheit, Peter (1999): „Grounded Theory". Ein alternativer methodologischer Rahmen für qualitative Forschungsprozesse. Online verfügbar unter http://www.fallarchiv.uni-kassel.de/wp-content/uploads/2010/07/alheit_grounded_theory_ofas.pdf, zuletzt geprüft am 23.03.2021.

Allert, Heidrun; Asmussen, Michael (2017): Bildung als produktive Verwicklung. In: Heidrun Allert, Michael Asmussen und Christoph Richter (Hg.): Digitalität und Selbst. Interdisziplinäre Perspektiven auf Subjektivierungs- und Bildungsprozesse. 1st ed. Bielefeld: Transcipt Verlag (Pädagogik), S. 27–68.

Allert, Heidrun; Richter, Christoph (2017): Poetische Spielzüge als Bildungsoption in einer Kultur der Digitalität. In: Heidrun Allert, Michael Asmussen und Christoph Richter (Hg.): Digitalität und Selbst. Interdisziplinäre Perspektiven auf Subjektivierungs- und Bildungsprozesse. 1st ed. Bielefeld: Transcipt Verlag (Pädagogik), S. 237–261.

Aronson, Elliot; Wilson, Timothy D.; Akert, Robin M. (2012): Sozialpsychologie. 6., aktual. Aufl., [Nachdr.]. München: Pearson Studium (Pspsychologie).

artnet (2008): Richard Long. Online verfügbar unter http://www.artnet.com/artists/richard-long/, zuletzt geprüft am 23.05.2022.

Asmussen, Michael; Schröder, Christoph; Hardell, Sonja (2017): Bildung in politischen Programmen. Eine pädagogische Revision der KMK-Strategie zur Bildung in der digitalen Welt. In: Christian Leineweber und Claudia de Witt (Hg.): Digitale Transformation im Diskurs. Hagen: deposit_hagen, S. 97–113. Online verfügbar unter https://ub-deposit.fernunihagen.de/servlets/MCRFileNodeServlet/mir_derivate_00001259/DTiD_Asmussen_Schroeder_Hardell_Bildung_politischen_Programmen_2017.pdf, zuletzt geprüft am 11.10.2021.

Aßmann, Sandra (2013): Medienhandeln zwischen formalen und informellen Kontexten. Doing connectivity. @Institut für Erziehungswissenschaft der Universität Paderborn, 2012, Dissertation. Wiesbaden: Springer VS (Medienbildung und Gesellschaft, Bd. 26). Online verfügbar unter http://search.ebscohost.com/login.aspx?direct=true&scope-=site&db=nlebk&db=nlabk&AN=580484.

Baacke, Dieter (1973): Kommunikation und Kompetenz. Grundlegung einer Didaktik der Kommunikation und ihrer Medien. 3. Aufl. München: Juventa-Verl.

Baacke, Dieter (1996): Medienkompetenz - Begrifflichkeit und sozialer Wandel. In: Antje von Rein (Hg.): Medienkompetenz als Schlüsselbegriff. Bad Heilbrunn: Klinkhardt (Theorie und Praxis der Erwachsenenbildung), S. 112–124.

Baacke, Dieter (1997): Medienpädagogik. Tübingen: Niemeyer (Grundlagen der Medienkommunikation, 1).

Badura, Jens (2011): Ästhetische Dispositive. Online verfügbar unter https://konzeptarbeit.wordpress.com/2011/09/13/asthetische-dispositve/, zuletzt aktualisiert am 31.03.2020.

Baecker, Dirk (2000): Wozu Kultur? 2., erw. Aufl. Berlin: Kulturverl. Kadmos.

Baecker, Dirk (2007a): *Form* und *Formen* der Kommunikation. 1. Aufl. Frankfurt am Main: Suhrkamp (Suhrkamp-Taschenbuch Wissenschaft, 1828). Online verfügbar unter http://bvbr.bib-bvb.de:8991/F?func=service&doc_library=BVB01&doc_number=015467233&line_number=0001&func_code=DB_RECORDS&service_type=MEDIA.

Baecker, Dirk (2007b): Studien zur nächsten Gesellschaft. Orig.-Ausg., 1. Aufl., [Nachdr.]. Frankfurt am Main: Suhrkamp (Suhrkamp-Taschenbuch Wissenschaft, 1856). Online verfügbar unter http://www.gbv.de/dms/faz-rez/FD1N200712311486026.pdf.

Baecker, Dirk (2010): Kultur. In: Karlheinz Barck, Martin Fontius, Dieter Schlenstedt, Burkhart Steinwachs und Friedrich Wolfzettel (Hg.): Ästhetische Grundbegriffe. Band 3: Harmonie - Material. Stuttgart: J.B. Metzler, S. 510–556.

Baecker, Dirk (2013): Beobachter unter sich. Eine Kulturtheorie. 1. Aufl. Berlin: Suhrkamp. Online verfügbar unter https://www.suhrkamp.de/download/Blickinsbuch/-9783518585900.pdf.

Baecker, Dirk (2015): Was ist Kultur. Online verfügbar unter https://catjects.files.wordpress.com/2015/11/was_ist_kultur1.pdf, zuletzt aktualisiert am 10.03.2021.

Baecker, Dirk (2016): Wozu Theorie? Berlin: Suhrkamp Verlag.

Baecker, Dirk (2016): Zukunftsfähigkeit. 16 Thesen zur nächsten Gesellschaft. In: Johannes Hedinger und Torsten Meyer (Hg.): What`s next? Kunst nach der Krise : ein Reader. 2. Auflage. Berlin: Kulturverlag Kadmos (What‘s next?, 1), S. 62–63. Online verfügbar unter https://whtsnxt.net/quotes/zukunftsfaehigkeit-16-thesen-zur-naechsten-gesellschaft1-die-naechste-gesellschaft-unterscheidet-sich-von-der-modernen-gesellschaft-wie-die-elektrizitaet-von-der-mechanik-schaltkreise-ueberlagern-h, zuletzt geprüft am 23.05.2022.

Baecker, Dirk (2017a): @ImTunnel. Draw a distinction. Watch its form. Work its unrest. Know your ignorance. Online verfügbar unter https://twitter.com/imtunnel/status/857085751791628289, zuletzt aktualisiert am 30.11.2021.

Baecker, Dirk (2017b): Ausgangspunkt einer Theorie der Digitalisierung*. In: Rainer Gläß (Hg.): Handel 4.0. Die Digitalisierung des Handels - Strategien, Technologien, Transformation. Berlin, Heidelberg: Springer Berlin Heidelberg, S. 3–24.

Baecker, Dirk (2017c): Digitale Bildung für die nächste Gesellschaft. Mainz, 2017. Online verfügbar unter https://www.fruehjahrstagung-medienpaedagogik.uni-mainz.de/videos-von-vortraegen-und-podiumsdiskussion/, zuletzt geprüft am 23.05.2022.

Baecker, Dirk (2020a): *Form* und *Medium* der Digitalisierung. Online verfügbar unter https://www.researchgate.net/publication/354675063_*Form*_und_*Medium*_der_Digitalisierung, zuletzt geprüft am 23.05.2022.

Baecker, Dirk (2020b): Soziologie 4.0 und ihre Vorläufer. Eine Skizze. In: Sabine Maasen und Jan-Hendrik Passoth (Hg.): Soziologie des Digitalen - Digitale Soziologie? 1. Auflage. Baden-Baden: Nomos (Soziale Welt Sonderband, 23), S. 17–45. Online verfügbar unter https://www.researchgate.net/publication/342046773_Soziologie_40_und_ihre_-Vorlaufer_Eine_Skizze, zuletzt geprüft am 23.04.2022.

Baecker, Dirk; Hedinger, Johannes (2016): THESEN ZUR NÄCHSTEN KUNST. In: Johannes Hedinger und Torsten Meyer (Hg.): What`s next? *Kunst* nach der Krise : ein Reader. 2. Auflage. Berlin: Kulturverlag Kadmos (What‘s next?, 1), S. 35. Online verfügbar unter http://whtsnxt.net/007, zuletzt geprüft am 23.05.2022.

Baraldi, Claudio; Corsi, Giancarlo; Esposito, Elena (1997): GLU. Glossar zu Niklas Luhmanns Theorie sozialer *Systeme*. 8. Auflage. Frankfurt am Main: Suhrkamp (Suhrkamp-Taschenbuch Wissenschaft, 1226).

Barlow, John Perry (1996): A Declaration of the Independence of Cyberspace. Online verfügbar unter https://www.eff.org/cyberspace-independence, zuletzt geprüft am 01.04.2020.

Bauman, Zygmunt; Jakubzik, Frank (2010): Leben in der Flüchtigen Moderne. Originalausgabe. Berlin, Frankfurt am Main: Suhrkamp Verlag.

Becker, Howard S.; Geer, Blanche; Hughes, Everett C.; Strauss, Anselm L. (Hg.) (1961): Boys in White. Chicago: University of Chicago Press.

Bettinger, Patrick; Jörissen, Benjamin (2021): Medienbildung. In: Uwe Sander, Friederike von Gross und Kai-Uwe Hugger (Hg.): Handbuch Medienpädagogik. 2. Auflage (unveröffentlicht). Wiesbaden: Springer VS.

Bier, Arielle (2016): Débora Delmar Corp. DUVE BERLIN. ARTFORUM. Online verfügbar unter https://www.artforum.com/picks/debora-delmar-corp-61248, zuletzt geprüft am 23.05.2022.

Billmayer, Franz (2008): Paradigmenwechsel übersehen. Eine Polemik gegen die Kunstorientierung der Kunstpädagogik. Hamburg: Hamburg Univ. Press (Kunstpädagogische Positionen, 19). Online verfügbar unter http://hup.sub.uni-hamburg.de/opus/volltexte/2008/44/pdf/HamburgUP_KPP19_Billmayer.pdf.

Blumer, Herbert (1954): What is wrong with Social Theory? In: *American Sociological Review* (19), S. 3–19.

Blumer, Herbert (1969): Symbolic Interactionism. Perpective and Method. Englewood Cliffs: NJ: Prentice Hall.

Böhme, Jeanette (2006): Schule am Ende der Buchkultur. Medientheoretische Begründungen schulischer Bildungsarchitekturen. Zugl.: Halle, Univ., Habil.-Schr., 2005. Bad Heilbrunn: Klinkhardt (Forschung).

Bourriaud, Nicolas (2002): Postproduction. Culture as Screenplay: How Art Reprograms the World. New York: Lucas & Sternberg.

Bowen, Glenn A. (2006): Grounded Theory and Sensitizing Concepts. In: *International Journal of Qualitative Methods* (3), S. 12–23.

Boy, Henrike; Sieben, Gerda (Hg.) (2017): *Kunst* & Kabel: Konstruieren, Programmieren, Selbermachen! kopaed verlagsGmbH. München: kopaed.

Brenne, Andreas (2019): „Künstlerisch-ästhetische Forschung" Kunstpädagogik im Kontext der frühen und mittleren Kindheit. Hamburg: Universität Hamburg Fakultät EPB; Universitätsdruckerei Hamburg (Kunstpädagogische Positionen, Band 47 (2019)).

Bruner, Jerome S. (1980): Der Prozeß der Erziehung. 5. Aufl. Berlin: Berlin-Verl. (Sprache und *Lernen*, 4).

Brynjolfsson, Erik; McAfee, Andrew (2016): The second machine age. Work, progress, and prosperity in a time of brilliant technologies. New York, London: W.W. Norton & Company.

Buffenstein, Alyssa (2016): Don't drink the juice at Debora Delmar Corp.'s very green installation. VICE. Online verfügbar unter https://www.vice.com/en/article/jpv9zk/incorporated-artist-opens-fictional-juice-company-headquarters, zuletzt geprüft am 23.05.2022.

Burghardt, Daniel (2021): OK User. Zur materialistischen Basis der digitalen Aufmerksamkeitsökonomie. In: Peter Moormann, Manuel Zahn, Patrick Bettinger, Sandra Hofhues, Helmke Jan Keden und Kai Kaspar (Hg.): Mikroformate. Interdisziplinäre Perspektiven auf aktuelle Phänomene in digitalen Medienkulturen. München: kopaed (*Kunst* Medien Bildung, Band 8), S. 134–146. Online verfügbar unter http://zkmb.de/ok-user-zur-materialistischen-basis-der-digitalen-aufmerksamkeitsoekonomie/, zuletzt geprüft am 23.05.2022.

Cabinetmagazine (2007): An Overview of the Seventeen known Versions of Fountain. Online verfügbar unter https://www.cabinetmagazine.org/issues/27/duchamp.php, zuletzt geprüft am 24.08.2021.

Cascone, Kim (2000): The Aesthetics of Failure. ‚Post-Digital' Tendencies in Contemporary Computer Music. In: *Computer Music Journal* 24 (4), S. 12–18.

Castells, Manuel (2000): The rise of the network society. 2. ed. Oxford: Blackwell (The information age, Vol. 1).

Chalmers, Alan F. (2007): Wege der Wissenschaft. Wiesbaden: VS Verlag Springer.

Clarke, Adele E. (2011): Von der Grounded-Theory-Methodologie zur Situationsanalyse. In: Günter Mey und Katja Mruck (Hg.): Grounded Theory Reader. Wiesbaden: VS Verlag für Sozialwissenschaften; Springer Fachmedien, S. 207–229.

Clarke, Adele E. (2012): Situationsanalyse. Grounded Theory nach dem Postmodern Turn. Wiesbaden: VS Verlag für Sozialwissenschaften; Springer Fachmedien.

Clement, Reiner; Schreiber, Dirk (2013): Internet-Ökonomie. Grundlagen und Fallbeispiele der vernetzten Wirtschaft. 2., vollst. überarb. und erw. Aufl. Berlin, Heidelberg: Springer Gabler (Springer-Lehrbuch). Online verfügbar unter http://www.vlb.de/GetBlob.aspx?strDisposition=a&strIsbn=9783642367182.

Cramer, Florian (2015): What is ‚Post-digital'? In: D. Berry und M. Dieter (Hg.): Postdigital Aesthetics. Art, Computation And Design. London: Palgrave Macmillan UK, S. 12–26.

Czerski, Piotr (2016): We, the web kids. In: Johannes Hedinger und Torsten Meyer (Hg.): What`s next? *Kunst* nach der Krise : ein Reader. 2. Auflage. Berlin: Kulturverlag Kadmos (What's next?, 1), S. 158–161.

Debray, Régis (2008): Für eine Mediologie. In: Claus Pias, Joseph Vogl, Lorenz Engell, Oliver Fahle und Britta Neitzel (Hg.): Kursbuch Medienkultur. Die maßgeblichen Theorien von Brecht bis Baudrillard. 6. Aufl. München: Dt. Verl.-anst.

Dengel, Andreas (2018): Digitale Bildung: ein interdisziplinäres Verständnis zwischen Medienpädagogik und Informatik. In: *MedienPädagogik* 33, S. 11–26. DOI: 10.21240/mpaed/33/2018.10.30.X.

Di Fabio, Udo (Hg.) (2019): Grundgesetz. Mit Menschenrechtskonvention, Verfahrensordnung des Europäischen Gerichtshofs für Menschenrechte, Bundesverfassungs-gerichtsgesetz, Parteiengesetz, Untersuchungsausschussgesetz, Gesetz über den Petitionsausschuss, Vertrag über die Europäische Union, Vertrag über die Arbeitsweise der Europäischen Union, Charta der Grundrechte der Europäischen Union. Unter Mitarbeit von Udo Di Fabio. 50. Auflage. München: dtv; C. H. Beck (Beck-Texte im dtv, 5003).

Dimitrakopoulos, Stamatia (2016): I deeply struggle with the idea of art being reduced to self-promotion. an interview with Debora Delmar. Conceptualfinearts. Online verfügbar unter https://www.conceptualfinearts.com/cfa/2017/01/17/there-is-a-thin-line-between-art-and-advertising-after-all-an-interview-with-debora-delmar-crop/, zuletzt geprüft am 23.05.2022.

DIS (2016): Berlin Biennale Ausstellungskatalog. Online verfügbar unter http://bb9.berlinbiennale.de/de/, zuletzt geprüft am 07.10.2019.

Dräger, Jörg; Müller-Eiselt, Ralph (2015): Die digitale Bildungsrevolution. Der radikale Wandel des Lernens und wie wir ihn gestalten können. 1. Auflage. München: Deutsche Verlags-Anstalt.

Einsiedler, Wolfgang (2014): Grundlegende Bildung. In: Wolfgang Einsiedler (Hg.): Handbuch Grundschulpädagogik und Grundschuldidaktik. 4., erg. und aktualisierte Aufl. Bad Heilbrunn: Klinkhardt (UTB Schulpädagogik, Grundschulpädagogik, 8444), S. 225–233.

Eschment, Jane (2015): Going Public! Urbane ästhetische Forschung. In: Torsten Meyer und Gila Kolb (Hg.): What‘s next? Art education ; ein Reader. München: kopaed (What‘s next?, 2), S. 97–99.

Fadel, Charles; Bialik, Maya; Trilling, Bernie (2015): Four-dimensional education. Boston, MA: Center for Curriculum Redesign.

Fadel, Charles; Bialik, Maya; Trilling, Bernie; Schleicher, Andreas (2017): Die vier Dimensionen der Bildung. Was Schülerinnen und Schüler im 21. Jahrhundert *lernen* müssen. Hamburg: Verlag ZLL21 e.V. Zentralstelle für *Lernen* und Lehren im 21. Jahrhundert e.V.

Fend, Helmut (2008): Neue Theorie der Schule. Einführung in das Verstehen von Bildungssystemen. 2., durchgesehene Auflage. Wiesbaden: VS Verlag für Sozialwissenschaften.

Fischer-Lichte, Erika (2004): Ästhetik des Performativen. Orig.-Ausg., 1. Aufl. Frankfurt am Main: Suhrkamp (Edition Suhrkamp, 2373). Online verfügbar unter https://swbplus.bsz-bw.de/bsz109677919rez.htm.

Florida, Richard L. (2012): The rise of the creative class. Revisited. New York, NY: Basic Books.

Foerster, Heinz (1985): Sicht und Einsicht. Versuche zu einer operativen Erkenntnistheorie. Wiesbaden, s.l.: Vieweg+Teubner Verlag (Wissenschaftstheorie Wissenschaft und Philosophie, 21).

Foerster, Heinz von (1971): Review of Laws of *Form* by George Spencer-Brown. In: *The Last Whole Earth Catalogue* 1971, S. 12.

Foerster, Heinz von (2008): Der Anfang von Himmel und Erde hat keinen Namen. Eine Selbsterschaffung in sieben Tagen. Berlin: Kulturverl. Kadmos (Ableger, Bd. 3).

Fosket, Jennifer R. (2002): Breast cancer risk and the politics of preventation. Analysis of a clinical trial. Doctrorial dissertation in Sociology. San Francisco: University of California.

Fox, Dan (2010): Ten Notes on Marina Abramović‘s ‚The Artist is Present‘. FRIEZE. Online verfügbar unter https://www.frieze.com/article/ten-notes-marina-abramovi%C4%87s-artist-present, zuletzt geprüft am 23.05.2022.

Frese, Erich (1992): Enzyklopädie der Betriebswirtschaftslehre. 3., völlig neu gestaltete Aufl. Stuttgart: Schäffer-Poeschel.

Fröbe, Lola (2022): DEWY UND GLÄNZEND. ULTRA GLOW IST IM FRÜHLING 2022 DER BEAUTY-TREND RUND UM STRAHLENDE HAUT. Online verfügbar unter https://www.harpersbazaar.de/beauty/ultra-glow-beauty-make-up-trend-2022, zuletzt geprüft am 23.05.2022.

Fuchs, Peter (2006): Soziale *Systeme*, Systemtheorie - Was leisten Hochabstraktionen? In: Albert Scherr (Hg.): Soziologische Basics. Eine Einführung für Pädagogen und Pädagoginnen. Wiesbaden: VS Verlag für Sozialwissenschaften, S. 154–158.

Füller, Christian; Greiner, Lena (2016): Ich möchte keine Laptopklassen. Interview mit Josef Kraus. Spiegel online. Online verfügbar unter https://www.spiegel.de/lebenundlernen/schule/johanna-wankas-digitalpakt-ich-moechte-keine-laptopklassen-a-1116226.html, zuletzt geprüft am 23.05.2022.

Galloway, Alexander R. (2004): Protocol. How control exists after decentralization. Cambridge, Massachusetts, London, England: The MIT Press (Leonardo).

Gapski, Harald (2001): Medienkompetenz. Eine Bestandsaufnahme und Vorüberlegungen zu einem systemtheoretischen Rahmenkonzept. Zugl.: Essen, Univ. GH, Diss., 2000. 1. Aufl. Wiesbaden: Westdt. Verl.

Gehlen, Dirk von (2011): Mashup. Lob der Kopie. 1. Aufl., Orig.-Ausg., Dt. Erstausg. Berlin: Suhrkamp (Edition Suhrkamp, 2621). Online verfügbar unter http://www.iuwis.de/rezension_mashup_von_Gehlen.

Gehlen, Dirk von (2013): Eine neue Version ist verfügbar - Update. Wie die Digitalisierung *Kunst* und Kultur verändert. 1. Auflage. Berlin: Metrolit. Online verfügbar unter http://www.enviv.de/impressum/.

Gehlen, Dirk von (2018): Das Pragmatismus-Prinzip. 10 Gründe für einen gelassenen Umgang mit dem Neuen. München: Piper.

Gershenfeld, Neil (2012): How To Make Almost Anything. The Digital Fabrication Revolution. Online verfügbar unter http://cba.mit.edu/docs/papers/12.09.FA.pdf, zuletzt aktualisiert am 01.04.2020.

Gibson, William; Heinz, Reinhard (1998): Neuromancer. Roman. 8. Aufl. dieser Ausg. München: Heyne (Heyne-Bücher 01, Heyne allgemeine Reihe, 8449).

Giertz, Simone (2018): Why you should make useless things (TED-Talk). Online verfügbar unter https://www.ted.com/talks/simone_giertz_why_you_should_make_useless_-things, zuletzt aktualisiert am 01.04.2020.

Giesecke, Michael (2002): Von den Mythen der Buchkultur zu den Visionen der Informationsgesellschaft. Trendforschungen zur kulturellen Medienökologie : mit einer CD-ROM mit dem Volltext des Buches sowie weiteren Aufsätzen und Materialien. Originalausgabe, erste Auflage. Frankfurt am Main: Suhrkamp (Suhrkamp-Taschenbuch Wissenschaft, 1543).

Glaser, Barney G.; Strauss, Anselm L. (1967): The Discovery of Grounded Theory. Strategies for Qualitative Research. Chicago: Aldine.

Glaser, Tim (2015): Narrative Mashups als digitale Praktiken der Aneignung – Doggie-Woggiez! PoochieWoochiez! (2012) und Hollywood Burn (2011). In: Florian Mundhenke,

Fernando Ramos Arenas und Thomas Wilke (Hg.): Mashups. Wiesbaden: Springer Fachmedien Wiesbaden, S. 95–113.

Glass, Ira (2015): This American Life. Status Update 573. Online verfügbar unter https://www.thisamericanlife.org/573/status-update#play, zuletzt geprüft am 23.05.2022.

Glaveanu, Vlad Petre (2014): Revisiting the ‚Art Bias' in Lay Conceptions of Creativity. In: *Creativity Research Journal* 26 (1), S. 11–20. Online verfügbar unter https://www.researchgate.net/publication/273017857_Revisiting_the_Art_Bias_in_Lay_Conceptions_of_Creativity, zuletzt geprüft am 14.04.2022.

Habermas, Jürgen (1988): Der philosophische Diskurs der Moderne. Zwölf Vorlesungen. Erste Auflage. Frankfurt am Main: Suhrkamp (Suhrkamp-Taschenbuch Wissenschaft, 749).

Hellmich, Frank (2010): Einführung in den Anfangsunterricht. Stuttgart: W. Kohlhammer (Schulpädagogik). Online verfügbar unter http://www.content-select.com/index.php?id=bib_view&ean=9783170228641.

Hemmer-Junk, Karin (1995): Kreativität. Weg und Ziel. Zugl.: Trier, Univ., Diss., 1994. Frankfurt am Main, Berlin: Lang (Europäische Hochschulschriften Reihe 11, Pädagogik, 648).

Hindahl, Philipp (2018): Wie Marina Abramović zur Satanistin wurde. o. O. Online verfügbar unter https://www.monopol-magazin.de/wie-marina-abramovic-zur-satanistin-wurde, zuletzt geprüft am 30.08.2021.

Hofmann, Jürgen (2010): Welche Bedeutung hat das Humboldt'sche Erbe für unsere Zeit. Online verfügbar unter http://www.humboldtgesellschaft.de/inhalt.php?name=-humboldt, zuletzt geprüft am 04.03.2021.

Hohm, Hans-Jürgen (2000): *soziale Systeme*, Kommunikation, Mensch. Eine Einführung in soziologische Systemtheorie. Weinheim: Juventa.

Hösle, Vittorio (1998): Hegels *System*. Der Idealismus der Subjektivität und das Problem der Intersubjektivität. 2., erw. Aufl., Studienausg. Hamburg: Meiner.

Hoyer, Jürgen; Knappe, Susanne (Hg.) (2020): Klinische Psychologie & Psychotherapie. 3., vollständig überarbeitete und erweiterte Auflage. Berlin, Heidelberg: Springer (Lehrbuch). Online verfügbar unter http://www.springer.com/.

Hülst, Dirk (2010): Grounded Theory. Online verfügbar unter http://www.fallarchiv.uni-kassel.de/wp-content/uploads/2011/02/huelst_grounded_theory.pdf, zuletzt geprüft am 12.04.2019.

Hüser, Rembert (1999): Herzliche Grüße, die Kultur ist was übrigbleibt, wenn alles weg ist, herzliche Grüße, aber man kann nicht alles haben, das ist richtig. In: Natalie Binczek und Martin Rass (Hg.): „Sie wollen eben sein, was sie sind, nämlich Bilder …". Anschlüsse an Chris Marker. Würzburg: Königshausen & Neumann, S. 143–158.

Hustvedt, Siri (2019): Damals. Hamburg: Rowohlt.

Hüther, Jürgen (2010): Neue Medien. In: Jürgen Hüther (Hg.): Grundbegriffe Medienpädagogik. 5., gegenüber der 4., unveränd. Aufl. München: kopaed, S. 345–351. Online verfügbar unter https://docplayer.org/7044455-Juergen-huether-neue-medien.html, zuletzt geprüft am 23.05.2022.

Initiative D21 (2016): 3. Fachkongress ‚Digitale Gesellschaft'. Online verfügbar unter https://initiatived21.de/veranstaltungen/fachkongress/, zuletzt geprüft am 22.04.2022.

Irion, Thomas (2020a): Das Primat des Pädagogischen in der digitalen Grundbildung. Online verfügbar unter www.p3dig.de, zuletzt geprüft am 03.04.2022.

Irion, Thomas (2020b): Digitale Grundbildung in der Grundschule. In: Mareike Thumel, Rudolf Kammerl und Thomas Irion (Hg.): Digitale Bildung im Grundschulalter. Grundsatzfragen zum Primat des Pädagogischen. München: kopaed, S. 49–84.

Irion, Thomas; Eickelmmann, Birgit (2018): Digitale Bildung in der Grundschule. 7 Handlungsansätze. In: *GrundSchule* (7), S. 7–12.

James, William (1994): Was ist Pragmatismus. Weinheim: Athenäum Verlag.

Jandrić, Petar; Knox, Jeremy; Besley, Tina; Ryberg, Thomas; Suoranta, Juha; Hayes, Sarah (2018): Postdigital Science and Education. In: *Educational Philosophy and Theory* 50, S. 893–899. Online verfügbar unter https://www.tandfonline.com/doi/pdf/10.1080-/00131857.2018.1454000, zuletzt geprüft am 01.04.2020.

Jenkins, Henry (2008): Convergence culture. Where old and new media collide. 1. publ. in paperback, updated and with a new afterword. New York: New York University Press.

jfc Medienzentrum e.V. (2020): *Kunst* & Kabel. Online verfügbar unter http://fablab.-webmobil.info/, zuletzt geprüft am 10.05.2022.

Joas, Hans (1999): Pragmatismus und Gesellschaftstheorie. 2. Aufl. Frankfurt am Main: Suhrkamp (Suhrkamp-Taschenbuch Wissenschaft, 1018).

Jörger, Laura; Lahn, Nadine (2018): This might interest you. How the Filter Bubble determines our perception. Alexander von Humbold Institut für Internet und Gesellschaft. Online verfügbar unter https://www.hiig.de/en/how-filter-bubble-determines-perception/, zuletzt geprüft am 08.05.2021.

Jörissen, Benjamin (2015): Transgressive Artikulationen. Ästhetik, Medialität und Kritik aus Perspektive der Strukturalen Medienbildung. In: Malte Hagener und Vinzenz Hediger (Hg.): Medienkultur und Bildung. Ästhetische Erziehung im Zeitalter digitaler Netzwerke. Frankfurt am Main, New York: Campus Verlag, S. 49–64. Online verfügbar unter https://www.academia.edu/16445276/Transgressive_Artikulationen_%C3%84s-thetik_Medialit%C3%A4t_und_Kritik_aus_Perspektive_der_Strukturalen_Medienbildung, zuletzt geprüft am 20.04.2021.

Jörissen, Benjamin (2017): Subjektivation und „ästhetische Freiheit" in der post-digitalen Kultur (Kulturelle Bildung Online). Online verfügbar unter https://www.kubi-online.de/artikel/subjektivation-aesthetische-freiheit-post-digitalen-kultur, zuletzt geprüft am 01.04.2020.

Jörissen, Benjamin (2019): Digital/Kulturelle Bildung: Plädoyer für eine Pädagogik der ästhetischen Reflexion digitaler Kutlur (Kulturelle Bildung Online). Online verfügbar unter http://www.kubi-online.de/artikel/digital-kulturelle-bildung-plaedoyer-paedago-gik-aesthetischen-reflexion-digitaler-kultur, zuletzt aktualisiert am 20.03.2020.

Jörissen, Benjamin; Marotzki, Winfried (2009): Medienbildung - eine Einführung. Theorie - Methoden - Analysen. 1. Aufl. Bad Heilbrunn: Klinkhardt (UTB Erziehungswissenschaft, Medienbildung, 3189). Online verfügbar unter http://www.utb-studi-e-book.de/-9783838531892.

Kant, Immanuel (1978): Kritik der reinen Vernunft. Immanuel Kant. Hrsg. von Ingeborg Heidemann. Hg. v. Ingeborg Heidemann. Stuttgart: Reclam (Universalbibliothek, 6461).

Kany, Jens (2016): Die soziale Funktion der Wissenschaft. Wiederaufnahme eines Forschungsprogramms. Heidelberg: Ruprecht-Karls-Universität.

Kauffman, Louis H. (2016): Das Prinzip der Unterscheidung. In: Dirk Baecker (Hg.): Schlüsselwerke der Systemtheorie. 2., erweiterte und neu gestaltete Auflage. Wiesbaden: Springer VS, S. 263–280.

Kelle, Udo; Kluge, Susann (2010): Vom Einzelfall zum Typus. Fallvergleich und Fallkontrastierung in der qualitativen Sozialforschung. 2., überarb. Aufl. Wiesbaden: VS Verl. für Sozialwiss. Online verfügbar unter http://dx.doi.org/10.1007/978-3-531-92366-6.

Kerres, Michael (2010): Schule und Internet. Pädagogische Aspekte der Entwicklung von Kompetenz für aktives Medienhandeln. In: *RdJB* 58 (4), S. 416–435. DOI: 10.5771/0034-1312-2010-4-416.

Khan Academy (2022): For every student, every classroom. Real results. Online verfügbar unter https://www.khanacademy.org/, zuletzt geprüft am 23.05.2022.

Kircher-Kannemann (2019): Zur Geschichte und Entwicklung der Digitalisierung. Online verfügbar unter https://tour-de-kultur.de/2019/11/20/digitalisierung-geschichte-bedeutung-und-zukunft/#:~:text=Die%20Digitalisierung%20ist%20kein%20Kind,die%20-Entwicklung%20der%20ersten%20Computer., zuletzt geprüft am 23.05.2022.

Kirchner, Constanze (Hg.) (2005): Werkstatt: *Kunst*. Anregungen zu ästhetischen Erfahrungs- und Lernprozessen im Werkstattunterricht ; [eine Publikation zum Kunstpädagogischen Tag 2000 des Bundes Deutscher Kunsterzieher, BDK-Hessen. Bund Deutscher Kunsterzieher; Kunstpädagogischer Tag. 2., unveränd. Aufl. Norderstedt: Books on Demand. Online verfügbar unter http://d-nb.info/977007553/04.

Kittler, Friedrich A.; Shannon, Claude Elwood (Hg.) (2000): Ein - Aus. Ausgewählte Schriften zur Kommunikations- und Nachrichtentheorie. 1. Aufl. Berlin: Brinkmann + Bose.

Klein, Kristin (2019): *Kunst* und Medienbildung in der digital vernetzten Welt. Forschungsperspektiven im Anschluss an den Begriff der Postdigitalität. In: Kristin Klein und Willy Noll (Hg.): Postdigital Landscapes. *Kunst* und Medienbildung in der digital vernetzten Welt: Zeitschrift Kunst Medien Bildung / zkmb, S. 16–25.

Klein, Kristin; Noll, Willy (2019a): Postdigital Landscapes. In: Kristin Klein und Willy Noll (Hg.): Postdigital Landscapes. *Kunst* und Medienbildung in der digital vernetzten Welt: Zeitschrift *Kunst* Medien Bildung / zkmb, S. 8–15.

Klein, Kristin; Noll, Willy (Hg.) (2019b): Postdigital Landscapes. *Kunst* und Medienbildung in der digital vernetzten Welt: Zeitschrift *Kunst* Medien Bildung / zkmb. Online verfügbar unter http://zkmb.de/postdigital-landscapes/, zuletzt geprüft am 01.04.2020.

Koller, Hans-Christoph (1999): Bildung und Widerstreit. Zur *Struktur* biographischer Bildungsprozesse in der (Post-)Moderne. Zugl.: Hamburg, Univ., FB Erziehungswiss., Habil.-Schr., 1997. München: Fink.

Koller, Hans-Christoph (2007): Probleme einer Theorie transformatorischer Bildungsprozesse. In: Winfried Marotzki, Hans-Christoph Koller und Olaf Sanders (Hg.): Bildungsprozesse und Fremdheitserfahrung. Beiträge zu einer Theorie transformatorischer Bildungsprozesse. s.l.: transcript (Theorie Bilden, 7), S. 69–83.

Koller, Hans-Christoph (2016): Ist jede Transformation als Bildungsprozess zu begreifen? Zur Frage der Normativität des Konzepts transformatorischer Bildungsprozesse. In: Dan Verständig, Jens Holze und Ralf Biermann (Hg.): Von der Bildung zur Medienbildung. Festschrift für Winfried Marotzki. Unter Mitarbeit von Winfried Marotzki. Wiesbaden: Springer VS (Medienbildung und Gesellschaft, Band 31), S. 149–161.

Koller, Hans-Christoph (2018): Bildung anders denken. Einführung in die Theorie transformatorischer Bildungsprozesse. 2., aktualisierte Auflage. Stuttgart: Verlag W. Kohlhammer. Online verfügbar unter http://www.kohlhammer.de/wms/instances/KOB/appDE/nav_product.php?product=978-3-17-033411-3.

Krause, Detlef; Luhmann, Niklas (2005): Luhmann-Lexikon. Eine Einführung in das Gesamtwerk von Niklas Luhmann ; mit über 600 Lexikoneinträgen einschließlich detaillierter Quellenangaben. 4., neu bearb. und erw. Aufl. Stuttgart: Lucius & Lucius (UTB Soziologie fachübergreifend, 2184).

Krebber, Gesa (2020): Kollaboration in der Kunstpädagogik. Dissertation. kopaed

Krech, Volkhard; Schlamelcher, Jens; Hero, Markus (2013): Typen religiöser Sozialformen und ihre Bedeutung für die Analyse religiösen Wandels in Deutschland. In: Köln Z Soziol 65 (S1), S. 51–71. DOI: 10.1007/s11577-013-0218-5.

Kultusministerkonferenz (KMK) (2012): Medienbildung in der Schule. Online verfügbar unter https://www.kmk.org/fileadmin/veroeffentlichungen_beschluesse/2012/2012-_03_08_Medienbildung.pdf, zuletzt geprüft am 13.04.2022.

Kultusministerkonferenz (KMK) (2016): Bildung in der digitalen Welt. Online verfügbar unter https://www.kmk.org/fileadmin/Dateien/veroeffentlichungen_beschluesse/2016/2016-_12_08-Bildung-in-der-digitalen-Welt.pdf, zuletzt geprüft am 13.04.2022.

Lachmann, Renate (1990): Gedächtnis und Literatur. Intertextualität in der russischen Moderne. Frankfurt am Main: Suhrkamp.

Landesanstalt für Medien NRW (lfm) (2015): Medienpass NRW. Bielefeld. Online verfügbar unter https://www.surfen-mit-sinn.de/userfiles/Fachtage/KurzinputMedienpass-NRW_Teschner_SINNFachtag2015_Bielefeld.pdf, zuletzt geprüft am 11.04.2022.

Lankau, Ralf (2022): Was Hänschen nicht lernt… Online verfügbar unter https://www.aufwach-s-en.de/2022/04/was-haenschen-nicht-lernt-teil-i/, zuletzt geprüft am 23.05.2022.

Frenzel, Sebastian (2016): … Häh? Ein Gespräch zwischen DIS und dem New Yorker Kurator Massimiliano Gioni. In: *Monopol* 2016 (6), S. 47–52.

Launay, Aude (2016): Christopher Kulendran Thomas. in conversation with Aude Launay. Online verfügbar unter http://www.launayau.de/index.php/2016/11/01/christ-opher-kulendran-thomas/, zuletzt geprüft am 23.05.2022.

Lee, Marc (2016): The Show Must Go On. Online verfügbar unter https://marclee.io/en/the-show-must-go-on/, zuletzt geprüft am 23.05.2022.

Leeker, Martina (2018): (Ästhetische) Vermittlung 2.0. Von *Kunst*-/Vermittlung und Kritik in digitalen Kulturen. Hg. v. Andrea Sabisch, Torsten Meyer, Eva Sturm und Heinrich Lüber. Hamburg: Universitätsdruckerei (Kunstpädagogische Positionen, 40). Online verfügbar unter http://kunst.uni-koeln.de/_kpp_daten/pdf/KPP40_Leeker.pdf.

Legler, Wolfgang (2005): *Kunst* und Kognition. Hamburg: Hamburg Univ. Press (Kunstpädagogische Positionen, 6).

Lehmann, Harry (2006): Die flüchtige Wahrheit der *Kunst*. Ästhetik nach Luhmann. München: Fink.

Leiner, Barry M.; Cerf, Vinton G.; Clark, David D.; Kahn, Robert E.; Kleinrock, Leonard; Lynch, Daniel C. et al. (2009): A brief history of the internet. In: *SIGCOMM Comput. Commun. Rev.* 39 (5), S. 22–31. DOI: 10.1145/1629607.1629613.

Llanque, Marcus (2007): Weber Max, Wirtschaft und Gesellschaft. Grundriss der verstehenden Soziologie. In: Steffen Kailitz (Hg.): Schlüsselwerke der Politikwissenschaft. 1. Aufl. Wiesbaden: VS Verl. für Sozialwiss, S. 489–493.

Lohmann, Georg (1995): Autopoiesis und die Unmöglichkeit von Sinnverlust. In: Hans Haferkamp und Michael Schmid (Hg.): Sinn, Kommunikation und soziale Differenzierung. Frankfurt am Main: Suhrkamp Verlag, S. 165–186.

Lueger, Manfred (2007): Grounded Theory. In: Renate Buber und Hartmut H. Holzmüller (Hg.): Qualitative Marktforschung. Konzepte - Methoden - Analysen. Wiesbaden: Gabler Verlag, S. 191–205.

Luhmann, Niklas (1970): Institutionalisierung: Funktion und Mechanismus im sozialen System der Gesellschaft. In: Helmut Schelsky (Hg.): Zur Theorie der Institution. (Dusseldorf): Bertelsmann Universitatsverlag (Interdisziplinare Studien, no. 1), S. 27–41.

Luhmann, Niklas (1971): Sinn als Grundbegriff der Soziologie. In: Jürgen Habermas und Niklas Luhmann (Hg.): Theorie der Gesellschaft oder Sozialtechnologie -. Was leistet die Systemforschung? Frankfurt am Main: Suhrkamp, S. 25–100.

Luhmann, Niklas (1985): Die Autopoiesis des Bewusstseins. In: *Soziale Welt* 1985 (36, no. 4), S. 402–446.

Luhmann, Niklas (1987a): Soziale *Systeme*. Grundriß einer allgemenen Theorie. Frankfurt am Main: Suhrkamp.

Luhmann, Niklas (1987b): Soziologische Aufklärung 4. Beiträge zur funktionalen Differenzierung der Gesellschaft. Wiesbaden: VS Verlag für Sozialwissenschaften.

Luhmann, Niklas (1987c): Tautologie und Paradoxie in den Selbstbeschreibungen der modernen Gesellschaft. In: *Zeitschrift für Soziologie* 16 (3), S. 161–174.

Luhmann, Niklas (1991): Das Kind als *Medium* der Erziehung. DOI: 10.25656/01:11806.

Luhmann, Niklas (1992): Beobachtungen der Moderne. Wiesbaden: VS Verlag für Sozialwissenschaften.

Luhmann, Niklas (1993): Die Paradoxie der *Form*. In: Dirk Baecker (Hg.): Kalkül der *Form*. Frankfurt am Main: Suhrkamp (Suhrkamp Taschenbuch Wissenschaft, 1068), S. 208–216.

Luhmann, Niklas (1994): Liebe als Passion. Zur Codierung von Intimität. 13. Aufl. Frankfurt am Main: Suhrkamp (Suhrkamp-Taschenbuch Wissenschaft, 1124).

Luhmann, Niklas (1996): Die Realität der Massenmedien. 2., erweiterte Auflage. Wiesbaden: VS Verlag für Sozialwissenschaften (Springer eBook Collection).

Luhmann, Niklas (1997a): Die *Kunst* der Gesellschaft. Frankfurt am Main: Suhrkamp Verlag.

Luhmann, Niklas (1998): Die Gesellschaft der Gesellschaft. 1. Aufl., [9. Nachdr.]. Frankfurt am Main: Suhrkamp (Suhrkamp-Taschenbuch Wissenschaft, 1360).

Luhmann, Niklas (2000): Organisation und Entscheidung. Opladen: Westdt. Verl.

Luhmann, Niklas (2002b): Was ist Kommunikation. In: Fritz B. Simon (Hg.): Lebende *Systeme*. Wirklichkeitskonstruktionen in der systemischen Therapie, Bd. 2002. 1. Aufl., [Nachdr.]. Frankfurt am Main: Suhrkamp-Taschenbuch-Verl. (Suhrkamp-Taschenbuch Wissenschaft, 1290), S. 19–31.

Luhmann, Niklas (2005): Konstruktivische Perspektiven. 3. Aufl. Wiesbaden: VS Verlag für Sozialwissenschaften (Soziologische Aufklärung : [Sonderedition] / Niklas Luhmann, 5).

Luhmann, Niklas (2017): Die *Kontrolle* von Intransparenz. Erste Auflage, Originalausgabe. Hg. v. Dirk Baecker. Berlin: Suhrkamp (Suhrkamp Taschenbuch Wissenschaft, 2231).

Luhmann, Niklas (2018): Die Wissenschaft der Gesellschaft. 8. Auflage. Frankfurt am Main: Suhrkamp (Suhrkamp-Taschenbuch Wissenschaft, 1001).

LVR Zentrum für Medien und Bildung (2022): Medienkompetenzrahmen NRW. Düsseldorf. Online verfügbar unter https://medienkompetenzrahmen.nrw/medien-kompetenzrahmen-nrw/#, zuletzt geprüft am 11.04.2022.

MacGilchrist, Felicitas (2017): Die medialen Subjekte des 21. Jahrhunderts. Digitale Kompetenzen und/oder Critical Digital Citizenship. In: Heidrun Allert, Michael Asmussen und Christoph Richter (Hg.): Digitalität und Selbst. Interdisziplinäre Perspektiven auf Subjektivierungs- und Bildungsprozesse. 1st ed. Bielefeld: transcipt (Pädagogik), S. 145–168.

Maturana, Humberto R. (1985): Erkennen. Die Organisation und Verkörperung von Wirklichkeit. [Place of publication not identified]: Morgan Kaufmann.

Maturana, Humberto R.; Varela, Francisco J. (1987): Der Baum der Erkenntnis. Die biologischen Wurzeln des menschlichen Erkennens. [Blindenhörbuch nach d. Buchausg.]. Bern [u.a.]: Scherz.

Maturana, Humberto R.; Varela, Francisco J.; Beer, Stafford (1980): Autopoiesis and Cognition. The Realization of the Living. Dordrecht: Reidel (Boston Studies in the Philosophy of Science, 42).

McLuhan, Marshal (1982): Ich frage mich, ob die Rebellion der Kinder in den Klassenräumen und gegen das Buch etwas mit dem neuen elektronischen Zeitalter, in dem wir leben, zu tun hat. In: Gerald Emanuel Steam (Hg.): Mcluhan. Für und Wider. München: Econ-Verlag, S. 143–151.

Meier, Anika (2016): Jeder ist online ein Lügner. Anika Meier über Amalia Ulmans fiktive Biografie. monopol - Magazin für *Kunst* und Leben. Online verfügbar unter https://www.monopol-magazin.de/anika-meier-amalia-ulman, zuletzt geprüft am 23.05.2022.

Métraux, Alfred (2009): Verfahrenskunst, Methodeninnovation und Theoriebildung in der qualitativen Sozialforschung. In: Uwe Flick, Ernst von Kardorff und Ines Steinke (Hg.): Qualitative Forschung. Ein Handbuch. 7. Aufl. Reinbek bei Hamburg: Rowohlt, S. 643–652.

Meyer, John W.; Rowan, Brian (1991): Instituionalized Organisations. Formal Structure as Myth and Ceremony. In: Walter W. Powell und Paul DiMaggio (Hg.): The new institutionalism in organizational analysis. Chicago, London: The University of Chicago Press, S. 41–62.

Meyer, Torsten (2002): Interfaces, Medien, Bildung. Paradigmen einer pädagogischen Medientheorie. Zugl.: Hamburg, Univ., Diss., 2001. Bielefeld: transcript.

Meyer, Torsten (2013): Next art education. Hg. v. Andrea Sabisch, Torsten Meyer und Eva Sturm. Hamburg: Lüdke (Kunstpädagogische Positionen, 29). Online verfügbar unter http://kunst.uni-koeln.de/_kpp_daten/pdf/KPP29_Meyer.pdf.

Meyer, Torsten (2014): Bildung des (neuen) Mediums. Mediologische Perspektiven der Medienbildung. In: Winfried Marotzki und Norbert Meder (Hg.): Perspektiven der Medienbildung. Wiesbaden: Springer VS (Medienbildung und Gesellschaft, 27), S. 149–170.

Meyer, Torsten (2018): Das Netzwerk-Sujet. In: Florian Kiefer und Jens Holze (Hg.): Netzwerk als neues Paradigma? Interdisziplinäre Zugänge zu Netzwerktheorien: Springer Fachmedien Wiesbaden, S. 39–64.

Milyavskaya, Marina; Saffran, Michael (2018): Fear of missing out. prevalence, dynamics, and consequences of experiencing FOMO. In: *Motivation and Emotion* 42, S. 725–737.

Ministerium für Schule und Weiterbildung des Landes Nordrhein-Westfalen (2008): Richtlinien und Lehrpläne für die Grundschule in Nordrhein-Westfalen. Frechen: Ritterbach Verlag.

Ministerium für Schule und Weiterbildung des Landes Nordrhein-Westfalen (2021): Lehrpläne für die Primarstufe in Nordrhein-Westfalen. 1. Aufl. Düsseldorf. Online verfügbar unter https://www.schulentwicklung.nrw.de/lehrplaene/lehrplannavigator-primarstufe/index.html.

Mongi-Vollmer, Eva (2011): Das Atelier als >>anderer Raum<<. Über die diskursive Identität und Komplexität des Ateliers im 19. Jahrhundert. Online verfügbar unter https://www.kunstforum.de/artikel/das-atelier-als-anderer-raum/, zuletzt geprüft am 23.02.2021.

Motherwell, Robert (1951/1981): The Dada Painters and Poets. An Anthology. Harvard: Belknap pr.

Museum of Modern Art (2010): Marina Abramović. The Artist is Present. Museum of Modern Art. Online verfügbar unter https://www.moma.org/calendar/exhibitions/964, zuletzt geprüft am 30.08.2021.

Musil, Robert (1990): Der Mann ohne Eigenschaften. Hamburg: Rowohlt Taschenbuch.

Nassehi, Armin (2019): Muster. Theorie der digitalen Gesellschaft. München: C.H. Beck. Online verfügbar unter https://portal.dnb.de/opac/mvb/cover?isbn=978-3-406-74024-4.

Netzwerk Digitale Bildung (2020): Zwischen Analog und Digital. Online verfügbar unter https://www.netzwerk-digitale-bildung.de/wp-content/uploads/2020/12/NDB_Whitepaper_Zwischen_analog_und_digital_12Seiten.pdf, zuletzt geprüft am 23.05.2022.

Neuendorf, Henri (2016): Tate Modern Taps Instagram Sensation Amalia Ulman for Its Next Major Show. Does Instagram-based art belong in a museum? artnet news. Online verfügbar unter https://news.artnet.com/art-world/amalia-ulman-instagram-tate-modern-410375, zuletzt geprüft am 23.05.2022.

Nilsson, Peter (2011): The Challenge of Innovation. In Critical Thinking and Creativitity: Learning Outside the Box. Paper Presented at the Proceeedings of the 9th International Coferencee of the Bilkent University Graduate School of Education (Turkey). Ankara: Bilkent University. Online verfügbar unter http://www.senseandsensation.com/2012/03/taxonomy-of-creative-design.html, zuletzt geprüft am 14.04.2022.

Noll, Willy (2017): Der Sinn des Nutzlosen oder why we definitely need more useless machines. Hg. v. Torsten Meyer, Kristin Klein, Gila Kolb und Konstanze Schütze. Institut für *Kunst* & Kunstheorie UzK. Köln (myow - workbook arts education). Online verfügbar unter http://myow.org/der-sinn-des-nutzlosen-oder-why-we-need-definitely-more-useless-machines/, zuletzt geprüft am 23.05.2022.

Noll, Willy (2021): Ästhetische Erfahrung als produktive Enttäuschung. Entwurf eines (kunst-)pädagogischen Making. In: Lydia Schulze Heuling und Christian Filk (Hg.): Algorithmic and aesthetic literacy. Emerging transdisciplinary explorations for the digital age. Opladen, Berlin, Toronto: Verlag Barbara Budrich, S. 117–134.

Noll, Willy; Schmidt, Hans-Christian (2019): Always On. Livestreaming und Spielkultur. NRW Forum. Düsseldorf. Online verfügbar unter https://www.nrw-forum.de/veranstaltungen/ada-always-on, zuletzt geprüft am 23.05.2022.

Odendahl, Wolfgang (2017): Individuelle Noten aus kollaborativer Arbeit. In: Deutsch-Taiwanische Hefte, 16(25), 27–57. Online verfügbar unter https://www.researchgate.net/publication/320070010_Individuelle_Noten_aus_kollaborativer_Arbeit, zuletzt geprüft am 23.05.2022.

Orwat, Carsten (Hg.) (2019): Diskriminierungsrisiken durch Verwendung von Algorithmen. Eine Studie, erstellt mit einer Zuwendung der Antidiskriminierungsstelle des Bundes. Deutschland. 1. Auflage. Baden-Baden, Berlin: Nomos; Antidiskriminierungsstelle des Bundes.

Otternberg, Meike; Schmölz, Joanna; Borchard, Inga; Jurczok, Franziska; Javakhisvili, Ekaterine; Repohl, Isabelle (2018): Euphorie war gestern. DIVSI U25-Studie - Die „Generation Internet“ zwischen Glück und Abhängigkeit - Eine Grundlagenstudie des SINUS-Instituts Heidelberg im Auftrag des Deutschen Instituts für Vertrauen und Sicherheit im Internet (DIVSI). Bonn: DIVSI. Online verfügbar unter https://www.divsi.de/wp-content/uploads/2018/11/DIVSI-U25-Studie-euphorie.pdf, zuletzt geprüft am 23.05.2022.

Panofsky, Erwin (1985): Die Perspektive als symbolische *Form*. In: Hariolf Oberer und Erwin Panofsky (Hg.): Aufsätze zu Grundfragen der Kunstwissenschaft. 3. Aufl. Berlin: Spiess, S. 99–168.

Patrício, Nuno (2016): MINT & Headquarters by Débora Delmar Corp. at DUVE, Berlin. Fluxo. Online verfügbar unter https://www.ofluxo.net/headquarters-by-debora-delmar-corp-at-duve-berlin/, zuletzt geprüft am 23.05.2022.

Pazzini, Karl-Josef (2015): Bildung vor Bildern. *Kunst* - Pädagogik - Psychoanalyse. Bielefeld: transcript (Theorie Bilden, v.38). Online verfügbar unter http://gbv.eblib.com/patron/FullRecord.aspx?p=4712108.

Peschel, Markus; Irion, Thomas (Hg.) (2016): Neue Medien in der Grundschule 2.0. Grundlagen - Konzepte - Perspektiven. Arbeitskreis Grundschule. Frankfurt am Main: Grundschulverband e.V (Beiträge zur Reform der Grundschule, Band 141).

Pfab, Florian (2018): Kreativität im künstlerischen Gestaltungsprozess. Entwurf einer systemtheoretischen Definition. Bielefeld: transcript.

Pietraß, Manuela (2011): Medienkompetenz und Medienbildung. zwei unterschiedliche theoretische Positionen und ihre Deutungskraft. In: *MedienPädagogik* (20), S. 121–135. Online verfügbar unter https://www.medienpaed.com/article/download/398/400/409, zuletzt geprüft am 11.04.2022.

Plönges, Sebastian (2011): Eine neue Kunst für eine neue Gesellschaft? In: *Zeitschrift Kunst Medien Bildung | zkmb*. Online verfügbar unter http://zkmb.de/eine-neue-kunst-fuer-eine-neue-gesellschaft, zuletzt geprüft am 23.05.2022.

Prediger, Susanne (2018): Design-Research als fachdidaktisches Forschungsformat. Am Beispiel Auffalten und Verdichten mathematischer *Strukturen*. In: Fachgruppe Paderborn (Hg.): Beiträge zum Mathematikunterricht 2018. Münster: WTM, S. 32–43.

QUA-LiS NRW (2020): Erhebung der Lernausgangslage. Online verfügbar unter https://www.schulentwicklung.nrw.de/q/inklusive-schulische-bildung/lern-und-entwicklungsplanung/werkzeugkasten/erhebung-der-lernausgangslage/erhebung-der-lernausgangslage.html, zuletzt geprüft am 23.05.2022.

Reckwitz, Andreas (2008): Unscharfe Grenzen: transcript.

Reckwitz, Andreas (2017): Die Gesellschaft der Singularitäten. Zum Strukturwandel der Moderne. Berlin: Suhrkamp. Online verfügbar unter https://www.suhrkamp.de/download/Blickinsbuch/9783518587065.pdf.

Reichertz, Jo (1999): Gültige Entdeckung des Neuen? zur Bedeutung der Abduktion in der qualitativen Sozialforschung. In: *Österreichische Zeitschrift für Soziologie* (4), S. 47–64.

Reiger, Horst (2007): Symbolischer Interaktionismus. In: Renate Buber und Hartmut H. Holzmüller (Hg.): Qualitative Marktforschung. Konzepte - Methoden - Analysen. Wiesbaden: Gabler Verlag, S. 137–155.

Rein, Antje von (Hg.) (1996): Medienkompetenz als Schlüsselbegriff. Deutsches Institut für Erwachsenenbildung. Bad Heilbrunn: Klinkhardt (Theorie und Praxis der Erwachsenenbildung).

REINIGUNGSGESELLSCHAFT (RG) (2013): Politiken des Raumes. Strategien und künstlerisches Handeln. In: Andreas Brenne, Christina Griebel und Mario Urlaß (Hg.): MitEinAnder. Zur Praxis einer partizipatorischen Kunstpädagogik in der Grundschule. München: kopaed (*Kunst* Pädagogik Partizipation, 04), S. 77–82.

Roelstraete, Dieter (2010): Richard Long. A Line Made bye Walking. Department of Art History University Chicago. Online verfügbar unter https://arthistory.uchicago.edu/faculty/publications/richard-long-line-made-walking, zuletzt geprüft am 23.05.2022.

Rosa, Lisa (2016): Welche ‚digitale Bildungsrevolution' wollen wir? ‚Hauptsache digital, alles andere egal!' war gestern. Online verfügbar unter https://shiftingschool.wordpress.com/2016/10/24/welche-digitale-bildungsrevolution-wollen-wir/, zuletzt geprüft am 14.04.2022.

Ruhrberg, Karl (2012): Revolte und Poesie. Grenzüberschreitung und Zwischenbericht. Marcel Duchamp, Verweigerer und Prophet. In: Ingo F. Walther (Hg.): Kunst des 20. Jahrhunderts. Köln: Taschen, S. 127–131.

Saltz, Jerry (2013): A GLIMPSE OF ART'S FUTURE AT DOCUMENTA. Hg. v. Torsten Meyer und Johannes Hedinger. Institut für *Kunst* & Kunstheorie UzK. Online verfügbar unter http://whtsnxt.net/134, zuletzt geprüft am 23.05.2022.

Schaller, Franz (2012): Eine relationale Perspektive auf *Lernen*. Ontologische Hintergrundsannahmen in lerntheoretischen Konzeptualisierungen des Menschen und von Sozialität. Zugl.: Berlin, Humboldt-Univ., Diss., 2011. Opladen: Budrich UniPress (Erziehungswissenschaft).

Schirrmacher, Frank (2010): Payback. Warum wir im Informationszeitalter gezwungen sind zu tun, was wir nicht tun wollen, und wie wir die *Kontrolle* über unser Denken zurückgewinnen. 1. Aufl. s.l.: PeP eBooks.

Schmidt, Jan-Hinrik (2018): Social Media. 2., aktualisierte und erweiterte Auflage. Wiesbaden: Springer VS (Medienwissen kompakt).

Schmidt, Rebekka (2016): Rezeption und Produktion. Denkprozesse initiieren. In: Constanze Kirchner (Hg.): *Kunst* - Didaktik für die Grundschule. 2. Auflage. Berlin: Cornelsen (Didaktik für die Grundschule), S. 119–126.

Schön, Sandra; Ebner, Martin; Narr, Kristin (Hg.) (2016): Making-Aktivitäten mit Kindern und Jugendlichen. Handbuch zum kreativen digitalen Gestalten. Bad Reichenhall: BIMS gem. e.V. Online verfügbar unter http://bit.do/handbuch.

Schubert, Hans-Joachim (2009): Pragmatismus und Symbolischer Interaktionismus. In: Georg Kneer und Markus Schroer (Hg.): Handbuch Soziologische Theorien. Wiesbaden: VS Verlag, S. 345–367.

Schuldt, Christian (2017): Systemtheorie. Theorie für die vernetzte Gesellschaft. Hamburg: CEP Europäische Verlagsanstalt.

Schulz von Thun, Friedemann (Hg.) (2013): Miteinander reden 1. Störungen und Klärungen. Allgemeine Psychologie der Kommunikation. 1. Aufl. Reinbek: Rowohlt E-Book.

Schütze, Konstanze: Bildlichkeit nach dem Internet. Dissertation. Universität zu Köln.

Seel, Martin (2003): Das Unmögliche möglich machen. Adorno und das Potenzial der *Kunst*. In: *Neue Rundschau* 114, 2003 (4), S. 161–168.

Seemann, Michael (2010): „konzentration“ ist exil! Online verfügbar unter https://twitter.com/mspro/status/9150678759, zuletzt geprüft am 30.03.2022.

Seemann, Michael (2014): Das neue Spiel. Strategien für die Welt nach dem digitalen Kontrollverlust. Freiburg: Orange-Press.

Seemann, Michael (2016): Das Neue Spiel. Prism vs. Kontrollverlust. In: Johannes Hedinger und Torsten Meyer (Hg.): What`s next? *Kunst* nach der Krise : ein Reader. 2. Auflage. Berlin: Kulturverlag Kadmos (What‘s next?, 1), S. 522.

Seemann, Michael (2017a): Digitaler Tribalismus und Fake News. Online verfügbar unter https://www.ctrl-verlust.net/digitaler-tribalismus-und-fake-news/, zuletzt geprüft am 23.04.2021.

Seemann, Michael (2017b): Drei Missverständnisse bei der Debatte um Big Data. Online verfügbar unter https://www.ctrl-verlust.net/drei-missverstaendnisse-bei-der-debatte-um-big-data-im-wahlkampf/, zuletzt geprüft am 22.03.2022.

Seemann, Michael (2019): Die Geschichte der Digitalisierung in fünf Phasen. Online verfügbar unter http://www.ctrl-verlust.net/die-geschichte-der-digitalisierung-in-fuenf-phasen/, zuletzt aktualisiert am 31.03.2020.

Seemann, Michael (2020): Die Macht der Plattformen. Dissertation. Eberhard Karls Universität Tübingen.

Seyfert, Robert (2011): Das Leben der Institutionen. Zu einer Allgemeinen Theorie der Institutionalisierung. 1. Aufl. Weilerswist: Velbrück Wissenschaft.

Shifman, Limor (2014): Memes in digital culture. Cambridge, Mass.: The MIT Press (The MIT press essential knowledge series).

Shirky, Clay (2008): Here comes everybody. The power of organizing without organizations. 1. publ. New York, NY: Penguin Press.

Sooke, Alastair (2016): Is this the first instagram-masterpiece. The Telegraph. Online verfügbar unter https://www.telegraph.co.uk/photography/what-to-see/is-this-the-first-instagram-masterpiece/, zuletzt geprüft am 23.05.2022.

SpaceX | Starlink (2022): Weltweite Verfügbarkeit von Starlink. Karte. Online verfügbar unter https://www.starlink.com/map, zuletzt geprüft am 23.05.2022.

Spencer-Brown, George; Wolf, Thomas (1999): Laws of form. Gesetze der *Form*. 2. Aufl. Lübeck: Bohmeier. Online verfügbar unter http://www.gbv.de/dms/faz-rez/F19971014LAWS---100.pdf.

Spike Island (2019): Christopher Kulendran Thomas. New Eelam: Bristol. Online verfügbar unter https://www.spikeisland.org.uk/programme/exhibitions/christopher-kulendran-thomas/, zuletzt geprüft am 23.05.2022.

Spitzer, Manfred (2012): Digitale Demenz. Wie wir uns und unsere Kinder um den Verstand bringen. München: Droemer. Online verfügbar unter http://www.socialnet-.de/rezensionen/isbn.php?isbn=978-3-426-27603-7.

Stalder, Felix (2012): Who's afraid of the (re)mix? Autorschaft ohne Urheberschaft. Online verfügbar unter http://felix.openflows.com/node/235, zuletzt geprüft am 23.05.2022.

Stalder, Felix (2017): Kultur der Digitalität. 3. Auflage, Originalausgabe. Berlin: Suhrkamp (Edition Suhrkamp, 2679). Online verfügbar unter http://www.hsozkult.de/-publicationreview/id/rezbuecher-29737.

statista (2021): Anzahl der Internetnutzer weltweit in den Jahren 2005 bis 2020 sowie eine Schätzung für 2021. Online verfügbar unter https://de.statista.com/statistik/daten/studie/805920/umfrage/anzahl-der-internetnutzer-weltweit/#:~:text=Die%20Zahl%20der%20Internetnutzer%20weltweit,rund%202%2C73%20Milliarden%20gestiegen, zuletzt geprüft am 23.05.2022.

Strauss, Anselm L. (1978): A Social World Perspective. In: *Studies in Symbolic Interaction* (1), S. 119–128.

Strauss, Anselm L. (1998): Grundlagen qualitativer Sozialforschung. Datenanalyse und Theoriebildung in der empirischen soziologischen Forschung. 2. Aufl. München: Fink (UTB für Wissenschaft Uni-Taschenbücher Soziologie, 1776).

Strauss, Anselm L.; Corbin, Juliet (1994): Grounded Theory Methodology. An Overview. In: Norman K. Denzin (Hg.): Handbook of Qualitative Research. London, New York: Sage, S. 273–285.

Strübing, Jörg (2008): Pragmatismus als epistemische Praxis. Der Beitrag der Grounded Theory zur Empirie-Theorie-Frage. In: Herbert Kalthoff, Stefan Hirschauer und Gesa Lindemann (Hg.): Theoretische Empirie. Zur Relevanz qualitativer Forschung. Frankfurt am Main: Suhrkamp, S. 279–311.

Strübing, Jörg (2014a): Grounded Theory. Zur sozialtheoretischen und epistemologischen Fundierung eines pragmatistischen Forschungsstils. 3., überarb. u. erw. Aufl. Wiesbaden: Springer VS (Qualitative Sozialforschung). Online verfügbar unter http://dx.doi.org/10.1007/978-3-531-19897-2.

Strübing, Jörg (2014b): Grounded Theory und Theoretical Sampling. In: Nina Baur und Jörg Blasius (Hg.): Handbuch Methoden der empirischen Sozialforschung. Wiesbaden: Springer VS, S. 457–472.

Synthesis School (2022): School for young critical thinkers. Online verfügbar unter https://www.synthesis.com/, zuletzt geprüft am 23.05.2022.

Tate (2007): A Line Made by Walking. Richard Long. Online verfügbar unter https://www.tate.org.uk/art/artworks/long-a-line-made-by-walking-p07149, zuletzt geprüft am 23.05.2022.

Thomann, Marius (2015): Medienkompetenz oder Medienbildung. Zur Frage nach dem Zielwert medienpädagogischer Praxis. In: *MedienPädagogik*, S. 1–14. Online verfügbar unter https://www.medienpaed.com/article/download/179/179/, zuletzt geprüft am 11.04.2022.

Thomas, Christopher Kulendran (2016): New Eelam. Online verfügbar unter https://vimeo.com/202821309, zuletzt geprüft am 23.05.2022.

Thomas Irion; Hans Brügelmann (2015): Medienbildung in der Grundschule. In: *Grundschule aktuell* (131), S. 1–51.

Thumel, Mareike; Kammerl, Rudolf; Irion, Thomas (Hg.) (2020): Digitale Bildung im Grundschulalter. Grundsatzfragen zum Primat des Pädagogischen. München: kopaed.

Tillmann, Klaus-Jürgen; Vollstädt, Witlof (1999): Funktionen von Leistungsbewertung. Eine Bestandaufnahme. In: Pädagogik (Weinheim), 51 (1999), 2, S.42-46.

Trilling, Bernie; Fadel, Charles (2009): 21st century skills. Learning for life in our times. 1st ed. San Francisco: Jossey-Bass.

Tyrell, Hartmann; Heintz, Bettina (Hg.) (2008): Soziale und gesellschaftliche Differenzierung. Aufsätze zur soziologischen Theorie. 1. Aufl. Wiesbaden: VS Verl. für Sozialwiss.

Udy, Stanley H. (1970): Work in traditional and modern society. Englewood Cliffs [N.J.]: Prentice-Hall.

Ullrich, Wolfgang (2016): Das Ende einer Illusion. In: *art* (4), S. 32–41. Online verfügbar unter https://ideenfreiheit.files.wordpress.com/2016/08/wolfgang-ullrich-c3bcber-die-berlin-biennale-2016-das-ende-einer-illusion-art.pdf, zuletzt geprüft am 18.08.2019.

Ullrich, Wolfgang (2022): Die *Kunst* nach dem Ende ihrer Autonomie. Berlin: Verlag Klaus Wagenbach (Kleine kulturwissenschaftliche Bibliothek, Band 90). Online verfügbar unter https://www.perlentaucher.de/buch/wolfgang-ullrich/die-kunst-nach-dem-ende-ihrer-autonomie.html.

University of Oregon (2015): Marina Abramović. Meet the „grandmother of performance art". University of Oregon. Online verfügbar unter https://blogs.uoregon.-edu/marinaabramovic/category/rhythm-series/, zuletzt geprüft am 30.08.2021.

van Ackeren, Isabell; Klemm, Klaus (2019): 100 Jahre Grundschule – Soziale Chancenungleichheit und kein Ende. In: ZfG 12 (2), S. 399–414. DOI: 10.1007/s42278-019-00057-4.

Varian, Hal R. (1999): Information Rules. In: *Business Source Complete*. Online verfügbar unter https://search.ebscohost.com/direct.asp?db=bth&jid=%22U5Z%22&scope=site.

Verband Deutscher Privatschulverbände e.V. (2020): Schülerzahl an Privatschulen mit üer einer Millionen weiter konstant. VDP. Online verfügbar unter https://www.privatschulen.

de/images/stories/PDF/Pressemitteilungen/PM_11_2020_Schlerzahl_an_Privatschulen_mit_ber_einer_Million_weiter_konstant.pdf, zuletzt geprüft am 23.05.2022.

Vogt, Michaela (2019): Grundlegende Bildung als Zielvorgabe einer Schule für alle – Deutungsvarianten in der Geschichte der Grundschule in Deutschland. In: ZfG 12 (2), S. 241–258. DOI: 10.1007/s42278-019-00058-3.

Voit, Nora (2021): Gefiltert sind wir alle gleich. Online verfügbar unter https://www.zeit.de/campus/2020-12/instagram-beauty-filter-schoenheitsideal-selbstbild-diversitaet-psychologie, zuletzt geprüft am 23.05.2022.

Vollbrecht, Ralf (1999): Medienkompetenz als kommunikative Kompetenz. Rückbesinnung und Neufassung des Konzepts. In: *medien + erziehung* 43 (1), S. 13–18.

Wagner, Ellen (2021): Falsche Signale. Dissertation. Diaphanes.

Wallace, David Foster (2012): Das hier ist Wasser. Gedanken zu einer Lebensführung der Anteilnahme, vorgebracht bei einem wichtigen Anlass ; [Anstiftung zum Denken] = This is water. 1. Aufl. Köln: Kiepenheuer & Witsch (KiWi, 1272 : Paperback).

Wampfler, Philippe (2022): Das Argument gegen Fächer ist keines gegen Fachlichkeit. Online verfügbar unter https://schulesocialmedia.com/2022/06/20/das-argument-gegen-facher-ist-keines-gegen-fachlichkeit/ , zuletzt geprüft am 23.05.2022.

Watzlawick, Paul (2016): Man kann nicht nicht kommunizieren. Das Lesebuch. 2., unveränderte Auflage. Bern: Hogrefe.

Weber, Max (Hg.) (1968): Max Weber. Gesammelte Aufsätze zur Wissenschaftslehre. Tübingen: Mohr.

Weber, Max (1980): Wirtschaft und Gesellschaft. Grundriss der verstehenden Soziologie. Unter Mitarbeit von Helene Weber. Studienausgabe, fünfte, revidierte Auflage. Tübingen: J.C.B. Mohr (Paul Siebeck).

Weick, Karl E. (2007): Der Prozess des Organisierens. 4. Aufl. Suhrkamp: Frankfurt a.M (Suhrkamp Taschenbuch Wissenschaft, 1194).

Weick, Karl E. (2009): Making Sense of the Organization Bd. 2. The impermanent organization. Hoboken, NJ: Wiley & Sons.

Weick, Karl E.; Sutcliffe, Kathleen M. (2007): Das unerwartete Managen. Wie Unternehmen aus Extremsituationen *lernen*. 2. Aufl. Stuttgart: Klett-Cotta.

Weinberg, Ulrich (2015): Network Thinking. Das Ende des Brockhaus-Denkens oder wie wir die Welt morgen begreifen. 1. Aufl. Hamburg: Murmann Publishers.

Weinberger, David (2013): Too big to know. Das Wissen neu denken, denn Fakten sind keine Fakten mehr, die Experten sitzen überall und die schlaueste Person im Raum ist der Raum. Deutsche Erstausg., 1. Aufl. Bern: Huber.

Weinert, Franz E. (2002): Vergleichende Leistungmessung in Schulen. eine umstrittene Selbstverständlichkeit. In: Franz E. Weinert (Hg.): Leistungsmessungen in Schulen. 2., unveränd. Aufl., Dr. nach Typoskript. Weinheim: Beltz (Beltz Pädagogik), S. 17–32.

Wenger, Stefanie Marlene (2019): Beyond Decoration. Die Wirkmacht der Topfpflanze im *Kunst*-Display der Postdigitalität. Eine Case Study am Beispiel von New Eelam. In: Kristin Klein und Willy Noll (Hg.): Postdigital Landscapes. *Kunst* und Medienbildung in der digital vernetzten Welt: Zeitschrift *Kunst* Medien Bildung / zkmb, S. 102–114. Online verfügbar unter https://zkmb.de/beyond-decoration-die-wirkmacht-der-topfpflanze-im-kunst-display-der-postdigitalitaet, zuletzt geprüft am 23.05.2022.

Werber, Niels; Luhmann, Niklas (Hg.) (2008): Schriften zu *Kunst* und Literatur. Orig.-Ausg., 1. Aufl. Frankfurt am Main: Suhrkamp (Suhrkamp-Taschenbuch Wissenschaft, 1872).

Wiener, Norbert (2013): Cybernetics or control and communication in the animal and the machine. 2. ed. Cambridge, Mass.: MIT Press.

World Wide Web Consortium (W3C) (2022): Internetstandards. Online verfügbar unter https://www.w3.org/, zuletzt geprüft am 23.05.2022.

Wörler, Frank (2014): Das Symbolische, das Imaginäre und das Reale. Dissertation. Online verfügbar unter http://gbv.eblib.com/patron/FullRecord.aspx?p=4346149.

Zahn, Manuel (2020): Ästhetische Praxis als Kritik. Vom Aussetzen des (gewohnten) Urteilens und der Erfindung neuer Wahrnehmungs-, Denk- und Handlungsmöglichkeiten. In: Valentin Dander, Klaus Rummler, Christian Leineweber, Estella Ferraro und Patrick Bettinger (Hg.): Digitalisierung - Bildung - Subjekt. Kritische Betrachtungen der digitalen Transformation: Verlag Barbara Budrich.

# Abbildungsverzeichnis

# Verweise

Achtsamkeit, Wikipedia, Die freie Enzyklopädie. Bearbeitungstand: 16.04.2022. Online: https://de.wikipedia.org/wiki/Achtsamkeit_(mindfulness) zuletzt geprüft am 23.05.2022

ARPANET, Wikipedia, Die freie Enzyklopädie. Bearbeitungstand: 19.04.2022. https://de.wikipedia.org/wiki/Arpanet zuletzt geprüft am 23.05.2022

Borromäischen Ringe, Wikipedia, Die freie Enzyklopädie. Bearbeitungstand: 10.03.2022. Online: https://de.wikipedia.org/wiki/Borromäische_Ringe zuletzt geprüft am 23.05.2022

Effectuation, Wikipedia, Die freie Enzyklopädie. Bearbeitungstand: 05.04.2022. Online: https://de.wikipedia.org/wiki/Effectuation zuletzt geprüft am 23.05.2022.

Fountain (Duchamp), Wikipedia, Die freie Enzyklopädie. Bearbeitungstand: 21.04.2022. Online: https://de.wikipedia.org/wiki/Fountain_(Duchamp)#cite_note-:1-2 zuletzt geprüft am 23.05.2022

Kultusministerkonferenz [KMK], Wikipedia, Die freie Enzyklopädie. Bearbeitungstand: 14.03.2022. Online: https://de.wikipedia.org/wiki/Kultusministerkonferenz zuletzt geprüft am 23.05.2022

Ministerium für Schule und Bildung des Landes Nordrhein-Westfalen, Wikipedia, Die freie Enzyklopädie. Bearbeitungstand: 13.04.2022. Online: https://de.wikipedia.org/wiki/Ministerium_f%C3%BCr_Schule_und_Bildung_des_Landes_Nordrhein-Westfalen zuletzt geprüft am 23.05.2022

Turingmaschine, Wikipedia, Die freie Enzyklopädie. Bearbeitungstand: 27.03.2022. Online: https://de.wikipedia.org/wiki/Turingmaschine zuletzt geprüft am 23.05.2022

Web3, Wikipedia, Die freie Enzyklopädie. Bearbeitungstand: 21.05.2022 Online: https://en.wikipedia.org/wiki/Web3#:~:text=Web3%20(also%20known%20as%20Web,decentralization%20and%20token%2Dbased%20economics zuletzt geprüft am 23.05.2022

# Anhang

i) Die MAXQDA-Dateien die zur Kodierung verwendet wurden, können bei Interesse beim Autor angefragt werden.

E-Mail: will.bochum@googlemail.com

ii) Aufführung aller Kodemaps

## Kommunizieren

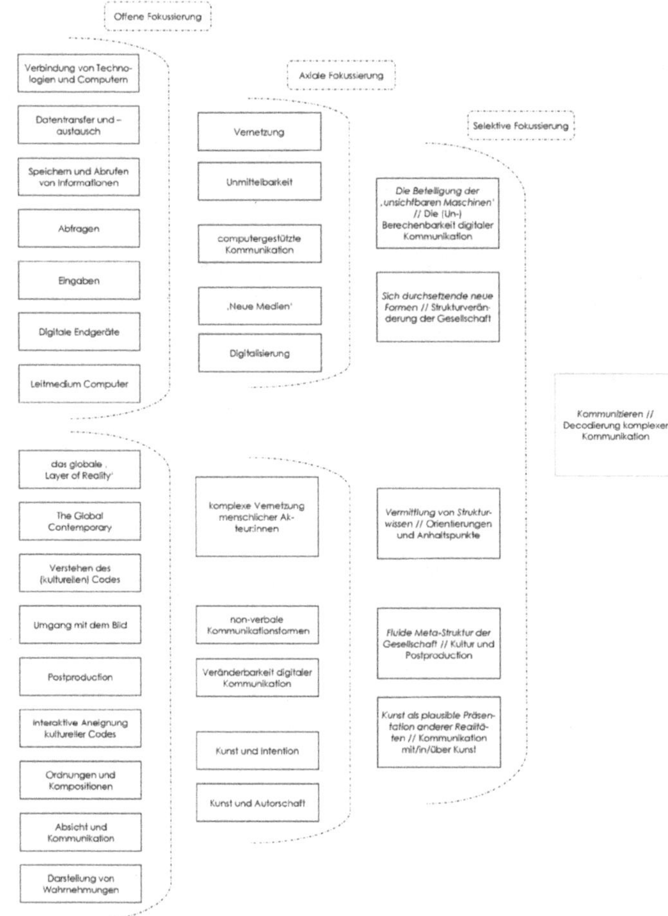

Handeln & Hacken

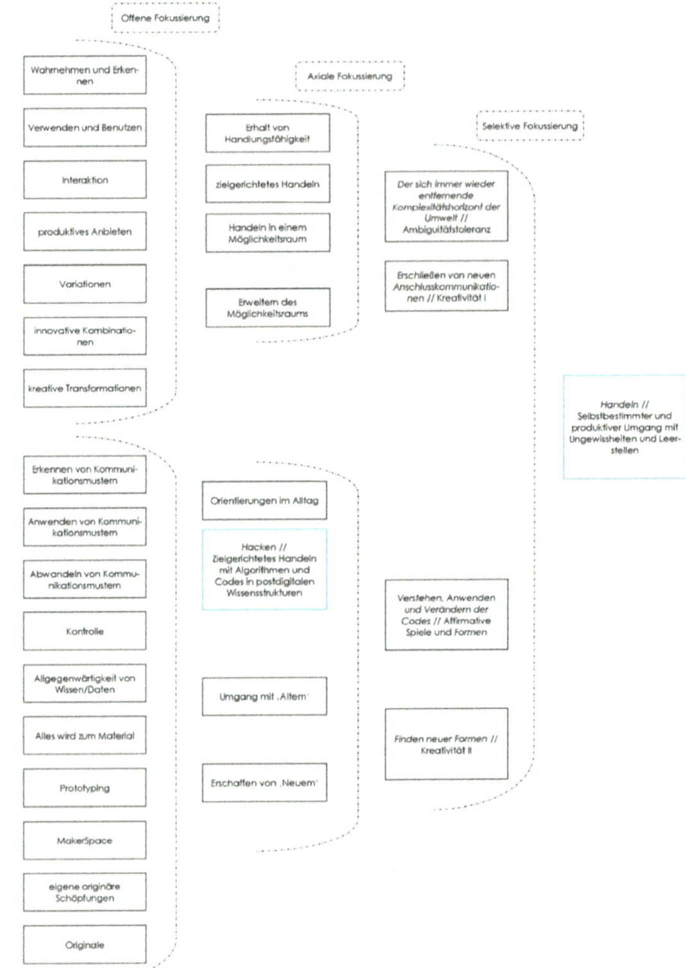

# Urteilen

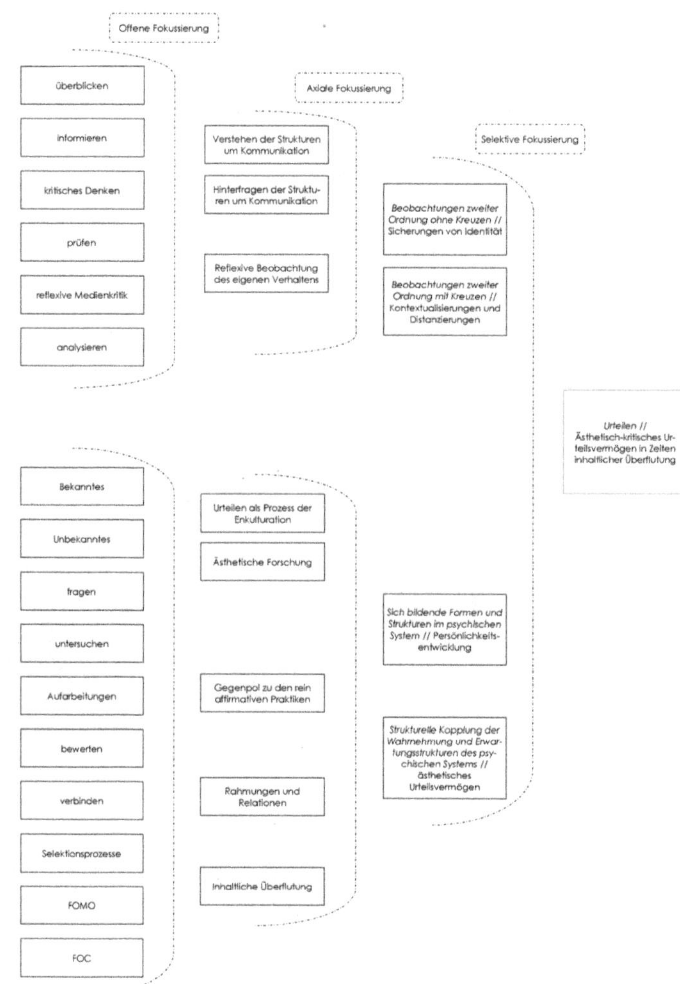
Offene Fokussierung
überblicken
informieren
kritisches Denken
prüfen
reflexive Medienkritik
analysieren
Bekanntes
Unbekanntes
fragen
untersuchen
Aufarbeitungen
bewerten
verbinden
Selektionsprozesse
FOMO
FOC
Axiale Fokussierung
Verstehen der Strukturen um Kommunikation
Hinterfragen der Strukturen um Kommunikation
Reflexive Beobachtung des eigenen Verhaltens
Urteilen als Prozess der Enkulturation
Ästhetische Forschung
Gegenpol zu den rein affirmativen Praktiken
Rahmungen und Relationen
Inhaltliche Überflutung
Selektive Fokussierung
Beobachtungen zweiter Ordnung ohne Kreuzen // Sicherungen von Identität
Beobachtungen zweiter Ordnung mit Kreuzen // Kontextualisierungen und Distanzierungen
Sich bildende Formen und Strukturen im psychischen System // Persönlichkeitsentwicklung
Strukturelle Kopplung der Wahrnehmung und Erwartungsstrukturen des psychischen Systems // ästhetisches Urteilsvermögen
Urteilen // Ästhetisch-kritisches Urteilsvermögen in Zeiten inhaltlicher Überflutung

# Lernen

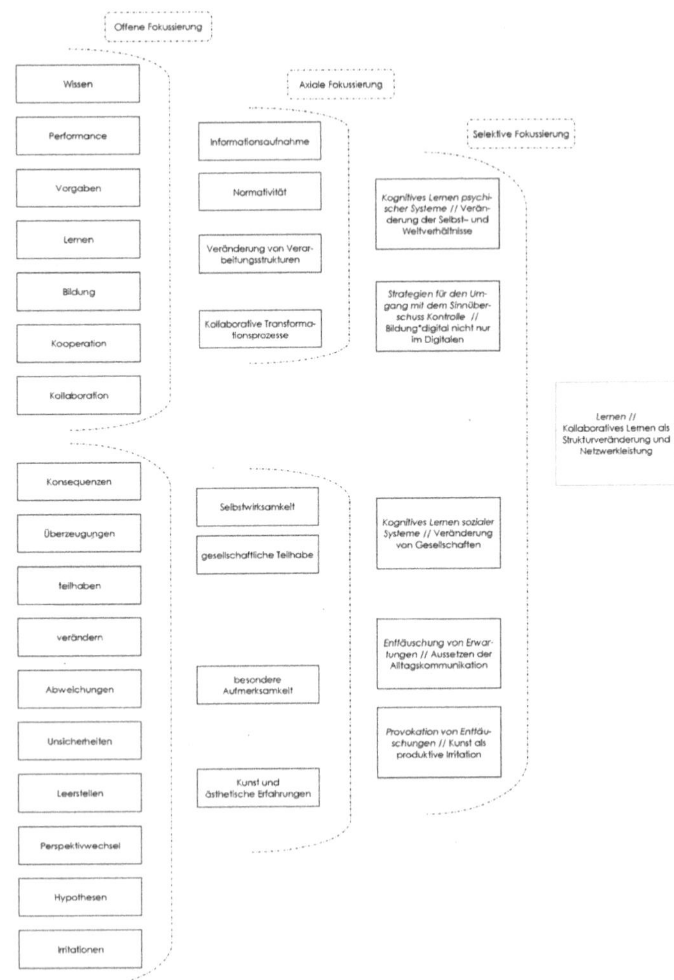
Offene Fokussierung
Wissen
Performance
Vorgaben
Lernen
Bildung
Kooperation
Kollaboration
Konsequenzen
Überzeugungen
teilhaben
verändern
Abweichungen
Unsicherheiten
Leerstellen
Perspektivwechsel
Hypothesen
Irritationen
Axiale Fokussierung
Informationsaufnahme
Normativität
Veränderung von Verarbeitungsstrukturen
Kollaborative Transformationsprozesse
Selbstwirksamkeit
gesellschaftliche Teilhabe
besondere Aufmerksamkeit
Kunst und ästhetische Erfahrungen
Selektive Fokussierung
Kognitives Lernen psychischer Systeme // Veränderung der Selbst- und Weltverhältnisse
Strategien für den Umgang mit dem Sinnüberschuss Kontrolle // Bildung*digital nicht nur im Digitalen
Kognitives Lernen sozialer Systeme // Veränderung von Gesellschaften
Enttäuschung von Erwartungen // Aussetzen der Alltagskommunikation
Provokation von Enttäuschungen // Kunst als produktive Irritation
Lernen // Kollaboratives Lernen als Strukturveränderung und Netzwerkleistung